汽车故障诊断方法与维修技术

（第3版）

李春明　刘艳莉　张　军　主编

北京理工大学出版社
BEIJING INSTITUTE OF TECHNOLOGY PRESS

内容简介

本书较系统地介绍了汽车故障诊断方法和维修技术，包括汽车故障诊断与维修基本知识、各系统常见故障的诊断思路与实用维修方法、故障实例精选等内容。

本书可作为高等职业院校的汽车检测与维修、汽车运用技术等相关专业教材，也可用作汽车故障诊断与维修技术培训教材，还可供从事汽车维修工作的技术人员参考。

图书在版编目（CIP）数据

汽车故障诊断方法与维修技术/李春明，刘艳莉，张军主编. —3 版. 北京：北京理工大学出版社，2021.12 重印

ISBN 978－7－5640－7372－5

Ⅰ. ①汽…　Ⅱ. ①李…②刘…③张…　Ⅲ. ①汽车－故障诊断－高等学校－教材②汽车－车辆修理－高等学校－教材　Ⅳ. ①U472.4

中国版本图书馆 CIP 数据核字（2013）第 019016 号

出版发行／北京理工大学出版社
社　　址／北京市海淀区中关村南大街 5 号
邮　　编／100081
电　　话／(010)68914775(办公室)　68944990(批销中心)　68911084(读者服务部)
网　　址／http：// www. bitpress. com. cn
经　　销／全国各地新华书店
印　　刷／涿州市新华印刷有限公司
开　　本／787 毫米×1092 毫米　1/16
印　　张／15. 5
字　　数／362 千字
版　　次／2021 年 12 月第 3 版第 14 次印刷
定　　价／41. 00 元

责任校对／周瑞红
责任印制／吴皓云

编委会名单

编写说明

BIANXIESHUOMING

汽车作为人类文明发展的标志，从1886年发明至今，已有100多年的历史。近几年，我国的汽车生产量和销售量都迅速增大，全国汽车拥有量大幅度上升。世界知名汽车企业进入国内汽车市场，促进了国内汽车技术的进步。汽车保有量的急剧增加，汽车技术又不断更新，使汽车运用与维修行业的车源、车种、服务对象以及维修作业形式都已发生了新的变化，使得技能型、应用型人才非常紧缺。

根据“职业院校开展汽车运用与维修专业领域技能型紧缺人才培养培训工程”的通知精神，并配合高等职业院校关于紧缺人才培养计划的实施，北京理工大学出版社组织了一批多年工作在教学一线的优秀教师，根据他们多年的教学和实践经验，再结合高等职业院校汽车运用与维修专业的教学大纲要求，编写了本套教材。

本套教材既有专业基础课，又有专业技术课。专业技术课又分几个专门化方向组织编写，分别是：汽车电工专门化方向，检测技术专门化方向，汽车机修专门化方向，大型运输车维修技术专门化方向，车身修复技术专门化方向，技术服务与贸易专门化方向，汽车保险与理赔专门化方向。

本套教材是按照“高等职业教育汽车运用与维修专业领域技能型紧缺人才培养指导方案”要求而编写的。在内容的编排上根据汽车专业教育教学改革的要求，注重职业教育的特点，按技能型、应用型人才培养的模式进行设计构思。本套教材编写中，坚持以就业为导向，以服务市场为基础，以能力为本位，以培养学生的职业技能和就业能力为宗旨；合理控制理论知识，丰富实例，注重实用性，突出新技术、新工艺、新知识和新方法。

本套教材适用于培养汽车维修、检测、管理、评估、保险、销售等方面的高技术应用型人才的院校使用。

本套教材经中国汽车工程学会汽车工程图书出版专家委员会评审，并做了适量的修改，内容更具体，更实用。本套教材由中国汽车工程学会汽车工程图书出版专家委员会推荐出版。

中国汽车工程学会汽车工程图书出版专家委员会

前言

QIAN YAN

“汽车故障诊断方法与维修技术”是汽车运用与维修专业领域技能型紧缺人才培养方案中的职业技术与职业认证课，主要讲授汽车发动机、底盘、电气等系统比较复杂故障的人工经验诊断方法与仪器诊断方法。要求通过故障现象，能够分析故障原因，掌握汽车故障的逻辑分析与故障排除的方法，并了解汽车维修的常用工艺方法。

为了满足教学需要，根据汽车运用与维修专业领域技能型紧缺人才培养方案的要求编写了本教材。本教材较系统地介绍了汽车故障诊断与维修基本知识、汽车各大系统常见故障的诊断方法与维修技术、故障实例精选等内容。全书以职业能力培养为主线，通过工作任务将汽车故障诊断方法与维修技术的每一部分的技能与知识紧密结合起来，注重理论与实践的结合，对大量汽车维修实际经验进行提炼总结，力求简洁实用，旨在培养学生的技术应用能力，加强针对性与实用性，是一本具有鲜明特色的高职高专教材：

（1）理论实践一体化。以技能为主线，在讲解汽车故障诊断与维修方法的基本知识的基础上，将理论与实践融为一体，实现理论与实践教学一体化。

（2）体现先进性。在原教材内容的基础上增加汽车新技术的故障诊断与分析方法等。

（3）加强针对性。将汽车市场的主导车型，如捷达、奥迪、皇冠等轿车的故障诊断与维修技术适度地融入教材。

（4）技能点突出。学生技能培养和训练与职业技能鉴定标准接轨。

（5）注重学生方法能力培养。在加强实用性的同时，有针对性地培养学生的学习能力和解决实际问题的能力，在教材中体现故障实例等内容。

本书适合高职高专汽车检测与维修、汽车运用等相关专业使用，也可以作为成人高等教育、汽车技术培训等相关课程的教材，还可供汽车修理工、驾驶员、汽车运用工程技术人员阅读参考。

本书编写人员：李春明、刘艳莉、张军、焦传君、赵宇、丛彦波、韩东、赵晓宛、董长兴、许大伟等。

由于编者水平有限，书中不妥和错误之处难免，恳请读者提出宝贵意见。

编　者

目录

MU LU

1

第一章 汽车故障诊断与检修基础

第一节 工作安全与环保知识

一、个人安全

在进行汽车检测维修作业时，一定要遵守安全操作指南，这样才能保护自己，免受危害。

1. 眼睛保护

维修车间有很多情况会使工作人员的眼睛发生感染或永久损伤。

有些作业（如磨削）会散发出高速运动的细小金属颗粒和尘埃，这些金属颗粒和尘埃很容易进入作业者的眼睛中，将眼球擦伤或割伤。从有裂纹的管子或管接头中泄漏出的压力气体和液体可以喷射很远距离，这些化学品进入眼睛会导致失明。在汽车下进行作业时，从腐蚀金属上脱落下来的碎屑很容易落入眼睛中。

当工作环境存在损伤眼睛的风险时，就要戴上安全眼镜，对眼睛进行保护。

当蓄电池电解液、燃油、溶剂等化学品进入眼睛时，要用清水长时间冲洗眼睛，还要及时让医生进行药物处理。

2. 呼吸保护

汽车维修人员会经常在含有有毒化学气体环境中工作，不论是暴露在有毒气体中还是过量尘埃中，都要戴上呼吸器或呼吸面罩。用清洗剂清洗零部件和喷漆是最常见的作业，需要戴上呼吸面罩进行工作。

3. 举升和搬运

掌握举升和搬运重物的正确方法非常重要，举升和搬运重物时，也要采取保护措施。只能举升和搬运那些在个人能力范围内的重物，对搬运物品的尺寸和质量没有把握时，应该要找人帮忙。体积很小、很紧凑的零部件有时也会很重，或者不好平衡。在举升和搬运物品前先要考虑如何进行举升和搬运。搬运任何物体时都应遵循以下方法：

① 双脚要靠近搬运的物体，这样有利于在搬起物体时保持身体平衡。

② 尽量使背部和肘部保持伸直，弯曲双膝，将双手放到能够牢牢抓住物品的最佳位置（图1－1）。

③ 如果物品装在纸箱内，一定要确认箱子是结实的。旧的、潮湿的和封闭不良的纸箱很容易被撕烂，其中的物品就会掉落。

④ 双手要抓牢物品或容器，在抬起物品或移动时，不要再改变手的位置。

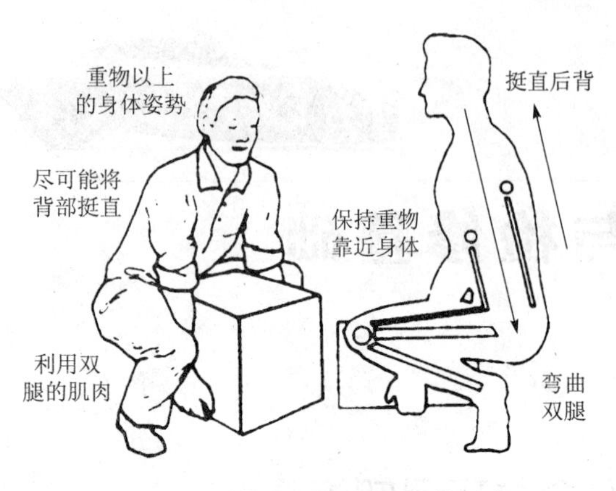

图1-1 搬重物时要用腿部的肌肉而不要用背部的肌肉

⑤ 将物品靠近身体，通过伸直双腿举起物品，要利用双腿的肌肉，而不要用背部的肌肉。

⑥ 不要通过扭转身体来改变移动方向，一定要转动包括双脚在内的整个身体。

⑦ 将物品放到货架或柜台上时，不要向前弯曲身体，应将物品的边缘先放在货架上，然后向前推重物，注意不要将手指夹住。

⑧ 在放下重物时，弯曲膝盖，但要挺直背部，不要向前弯曲身体，否则会拉伤背部肌肉。

⑨ 将重物放到地面上时，应将物品放在木头垫块上，以保护手指，免受损伤。

二、职业行为

在汽车修理车间工作时，应该遵守以下注意事项：

① 在车间内不要吸烟。

② 为了防止皮肤被严重烧伤，应使皮肤远离高温金属零部件，如散热器、排气歧管、排气尾管、催化转化器和消声器等。

③ 在散热器周围进行作业时，先将发动机冷却风扇电路断开，防止风扇突然转动。否则很容易折断手指或手臂。

④ 维修液压系统时，先将压力以安全方式释放掉。

⑤ 保管好所有的配件和工具，将它们放在不会绊倒人的地方。这样做不仅可以避免损伤，还能减少为寻找配件和工具而浪费的时间。

三、工作场地安全

工作场地要保持干净和安全，地面和工作台面要保持清洁、干燥和有序。地面有了机油、冷却液或润滑脂后会变得很滑，滑倒会造成严重损伤，可以用吸油剂清除油污。要保持地面干燥无水，地面有水后也会变得很滑，而且很容易导电。走廊和过道应该保持通畅和干净，并留出足够的宽度，能够方便人员通过。机器周围的作业区域要足够大，能够保证安全地操作机器。

汽油是一种易燃的挥发性液体，易燃品遇火后很容易燃烧，挥发性液体可以很快蒸发，易燃的挥发性液体就是潜在的燃烧弹。一定要将汽油和柴油装在安全油箱中，不要用汽油擦洗手和工具。

要小心地处理各种溶剂（或液体），以防泄漏。除了在倒出溶剂时，所有盛装溶剂的容器都应保持密封，保持使用溶剂和化学品的区域适当通风非常重要。溶剂和其他易燃物品必须存放在符合安全要求的专用存储柜中或房间中，存储间应当通风良好。

从大容器中倒出易燃物品时要格外小心，静电产生的火花能够引起爆炸。用过的溶剂容器要及时清理，容器底部残余的溶剂非常易燃。不要在易燃溶剂和化学品（包括蓄电池电解液）附近点火或吸烟。

沾油抹布也要存放在符合标准的金属容器中。如果将沾有机油、润滑脂或油漆的抹布随意丢弃或存放不当，很容易发生自燃。自燃是由物品自身而不是由其他火源点燃引起的着火现象。要了解车间里所有灭火器的放置地点及其适用的火险类别和使用方法。

维修汽车电气系统或进行焊接作业之前，要断开汽车蓄电池，以防由电气系统引起的着火和伤害。断开汽车蓄电池就是将负极（或搭铁）电缆从蓄电池上拆下，并将其放置在远离蓄电池的地方。

四、废弃物处理

1. 机油

对废机油要进行回收处理，一般不要将其他废物混入废机油中。修理厂产生的（或收集来的）废机油可以在商用锅炉中烧掉，通过燃烧实现能源回收利用。

2. 机油滤清器

用过的机油滤清器至少要滴沥 24 h，然后破碎并回收。

3. 蓄电池

报废蓄电池要由回收站或经销商回收。蓄电池应存储在不漏水、抗酸的容器中，收到蓄电池时应检查是否破裂和泄漏，对于掉落的蓄电池应检查是否破裂。蓄电池中残存的酸性电解液是有害的，它具有腐蚀性，含有铅和其他有毒物质。

4. 金属屑

加工金属零部件时所产生的金属屑需要收集，如果可能要进行分离和回收，不能让金属屑落入下水道中。

5. 制冷剂

维修汽车空调时，要回收并再利用制冷剂，不允许将制冷剂随意地排放到大气中。

6. 溶剂

用低毒等效代用品替代有害化学品，如用水基清洁剂替代石油基去油剂。为了减少清洗零件时的溶剂用量，清理过程应分为两步进行，先用脏的溶剂清洗，然后再用干净的溶剂清洗。为防止溶剂挥发，要将溶剂存储在密闭容器中。溶剂挥发会损坏臭氧层并形成烟雾，另外，溶剂挥发的残余物也必须作为有害废物进行处理。

第二节　汽车故障诊断基本知识

汽车是由各总成和零部件组成的。在行驶过程中，随着汽车行驶里程的增加，由于机械磨损、化学腐蚀及变形，零部件原有的尺寸、几何形状发生改变，配合间隙增大，长期承受交变载荷的作用而产生疲劳，零件受到外载荷、高温、残余应力作用变形，橡胶及塑料非金属制品和电器元件因长时间工作而老化，严重时，产生裂纹和损伤，其强度、硬度和弹性变差。因此，汽车技术状况变差，动力性、经济性下降，使用可靠性降低，会导致各种故障的发生。

一、汽车技术状况

汽车技术状况的好坏一般是用汽车使用性能指标、汽车装备的完善程度以及车辆外部完好状况来进行综合评价。汽车使用性能指标包括：

1. 动力性

汽车的动力性是指汽车直线行驶在良好路面所能达到的平均行驶速度，包括最高车速、加速时间、最大爬坡度三个方面。如果汽车由于发动机磨损、点火时刻失准、离合器打滑等引起最高车速降低、加速时间变长、爬坡能力下降，说明汽车的动力性下降，需要进行检测与维修。

2. 经济性

汽车的使用经济性主要由燃油经济性、润滑材料消耗率、轮胎损耗、维修费用等几个指标反映。燃油经济性一般用每行驶百千米燃油消耗量（升）或单位燃油可行驶里程数来衡量。润滑材料消耗率（如发动机机油消耗率）用润滑材料消耗量与燃油消耗量的百分比来衡量。

3. 制动性

制动性是指汽车行驶时，能在短距离内减速或停车且维持行驶方向稳定和在下长坡时能维持一定车速的能力。

4. 操纵稳定性

操纵性是指汽车能够确切地响应驾驶员转向指令的能力；稳定性是指汽车受到外界干扰时保持稳定行驶的能力。两者互相关联。

5. 平顺性

汽车的平顺性就是汽车在行驶过程中保持乘员所处的振动环境具有一定的舒适度的性能。

汽车在使用过程中会由于零件自然磨损，材料、结构不合理，加工装配质量不好以及汽车运行条件较差、使用维护不当而引起使用性能全面下降或部分使用性能指标下降。其中汽车的制动性和操纵稳定性对汽车的行驶安全特别重要，在诊断与维修中应高度重视。

二、汽车故障的原因

造成汽车故障的原因是多方面的，有的是因为设计或制造中的缺陷所致，有的是由于使用不当、维修不良引起的，但大部分是长期运行后正常磨损产生的。

1. 设计制造上的缺陷

汽车在设计和制造上的缺陷，会给机件带来先天性不良，以致使用不久就出现故障。如有的发动机与底盘匹配不合适，造成换挡耸车；有的发动机散热性能差，出现发动机经常过热；有的气缸体内部有铸造气孔，造成发动机使用不久就出现故障；有的曲轴材料缺陷、制造工艺不好、热处理工艺不良，出现早期的断裂和变形等。有的发动机、传动轴动平衡不好，会造成车身抖振。

2. 使用因素及维修不良

(1) 汽车外部的使用条件复杂

汽车外部使用条件主要是道路与天气情况。在崎岖坎坷的路面行驶，车辆剧烈跳动，悬架、车架、轮胎及其他一些机件受到振动、冲击，超过疲劳强度时将发生损伤，出现故障；在山区行驶，会造成制动器的早期磨损。

在严寒低温时，发动机启动困难，启动次数增多，致使启动机件、气缸壁、活塞环等使用寿命缩短；同时，燃油难以雾化，液态燃油稀释气缸壁上的润滑油，造成缸壁加速磨损；在盛夏高温时，润滑油黏度下降，运动机件磨损加剧，轮胎易爆胎、发动机易过热。

(2) 燃油、润滑油使用不当

正确使用燃油、润滑油，是保证汽车正常行驶、减少故障和延长使用寿命的重要因素。

如要求使用93号①汽油的汽车，改用90号汽油，发动机就会发生爆震，冲坏气缸垫或烧毁活塞顶，并使动力性下降；柴油机在严寒地区使用高凝点的柴油，就使启动困难；电喷发动机要求使用无铅汽油，若使用含铅汽油，会导致氧传感器铅中毒，造成发动机动力性下降。

润滑油过稀或过稠、性能不好，会使零件因润滑不良而容易磨损，离合器使用标号不对的机油，会导致拉缸。

(3) 驾驶操作不当、使用不当

汽车驾驶员对汽车日常维护、操作技术、故障处理，对新车型、新装置使用注意事项的掌握，直接影响汽车技术状况的变化。汽车驾驶员的素质可使汽车大修间隔里程有较大的变化。

汽车驾驶员若是技术不熟练，行车中频繁制动，则会使制动系统和行驶系统加速损坏，变速换挡不熟练，则将造成打齿，造成变速器齿轮早期磨损。

汽车的额定载重量是由发动机的功率和车架、悬架、轮胎的承载能力决定的，在使用中经常超载，各系统、零件长时间超负荷工作，会出现早期损伤，导致故障的发生。

(4) 维护保养不当

汽车维护和保养是确保汽车技术状况完好，减少事故发生的重要技术措施。不按时、不按标准对汽车进行保养和修理，事故将不可避免。

(5) 维修质量差

维修人员素质低，水平低，检测维修设备不齐全，配件质量差，会导致行驶故障增多。

3. 零件失效

汽车由上万个具有不同功能的零件组成。随着行驶里程的增加，汽车零件失效和由此引起的汽车技术状况变差是不可避免的。

三、汽车故障规律

汽车故障的出现有其一定规律，这种规律用故障率来表示。

汽车的故障率是指汽车发生故障的频率随行驶里程或行驶时间而变化的规律。了解和掌握这一规律，对我们正确使用和维护车辆，准确及时判断和排除故障，优质高效地修理汽车，都有重要意义。图1－2所示为汽车的故障率曲线，图中横坐标 t 代表时间(行驶里程)，纵坐标 λ 代表故障率。曲线两端高、中间低平，呈浴盆状，也称“浴盆曲线”。

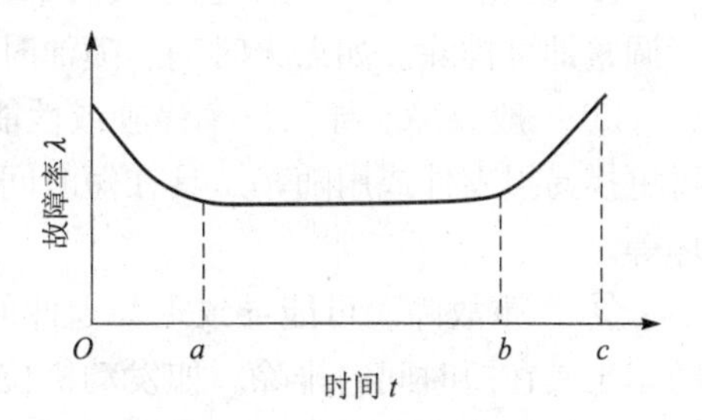

图1－2　汽车故障率曲线

Oa—早期故障期；*ab*—随机故障期；*bc*—耗损故障期

① 北京第五阶段地方标准车用汽油牌号由90号、93号、97号分别调整为89号、92号、95号。

为分析故障规律，我们将曲线分为三段，对应故障率随时间变化的三个时期。

（1）早期故障期（*Oa*）

即新车或刚大修过的汽车使用初期。由于材料缺陷、零件加工刀纹及残留物、工艺过程引起的应力、装配与调整的质量不适应汽车使用条件等，故障率较高。随着走合期的结束及走合维护的完成，故障率迅速下降。

（2）随机故障期（*ab*）

汽车的正常使用时期，故障率较低，不随时间而变化。曲线平坦，看不出变化规律，故障的出现是随机的。

（3）耗损故障期（*bc*）

随着行驶里程的延长，汽车零件失效增多，可靠性下降，故障率急剧上升，进入换件（定期更换易损件）、大修或报废期。

四、汽车故障分类

汽车故障按故障性质、状态的不同可分为如下几种类型：

1. 按工作状态可分为间歇性故障和永久性故障

① 间歇性故障有时发生，有时消失。

② 永久性故障指故障出现后，如果不经人工排除，它将一直存在。

2. 按故障形成速度分为急剧性故障和渐变性故障

① 急剧性故障指故障一经发生，工作状况急剧恶化，不停机修理，就不能正常运行。

② 渐变性故障发展缓慢，故障出现后一般可以继续行驶一段时间后再修理。

与急剧故障相似的一种故障叫突发性故障。在故障发生的前一刻没有明显的症状，故障发生往往导致汽车功能丧失，甚至引起人身、车辆安全。

3. 按故障的程度可分为局部功能故障和整体功能故障

① 局部功能故障是指汽车某一部分存在故障，这一部分功能不能实现，而其他部分功能仍完好。

② 整体功能故障虽然可能是汽车的某一部分出现了故障，但整个汽车的功能不能实现。

4. 汽车故障按照故障的严重程度分

① 轻微故障。一般不会导致汽车停驶或性能下降，不需要更换零件，用随车工具作适当调整即可排除。如点火时刻、喷油时刻不正确、怠速过高等。

② 一般故障。导致汽车停驶或性能下降，但一般不会导致主要部件和总成的严重损坏，可更换易损零件或用随车工具在短时间内排除。如来油不畅、滤清器脏、堵、个别传感器损坏等。

③ 严重故障。可能导致主要零件的严重损坏，必须停车，并且不能通过更换零件或用随车工具在短时间内排除。如发动机拉缸、抱轴、烧瓦、打齿等。

④ 致命故障。可能引起车毁人亡的恶性重大事故。如柴油机飞车、连杆螺栓断裂、活塞碎裂、制动系统失效等。

五、汽车故障的表现

汽车故障的现象是故障的具体表现。现代汽车结构复杂，出现的故障多种多样，对其归纳分类，有助于故障成因和部位的诊断。

1. 工况异常

工况异常是指汽车的工作状况突然出现了不正常现象。这是比较常见的故障症状。例如，发动机突然熄火后再发动困难，甚至不能启动；发动机在行驶中动力性突然下降，使行驶无力；行驶中，水箱开锅；制动跑偏；转向沉重；转向灯不亮等。这种故障现象明显，容易察觉，但其原因复杂，而且往往是由渐变到突变，涉及较多的系统。如启动困难的故障涉及发动机启动系统、点火系统、供给系统及机械部分。因此，在诊断时应认真分析追溯突变前有无可疑症状，去伪存真，判明故障的存在。

2. 声响异常

有些故障，往往可以引起汽车发动机或底盘部分的不正常响声，这种故障症状明显，一般可及时发现。一些声响异常的故障甚至能酿成机件的大事故，因此要认真对待。经验表明，凡响声沉重，并伴有明显振抖现象的，多为恶性故障，应立即停车，查明原因。一般异响常因造成的原因不同而规律不同，在判断时，应正确分辨仔细查听。出现异响部位预示着：配合零件可能装配不当、零件变形、配合副磨损造成配合副间隙不合适。

3. 温度异常

过热现象通常表现在发动机、变速器、驱动桥、制动器等总成上，或一些电器元件上。在正常情况下，无论汽车工作多长时间，这些系统、机构均应保持在一定的温度范围内，超过这个工作范围，为温度异常。如发动机正常温度：载重车正常冷却系统温度 80 ℃ ~ 90 ℃、轿车冷却系统温度为 85 ℃ ~115 ℃，超过此温度范围为发动机过热。

对于变速器、主减速器、制动器、电器元件，这些部位正常的工作温度为 50 ℃左右，若用手触试感到烫手难忍，即表明该处过热。

4. 排气异常

发动机在工作过程中，正常的燃烧生成物是 CO_2 和少量水蒸气，应为无明显颜色的烟雾，若燃烧不正常，烟雾的颜色将发生改变，将会排黑烟、排蓝烟、排白烟。排黑烟主要是因为燃料燃烧不完全，含有大量的 HC、CO 碳粒；排蓝烟主要是因为机油进入燃烧室被燃掉；排白烟是因为燃油中进水。排气不正常已成为发动机故障诊断的重要依据。

5. 消耗异常

燃料、润滑油消耗异常，也是一种故障现象，燃油消耗增多，一般为发动机工作不良或底盘（传动系统、制动系统）调整不当所致。

润滑油消耗异常，除了渗漏原因外，多为发动机存在故障，同时若伴有蓝烟排泄，一般为润滑油进入燃烧室被燃烧所致。如果发动机在运行中，机油量有增无减，可能是冷却水或汽油掺入。因此，燃油、润滑油消耗异常是发动机存在故障的一个标志。

6. 气味异常

汽车在运行中，如有制动拖滞、离合器打滑，则会散发出摩擦片的焦臭味；发动机过热、机油或制动液燃烧时，会散发出一种特殊气味；电路断路、搭铁导线烧毁也有异味。行车中一经发觉，即应停车查明故障所在。

7. 失控或抖动

汽车或总成工作时，可能会出现操纵困难或失灵，有时会出现不允许的自身振抖，如定位不正确而出现的前轮摆振或跑偏；由于曲轴或传动轴动平衡不好而产生的发动机或传动系统在运转中的振抖。

8. 渗漏

渗漏是指燃油、润滑油、冷却水、制动液（或压缩空气）、动力转向油出现的渗漏现象，也是一种明显的故障现象。渗漏易造成过热、烧损及转向、制动的失灵等故障。

9. 外观异常

将汽车停放在平坦路面上，检查外形状况。如有横向或纵向的倾斜，其原因多为车架、车身、悬挂、轮胎等出现异常，这样会引起方向不稳、行驶跑偏、轮胎早磨等故障。

也有一些电气系统故障呈现出外观异常：大灯不亮、转向灯不亮等。

六、汽车故障常见诊断方法

（一）汽车故障诊断的基本原则

汽车故障诊断的基本原则可概括为：搞清现象、结合原理、区别情况、周密分析、从简到繁、由表及里、诊断准确、少拆为益。具体如下：

1. 抓住引起故障现象的特征

先全面搜集、了解故障的全部现象，弄清是使用中逐渐出现的，还是突然出现的，是保养后出现的还是大修后出现的；在什么情况、什么条件下现象明显；在允许条件下，改变汽车工作状况了解现象的变化，从中抓住其故障现象特征。

2. 分析造成故障原因的实质

任何故障总是由一两个实质性的原因所造成，必须经过分析确定后再查找，以免走弯路。如发动机排气管排黑烟，实质是燃烧不完全，故应抓住油、气及其混合的关键。而要能准确抓住关键，必须熟悉汽车的结构、工作原理及正常工作所具备的条件。

3. 避免盲目性

在诊断故障过程中，尽量避免盲目的拆卸，否则将造成人力、材料和时间的浪费；同时更要注意防止因不正确的拆卸而造成新的故障。

（二）汽车故障诊断方法

汽车故障诊断法有直观诊断法和客观诊断法。客观诊断法用先进的仪器设备测试诊断；直观诊断法主要是靠维修人员的观察、感觉，应用简单的工具，将个别症状放大或暂时消除的方法来诊断和处理，此方法使用相当普遍。直观诊断法有问、看、听、嗅、摸和试六种方法。

1. 直观诊断方法

① 问，“问”就是调查。在诊断故障前，应先问明有关情况。如车辆已驶过的里程及近期的保修情况，故障发生前有何征兆，以及故障发生的过程是渐变的还是突变的等。情况不明，便盲目诊断，往往影响排除故障的速度。因为有的个别故障属于汽车使用过程中的必然现象，而有的故障则是由于对汽车的使用维护不当所造成的。

② 看，“看”就是观察。即通过观察车辆外表反映出来的现象，再结合其他情况，来判断车辆的故障。比如：看燃油管、制动油液管、冷却液管及其接头是否变形、松动或泄漏；各种导线是否连接牢靠；各警告灯是否正常闪烁；各种仪表指示是否正常；轮胎磨损是否过甚；排烟是否正常等。

③ 听，“听”就是通过耳朵来判断发动机运转状况，从而进一步判断发生的部位。在用“听”的手段来分析发动机异响故障时，首先要判断哪些是发动机的正常响声，哪些属于异响。所谓正常响声，是指允许存在的轻微响声。它主要包括活塞环与气缸壁的摩擦声、机油的激溅声、发动机爆震时的声音以及其他一些汽车运行过程中允许出现的声音。异常声音则是指不正常的金属敲击声或其他不应有的声音，主要包括活塞敲缸响、活塞销响、连杆轴承响、曲轴轴承响、离合器分离轴承响、正时齿轮响、气门脚响、气门挺杆响及传动轴不正常响等。不同的故障有不同的异响。比如：活塞敲缸响在怠速时比较明显，且为清脆而有节奏的“当当”的金属敲击声。活塞销响在怠速或高于怠速时比较明显，尖脆而有节奏，类似刚球碰撞的“嗒嗒”声；连杆轴承响在急加速时比较明显，是有节奏的“嗒嗒”金属敲击声；曲轴轴承响在突然加速或减速时比较明显，是有节奏的“咚咚”金属敲击声，同时消声器发出“突突”声时，应在各种转速下察听其是有节奏的“突突”声，还是无节奏的“突突”声。还应注意消声器有无放炮声和化油器有无回火声，并且要察听在什么转速下放炮声或回火声比较严重，发动机有无严重的突爆声等。

④ 嗅，“嗅”就是凭借嗅觉察知发动机、底盘和电器部分在运行中有无异常气味，以诊断其工作是否正常。有些故障发生时会发出不正常的气味。比如：通过离合器摩擦片、制动蹄片有无烧蚀时的焦烟味来诊断离合器是否打滑烧蚀或制动蹄拖滞；通过有无导线绝缘层烧焦的橡皮臭味来诊断电路是否有短路或者过载故障；通过发动机排出废气有无很浓的生油味来诊断混合气是否过浓。对于异常气味决不可以掉以轻心，尤其是在行车中，一旦闻到电线有烧着似的橡皮臭味，便应立即靠边停车，查明原因，防止火灾的发生。

⑤ 摸，“摸”就是用手接触可能发生故障的机件的工作温度及其震动情况，以诊断有关系统工作是否正常。通常用于发动机、变速器总成、驱动桥总成及一些电器元件上。在正常情况下，无论汽车工作多长时间，这些总成均应保持一定温度，除发动机外。倘若用手触摸这些总成时，感到烫痛难忍，即表明该处过热，说明此处有故障。

⑥ 试，“试”就是实地试验。通过试车来找出故障的部位，也可以通过试火来寻找电路故障。比如：火花塞断火可以检查气缸的工作情况，通过更换零部件来证实故障的部位，在检查喷油器、继电器和各类仪表时可用此法。

故障的直观诊断并无严格的程序，需要根据具体情况灵活运用。一般通过“问、看、听、嗅、摸、试”得到故障信息，进一步综合分析，都能准确、迅速查处故障。

2. 经验诊断法

(1) 隔除法

隔除法是指部分地隔除或隔断某些系统、某些部件，通过观察故障现象的变化来确定故障范围或部位的方法。

发动机故障诊断：当隔除或隔断某些系统、某些部件后，若故障现象立即消失，则说明故障发生在此部位或与此部位有关；若现象仍然存在，说明故障在其他部位。如用单缸断火法（或单缸断油法）来判断故障缸。当发动机排蓝烟，将某缸断火，蓝烟消失，该缸为故障缸。用此方法还可判断发动机排黑烟、白烟、发动机异响、发动机抖动的故障。

底盘故障诊断：可用断续切断某部分动力传递的路线的方法确定故障区段。例如诊断底盘异响时，可将变速杆放在空挡位置，断续地接合和分离离合器，根据声音的变化判断响声是发生在变速器还是离合器。

电器故障诊断常用将某线路暂时隔除的方法来确定故障的部位。例如喇叭不响，可以直接给喇叭供电来判断是喇叭故障还是线路故障。

（2）试探法

试探法是指，通过试探性地排除或调整来判断故障可能产生的部位是否正常。

例如气门异响，若怀疑是气门间隙过大引起的异响，将气门间隙重新调整。若故障消失，则异响为气门间隙过大引起的；若异响仍有，再查其他部位。应注意的是，用试探法诊断时，应记住调整前的原始位置，如故障不在此处，应恢复原始位置。

（3）比较法

将怀疑有故障的零部件与工作正常的相同件对换，根据换件后故障现象的变化来判断所换件是否有故障的方法称为比较法。

当某缸不工作时，如果怀疑火花塞工作不正常，可换上一个正常的火花塞，若故障消失，说明该火花塞工作不正常。本方法适合在不能准确判断部件故障状况时使用。诊断时，切忌盲目换件。

3. 仪器诊断法

仪器诊断具有快速、准确、预见性好特点。现代汽车的诊断越来越多地依赖仪器的诊断。

（1）气缸密封性检测

气缸密封性与缸体、气缸盖、气缸垫、活塞、活塞环和进、排气门等零件的技术状况有关。在发动机使用过程中，由于这些零件磨损、烧蚀、结焦或积炭，导致气缸密封性下降，使发动机功率下降，燃油消耗率增加，使用寿命大大缩短。因此，气缸密封性是表征发动机技术状况的重要参数。

在不解体的条件下，检测气缸密封性的常用方法有：测量气缸压缩压力；测量曲轴箱窜气量；测量气缸漏气量或气缸漏气率；测量进气管真空度；测量曲轴箱机油中金属磨屑的含量等。在就车检测时，只要进行其中的一项或两项，就能确定气缸密封性的好坏。

① 气缸压缩压力的测量。气缸压力是指活塞在压缩终了时测量的燃烧室气缸最大压缩压力，可以判断气缸密封性的好坏。一般用气缸压力表测量。用气缸压力表测量气缸压缩压力，方法简便、价格低廉，在汽车维修企业中广为应用。但这种方法的测量误差大。

气缸压力表为专用压力表，由表头、导管、止回阀和接头组成。接头有锥形橡胶接头和螺纹接头两种，前者可以紧压在火花塞孔上，后者可以拧紧在火花塞螺纹孔上。

测量时发动机应运转至冷却液温度达到85 ℃～95 ℃，机油温度达到70 ℃～90 ℃，按下面方法测量：

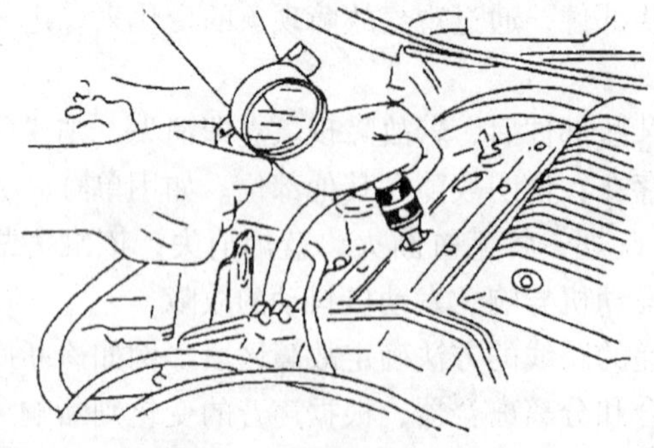

图1－3　气缸压力的测量

a. 拆下空气过滤器。

b. 用压缩空气吹净火花塞周围的脏物。

c. 拆下全部火花塞。

d. 拔下分电器中央电极高压线，使其可靠搭铁，以免发生电击着火。

e. 将气缸压力表的橡胶接头插在被测气缸的火花塞孔内，扶正压紧，如图1－3所示。

f. 将节气门置于全开位置。

g. 用起动机转动曲轴，待表头指针指示并保持最大压力后停止转动。

h. 取下压力表，记下读数，按下止回阀，使指针回零。

i. 按上述方法依次测量各缸，每缸测量次数不少于两次。

大修后的发动机气缸压缩压力应符合原设计标准值。在用发动机气缸压缩压力不得低于标准值的25%，汽油机各缸压力差应不超过各缸平均压力的8%，否则发动机应送厂大修。

② 气缸漏气量的检测。随着气缸活塞组零件的磨损，气缸密封性下降，漏气量增加。发动机动力性、经济性变差，曲轴箱窜气量增加，机油受到污染。

气缸漏气量检测的基本方法是，向活塞处于压缩行程上止点的气缸充入压缩空气，观察压力下降的程度，借以判断气缸的密封性。压力下降愈多，气缸漏气量愈多。

③ 进气管真空度的检测。进气管真空度是进气管内的压力与大气压力的差值，单位为千帕（kPa）。发动机进气管真空度的大小随气缸活塞组零件的磨损而变化，并与气门组零件的技术状况、进气管的密封性以及点火系统和供油系统的调整有关。因此，检测进气管真空度，可以诊断发动机多种故障。进气管真空度用真空表检测，无须拆卸任何机件，而且快速简便，应用极广。一般发动机综合分析仪也具有进气管真空度检测功能。测试条件及操作方法如下：

a. 启动发动机，并使其以高于怠速的转速空转30 min以上，使发动机达到正常温度。

b. 将真空表软管接到进气歧管的测压孔上。

c. 变速器挂空挡，发动机以怠速运转。

d. 读取真空表上的示值。

大修竣工的四行程汽油机转速在500～600 r/min时，以海平面为准，进气管真空度应在57.33～70.66 kPa范围内。波动范围：六缸汽油机一般不超过3.33 kPa，四缸汽油机一般不超过5.07 kPa。

进气管真空压力随海拔升高而降低。海拔每升高1 000 m，真空压力约减少10 kPa，故检测应根据所在地的海拔高度进行折算。

（2）燃油系统检测

检测电喷发动机运转时燃油管路内的油压，可以判断电动汽油泵或油压调节器有无故障、汽油滤清器是否堵塞等。燃油压力表（参见图1－4）就是用来测量燃油压力的专用工具，是在燃油喷射系统检查中使用的重要工具。

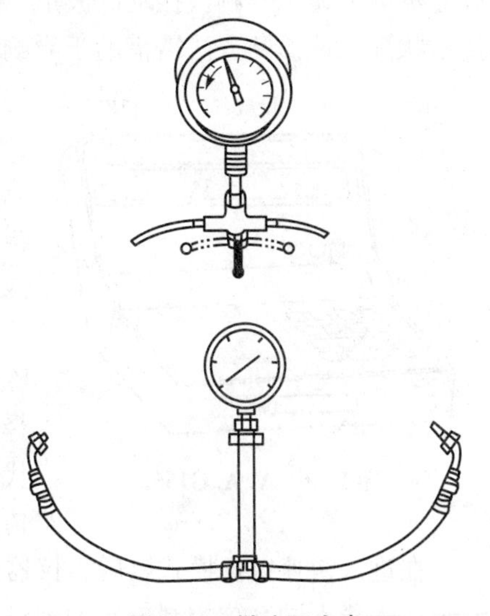

图1－4　燃油压力表

（3）润滑系统检测

润滑系统机油压力可用压力表测量。润滑油品质的检测除经验法外，也可用润滑油分析仪检测。

用润滑油分析仪主要是分析润滑油的污染性质和程度。机油污染分析仪有很多种形式，主要是通过测量一定厚度润滑油膜的不透明度来反映润滑油内碳物质的含量，以表示润滑油的脏污程度。

（4）汽油机单缸功率的检测

检测单缸功率时需先测出发动机整机功率，再测出某单缸断火情况下的发动机功率，两功率差即为断火之缸的单缸功率。技术状况良好的发动机，各单缸功率应是一致的，亦即各缸功率差应是相等的，否则造成发动机运转不平稳。比较各单缸功率，可判断各缸工作状况。也可利用在单缸断火情况下测得的发动机转速下降值来评价各缸的工作状况。

发动机单缸功率偏低，一般系该缸高压分线、分线插座或火花塞技术状况不良，气缸密封性不佳，气缸窜润滑油等原因造成，应更换、调整或维修。

（5）汽车异响的检测与诊断

由于汽车异响较复杂，目前仍以经验判断为主，但也可利用发动机综合检测仪来检测。检测仪主要是根据异响的振动、振幅、频率来进行判断。

① 听诊器诊断异响。用听诊器判断异响，确定发动机故障部位，既经济又有效。听诊器可以调节音量，即使微小的响声也可清晰地听见，并设有外接磁带记录仪插口，可将异响记录下来。图1－5所示为听诊器示意图。

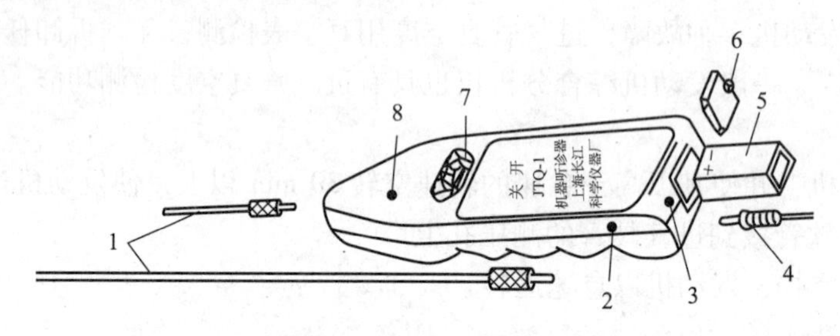

图1－5　听诊器的组成

1—探针；2—记录仪插口；3—耳机开口；4—耳机插塞；5—电池；6—电池盖；7—开关及音量控制；8—电源指示灯

② 示波器诊断异响。不同的运动件在不同的运转工况下，产生不同特性的机械振动，其振动频率和振幅各不相同，因而发动机异响的强弱和音调的高低也就各不相同。利用振动传感器把引起异响的各种机械振动信号转换为电信号，再经选频放大之后送入示波器，在示波器荧屏上显示异响或振动的波形。根据波形的振幅和频率可以判断出产生异响的机件及其技术状况。该诊断方法需借助于异响测听仪、频谱分析仪。

（6）故障诊断仪

故障诊断仪是维修汽车电控系统不可缺少的仪器。它不仅具有故障码的读取和清除功能，还具有数据流测量、基本调整等功能。图1－6所示的V. A. G1552是维修大众轿车时不可缺少的仪器。

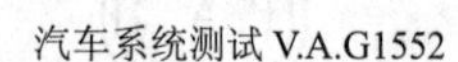

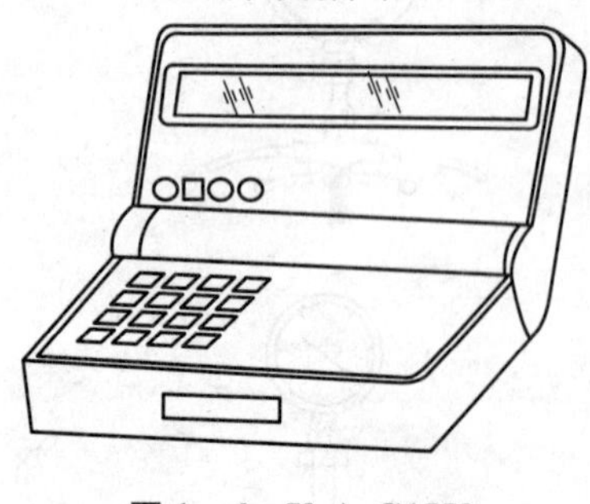

图1－6　V. A. G1552

在接通故障诊断仪后，可用按键来选择工作模式。除可选择1－快速数据传递和2－闪光码输出外，还可选择3－仪器自我检测和4－服务站代码。选择时只需输入代码即可。如输入1，用Q键确认后，便进入了快速数据传递模式。

在进入快速数据模式以后，仪器显示的菜单，诊断仪等待着二位数字编码的输入。这一编码代表着不同系统控制单元的地址码，地址码具体内容见表1－1。在不同的地址下便可进行故障码读取、数据流测量、基本调整等功能的选择。

表 1－1　地址码一览表

地址码	系统控制单元
01	发动机电器系统
02	变速器电器系统
03	制动电器系统
08	暖风/空调电器系统
14	汽车悬架电器系统
15	安全气囊电器系统
17	仪表板电器系统
24	驱动防滑控制系统
25	汽车防盗电器系统
34	四轮转向电器系统
00	整车电器系统自动故障查询（询问车上所有电器系统的故障记忆系统，并打印出结果）

（7）发动机综合检测仪

发动机综合检测仪通过传感器采集信号，经前端预处理后，输入计算机进行处理，以不同形式输出。可以直观、方便地对发动机进行故障检测、分析与诊断。它还可以检测主机以不同方式进行数据通信交换信息，以便对车辆及用户的信息和检测数据进行集中监控与管理。

① 汽油机性能检测。点火波形、点火提前角、动力平衡、气缸压力、气缸效率、启动测试、充电测试、进气管真空度波形、温度测量、废气分析、转速稳定性分析、无外载测功。对电喷发动机可以检测传感器及执行器的工作状况。

② 柴油机性能检测。喷油压力检测、柴油机喷油提前角检测、启动测试、充电电压测试、转速稳定性、自由加速烟度、无外载测功等。

（8）离合器打滑的检测

离合器打滑会使发动机的动力不能有效地传递到驱动轮上，并使离合器自身过热，加剧磨损、烧焦甚至损坏。

离合器打滑频闪测定仪可用来检测离合器是否有打滑现象。离合器打滑频闪测定仪主要由透镜、闪光灯、电阻器、电容器、电源和传感器等组成，如图 1－7 所示，电源为车上蓄电池。

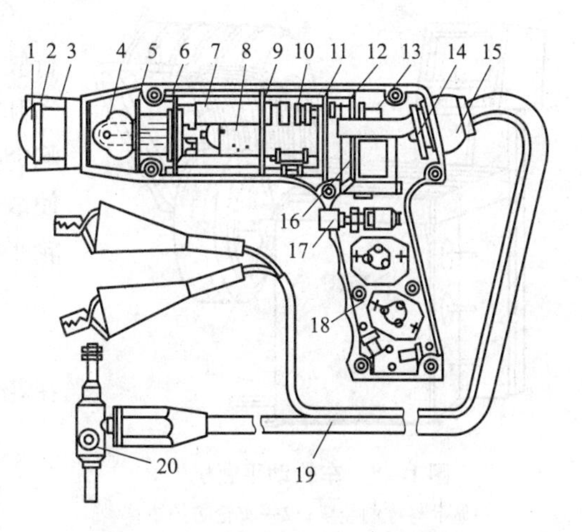

图 1－7　离合器打滑频闪测定仪

1—环；2—透镜；3—框架；4—闪光灯；5—护板；6，9，11，12，18—隔板；7—电阻器；8，10—电容器；13—二极管；14—支持器；15—座套；16—变压器；17—开关；19—导线；20—传感接头使用该仪器时，须由发动机的火花塞向仪器内高压电极输入电脉冲信号。火花塞每跳火一次，闪光灯就亮一次，且闪光频率与发动机转速成正比。离合器打滑的检测可在底盘测功试验台或车速表试验台上进行，无试验台的可支起驱动桥进行。检测中应挂入直接挡，使汽车原地运转，必要时可使用行车制动器或驻车制动器，以增加驱动轮或传动系统负荷。将闪光灯发出的光亮点投射到传动轴的某一点（可预先设置标记）。若离合器不打滑，传动轴上某点与光亮点同步，看起来传动轴似乎不转动；若某点与光亮点不同步，而是逐渐滞后于光亮点，并看到传动轴似乎在慢慢转动，说明离合器打滑。

（9）四轮定位检测

为满足汽车高速运行状态下的稳定性和舒适性要求，现代汽车广泛采用四轮独立悬架。为使汽车具有良好转向特性，除转向轮定位外，部分轿车（如：夏利 TJ7100、捷达、富康、桑塔纳 2000 等）还具有后轮外倾角和前束以及底盘异常引起的推力角等，称为四轮定位。

四轮定位的前、后轮定位参数依赖于悬架机构有关部件的相互位置在一个统一基准（线或面）上的合理匹配，以实现转向行驶系统的稳定效应，使汽车具有良好的行驶平顺性和操纵稳定性。只有当前、后轮定位参数均按标准值调整得当时，才能保证汽车转向精确、运行平稳、行驶安全、降低油耗并减轻轮胎磨损。

在汽车行驶中出现下列情况时，需进行四轮定位的检测和调整：

① 直线行驶困难。

② 前轮摇摆不定，行驶方向飘移。

③ 轮胎异常磨损。

④ 汽车更换悬架系统、转向系统有关部件或前部经碰撞事故维修后。

检测仪器为四轮定位仪。

（10）车轮动平衡检测

随着道路条件改善和汽车技术的进步，汽车的行驶速度越来越高。车轮动平衡不好会引起车轮跳动和摆振，对汽车行驶平顺性和安全行车有很大影响，并且加剧轮胎和其他机件的磨损、冲击损伤，使故障率上升。因此，目前汽车维修中普遍使用车轮平衡机来检测车轮平衡量。如图 1－8 所示。

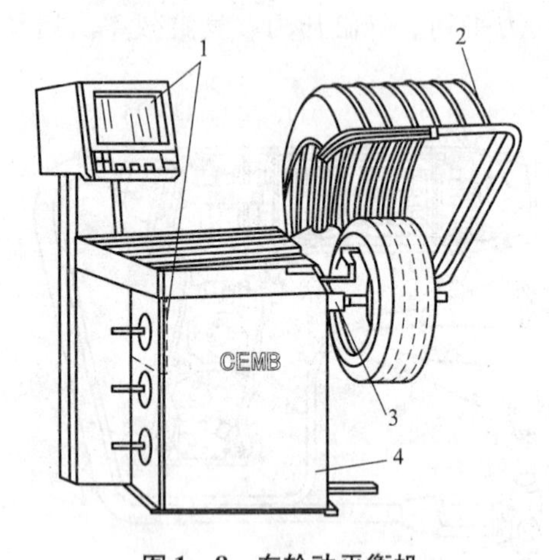

图 1－8　车轮动平衡机

1—显示与控制装置；2—车轮防护罩；3—转轴；4—机箱

车轮不平衡的一般检测方法如下：

① 拆除车轮上的旧平衡块，清除胎面泥土和嵌在花纹中的泥土、石子等，轮胎气压达到规定值。

② 检查车轮平衡仪并预热 5 min 左右。

③ 提起车轮定位尺，以便使被测车轮定位。

④ 根据轮辋中心孔大小选择锥体，并把车轮装在转轴上。

⑤ 测量轮辐宽度、轮辐直径和轮辐边缘至机箱距离，并将测量数据输入控制装置。

⑥ 按下车轮定位尺并放下车轮防护罩。

⑦ 按下启动按钮，转动车轮，开始测试。

⑧ 显示出测量结果后，按停止按钮，使车轮停转，读取车轮内、外侧不平衡量和不平

衡位置。

⑨ 感觉检测结果，安装平衡块。

⑩ 检查平衡结果，直到车轮不平衡量小于5 g。

⑪ 测试结束，切断电源，从转轴上取下车轮总成。

七、故障诊断的一般程序

从故障汽车进入维修车间到故障排除、试车合格出厂的一般诊断程序如下：

1. 问诊

故障汽车进厂后，先向客户询问了解故障症状以及故障发生的条件。最好填写一份详细的客户调查表。这些都有助于维修人员作出快速准确的诊断。

问诊时应尽可能避免使用专业术语，也不要根据自己的主观臆测，诱导客户说出一些事实上并不存在但符合维修人员自己思维习惯的故障现象（所谓“心理暗示”）。在客户叙述故障时，应认真倾听并在心中迅速判断故障的大概原因。在这种判断的基础上，进行基本检查。

2. 基本检查

维修人员根据自己的初步判断，进行人工直观检查，以缩小可疑故障范围。对于不能进行人工直观检查的地方，诸如点火正时、燃油压力、火花塞和高压线跳火距离等，应使用仪器仪表进行检查。

3. 自诊断测试

现今的发动机管理系统都具有自诊断功能。在汽车发动机运行过程中，控制单元ECM对系统各部件进行监测。当监测到故障时，ECM一方面将故障以故障码的形式存储在存储器中，另一方面启用故障保护功能对电控系统进行保护，同时点亮故障指示灯以提示驾驶系统出现故障。在维修时，维修人员可以按照一定的步骤将故障码从ECM的内存中调出，根据故障码的含义进行快速的确诊和排障。故障一旦消失，故障指示灯就会熄灭。故障码仍会保存在ECM的内存中，除非采取了特定的措施加以清除。

（1）检查故障指示灯

利用自诊断系统进行诊断时，应先检查仪表板上故障指示灯的情况。当点火开关打开、发动机尚未启动时，ECM要进行自检，故障指示灯应点亮。如果故障指示灯不亮，则说明故障指示灯电路有故障，如灯丝烧断、熔丝熔断或导线断路。发动机启动后，在正常工作情况下，灯应熄灭。如果故障指示灯继续亮，说明自诊断系统已检测到发动机电控系统有故障。如果故障指示灯正常，则应根据车型的不同，选择相应的诊断模式，进入自诊断系统读取故障码。无论有无故障码，都应做记录。存在故障码时，在读取后应予以清除。

（2）连接故障诊断插座

多数车载诊断系统都设有诊断插座，也叫数据通信插座，常用DLC（Data Link Connector）表示。它不仅能传递发动机电控系统的故障信息，还能传递诸如自动变速器、ABS、A/C、SRS、空气悬架等（如果安装）电控系统的故障信息。例如，丰田车上装有三个诊断插座。安装在发动机舱内的诊断插座为长方形，通常称做检查插接器（DLCl），偏重于发动机方面的检测与诊断；在转向盘侧的仪表板下方，还有两个诊断插座，分别称做DLC2和DLC3；DLC2又称TDCL，可用来输出发动机和其他系统的故障码；DLC3是OBD－

Ⅱ的诊断插座，能自动将车辆识别信号传送至OBD－Ⅱ的检测仪。

注意不同车型上诊断插座的位置、形状可能不同，检修时可查阅相关维修手册。

OBD－Ⅱ诊断插座有统一的形状和尺寸，且都安装在驾驶员一侧的仪表板下方。该插座为一个16端子插座，其外形如图1－9所示。

在OBD－Ⅱ中，SAE（美国汽车工程师协会）对诊断插座中的部分端子进行了定义，各端子的代号和含义见表1－2。

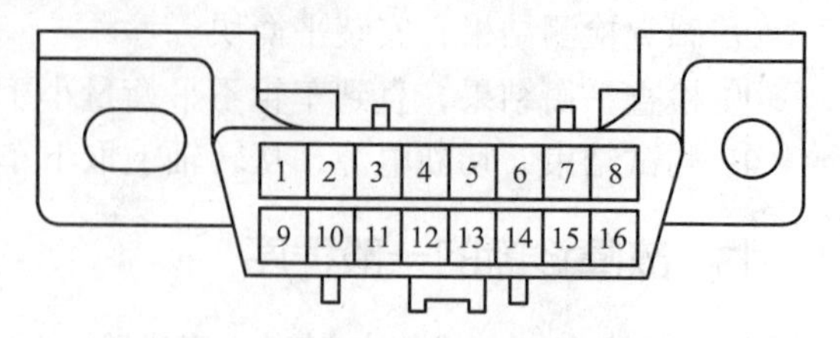

图1－9　OBD－Ⅱ诊断插座外形

表1－2　OBD－Ⅱ诊断插座各端子代号与含义

端子代号	含　义	端子代号	含　义
1	供制造厂使用	9	供制造厂使用
2	SAE—J1850资料传输	10	SAE—J1850资料传输
3	供制造厂使用	11	供制造厂使用
4	车身搭铁	12	供制造厂使用
5	信号回路搭铁	13	供制造厂使用
6	供制造厂使用	14	供制造厂使用
7	ISO—9141资料传输	15	ISO—9141资料传输
8	供制造厂使用	16	接蓄电池正极

（3）故障码的读取与清除

车载诊断系统在检测到故障后，不仅要点亮故障指示灯，还要及时将故障信息以代码的形式存入存储器内。除非进行了清除故障码的操作，这些故障码将一直保留在存储器内，以便维修时读取，作为检修的依据。

① 读取故障码前的准备工作：

a. 检查蓄电池电压，应不小于11 V。

b. 检查电线插头、线缆是否有故障，检查机械部件有无泄漏、阻塞、胶结等。

c. 检查变速杆是否在“N”位。

d. 电气附件的开关处于关闭位置。

e. 启动发动机，暖机到正常工作温度。

f. 检查故障指示灯是否工作正常。

② 故障码的读取。读取故障码的方法大致可概括为两大类：一是直接利用车载诊断系统；二是利用专用的检测仪。

a. 直接利用车载诊断系统读取故障码。在较早的电喷车上采用此方法。当仪表板上的故障指示灯常亮时，或者怀疑电控系统有故障时，维修人员可以在规定的故障诊断模式下，触发诊断插座的指定端子，系统将输出故障码。

故障诊断模式有两种——静态模式和动态模式，它们具有不同的测试功能。

在静态模式下诊断时，点火开关处于接通状态，发动机不运转。该模式可以提取存储器中间歇型故障的故障码，以及在静态测试状态下所发生故障的故障码。

动态模式是指点火开关处于接通位置，发动机运转的情况下所进行的测试模式。该模式可以读取在动态测试状态下所发生故障的故障码，或进行混合气成分的检测。

当自诊断系统输出故障码时，常见的显示方法有以下几种：

ⅰ. 故障指示灯显示。有些汽车可以利用仪表板上故障指示灯的闪烁规律读取故障码。如图 1 –10 所示为某款汽车上的自诊断系统在输出码值为 12 和 34 时的故障指示灯闪亮规律。

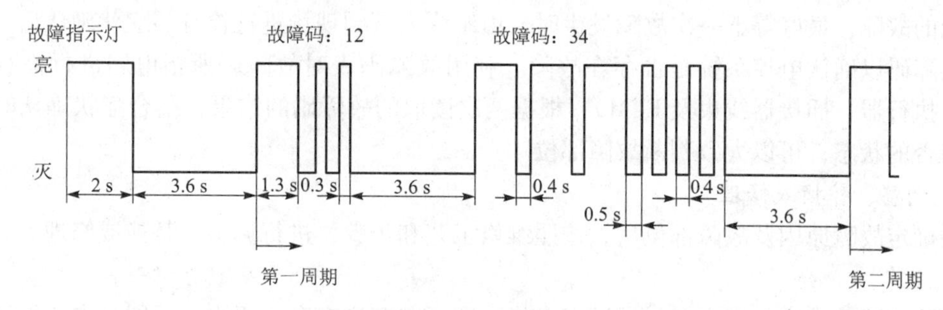

图 1 –10 故障码为 12 和 34 的故障指示灯闪亮规律

ⅱ. 发光二极管（LED 灯）显示。有些汽车上，利用 ECM 箱体上的 LED 灯来显示故障码，具体又有三种形式。

采用一个 LED 灯，指示方式与故障指示灯显示方式相同。

采用两个 LED 灯，一红一绿，红色表示十位数，绿色表示个位数。日产公司所生产的某些型号的汽车，就采用这种显示方法。

采用四个 LED 灯，分别代表数字 1、2、4、8。自诊断系统被触发后，发亮的 LED 灯所代表的数字之和，即为故障码。本田公司所生产的一些汽车，就采用这种显示方法。

ⅲ. 诊断插座输出电压脉冲显示。还有一些汽车，利用自诊断系统的诊断插座输出电压脉冲，来显示故障码。

ⅳ. 数字显示。一些汽车利用组合仪表板上的液晶显示器，以数字的形式直接将故障码显示出来。

b. 使用检测仪读取故障码。现代汽车普遍采用此方法。利用汽车计算机检测仪进行故障诊断时，将检测仪的插头和汽车上的故障诊断插座相连接。然后打开点火开关，将被测汽车的型号和 VIN 码输入检测仪，按照检测仪屏幕上的提示进行操作，即可对电控系统进行检测，读出故障码。

③ 故障码的清除。无论利用哪一种车载自诊断系统读取故障码，当故障排除后，其故障码仍会保存在存储器中，此时应予以清除。否则，一旦产生新的故障，它将随同新的故障码一起被显示出来。各车型清除故障码的方法可能不一样，但大都可用下述方法进行清除。

a. 利用故障诊断仪清除故障码。

b. 在点火开关处于关断的情况下，拔掉发动机 ECM 备用电源线上的熔丝约 10 s 或更长时间，即可清除存储器中的故障码。一般外界温度越低，拔掉熔丝的时间应越长。

c. 拆下蓄电池负极接线柱上的搭铁线约 20 s，也可清除存储器中的故障码。但采用此种方法时，首先应该弄清该车的音响、防盗等系统的解密方法，以防止这些系统被锁死。

4. 利用故障码表检查

读出故障码后，可以利用故障码表（可以是单独的资料，也可以是故障检测仪中的数据库资料），根据故障码表的提示，检查并维修故障元件或电路。

5. 故障症状确认

维修后，检查故障的排除情况，试车确认故障已经排除，即可交车。如果无故障码记忆，在故障没有得到确认的情况下，启动发动机，使车辆运行 20 ~ 30 km 以后再现故障症状。如果故障症状仍然没有出现，使用故障症状模拟法使之再现。对于不能确认的、发生频率很低的故障，最好等下一次故障发生时，由维修人员到现场进行检查。症状确认后，再次读取故障码以确认电控系统是否存在故障。利用故障码表对故障码所指电路进行检查（传感器、执行器、插接器线束及 ECM）。根据两次读取的故障码的结果，结合症状确认时故障存在与否的状态，可以大致判断故障部位。

6. 调整、替换或修理

在确定故障原因及故障部位后，按照维修工艺和步骤，进行调整、替换或修理。

7. 交车

排除故障后应进行试车，如果试车合格，即可向客户交车。否则，返回步骤二继续排除故障。

第三节　汽车的基本检查

汽车的基本检查可预防故障的发生，延长汽车的使用寿命，是故障诊断的第一步。

一、发动机基本检查

1. 检查发动机润滑油（机油）

① 检查油面高度。检查油面高度时，汽车应停驻在平坦的地方，待发动机熄火 10 min 后再进行，目的是使润滑系统内多余的机油全部流回油底壳。

在发动机一侧，有一个机油油标尺，先将油标尺拔出，用抹布擦干净上面的机油，然后放回原位，再拔出来，观察机油在油标尺上的位置。机油必须在油标尺上限与下限刻度线之间，如图 1 - 11 所示。在发动机缸体侧面（或缸盖上）有一机油加注口，先将其盖卸下，加添适量机油，加添完毕后盖上机油加注口盖，重新检查机油液面高度，直至符合标准。

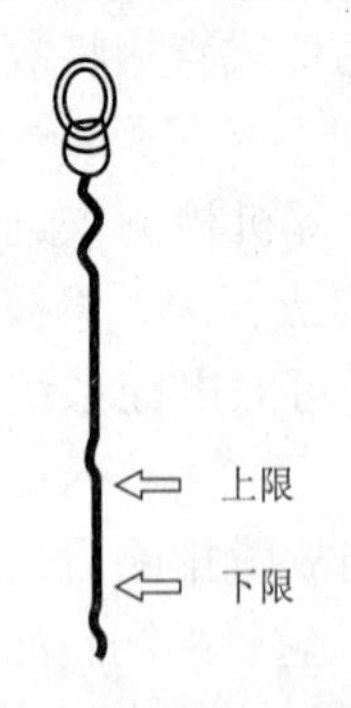

图 1 - 11　机油尺刻度

加添机油时，必须以规定牌号的机油加添，不可混加。

② 检查机油质量。用机油尺蘸油滴并滴在干净的纸上，正常的机油应该是淡黄色、透明、具有黏性；变质的机油通常为黑色、有杂质、稀释。

③ 启动发动机后，通过机油压力表观察机油压力，机油压力必在规定范围内。或仪表板上机油报警灯熄灭。

2. 检查燃油箱存油量

启动发动机后，通过燃油表观察燃油箱的存油量，燃油表上字母标记“F”表示燃油箱注满；“E”表示燃油箱几乎是空的，不足时应及时添加。有的汽车燃油表刻度为0、1/2、1，分别表示燃油箱内的油量为“空”、“半满”、“满”。

3. 检查冷却液量

冷却液液面应在max（最高）与min（最低）之间，如图1－12所示。

冷却液储液罐为半透明塑料罐，其上标注有冷却液液面允许的最高（max）和最低（min）标记，添加冷却液后，冷却液液面必须处于最高和最低标记之间，如果冷却液超过最高液面标记，则一旦发动机达到热态，在压力作用下超量的冷却液将通过储液罐盖限压阀溢出。

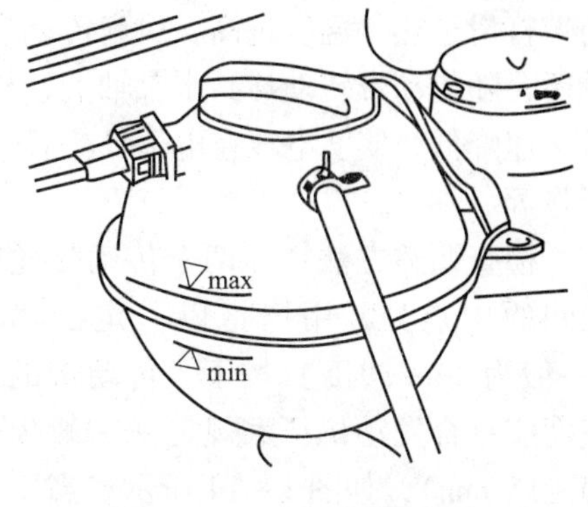

图1－12　冷却液液面检查

添加冷却液时，打开散热器盖或储液罐盖，直接加冷却液。如果是更换冷却液或重新加冷却液，为了不使冷却液内混入气泡，加冷却液时应将放水开关打开，待有冷却液从放水开关流出时，再将开关关闭，加至标准位置。

4. 检查蓄电池

检查蓄电池液面高度，不足应添加蒸馏水如图1－13（a）所示。观察蓄电池外壳是否破裂。检查蓄电池的安装是否牢靠，导线与接线柱的连接是否紧固。清除蓄电池表面的灰尘、油泥、擦去蓄电池盖上的电解液，清除接线柱和导线接头上的氧化物，疏通加液孔盖上的通气孔，旋紧蓄电池盖。

用密度计检查电解液的密度，以检查蓄电池的放电程度，如图1－13（b）所示。吸入电解液，浮子浮起，液面处的刻度即为密度值，根据此值来估算放电程度，一般电解液密度每减少0.01 g/cm^3，相当于蓄电池放电6%。若发现密度减少过多，则说明蓄电池有故障，查明原因，并排除故障。

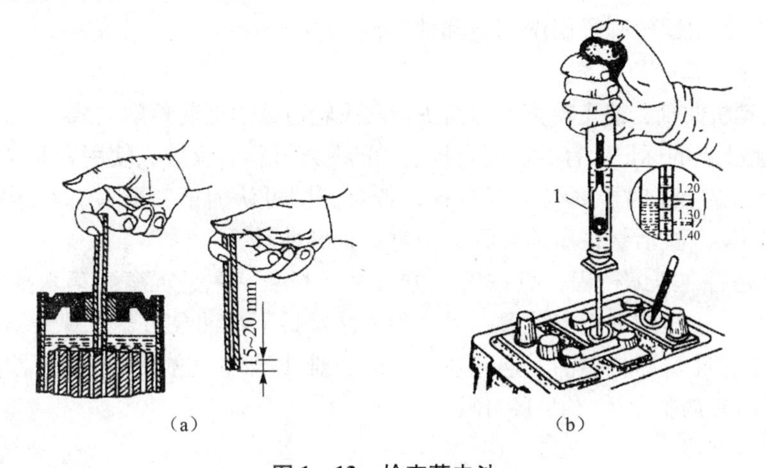

图1－13　检查蓄电池

（a）测量电解液的高度；（b）测量电解液的密度

5. 检查发电机、水泵、空压机带轮及传动带

带轮应不松旷，传动带无损伤，松紧度符合要求。发现传动带有断裂和分层现象时，应及时更换。如传动带为两根，则必须两根同时更换，不允许一新一旧混合使用。

要经常检查传动带的松紧度，传动带过紧不仅会使传动带芯线拉伸、风扇传动带寿命降低，而且会导致传动带轮和发电机、水泵轴承的磨损加剧，降低了使用寿命；过松会引起传动带打滑过热、温度过高，风扇传动带橡胶硬化、开裂，因而缩短了风扇传动带的寿命。热量还会随传动带转动传到水泵轴上，导致轴承中的黄油烧焦，进而损坏水泵，还会导致发电机转速降低，使蓄电池充电不良。且过热也会损坏发电机，还会造成发动机过热、空调功能下降等。

检查调整方法：在两个传动带轮之间的中点处，用拇指以一定的力（一般为29～39 N）按下，传动带的挠度应符合发动机厂家规定（一般为10～15 mm），如图1－14所示。当不符合要求需调整时，首先松开发电机调节臂上的锁紧螺母，然后扳动发电机使传动带达到规定的松紧度，再拧紧锁紧螺母。

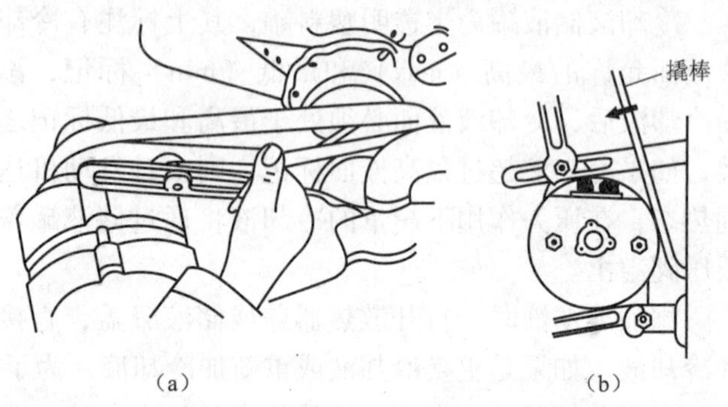

图1－14　风扇传动带松紧度的检查

（a）传动带松紧度的检查；（b）传动带松紧度的调整

6. 火花塞的检查

使用中，经常会有灰尘、油污等附着物沉积在火花塞绝缘体上，这些沉积物会形成外部泄漏分路，将会直接影响火花塞的正常跳火。另外，有时由于外界的因素，火花塞绝缘体上还常常会溅落水滴或沾上湿气，这更增加上述沉积物的泄漏性，所以必须经常擦抹其绝缘体部分。火花塞电极间由于反复高压跳火，易产生积炭，会改变电极间隙。

正常的火花塞，瓷套的裙部呈棕褐色到灰色，电极电蚀轻微。使用过的火花塞难免有轻微的积炭，属正常现象，不会降低发动机的性能。工作不正常的火花塞有：火花塞烧蚀、绝缘体顶部破裂、火花塞积油、积炭、积灰。若发现火花塞已产生积炭，可拆下火花塞，将其下端浸在煤油中，用铜丝刷子刷洗积炭和油垢。

7. 柴油机喷油正时的调整

① 拨转发动机曲轴，使飞轮壳上的箭头指向飞轮边缘的提前角刻度线。无论哪一种汽车，都打有第一缸上止点的标记，有的还刻有提前角的刻线并标有度数，使用者要注意观察。

② 观察喷油泵上正时器刻线是否对齐，若对齐即可认为第一缸活塞在压缩进程，若在相反方面则说明第六缸活塞在压缩行程，应继续摇转曲轴。

③ 第一缸是否在压缩行程，可按以下方法进行判断。一是观察到第六缸进排气门重叠时，一缸活塞应处于压缩上止点位置；另一种方法是拆下喷油泵边盖，观察第一缸柱塞是否开始顶起，顶起意味着即将喷油。遇到喷油正时很难找准时，这两种方法可同时使用。

8. 气门间隙的调整方法（图1－15）

① 松开锁紧螺母。

② 旋松调整螺钉。

③ 塞尺塞在气门杆端部气门帽与摇臂之间。

④ 旋紧调整螺钉使厚薄规轻轻被压住。

⑤ 用螺丝刀把住螺钉锁紧螺帽。

⑥ 校对。

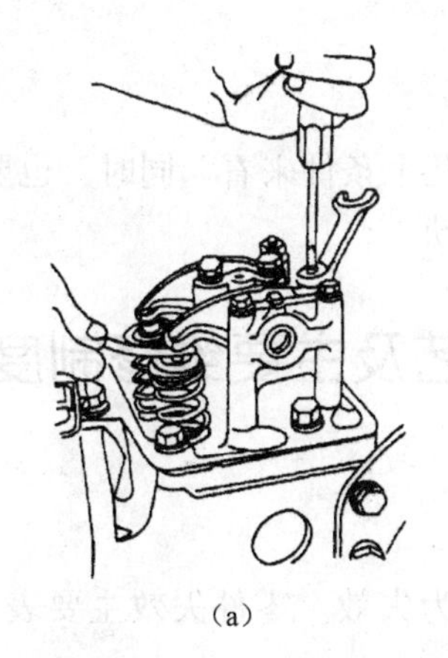
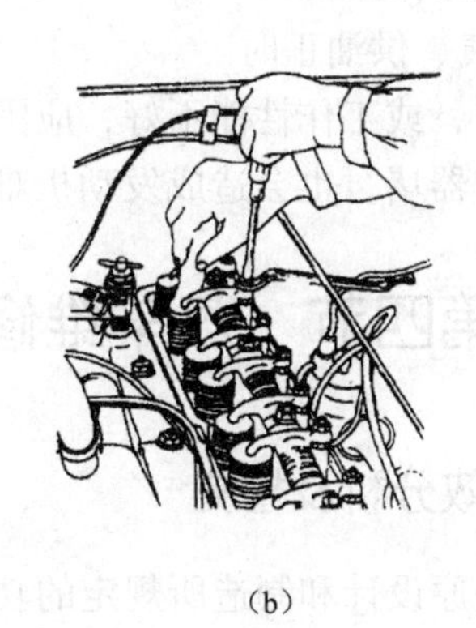

(a)　　(b)

图1－15　气门间隙的调整

(a) 调整；(b) 校对

对于CA6102发动机，其点火顺序：1—5—3—6—2—4。

气门布置：1（排）、2（进）、3（排）、4（进）、5（排）、6（进）、7（排）、8（进）、9（排）10（进）、11（排）、12（进）。

气门可以分两次调整：转动曲轴先使3、6气门压下（即一缸处于上止点），可调1、2、4、5、8、9气门。旋转曲轴360°使8、9气门压下（即一缸处于上止点），可调3、6、7、10、11、12气门。

对于492发动机其点火顺序：1—2—4—3。

气门布置：1（排）、2（进）、3（进）、4（排）、5（排）、6（进）、7（进）、8（排）。

1缸上止点时，调整1、2、4、6号气门；4缸上止点时，调整3、5、7、8号气门。

9. 检查轮胎

检查轮胎胎面有无划伤、裂纹或异常磨损，是否有金属片、石块嵌入胎面，如有应及时清除。检查胎压是否正常。

二、发动机故障诊断基本思路

1. 汽油机诊断思路

对于汽油发动机，要想使发动机能正常工作，必须具备四个条件：

① 合适浓度的可燃混合气。

② 足够高的气缸压力。

③ 火花塞跳出强烈的电火花。

④ 点火正时、配气正时正确。

检查时，一般先检查电路和油路供给故障，再检查气缸压力、配气正时和控制系统故障。

2. 柴油机诊断思路

柴油机正常工作也必须具备四个条件：

① 柴油机有足够高的压缩压力。

② 合适浓度的可燃混合气。

③ 压缩后足够高的温度。

④ 正确的配气、供油正时。

发动机不工作，或工作性能不好，应围绕这几个条件来看。同时，也要注意，有时排气管中三元催化反应器堵，也会造成发动机难以启动。

第四节　汽车维修工艺及主要维修制度

一、零件失效分析及检测

汽车零件丧失原设计和制造所规定的功能称为失效。零件失效主要表现为磨损、断裂、腐蚀、穴施和变形等。

1. 磨损

(1) 磨损的分类

磨损是指零件摩擦表面的金属在相对运动过程中不断损失的现象，磨损的发生将造成零件尺寸、形状及表面性质的变化，使零件的工作性能降低，是产生各种故障的主要原因之一。按照磨损机理的不同，可分为黏着磨损、磨料磨损、表面疲劳磨损、腐蚀磨损。

① 黏着磨损。表面比较粗糙的零件在滑动摩擦过程中，局部突起点刺破油膜而使接触点在摩擦高温下黏着、再撕裂，使一个零件表面的金属转移到另一个零件表面所引起的磨损称为黏着磨损。

② 磨料磨损。在摩擦表面间，硬质固体颗粒使相对运动的零件表面产生的磨损称为磨料磨损。这些硬质固体颗粒称为磨料。

磨料来自空气中的尘埃、燃油及润滑油中的杂质及黏着磨损脱落的金属颗粒。磨料磨损使两个零件工作表面出现许多直线槽，它们可以是很轻的擦痕或是很深的沟槽。例如发动机拉缸，会产生严重后果。

③ 表面疲劳磨损。在两接触面作滚动或同时带有滑动的摩擦条件下，材料表面疲劳而产生物质损失的现象叫做表面疲劳磨损，也称点蚀。其特点是由于循环接触应力的作用，首先在表层内产生疲劳裂纹，然后裂纹沿着与表面成锐角的方向发展，达到某一深度后，又越出表面，最后脱离，使零件表面形成了小坑（麻点）。

④ 腐蚀磨损。在摩擦过程中，由于介质的物理、化学作用，在腐蚀和磨损共同作用下导致零件表面物质的损失，称为腐蚀磨损。

(2) 汽车零件的磨损规律

在汽车使用中，零件的磨损是不可避免的。工作条件不同，引起零件磨损的原因也就有所不同，但各种零件的磨损却都具有一定的共同规律，这种规律称为零件的磨损特性。遵循该磨损规律的曲线称为磨损特性曲线，如图1－16所示。由图中可以看出，零件的磨损可分为以下三个阶段。

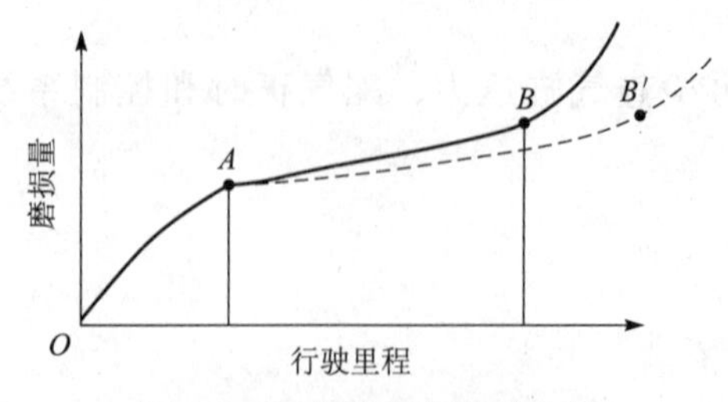

图1－16　零件磨损特性曲线

第一阶段为磨合期（曲线 OA）：由于新零件及修复件表面较为粗糙，工作时零件表面的凸起点会划破油膜，在零件表面上产生强烈的刻划、黏结等作用。同时，从零件表面上脱落下来的金属及其氧化物颗粒，会引起严重的磨料磨损。所以，该阶段的磨损速度较快。随着磨合时间的增长，零件的表面质量不断提高。磨损速度也相应降低。

第二阶段为正常工作期（曲线 *AB*）：经过磨合期的磨合，零件的表面粗糙度降低，适应性及强度增强。所以，在正常工作期，零件的磨损变得非常缓慢。

第三阶段为极限磨损期（曲线 *B* 点以后）：磨损的不断积累，造成在极限磨损期零件的配合间隙过大，油压降低，正常的润滑条件被破坏，零件之间的相互冲击也随着增加，零件的磨损急剧上升，此时如不及时进行调整或修理，会造成严重故障。

由图 1－16 可知，降低磨合期的磨损量，减缓正常工作期的磨损，推迟极限磨损期的来临，可延长零件的使用寿命，如图 1－16 中虚线所示。因此，新车或汽车大修后，各主要总成必须按照一定的工艺程序和技术要求进行磨合，而且在大修（或新车）出厂后，应进行减载、限速走合，并及时维护、合理使用。

（3）减少磨损的方法与途径

汽车零件的磨损通常是多种磨损形式共同作用的结果，其磨损强度与零件的材料性能、加工质量及工作条件等因素有关。根据磨损的理论研究和生产实践经验，防止或减少磨损的方法与途径有以下几个方面：

① 正确选择材料。

② 进行表面强化。

③ 改善工作环境。

④ 合理的结构设计。

2. 腐蚀

金属零件的腐蚀是指表面与周围介质起化学或电化学作用而发生的表面破坏现象。腐蚀损伤总是从金属表面开始，然后或快或慢地往里深入，并使表面的外形发生变化，出现不规则形状的凹坑、斑点等破坏区域。

3. 穴蚀

在液体冲击作用下，气泡反复聚集、破裂产生局部冲击高压、局部低压，对零件表面形成反复冲击载荷（水击现象），在零件表面形成金属剥落，出现针状孔洞的现象，称为穴蚀。

穴蚀是一种比较复杂的破坏现象，它是机械、化学、电化学等共同作用的结果。当液体中含有杂质或磨料时会加速破坏过程。穴蚀常发生在柴油机缸套的外壁、水泵零件、水轮机叶片、液压泵等处。

为了减轻穴蚀，可采取的措施有：增加零件的刚性以减小振动，从而减少水击现象的发生；选用耐穴蚀的材料，如球状或絮状石墨的铸铁、不锈钢、尼龙、陶瓷等防穴蚀材料；改进零件的结构以减少液体涡流或断流现象；在水中添加乳化油，减小气泡爆破时的冲击力等。

4. 断裂

断裂包括裂纹和折断。它是一种最危险的零件破坏形式，往往造成严重的机械事故。

断裂是零件在机械力、温度和腐蚀等单独或综合作用下发生局部开裂或折断的现象。

① 按零件断裂后的自然表面特征分为塑性断裂和脆性断裂。

② 按断口的微观特征分为晶间断裂和穿晶断裂。

③ 按零件断裂前所承受载荷的性质可分为一次加载断裂和疲劳断裂。

零件的疲劳断裂在实际生活中经常出现，具有很大的破坏性。其特点是并没有超载荷工作，由细小的疲劳裂纹发展为突然的脆性断裂。在零件的加工孔、键、槽、过渡圆角过小处会产生应力集中，应力集中部位在交变载荷反复作用下产生微观裂纹并进一步扩散，产生疲劳裂纹。

5. 变形

机械零件在工作过程中，由于受力的作用而使零件的尺寸和形状发生改变的现象称为变形。变形分弹性变形和塑性变形两种。

（1）弹性变形

弹性变形是指外力去除后能完全恢复的变形。汽车零部件中，通常经过冷校直的零件（如连杆）经一段时间使用后又发生弯曲，这种现象是弹性后效所引起的，所以校直后的零件都应进行退火处理。

（2）塑性变形

塑性变形是指外力去除后不能恢复的变形。金属材料塑性变形后在金属中产生内应力，材料的组织结构和性能将会发生变化，造成金属耐腐蚀性下降，对零件的性能和使用寿命有很大影响。

汽车零件的变形，特别是各总成基础件如气缸体、气缸盖、曲轴、变速器壳、前后桥等的变形，将导致各零件正常的配合性质被破坏，润滑条件变差，并产生一定的附加载荷，使零件的磨损加剧，使用寿命降低，甚至导致各零件不能正常运动，失去工作能力。因此，在汽车修理中，对零件的变形问题应给予足够的重视，经常定期检测诊断，发现问题及时处理，例如经常进行四轮定位诊断等。

二、汽车零件检测

汽车维修中很重要的一项工作就是按照修理技术标准的要求对零件损伤程度进行检测，以确定零件是继续使用，还是修理或更换。对零件进行检测的方法有许多，可分为检视法、测量法和探伤法三类。

1. 检视法

检视法是指由检验人员通过感官掌握零件的损伤情况，并根据经验判断零件是否可用。如通过眼睛观察（或借助放大镜、内窥镜）对零件的破损、变形、磨损和裂纹、材料变质等进行检验；用锤子敲击法对裂纹及铆钉进行检验；或将新、旧件进行对比检验等。

2. 测量法

测量法是指利用量具或测量仪器测出零件的现有尺寸及形位公差值，与技术标准所规定的容许使用值（极限尺寸）进行对比，确定零件能否继续使用。其常用量具有直尺、游标卡尺、千分尺、百分表、塞尺、测齿卡尺及专用样板等。

3. 探伤法

利用一些仪器、设备对零件的隐伤进行探测，包括磁力探伤、渗透法探伤、超声波探伤、浸油敲击法探伤。

三、汽车主要维修制度

汽车维修建立在定期检测、科学维护的基础上，所需修理内容越来越少，一般只在维护时和排除故障时根据检测诊断结果做适当小修。

（一）汽车维护

汽车维护作业包括清洁、检查、补给、润滑、紧固、调整等，除非主要总成发生故障，不对汽车进行解体。

汽车维护分为日常维护、一级维护、二级维护。除此之外，还有季节维护、走合期维护。各种维护制度如下：

1. 日常维护

日常维护为日常性作业，由驾驶员负责执行。作业主要内容包括清洁、补给和安全检查，做到坚持三检（出车前、行驶中、收车回场检查），保持四清（机油滤清器、空气滤油滤清器和蓄电池清洁），防止四漏（漏水、漏气、漏油、漏电）以及保持车容整洁。

2. 一级维护

一级维护由专业维修工负责执行。作业主要内容除日常维护作业内容外，以润滑紧固为主，并检查有关制动、操纵等安全部件。

3. 二级维护

二级维护由专业维修工负责执行。作业主要内容除一级维护作业内容外，以检查调整为主，并拆检轮胎，进行轮胎换位。

汽车二级维护前应进行检测诊断和技术鉴定，根据鉴定结果确定是否需要结合二级维护进行附加作业和小修。

4. 季节维护

季节维护不单独进行，一般在夏、冬季节到来之前结合相近的一次二级维护进行，需要增加相应作业内容。

5. 走合维护

新车和修复车走合期一般为1 000 ~ 1 500 km。期满后应进行一次走合维护。该维护一般由制造商指定的维修厂负责完成。作业内容为清洁、检查、紧固和润滑工作。

汽车维护必须根据汽车制造商使用的维修手册所规定的行驶里程或间隔时间，定期强制进行。各级维护作业的内容和周期必须根据汽车的结构性能、使用条件、故障规律、配件质量及经济效益等情况综合考虑。随着运行条件的变化，新工艺、新技术的应用，汽车维护作业的内容和周期经技术咨询后可做适当调整。

目前，各大汽车制造商在使用维修手册中，对汽车所有的维护按行驶里程确定维护项目，是一种科学合理的维护制度，应当优先采用。

（二）汽车修理

在汽车使用过程中，零件由于磨损、腐蚀、疲劳、变形等原因而逐渐失效，使汽车的动力性、经济性、安全性等技术性能逐渐下降，以致丧失正常的工作能力。汽车修理的目的就是要使失去正常工作能力的汽车重新恢复正常的技术状况。

汽车修理作业按其对象不同和作业范围不同，划分为不同的修理类别。

1. 汽车修理制度

汽车修理按作业内容分为车辆大修、总成大修、车辆小修和零件修理。

（1）车辆大修

车辆大修是指新车或经过大修后的汽车在行驶一定里程（或时间）后，经检测诊断和技术鉴定，用修理或更换零部件的方法恢复其完好技术状况，使之达到或接近完全恢复汽车技术性能的恢复性修理。

（2）总成大修

总成大修指汽车的主要总成经过一定使用里程（或时间）后，用修理或更换总成中零部件（包括基础件）的方法，使之恢复其完好技术状况的恢复性修理。

（3）车辆小修

车辆小修是用修理或更换个别零件的方法，保证或恢复汽车工作能力的运行性修理，目的主要是消除汽车在运行中或维护作业中发生的临时故障或局部隐患。

（4）零件修理

零件修理是指对因磨损、腐蚀、变形等而不能继续使用的零件，采用各种加工工艺以恢复其使用性能的有关修理作业。

2. 汽车及总成大修的送修标志

（1）汽车大修的送修标志

① 载货汽车大修标志是，以发动机总成为主，当车架总成或其他两个总成符合大修条件时，货车应大修。

② 客车大修标志是，以客车车厢总成为主，当发动机总成符合大修条件时，客车应大修。

（2）主要总成大修的送修标志

① 发动机（带离合器总成）。当气缸破裂或气缸壁磨损（圆柱度或圆度误差）超过极限，气缸压力下降、动力性能降低，燃油及润滑油消耗量显著增加，以及发动机工作时轴承发响和产生活塞敲缸等异响时，发动机应大修。

② 车架总成。当车架断裂、锈蚀、弯曲、扭曲变形逾限，大部分铆钉松动或铆钉孔磨损，必须拆卸其他总成才能进行校正、修理或重铆时，车架总成应大修。

③ 货车车身总成。当驾驶室锈蚀、变形严重、破裂；或货箱纵、横腐蚀，破损面积较大时，货车车身应大修。

④ 客车车身总成。当车厢骨架断裂、锈蚀、变形严重，蒙皮破损面积较大，有凹陷、渗漏，门框、窗框变形时，客车车身需大修。

⑤ 制动系统。当气压制动系统的空气压缩机、操纵机构，液压制动系统制动主缸和轮缸，车轮制动器等工作效能低或部件磨损严重时，制动系统应大修。

3. 汽车修理工艺组织

汽车修理工艺组织的好坏，直接影响修车质量、成本、生产率和停车日等。各汽车修理企业，应根据生产规模、设备条件、技术水平、修理对象及备件、材料供应情况，进行合理组织。

汽车修理工艺组织内容包括修理基本方法、作业方式、劳动组织形式等。

（1）汽车修理基本方法

汽车修理的基本方法分为就车修理法和总成互换修理法。

① 就车修理法。就车修理法是指从车上拆下的零件、合件、总成，凡能修复的，经修复后仍装回原车，不进行互换的修理方法。这种修理方法，由于各总成、合件、零件的修复所需时间不等，影响汽车总装的连续进行，因此，汽车停车修理的时间长、生产效率低，适用于承修车型种类多、生产产量不大的小型汽车修理企业。如图 1－17 所示。

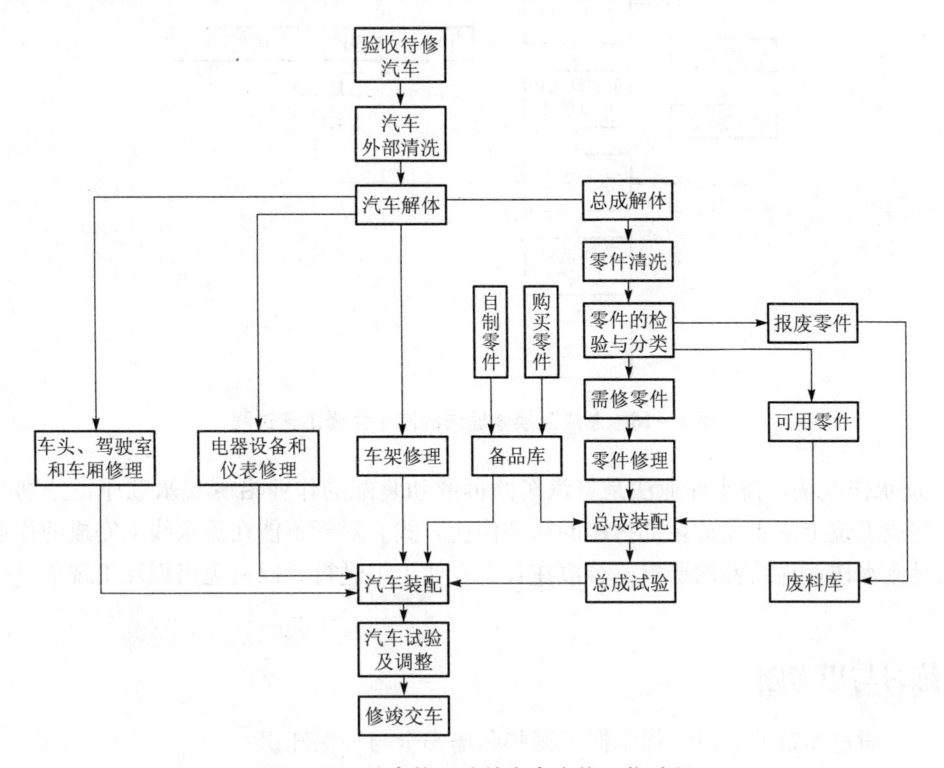

图 1－17　就车修理法的汽车大修工艺过程

② 总成互换修理法。总成互换修理法是指，除车架和车身经修复仍装回原车外，其余需修的总成、合件、零件均换用储备件，而替换下来的总成、合件、零件修复后送入备品库作为储备件的修理方法。这种修理方法，减少了因修理总成、合件、零件所耽搁的时间，保证了总装的连续性，缩短了停车修理时间，提高了生产效率，有利于组织流水作业，适用于车型少、生产量大、配件储备充足的大、中型汽车修理企业。

目前国内汽车修理企业一般多采用两种修理法相结合的混装修理法，其中少量采用总成互换修理法，大多采用就车修理法。如图 1－18 所示。

（2）汽车修理的作业方式

汽车修理的作业方式，一般分为定位作业法和流水作业法。

① 定位作业法。定位作业法是将汽车拆散和装配的作业固定在一定的工作位置（即车架不变动位置）来完成，而拆散后的修理作业仍分散到各专业工组进行修理的作业方式。

这种作业方式的优点是占地面积小，所需设备简单，拆装作业不受连续性限制，生产的调度与调整比较方便。缺点是总成及笨重零件要来回运输，劳动强度大。一般适用于规模不大或承修车型种类较多的修理企业。

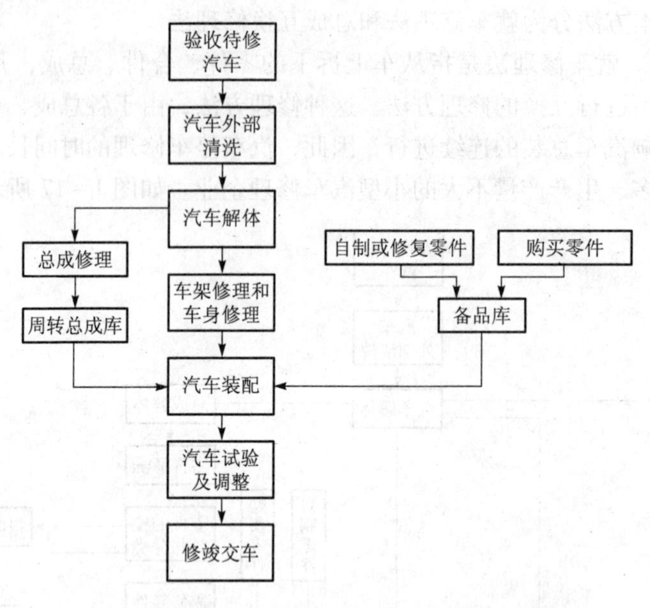

图 1－18 总成互换修理法的汽车大修工艺过程

② 流水作业法。流水作业法是将汽车的拆散和装配的作业沿着流水顺序，分别在各个专业工组或工位上逐步完成全部拆装的修理作业方式。对于不能在流水线上完成的作业，应设法满足流水作业连续性的要求，分散在各个专业工组进行，以避免出现窝工现象。

练习与思考题

1－1 通过本章的学习，你掌握了哪些职场安全与环保知识？

1－2 造成汽车故障的原因主要有哪些？

1－3 在某一车型上进行基本检查作业。

第二章

发动机机械故障诊断与检修

第一节　曲柄连杆机构常见故障诊断分析

一、曲柄连杆机构的组成

曲柄连杆机构的结构见表 2－1。曲柄连杆机构由机体组、活塞连杆组和曲轴飞轮组三部分组成。

表 2－1　曲柄连杆机构的组成

	说　明	图　示
机体组	主要包括气缸体、气缸盖、气缸套、气缸垫、油底壳等机件	
活塞连杆组	主要包括活塞、活塞环、活塞销和连杆等机件	活塞环 活塞 活塞销卡环 活塞销 连杆衬套 连杆 连杆螺栓 连杆轴瓦 连杆盖 连杆螺母

续表

	说明	图示
曲轴飞轮组	主要包括曲轴、飞轮、扭转减振器等机件	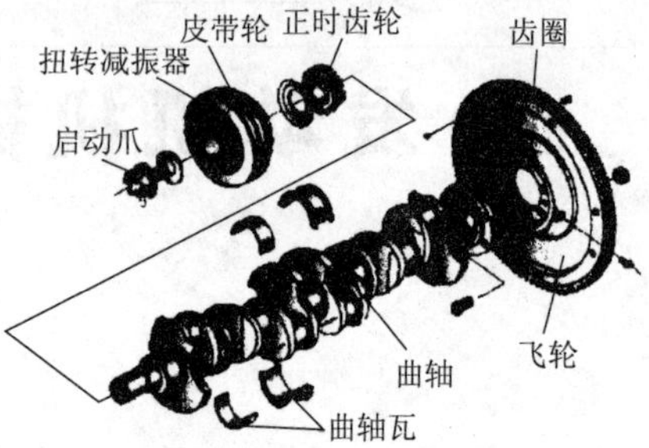 皮带轮 正时齿轮 扭转减振器 齿圈 启动爪 曲轴 飞轮 曲轴瓦

二、缸体、缸盖变形

气缸体与气缸盖的变形将造成气缸密封不严、漏气、漏水，甚至燃烧产生的气体会冲坏气缸垫。气缸体变形不仅影响发动机的装配质量，还影响飞轮壳及变速器的装配关系，造成离合器、变速器工作时发响和磨损加剧，导致发动机的动力性、经济性下降。

1. 现象

① 发动机排白烟。

② 怠速运转时，打开水箱盖看到水箱冒气泡。

③ 缸压低。

2. 原因

① 缸体在铸造和机械加工时，有残余应力，由于零件的时效处理不足，造成内应力很大，高温时内应力重新分布。

② 燃气压力，曲柄连杆机构往复运动产生的力作用在气缸体上，使气缸拉压、弯曲和扭转，气缸体平面翘曲变形。

③ 在拧进气缸盖螺栓时，不按规定顺序拧，扭力过大或不均匀，以及在高温下拆卸气缸盖等，也会造成气缸体与气缸盖的变形。

④ 在使用中，发动机长期在高转速、大负荷条件下工作，润滑不足、烧瓦抱轴等也会引起气缸体变形及轴承座孔中心线的变化。

3. 检查

对气缸体及缸盖进行检测，见此章的第二节。

三、气缸垫烧蚀

1. 现象

① 发动机运转不平稳，排气管有“突突”的响声。

② 发动机工作性能变坏，动力下降，转速不能提高。

③ 相邻两缸窜气。气缸压力降低。有时化油器回火，排气管放炮。

④ 气缸垫水道处窜气，致使发动机散热器内有气泡。

⑤ 冷却水漏入气缸内，排白烟，发动机难以启动。

⑥ 冷却水漏入曲轴箱，使润滑油油面升高，且变质。

⑦ 发动机温度高，有时会出现在发动机外部气缸垫边缘有漏水现象。

2. 原因

① 气缸盖螺栓拧紧力不均匀，或拧紧力不够。

② 气缸体和气缸盖接合面变形。

③ 发动机经常在大负荷、点火过早、发动机过热、爆震等情况下运行。

④ 气缸垫本身质量差。

3. 诊断

及时拆检更换气缸垫，必要时研磨气缸盖平面。图 2－1 为缸盖螺栓拧紧顺序图。

四、气缸磨损

1. 现象

① 冷启动时有明显的“嗒嗒”的敲击声，温度升高，响声减弱或消失。

② 缸压低。

③ 有时，排气管排蓝烟；加机油口处冒蓝烟。

④ 发动机动力性下降。

⑤ 油耗增加。

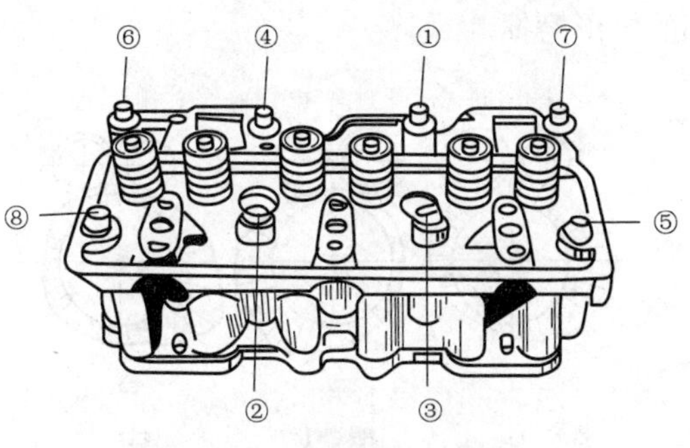

图 2－1　缸盖螺栓拧紧顺序

2. 气缸的磨损规律及其原因

（1）气缸的磨损规律

气缸是在润滑不良、高温、高压、交变载荷和腐蚀性物质作用下工作的。气缸磨损是不均匀的，但正常情况下有一定的规律性。

从气缸的纵断面看，活塞环行程内的磨损一般是上大下小的不规则“锥形”或“锥体”，如图 2－2（a）所示。磨损的最大部位是活塞位于上止点时第一道活塞环所对应的缸壁。个别磨损成中间的腰鼓形，如图 2－2（b）所示。

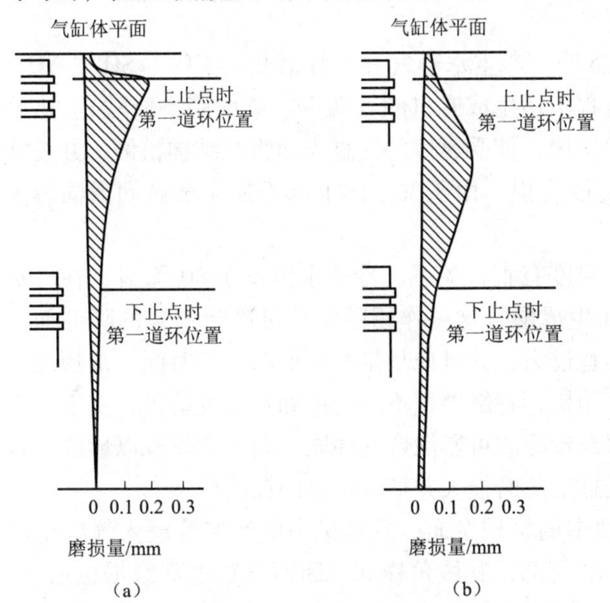

图 2－2　气缸磨损规律

（a）锥形磨损；（b）腰鼓形磨损

在气缸内活塞环接触不到的上口，由于没有磨损而形成了明显的台阶，称为“缸阶”或“缸肩”，如图 2－3 所示。气缸下部活塞运动区域外的气缸壁，由于润滑条件比较好，温度适中，没有活塞环摩擦作用，气缸也几乎没有磨损。

在特殊情况下，气缸的磨损不在上部，而是在中部，形成中间大的“腰鼓形”磨损。在同一台发动机上，不同气缸磨损情况不尽相同，一般水冷却发动机的第一缸前壁和最后一缸的后壁处磨损较为严重。

从气缸横断面来看，气缸的磨损也是不均匀的，磨损成不规则的椭圆形，如图2－3所示。各气缸沿圆周方向的最大磨损部位随气缸结构、车型、使用条件的不同而异。一般是进气门对面附近缸壁磨损最大。

（2）气缸磨损的原因

气缸磨损主要是由机械磨损、腐蚀磨损和磨料磨损等造成的，如图2－4所示。

① 机械磨损。发动机工作时，活塞环自身弹力和高压气体窜入活塞环背面共同作用，致使活塞环对气缸壁的正压力大，摩擦力也大，润滑油膜被破坏，形成半干摩擦或干摩擦，造成活塞位于上止点时，第一道活塞环对应的气缸壁磨损最为严重，形成沿气缸轴向上大下小的锥形磨损。

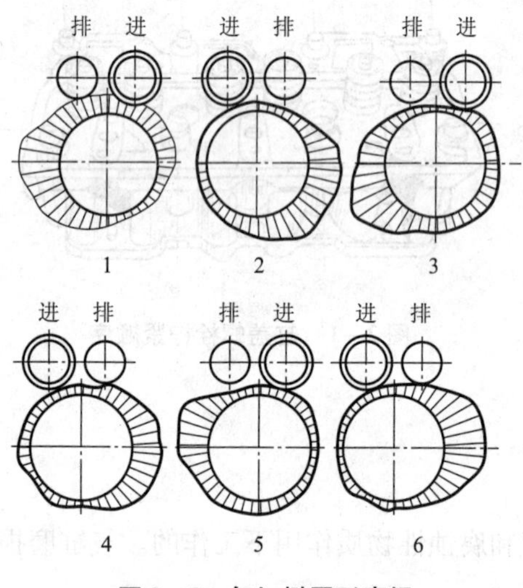

图2－3　气缸椭圆形磨损

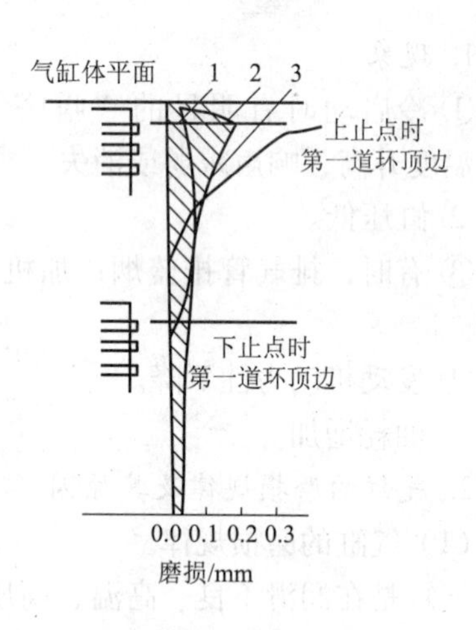

图2－4　气缸磨损示意图

② 腐蚀磨损。气缸内可燃混合气燃烧后，产生水蒸气和酸性氧化物CO_2、SO_2、NO_2，它们溶于水而生成矿物酸，同时在燃烧过程中还生成有机酸（硫酸、碳蚁脂、醋酸）。这些物质附在气缸表面，对气缸表面产生腐蚀作用，使受腐蚀的气缸表面组织结构松散，并在活塞往复运动中逐步被活塞环刮掉，造成腐蚀磨损。由于气缸体上部不能完全被润滑油膜覆盖，其腐蚀作用更加严重。

矿物酸的生成及对磨损的影响与工作温度有直接关系。冷却水温低于80 ℃时，在气缸体表面易形成水珠，酸性氧化物溶于水而生成酸，这一作用随发动机冷却水温的降低而增加。发动机未达到工作温度时，其负荷不宜过大，并且应尽量缩短低温运转时间，加快发动机的升温，以减少腐蚀磨损。对于多缸发动机，各缸磨损不均匀。如6缸发动机，由于1缸和6缸前后壁冷却效率较高，进气门对面被较冷的可燃混合气冲刷，润滑油膜难以形成，致使这些部位受到严重的腐蚀磨损。这使气缸上部磨损大并形成明显的椭圆形。

③ 磨料磨损。空气中的尘埃，润滑油中的机械杂质，发动机中的磨屑等浸入气缸壁间会造成磨料磨损。空气中的尘埃被吸入气缸内部，其棱角锋利，因而气缸上部磨损也最大。在风沙严重地区，大量灰尘进入气缸，由于活塞在气缸中部运动速度最大，致使气缸形成腰鼓状。

3. 诊断与检查

① 检测故障缸压力。

② 检测气缸直径及圆柱度。

五、发动机拉缸

1. 现象

① 发动机运转时有明显响声，温度升高，响声明显加重。

② 发动机动力下降。

③ 发动机明显抖动。

④ 怠速运转时易熄火、停机。

⑤ 排气管排蓝烟，加机油口处冒蓝烟。

⑥ 手摇曲轴阻力大。

2. 原因

① 活塞与气缸配合间隙小。

② 活塞加工几何形状不合适。

③ 缸孔过脏。

④ 活塞环与缸壁发卡、活塞环隙过小。

⑤ 机油变质、压力过低。

⑥ 发动机过热。

⑦ 走合期驾驶员使用不正常。

3. 故障诊断

单缸断火蓝烟消失。

六、活塞环故障

1. 现象

① 发动机动力下降。

② 气缸压力不足。

③ 从加机油口处冒大量蓝烟。

④ 烧机油，机油严重变质。

2. 原因

① 活塞环弹性不足。

② 活塞环间隙大。

③ 活塞环断了。

④ 活塞环对口。

3. 诊断

① 单缸断火后，响声减弱为故障缸。

② 测缸压，手摇阻力小、加机油法。

③ 延迟点火时刻，响声减弱。

七、活塞的故障

活塞的主要故障有：

① 活塞环槽的磨损。

② 活塞裙部磨损。

③ 活塞销与销座孔的磨损。

④ 活塞的刮伤（或称拉缸）。主要是由于活塞与气缸壁间隙过小，不能形成足够的油膜或气缸表面严重不清洁，存有较大和较多的机械杂质；活塞销与销座孔配合过紧等。

⑤ 活塞烧伤。主要是发动机在超负荷条件下或爆燃情况下长时间工作，造成活塞顶或侧面局部或大面积熔化。

⑥ 活塞脱顶。即活塞头部与裙部分离。主要原因是活塞环开口间隙过小，工作中经高温膨胀，在气缸中卡死；活塞环与气缸壁间发生黏结，而活塞在连杆的拖动下运动。

八、曲轴轴颈的磨损

1. 现象

① 主轴颈、连杆轴颈磨损成椭圆。轴颈的磨损规律如图2－5所示。

② 机油压力明显降低。

③ 接合离合器，总有短暂颤抖。

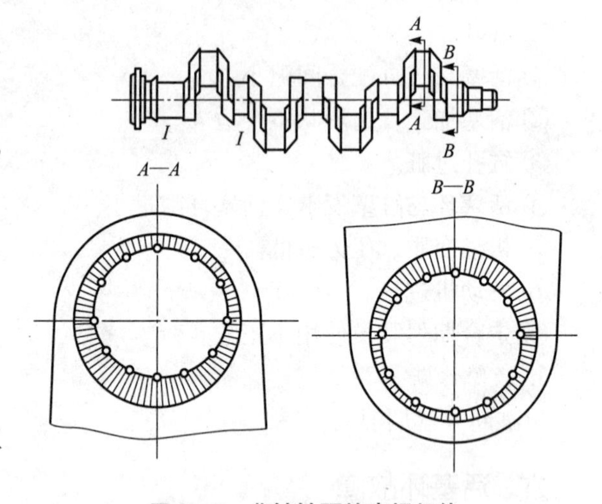

图2－5 曲轴轴颈的磨损规律

2. 原因

① 润滑不好，机油牌号不对。

② 热处理工艺不当。

③ 轴颈磨削之前，校正不好，加工时，磨掉淬硬层。

④ 曲轴飞轮组动平衡不好。

⑤ 长时间承受大负荷。

3. 诊断

① 长期使用中，机油压力逐渐降低。

② 出现连杆轴瓦响、曲轴主轴瓦响。

九、曲轴裂纹

1. 原因

① 轴颈圆角半径小或圆角淬硬不好造成应力集中。

② 热处理工艺不好。

③ 长期在恶劣条件下工作或在临界转速工作，形成共振。

2. 检查

做磁力探伤。

十、曲轴弯、扭变形

原因主要有:

① 发动机工作不平稳，各轴颈受力不均匀。

② 发动机突然超负荷工作，使曲轴过分受振。

③ 发动机经常发生“突爆”燃烧。

④ 曲轴轴瓦和连杆轴瓦间隙过大，工作时受到冲击。

⑤ 曲轴轴瓦松紧不一，中心线不在一条直线上。

⑥ 点火时间过早。

⑦ 活塞重量不一致。

⑧ 曲轴端隙过大，运转时前后移动。

⑨ 驾驶时紧急制动，上坡时换挡不及时，利用冲力带动发动机，使曲轴受到较大的扭力。

第二节　曲柄连杆机构的检修

一、气缸体检验及修理

1. 气缸体上平面的检验

检验前，彻底清理气缸体上、下平面及内、外部的油污、积炭和水垢。使用刮刀将气缸体接触表面上所有衬垫材料清除掉，注意不要刮伤表面。消除毛刺并铲平或刮平螺孔周围的轻微凸起。操作步骤如下:

① 气缸体上平面的外观检验，检查有无磨损、损伤及裂纹。

② 气缸体上平面的平面度误差的检测。将刀口尺放在气缸体上平面，如图 2－6 所示的 6 条线位置上，用塞尺测量刀口尺与上平面间的间隙，塞入塞尺的最大厚度值就是变形量，即为平面度误差。检验标准是：轿车气缸体上平面的平面度误差一般不大于 0. 15 mm。

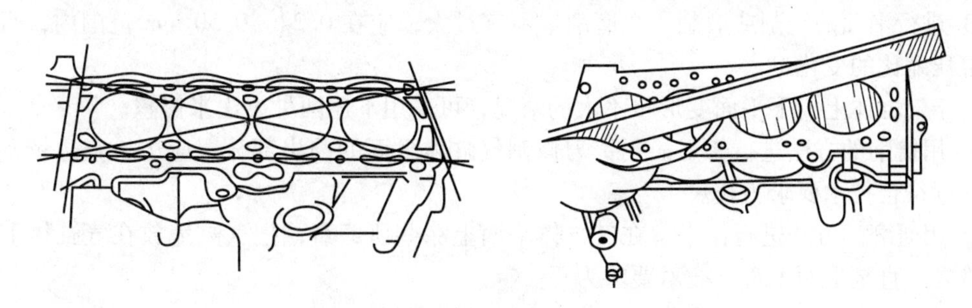

图 2－6　气缸体上平面的平面度误差的检验

2. 气缸体主轴承座孔的检验

① 对主轴承座孔外观进行初步检验，检查有无磨损、拉伤及裂纹。

② 将主轴承盖装上并按规定扭矩拧紧螺栓。

③ 主轴承座孔圆度及圆柱度的检测。

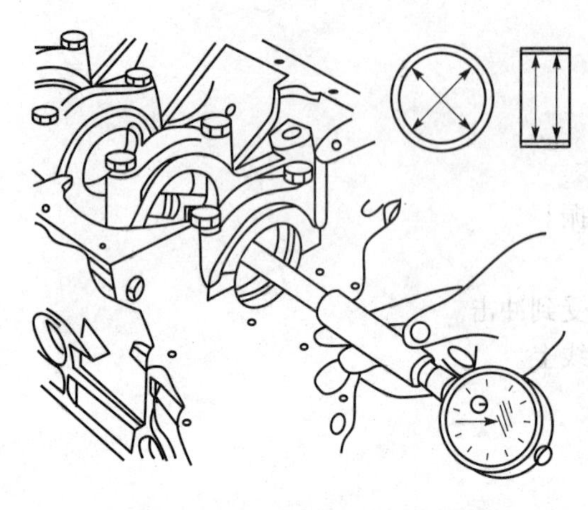

图2－7　气缸体主轴承座孔的检测

用内径量表沿圆周测量两点，沿轴线方向测量两处，如图2－7所示。

④ 计算圆度、圆柱度。

⑤ 检验标准（以轿车为例）：主轴承座孔的圆度及圆柱度对于铸铁气缸体不大于0.01 mm，对于铝合金气缸体不大于0.015 mm。

⑥ 主轴承座孔的同轴度的检测。可用标准芯棒进行，芯棒的直径应比主轴承座孔径的最小尺寸小。检验时，将所有的轴承瓦片卸去，将芯棒放入，然后从中间开始逐个将主轴承盖装上，按规定拧紧主轴承盖螺栓，一边拧紧螺栓，一边转动芯棒，找出各主轴承孔的同轴度误差。如果拧紧主轴承盖螺栓后芯棒不能转动，则此孔不同轴度误差就超过检验标准。在实际修理中，可用配套的标准曲轴代替芯棒，但应按规定装配主轴承盖，检验方法一样。

3. 气缸体螺纹的检验

① 对螺纹外观进行初步检验，检查有无拉伤、滑行脱牙，螺纹的拉伤不应多于2个牙。

② 检查螺孔孔口，其周围应无明显凸起。对于主要部位的螺纹以标准螺栓用手拧入2/3以上深度时，应无明显的松旷感。

4. 缸体平面修理

对于气缸体上、下平面翘曲变形量较大的情况，采用铣削或磨削的方法来修整。

① 选择定位基准。为保证气缸轴线与主轴承座孔的垂直度，应选择气缸体主轴承座孔中心线为基准；如气缸体底平面变形小，也可作为定位基准，此时，应对气缸下平面进行检验和修整。

② 将气缸体垂直地放在铣床或磨床平台的两块垫铁上，两块垫铁分别支撑在第一道和最后一道轴承盖的结合面上，使其贴合好并装卡牢固。

③ 进行平面的铣削或磨削。总磨削量不宜过大，应在0.24～0.50 mm范围内，否则将使气缸压缩比的变化过大。

对于气缸体上、下平面变形量不大的情况，可采用下述两种方法来修整。

① 用铲削的方法进行修平。用铲刀修刮气缸体平面的凸出部分，应边检查边铲刮，直至平面度符合技术要求为止。

② 用研磨的方法进行修平。在气缸体平面上涂些研磨膏，把气缸盖放在气缸体上扣合研磨修复，直至平面度符合技术要求为止。

5. 气缸的修理

气缸因磨损而形状不规则后，可以将气缸用机床加工，使直径增大而恢复规则形状。加工的方法一般为镗缸，并配以加大尺寸的活塞及活塞环。加大尺寸按规定的级别执行。这种方法在发动机气缸修理中称之为分级修理尺寸法。

(1) 气缸磨损的检测

气缸磨损的程度，国内一般是用圆度和圆柱度两个指标来衡量的。而桑塔纳、捷达和富康等引进车型则以标准尺寸与气缸最大尺寸的差值来衡量。

① 量缸的部位。测量时通常用适当量程的量缸表按图 2－8 所示气缸的部位和要求进行测量。即：在气缸上部距气缸上平面 10 mm 处、气缸中部和气缸下部距缸套下部 10 mm 处，按 A、B 两个方向分别测量一次。注意不要在发动机修理台架上测量发动机气缸的内径，以防因缸体被夹紧变形而测量不准。

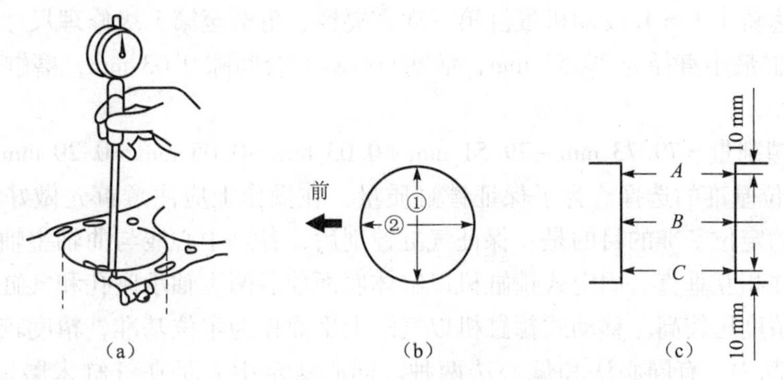

图 2－8　量缸步骤

(a) 量缸表测量；(b) 测量方向；(c) 测量部位

② 量缸的方法。如图 2－9 所示。气缸测量时，先用千分尺按气缸未磨损前尺寸将量缸表调整到指针对准刻度 0 处（应使量缸表测杆压缩 1 mm 左右以留出测量余量），然后测量缸径。这样测出的读数加上气缸未磨损前的尺寸，即为磨损后的气缸直径。

测量时，必须使测杆与气缸中心线垂直（测量时应稍微摆动表杆，量缸表指示的最小读数即为准确的测量读数）。

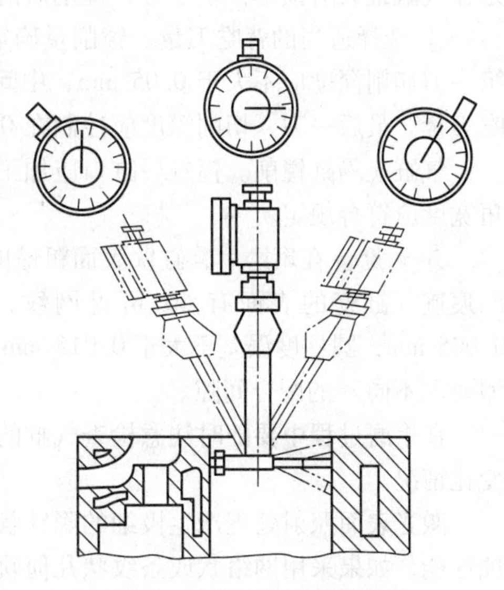

图 2－9　量缸表的使用方法

(2) 气缸修理的条件

当气缸的圆度和圆柱度误差超过规定标准时，如汽油机的圆度误差超过 0.05 mm，圆柱度误差超过 0.175 mm，柴油机的圆度误差超过 0.063 mm，圆柱度误差超过 0.25 mm，则应进行镗缸或更换缸套修理。

(3) 修理尺寸的选择

气缸的修理尺寸可按下式进行计算

修理尺寸 = 气缸最大直径 + 镗、磨余量

镗、磨余量一般取 0.10～0.20 mm。

计算出的修理尺寸应与修理级数相对应。如果与某一修理级数相符，可按某级数修理；如在两修理级之间，则应按其中大的修理级数进行修理。

(4) 镗缸

镗缸是对干式缸套过度磨损比较常见的修理方法。气缸只要有一个缸孔需要镗、珩磨，

其余各缸应同时镗、磨，以保持发动机各缸工作的一致性。

① 镗削量的计算。当气缸的修理级数确定后，即可选配同级活塞，然后根据活塞直径和气缸直径计算镗削量。活塞与气缸配合间隙为0.03～0.06 mm，磨缸余量为0.02～0.05 mm，镗削量可按下式进行计算：

镗削量＝活塞裙部最大直径－气缸最小直径＋活塞与气缸配合间隙－磨缸余量

例如：捷达轿车1.6 L发动机气缸第一次需要镗、珩磨至第1级修理尺寸的活塞直径为79.73 mm，气缸最小直径为79.51 mm，活塞与气缸配合间隙0.03 mm，磨缸余量为0.03～0.05 mm，那么

$$镗削量 = 79.73\ \text{mm} - 79.51\ \text{mm} + 0.03\ \text{mm} - 0.05\ \text{mm} = 0.20\ \text{mm}$$

② 镗缸定位基准的选择。为了保证镗缸质量，在操作上应注意首先做好定位基准的选择。选择镗缸的定位基准的目的是：保证气缸镗削后，各缸中心线与曲轴主轴承座孔中心线在一个平面上并相互垂直。固定式镗缸机以缸体底面前后两主轴承座孔和气缸上口作为定位基准，其镗缸精度比较高。移动式镗缸机以气缸上平面作为定位基准，精度较低。

③ 气缸镗削中心有同心法和偏心法两种。同心法定中心是在气缸未磨损部位定中心，可以保证各缸镗削后中心线与原来的中心线不变，在实际生产中应用较多。偏心法定中心，是在气缸最大磨损部位定中心，镗削后的气缸中心线发生偏移，但镗削量较少。

④ 选择适当的背吃刀量。镗削量确定后，应确定每次加工的背吃刀量。一般铸铁气缸，第一刀切削深度应不大于0.05 mm，中间几次可以大一些，但不得超过镗缸机限制的允许吃刀量。最后一刀，切削深度应控制在0.05 mm，以保证镗削的精度和表面粗糙度。

气缸应隔缸镗削。镗缸后缸口应加工成45°倒角，以便活塞连杆机构的装配，并注意倒角宽度应符合规定。

⑤ 珩磨。在珩磨后，缸壁表面粗糙度值不大于3.2 μm，在缸套表面形成均匀一致的凸凹痕迹（缸壁的表面有60°可见网纹，缸壁呈泛灰蓝色），气缸的圆度误差应不大于0.005 mm，圆柱度误差不大于0.015 mm。同时要保证气缸与活塞之间有0.03 mm（各种车型要求不同）的配合间隙。

在珩磨过程中要随时注意检查气缸的尺寸。一般用量缸表或用活塞试配来确定加工尺寸变化情况。

激光表面照射处理产生极细的隐针状马氏体组织，使被处理表面具有极高的硬度和耐腐蚀性能。如果采用网络状或条纹状几何轨迹的激光进行扫描处理，还可以形成软硬相间的组织结构，摩擦时软的组织结构首先磨损而形成储油结构。特别是网络状激光扫描轨迹，将缸套内表面分割成为众多的小菱形，使缸壁表面具有良好的抗拉伤能力。因此，可以提高缸壁表面的耐磨性，使发动机使用寿命得到延长。

活塞与气缸配好后，应在活塞顶上打好缸号，以防装配时错乱。气缸磨损如超过最大一级修理尺寸时，要换装新缸套。新缸套采用隔缸压入的方法，以防缸体变形。

二、活塞连杆组的修理

活塞连杆组是发动机传递动力的重要机件，它在工作中承受燃烧气体高温、高压作用，并做高速运动。其修理质量和技术状况的好坏，不仅对其本身的使用寿命有影响，而且对整个发动机运转性能影响很大。所以活塞连杆组的修理是发动机修理中一项重要的修理项目。

1. 活塞的检测与选配

(1) 检查活塞直径

① 用外径千分尺在活塞裙部底边向上约 15 mm 处测量活塞的横向（即垂直于活塞销）的直径 d，如图 2－10 所示。

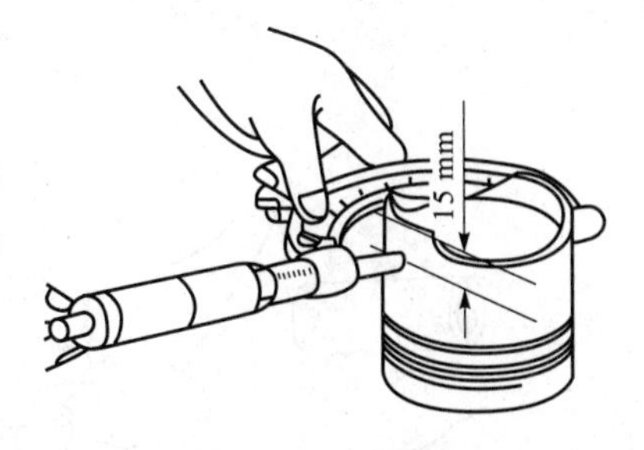

图 2－10　活塞直径的测量

② 计算活塞与气缸的配合间隙。

③ 活塞与气缸间隙标准。直径为 100 mm 的铸铁活塞取 0.05～0.07 mm；直径为 100 mm 的铝合金活塞取 0.06～0.10 mm。活塞与气缸配合间隙既不能过大，也不能过小。如果间隙过小，随着发动机温度上升，活塞膨胀，将引起“黏缸”；相反，若间隙过大，将出现活塞敲缸和窜气现象。如果测量计算所得的活塞与气缸间隙超过上述标准，则可根据气缸磨损量的大小，判定是否需进行镗缸，当小型车气缸磨损量超过 0.15 mm，中型车超过 0.2 mm 时，需进行镗缸。如果不超过上述范围，只需更换活塞环。

(2) 活塞偏缸的检测

偏缸就是活塞连杆组在气缸内发生偏置，俗称“困缸”。它将造成气缸内壁一侧的偏磨，使密封性不良，加速曲柄连杆机构磨损，特别是加剧气缸内壁的磨损。活塞偏缸的检验步骤为：

① 将不带活塞环的活塞连杆组合件，按规定装入气缸中，主轴承盖和连杆轴承盖应按规定扭力拧紧，转动曲轴，使活塞处于上（或下）止点。

② 检查连杆小端两侧与活塞销座座孔内端两侧的距离、活塞与缸壁的距离是否相同。如不同，则是气缸轴心线产生了偏移，或活塞连杆组件有了偏斜。

③ 用塞尺测量活塞头部各方向与气缸壁间的间隙。若间隙相同，即表示配装合适；若相对间隙相差甚大，甚至在某一方向没有间隙，即表示有“偏缸”现象。另外，也可根据长期的修理经验，从气缸体下体察看漏光情况，以判断是否偏缸。

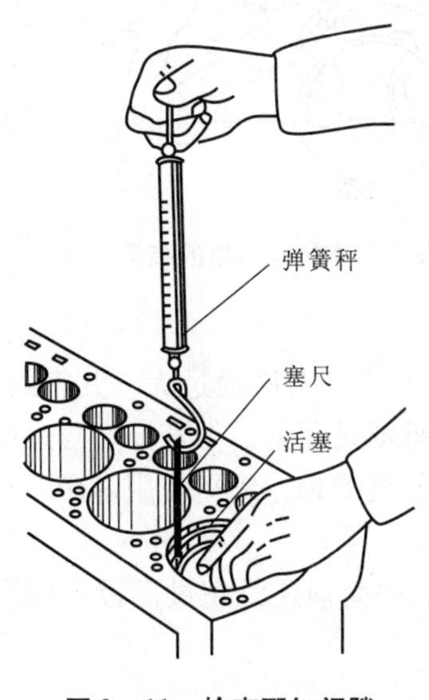

图 2－11　检查配缸间隙

(3) 选配活塞

在发动机大修或更换气缸（或气缸套）时，应同时更换全部活塞。活塞应按照气缸内壁尺寸选配。如图 2－11 所示，检查各缸活塞与气缸的配缸间隙。将活塞倒装在气缸内，把拉尺（厚度 0.05 mm、宽度 13 mm、长度不小于 2.00 mm）从与活塞销孔垂直的一面慢慢拉出。解放 CA6102 型、东风 EQ6100－1 型发动机所用拉力分别为 30～35 N 和 14～20 N，否则应选其他组活塞。

2. 活塞销的检查与选配

① 用千分尺测量活塞销外圆几个部位，如图 2－12 所示。外径超过使用极限值的活塞，应予以更换。

② 用百分表测量连杆衬套内径，如图 2－13 所示。如内径超过使用极限值，应予以更换。

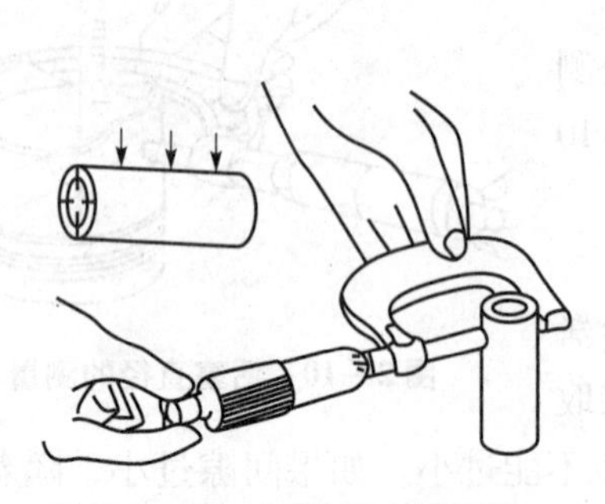
图 2－12　测量活塞销外径

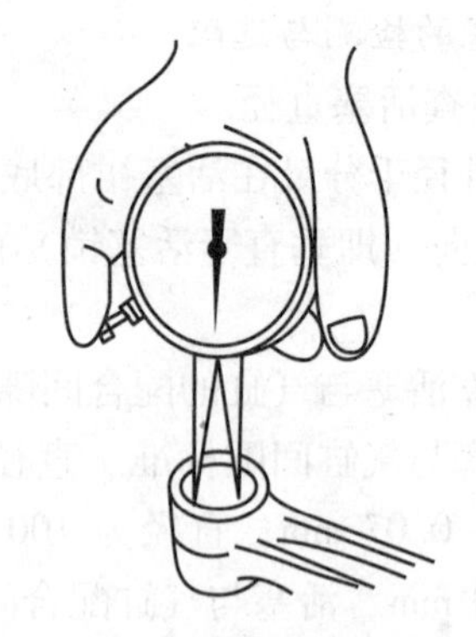
图 2－13　测量连杆衬套内径

③ 根据所测得的活塞销外径和连杆衬套内径，计算两者的配合间隙。如间隙超过极限值，应更换活塞销、连杆衬套或磨损较大的零件。

④ 温度在 15 ℃ ~30 ℃的条件下，活塞销不经润滑靠自重能徐徐下移至连杆衬套孔中。如不能满足上述要求，应另选活塞销或铰削连杆衬套。铰削连杆衬套时，如图 2－14 所示，将铰刀柄垂直夹在台虎钳钳口上，连杆水平端平，保证连杆衬套孔与连杆大头孔轴线平行。

⑤ 活塞销与活塞上的座孔应同组装配，在活塞加热到 70 ℃ ~80 ℃时，应能用掌心将涂有机油的塞销推入座孔，如图 2－15 所示。如不符合上述要求，应另选活塞销。

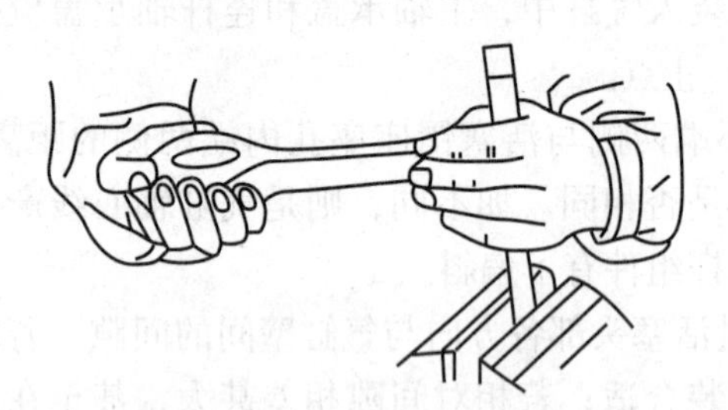
图 2－14　连杆衬套的铰削

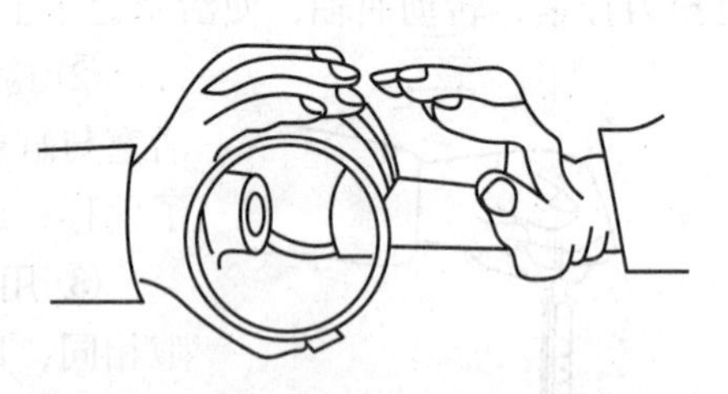
图 2－15　活塞销与活塞的装配

3. 活塞环的检测

活塞环在高温、高压及润滑困难等恶劣条件下工作时容易磨损。若磨损过大，其密封、刮油效果就会变坏，使发动机功率下降，润滑油消耗增加，因此必须更换。但若旧环与缸壁的磨合较好，不宜过早更换。若过早换上新环，势必会加快气缸的磨损，缩短使用寿命。

（1）更换活塞环的条件

① 因活塞环、气缸磨损过大而造成气缸压力过低，但气缸的磨损还没超过需镗磨的限度时，应更换活塞环。

② 一般在汽车已行驶了大修里程的一半时，应更换活塞环。

③ 当活塞环的开口间隙、侧隙超过磨损极限值时应更换活塞环。

（2）活塞环的检测

① 活塞环弹力的检测。活塞环的适当弹力是保证气缸密封性的主要条件之一，弹力过大，会增加摩擦损耗；弹力过小，不能起到良好的密封作用，引起气缸的漏气、窜油。活塞环的弹力检测应在检验器上进行，如图 2－16 所示。

将活塞环竖直地放在弹力检验器的凹槽里，把活塞环的开口间隙放置在水平向外的位置。将杠杆压在活塞环上，移动杠杆上的量块，如按规定施加力，活塞环的开口端隙可压至标准数值，则弹力大小符合规定的技术要求，活塞环的弹性即为合格。

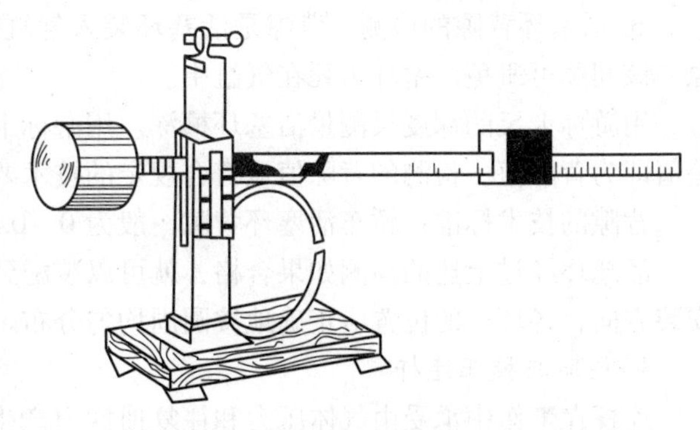

图 2－16　活塞环弹力的检测

② 活塞环漏光度的检测。目的是察看活塞环与气缸壁的贴合情况，漏光度过大，活塞环局部接触面积小，易造成漏气和机油上窜。选配活塞环时应进行漏光的检测。

将活塞环平置于气缸内，再将活塞环内圈用轻质盖板盖住，以盖板外圆不接触气缸壁为准，在气缸下部放置光源，如图 2－17 所示。

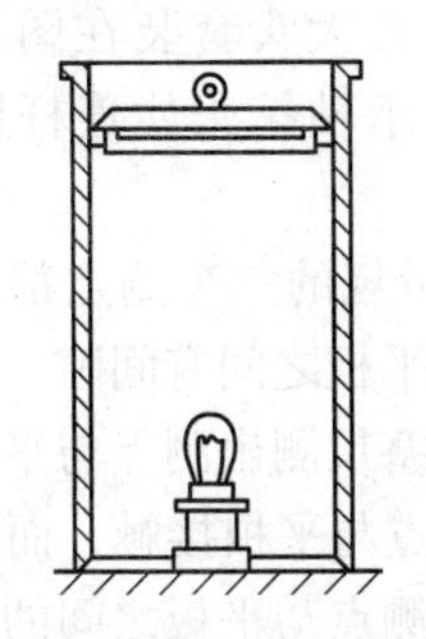

图 2－17　活塞环漏光度的检测

活塞环漏光度的一般技术要求是：在活塞环开口端左右 30°范围内不允许有漏光现象，同一根活塞环上的漏光处不应多于两处，每处漏光弧长所对应的圆心角不得超过 25°，同一环上的漏光弧长所对应的圆心角总和不超过 45°，漏光处的缝隙应不大于 0.03 mm。

③ 活塞环开口间隙的检测。将活塞环置于待配的气缸内，用活塞顶部将活塞环推到气缸下部未磨损处，使环平行于气缸体平面。取出活塞，将塞尺插入开口处进行测量，如图 2－18 所示。

开口间隙的技术标准：缸径每 100 mm，开口间隙为 0.25～0.45 mm。

④ 活塞环边隙的检测。边隙即活塞环在环槽内的上下间隙。边隙过大将影响活塞环的密封作用，过小则可能使活塞环卡死在环槽内，造成拉缸事故。

将环放在环槽内，围绕环槽滚动 1 周，环应能自由地滚动，既不松动又无阻滞现象。用塞尺测量其间隙大小，如图 2－19 所示，应符合技术要求。

边隙的技术标准：轿车活塞环边隙一般为 0.02～0.07 mm。

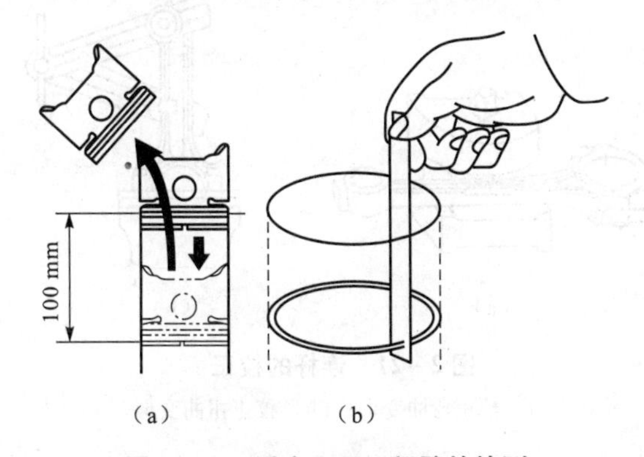

（a）　（b）

图 2－18　活塞环开口间隙的检测

（a）放入活塞环；（b）测量开口间隙

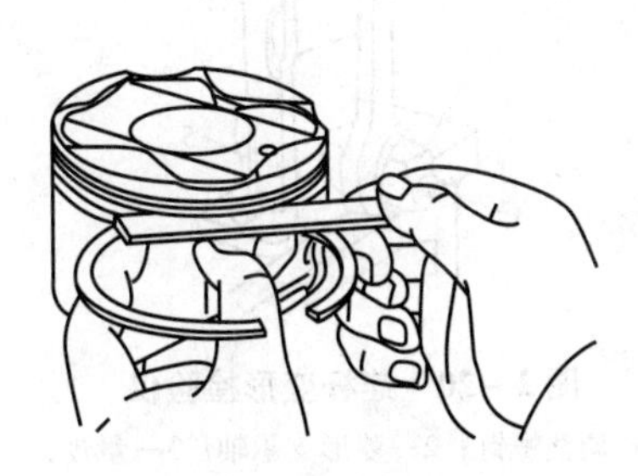

图 2－19　活塞环边隙的检测

⑤ 活塞环背隙的检测。背隙是活塞环装入气缸后，活塞环背面与活塞环槽底之间的间隙。该间隙可避免活塞环卡死在气缸中。

用游标卡尺的深度尺测量活塞环槽深。用游标卡尺测量活塞环宽。活塞环槽深与环宽的差值即为背隙值。检测的背隙值应符合规定的技术要求。

背隙的技术标准：轿车活塞环背隙一般为 0～0. 35 mm。

活塞环经过上述的检测如果合格，就可以装配到活塞上了。装活塞环时要注意活塞环的安装方向，各环口的位置应正确地按圆周均匀分布。

4. 检验与校正连杆

连杆在工作中承受由气体压力和往复惯性力产生的交变载荷，这种载荷易使杆身弯曲、扭曲，使大、小头内孔成圆锥形，使连杆螺栓、连杆大头孔或杆身出现裂纹，并使连杆大头端面磨损，轴向间隙增大。

（1）检验连杆变形

如图 2－20 所示，首先将连杆大头的轴承盖装好，不装连杆轴承，并按规定力矩拧紧连杆螺栓，同时将心轴装入连杆小头的衬套孔中。然后将连杆大头套装在图 2－20 所示测量活塞环侧隙仪的菱形支承轴上，通过调整定位螺钉，支承轴扩张使连杆固定在检验仪上。

检验时，将量规的 V 形槽靠在心轴上并推向检验平板。若量规的三个测点都与检验平板接触，说明连杆不变形。若上测点与平板接触而两个下测点与平板之间有间隙，或两个下测点与平板接触而上测点与平板之间有间隙，说明连杆弯曲，用塞尺测出测点与平板之间的间隙，即为连杆在每 100 mm 长度上的弯曲度。若只有一个下测点与平板接触，而另一个下测点与平板之间的间隙为上测点与平板之间间隙的两倍，这时下测点与平板之间的间隙为连杆在每 100 mm 长度上的扭曲度。

（2）校正连杆

一般地说，连杆在每 100 mm 长度上的弯曲度和扭曲度不超过 0. 06 mm，否则应予校正。连杆的校正可利用连杆校正器进行，如图 2－21 所示。

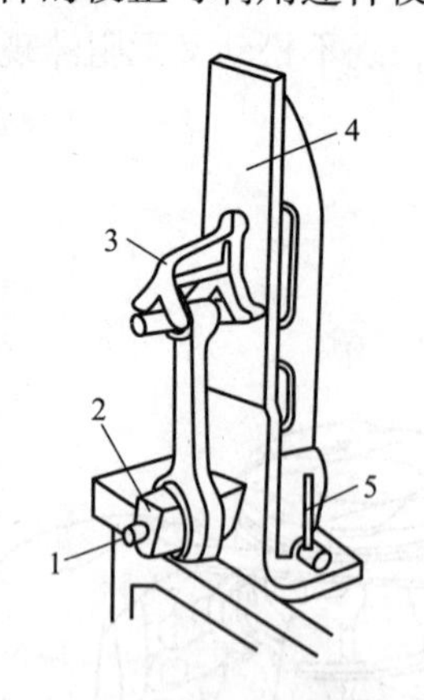

图 2－20　连杆变形检验仪

1—调整螺钉；2—菱形支承轴；3—量规；
4—检验平板；5—支承轴锁紧扳杆

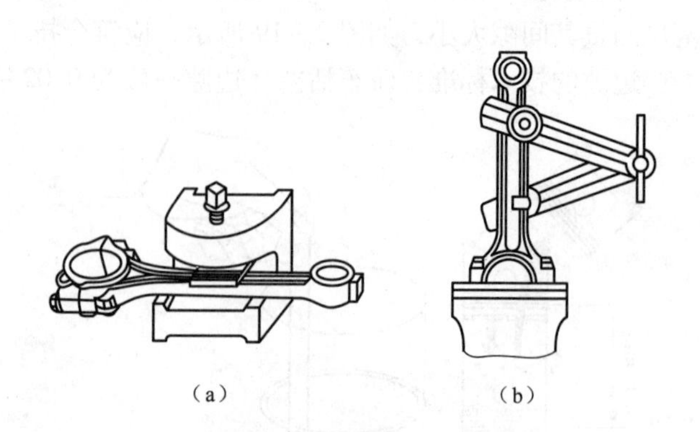

图 2－21　连杆的校正

(a) 校正弯曲变形；(b) 校正扭曲变形

三、曲轴和飞轮组件的检修

1. 曲轴弯曲的检验与校正

(1) 曲轴弯曲的检验

将曲轴两端的主轴颈放置在检验平板的V形块上（图2-22），或将曲轴支持在车床的前后顶尖上，校对中心水平后用百分表进行测量。由于中间轴颈受负荷和振动较大，弯曲变形也较明显，百分表的量头应对准曲轴中间的一道（或两道）曲轴轴颈，转动曲轴一圈，百分表上所指的最大与最小读数之差的1/2，即为曲轴的弯曲度。测量时，不可将百分表的量头放在轴颈的中间，而应放在轴颈的一端，否则会由于轴颈的不圆，对曲轴的弯曲度作出不正确的结论。必须指出，这样测出的结果，因为牵涉两端轴颈不圆所增加的误差，故为一近似值。曲轴中间轴中心弯曲，如未超过0.05 mm时，可不加修整。若达到0.05～0.10 mm时，可以结合轴颈磨削时一并予以修整；若超过0.10 mm，则须加以校正。

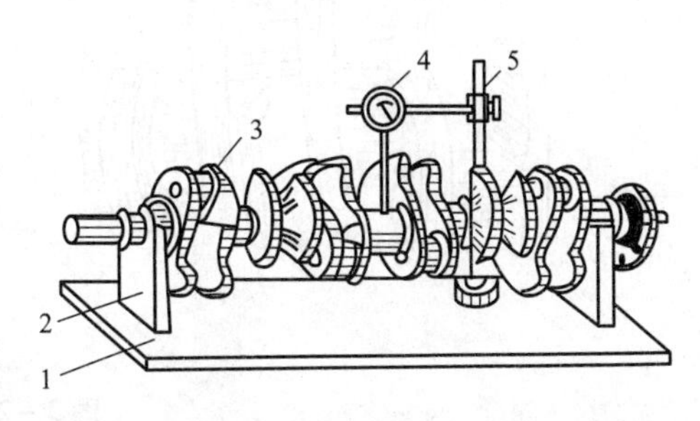

图2-22　曲轴弯曲的检验

1—平板；2—V形块；3—曲轴；4—百分表；5—百分表架

(2) 曲轴弯曲的校正

曲轴弯曲超过允许极限时应进行校正。校正通常采用冷压法和表面敲击法。

冷压法通常在压床上进行，如图2-23所示。将曲轴放在压力机工作平板的V形块上，并在压力机的压杆与曲轴轴颈之间垫以铜皮，以免压伤曲轴轴颈工作表面。在校压过程中，为了消除弹性变形的影响。必须用压力使曲轴沿原弯曲的相反方向上产生较大的弯曲变形，对于钢质曲轴，压弯量变为曲轴弯曲量的10～15倍，并保持1.5～2 min后再释放压力。

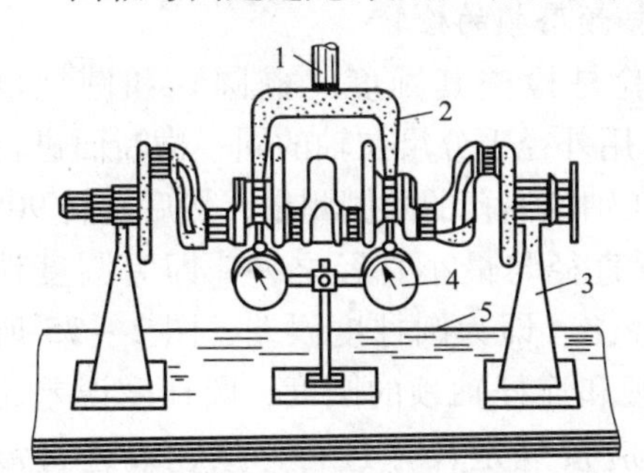

图2-23　曲轴冷压的校正

1—压力机；2—压杆；3—V形块；4—百分表；5—平板

当曲轴弯曲变形较大时，按压必须重复多次进行，直到符合要求为止，以防曲轴因压校弯曲度过大而折断。冷压校正的曲轴往往发生弹性变形和失效，校正后需进行自然时效或人工时效处理：即将冷压后的曲轴放置10～15天，再重新检校；或将冷压后的曲轴加热至300 ℃～500 ℃，保持0.5～1 h，以减轻弹性变形失效。

当曲轴弯曲方向不与曲轴的曲柄平面重合时，在图2-24所示部位，分别敲击两对曲轴，使其变形量之和等于弯曲度，达到校正的目的。在敲击过程中，敲击部位应选择非加工面，并且被敲击的表面不能再进行切削加工，否则将可能破坏已建立起的残余应力平衡状态。敲击校正效果随敲击次数增加而降低，第一次敲击效果最好，重复敲击同一部位，会使表面硬化程度增加，所以每处每次敲击以3～5次为宜。冷压校正只适用于弯曲量不大于0.03～0.05 mm的曲轴。

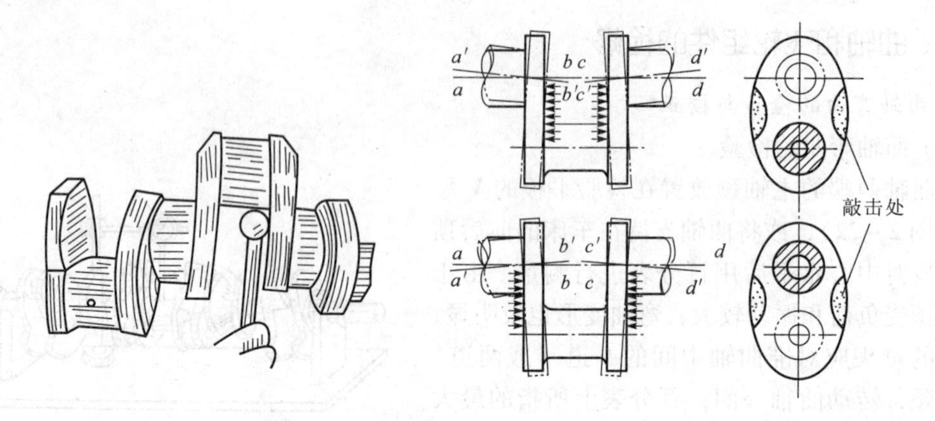

图2-24 表面敲击法

2. 曲轴扭转的检验与校正

曲轴检查弯曲之后，将连杆轴颈（如1、6，或2、5，或3、4）转到水平位置，用百分表测出相对应的两个连杆轴颈轴的高度差，即为扭转度，曲轴扭转变形的校正较困难。曲轴扭转变形一般很小，可在修磨曲轴颈时予以修正；若扭转变形过大，则应更换曲轴。

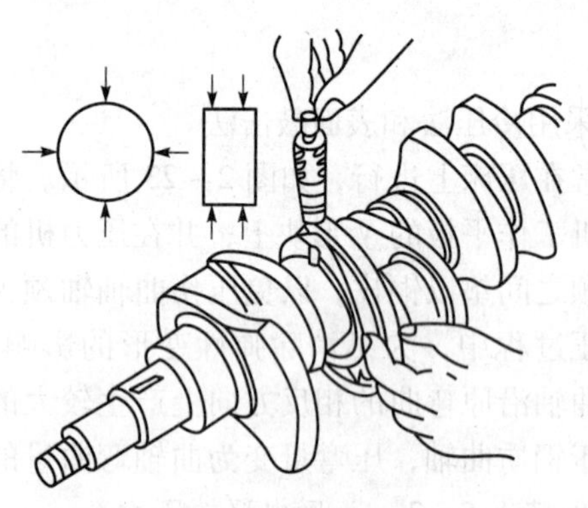

图2-25 轴颈磨损的检验

3. 曲轴裂纹的检验

轴清洗后，首先检查有无裂纹。常用的检查方法为磁力探伤法和浸油敲击法。

4. 曲轴的轴颈磨损的检验

轴颈的检验是检查其圆度（椭圆）和圆柱度（锥形）误差。用外径千分尺在轴的同一横断面进行多点测量（先在轴颈油孔的两侧测量，然后旋转90°再测量），最大直径与最小直径之差，即为圆度误差。两端测直径差，即为圆柱度误差。图2-25所示为曲轴主轴颈和连杆轴颈的圆度；圆柱度误差超过0.025 mm，应按规定尺寸进行修磨，或进行镀铬，镀铬后，再磨削至规定尺寸或修理尺寸。

第三节 配气机构常见故障诊断分析

一、配气机构组成与配气正时

1. 配气机构组成

配气机构的组成如图2-26所示。

2. 配气正时

采用齿形皮带传动的发动机正时，如图2-27所示。曲轴与凸轮轴的正时标记如图2-28所示。

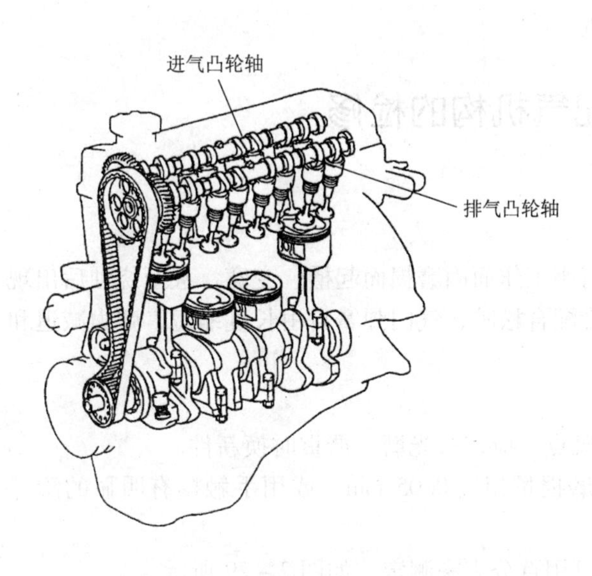

图 2－26　配气机构

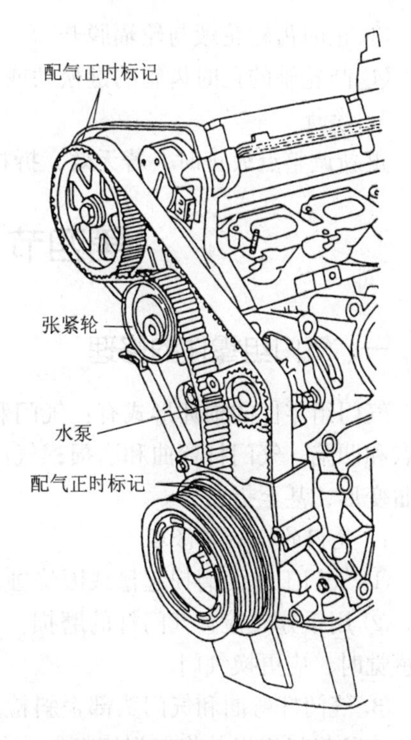

图 2－27　发动机齿形皮带传动

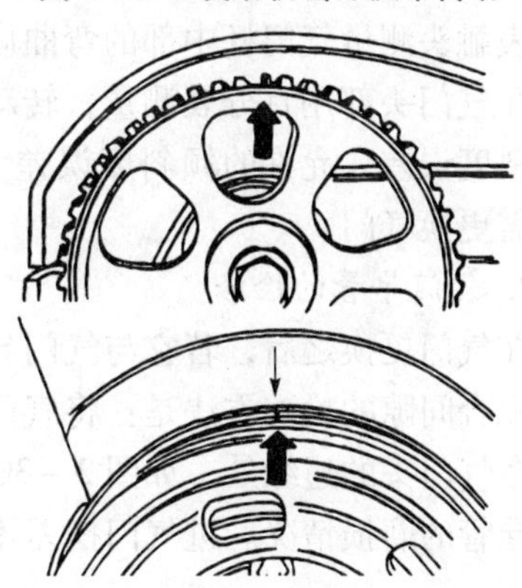

图 2－28　曲轴与凸轮轴的正时标记

二、气门关闭不严故障

1. 现象

① 进气管回火。

② 排气管放炮。

③ 发动机动力不足。

④ 气门响。

2. 原因

① 气门间隙过小。

② 气门弹簧过软、折断。

③ 气门烧蚀。

④ 气门发卡。

⑤ 气门与气门导管磨损严重。

三、点火正时不对

1. 现象

① 发动机启动困难，同时伴有错火：进气管回火，排气管放炮。

② 动力性下降。

2. 原因

① 正时齿轮被打坏。

② 正时齿带磨损、松旷。

③ 正时齿轮轮毂与轮辐脱开。

④ 凸轮轴的正时齿轮的键松动或磨损。

3. 诊断

重新调整点火正时，若无效，拆检检查。

第四节　配气机构的检修

一、气门组零件的修理

气门组零件的损坏形式有：气门和气门座工作面因磨损而起槽、变宽，甚至烧蚀后出现斑点和凹陷；气门杆弯曲和磨损；气门导管配合松旷，气门弹簧自由长度缩短，弹力减退和弯曲变形，甚至折断等。

1. 气门的检验与修理

① 气门工作面磨损起槽或因烧蚀出现斑点，应进行光磨。严重时换新件。

② 用千分尺检查气门杆的磨损。通常磨损量超过 0.05 mm，或用手触摸有明显的阶梯形感觉时，应更换气门。

③ 气门杆弯曲和气门头部歪斜检查。可用百分表来测定，如图 2－29 所示。

清除气门积炭并将气门擦净，将气门杆支承在两个距离约 100 mm 的 V 形块上，然后用百分表触头测量气门杆中部的弯曲度，其值超过 0.05 mm 应更换或校正气门。

在气门头部用百分表测量，转动气门一圈，读数最大和最小值之差的 1/2 即为气门头部的倾斜度误差，允许的倾斜度误差为 0.02 mm。气门杆弯曲或气门头部歪斜超过规定范围后，需更换气门。

2. 气门导管的检修

在气门更换之后，若它与气门导管的配合间隙仍然较大，应检修气门导管。

配合间隙的检查方法是：将气门提至气缸盖平面上的一定高度（15 mm），用百分表触头抵在气门头的边缘处，如图 2－30 所示。然后往复摆动气门，百分表测得一个摆差，即为气门导管的磨损情况。进气门摆差不得超过 1.00 mm，排气门摆差不得超过 1.30 mm。

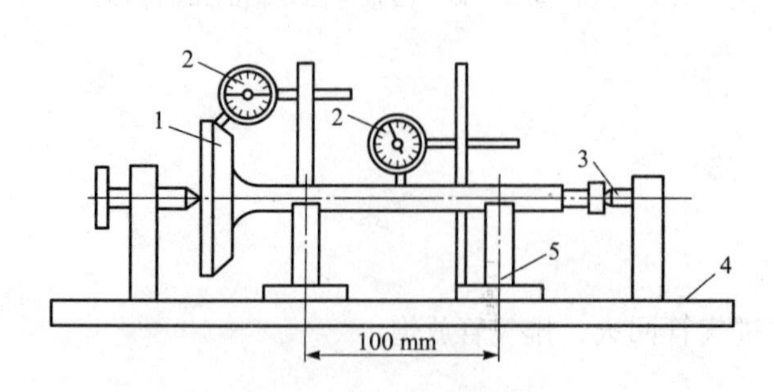

图 2－29　气门杆弯曲检测

1—气门；2—百分表；3—顶针；4—平板；5—V 形块

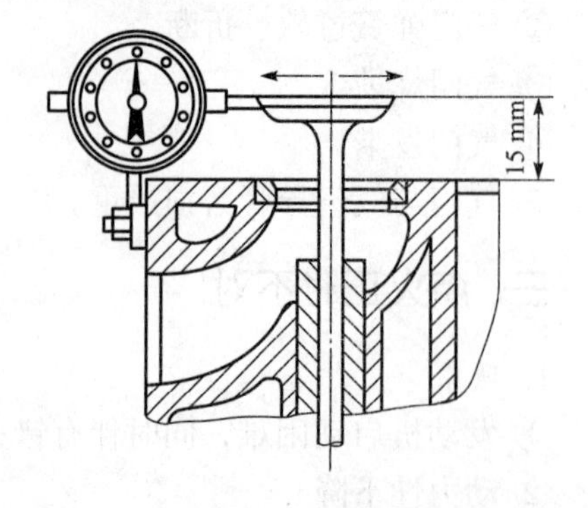

图 2－30　检查气门杆与导管的配合间隙

气门导管过度磨损后应更换。新导管的选择，要求导管的内径应与气门杆的尺寸相适应，其外径与导管承孔在配合时应有一定的过盈，通常取过盈量为导管外径的 2% ~3%。导管的过盈量可用新旧导管对比的办法进行测量。新导管比压出来的旧导管大 0.01 ~0.02 mm 较适当。

镶入气门导管的方法是：用专用工具将旧气门导管从气缸盖压出，在选定的新导管外壁涂上一层机油，压入导管承孔内。带有台肩的导管压入时的压力不能大于 10 000 N，否则会使台肩断裂。不带台肩的气门导管压入后，露出部分的长度应符合规定。

导管更换后，应检查气门杆与导管的配合间隙是否符合要求（正常为 0.02 ~0.04 mm）。气门导管与气门杆配合紧度的经验检查方法是，将气门杆和导管孔擦净，在气门杆上涂一薄层机油，放入导管内，上下拉动几次后拉出，松手后气门能借本身重量徐徐下降落座，则认为配合适当。

如果气门与气门导管的配合间隙过小，可用铰削的方法进行扩孔。

3. 气门座的检修

由于气门导管是检修气门座的定位基准，为了保证气门座各斜面与气门导管的同轴度，铰削（或磨削）气门座斜面时，必须先修理或更换气门导管。

（1）气门座的铰磨

擦净气门座并检查工作面。当气门座工作面磨损变宽超过 2 mm，工作面烧蚀出现斑点、凹陷时，应进行铰削或修磨。

通常使用气门座铰刀进行气门座铰削，如图 2－31 所示。铰磨前应先将气门导管孔及气门座圈擦净，以导管为基准，选择适合于导管孔径的定心杆插入导管孔，不准有摇摆或偏斜现象，然后按下述角度和要求进行修磨（不同车型角度略有不同）。

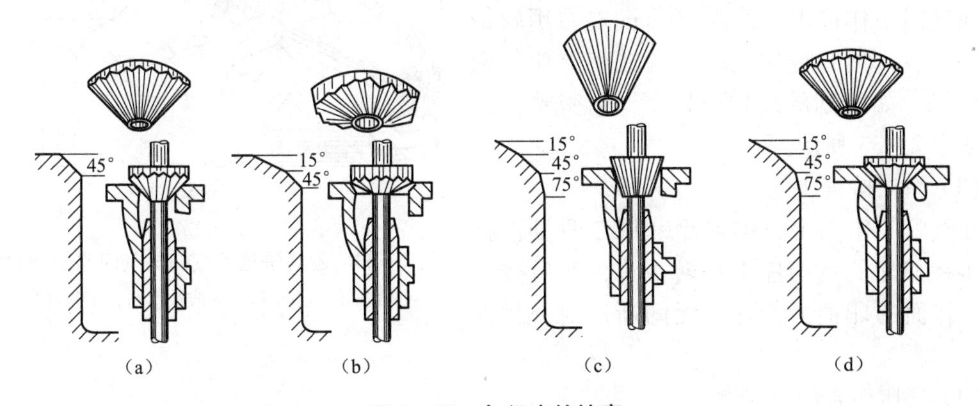

图 2－31 气门座的铰磨

（a）粗铰 45°环带；（b）接触面偏上时铰上口；（c）接触面偏下时铰下口；（d）精铰 45°环带

先初铰，将烧蚀、斑点等缺陷绞去。然后用新气门或光磨过的气门进行试配，要求接触面应在气门工作锥面的中部略靠小端，宽度为 1.20 ~1.60 mm。如果接触面偏向气门大端，应铰削 15°锥面，使接触面下移；如果接触面偏小端，可铰削 75°锥面，使接触面上移。最后用 45°的细刃铰刀精铰或在铰刀上垫细砂布铰磨，以降低接触面的粗糙度值。桑塔纳、捷达发动机气门座接触面角度为 45°，进气门宽度为 2.00 mm，排气门宽度为 2.50 mm。

气门座除使用手工工具铰削外，还可用光磨机进行修磨。光磨机修磨气门速度快、质量好，特别是修磨硬度高的气门座效果更好，但砂轮消耗较大，需经常修整。

（2）气门座的镶配

气门座圈经多次修理后工作面逐渐下陷，会影响气门与气门座的正常配合。如果气门座工作面低于气门座圈原平面 1.5 mm，应更换气门座圈，否则不能保证液压挺柱正常工作。

4. 研磨气门

若气门与气门座配合不严密，可研磨气门。研磨气门如图 2－32 所示，在工作表面涂一层薄薄的研磨膏，将气门插入气门导管内，用皮碗吸住气门头部，然后在相配的座上往复旋转，以手捻皮碗杆进行研磨。研磨时旋转方向与上下方向保持一致，轻轻拍打，不断旋转。第一次涂粗研磨砂研磨直到在工作面出现一圈印迹后，应清洗磨屑，换用细研磨膏研磨。研磨时应边研磨边检查，直到表面出现一圈连续、均匀的暗灰无光泽环带为止。最后将气门研磨膏清洗掉，用机油再研磨一段时间即可。研磨好后还须进行气门的密封性检查。

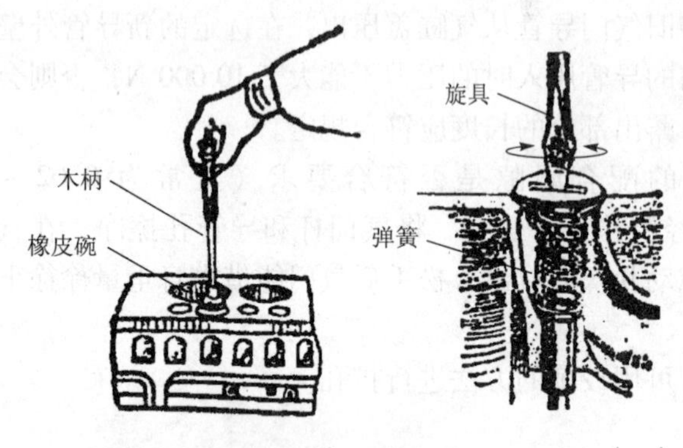

图 2－32　研磨气门

气门与气门座研磨后，应检查密封性，常用的方法有：

（1）盛油检查法

将气门和气门座洗净擦干，将缸盖反放，装上气门，在燃烧室内倒入汽油，然后从下部向气门吹气，如汽油中有气泡，则密封不良，无气泡，则密封性良好。

（2）画线检查

在气门工作面上，每隔 10 mm 左右用软铅笔画一条线，然后将相配的气门在座上往复旋转 1/4 圈。如所划的线均被切断，则密封性良好。如图 2－33 所示。

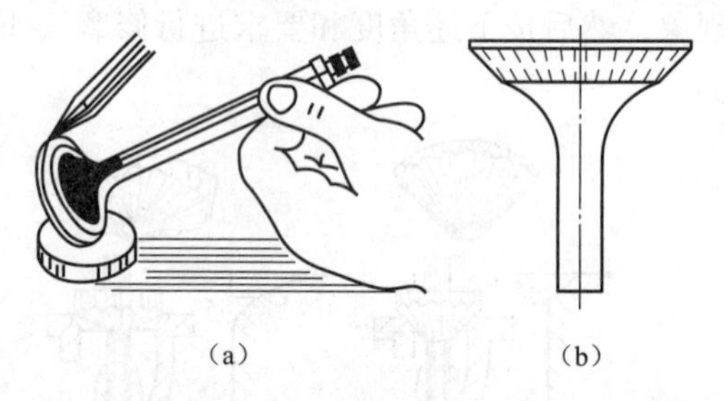

图 2－33　画线法检验气门与气门座的密封性

（a）画线；（b）所划的线被切断，密封性良好

（3）涂油检查法

在气门工作面上，均匀涂一层红丹油，将气门压在相配的气门座上旋转少许，然后察看气门工作面的印痕，若均匀无间断，则密封性良好。

（4）气压检查法

将气门和气门座洗净装好，罩上空气筒并压紧，捏动橡皮球，使气压表指针显示 58～68.6 kPa 压力，保持 0.5 min。压力表指针不下降为密封性良好。如图 2－34 所示。

5. 气门摇臂、摇臂轴的检修

① 外观检查摇臂和摇臂轴工作面有无磨损出的凹坑，若有，必须修磨或更换。

② 检查摇臂和摇臂轴之间的磨损。图 2－35 所示的是用手感检查摇臂与摇臂轴的配合情况，按图中箭头方向推拉和摇摆摇臂，如有间隙感说明摇臂与摇臂轴之间磨损较大。这时可以将摇臂轴用虎钳固定，以百分表在摇臂上测量摇臂和摇臂轴间的间隙。如果测得间隙超过 0.15 mm，必须更换。

③ 检查、疏通摇臂润滑油孔。

④ 检查调整螺钉螺纹是否完好。若损坏须更换。

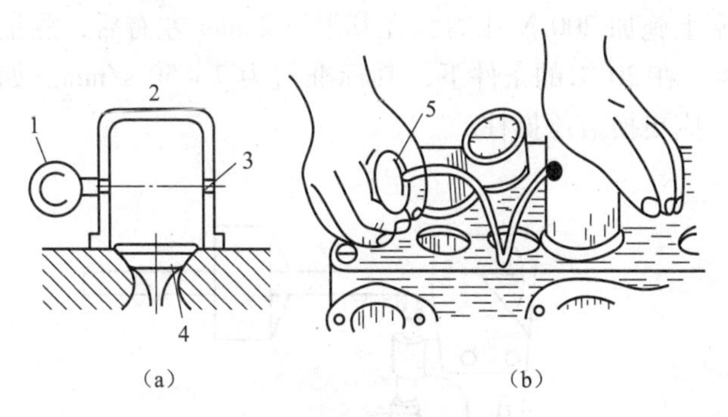

图 2-34　气压检查法

(a) 安装；(b) 测量

1—气压表；2—空气容筒；3—与橡胶球相通的气孔；4—气门；5—橡胶球

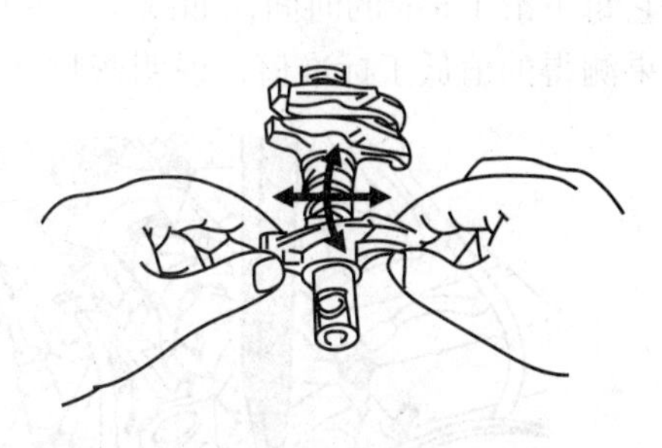

图 2-35　气门摇臂的检查

6. 凸轮轴的修理

将凸轮轴擦净，检查其有无裂痕、凸轮轴颈有无明显擦伤、键槽有无磨损和扭曲。如有损伤，应进行修理或更换。

① 凸轮轴弯曲的检查如图 2-36 所示。将凸轮轴两端轴颈置于平板上的 V 形块上，使磁性表座上的百分表触头与中间轴颈表面接触，然后缓慢转动凸轮轴一周，百分表上读数的差值，即为中间轴颈对两端轴颈的径向圆跳动误差，其弯曲度使用限度，桑塔纳和捷达为 0.03 mm、富康为 0.025 mm，否则应予以校正，其方法与校正曲轴相同。

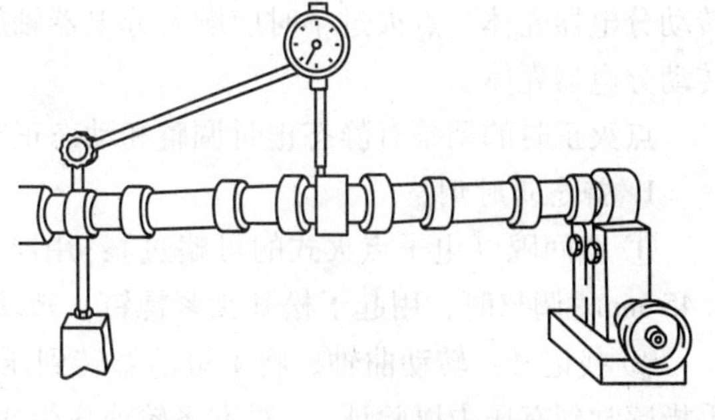

图 2-36　凸轮轴弯曲的检查

② 轴颈的检查用千分尺测量凸轮轴轴颈，若圆柱度误差大于 0.015 mm，应更换凸轮轴。

③ 凸轮高度检查，用千分尺测量凸轮高度或升程，若小于使用维修手册规定的极限，应更换凸轮轴。

7. 挺柱检修

在维修中首先要检查挺柱顶部的磨损情况。如果磨损严重或出现沟槽，需进行更换。另外还要检查挺柱与挺柱孔的配合间隙。若配合间隙超过 0.1 mm，应更换挺柱总成。

液压挺柱中的柱塞和油缸是一对精密偶件，其配合间隙不能超过 0.005 mm。若间隙过大，工作时会从间隙渗漏出油，使气门开度不足，这时发动机工作时发出气门挺柱响声（刚启动就发出响声，随着机油的充入响声消失），应更换。经验方法是，发动机装好后，启动发动机，运转至散热风扇启动，增加发动机转速，使其以 2 500 r/min 的速度运转 2 min，如果液压挺柱仍有异响，需拆下气门室盖，旋转曲轴使被检查的挺柱凸轮向上，用木片或塑料片下压挺柱，如图 2-37 所示。如果在气门打开前自由行程超过 0.1 mm，则更换挺柱。

检查液压挺柱的密封性时，先将挺柱浸在汽油中，反复推拉，使挺柱内空气被排净。把排出空气后的挺柱放在试验台上，在柱塞上施加 200 N 压力，在其滑下 2 mm 左右后，测量它每下滑 1 mm 的时间，如图 2 - 38 所示。在 20 ℃的条件下，其标准值为 7 ~ 50 s/mm。如果测得的值低于标准值，说明密封性差，应更换液压挺柱。

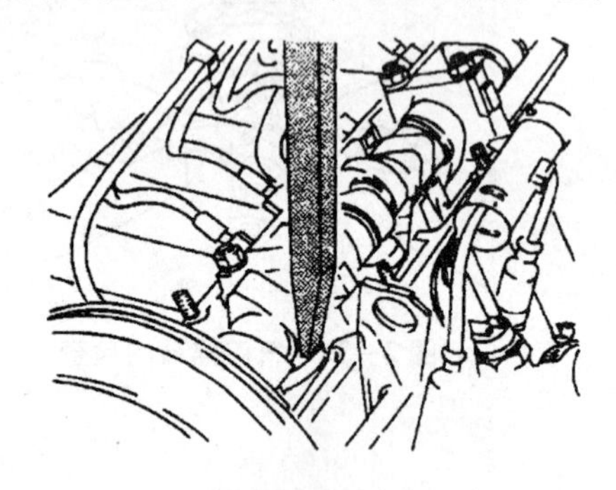

图 2 - 37　液压挺柱的检查

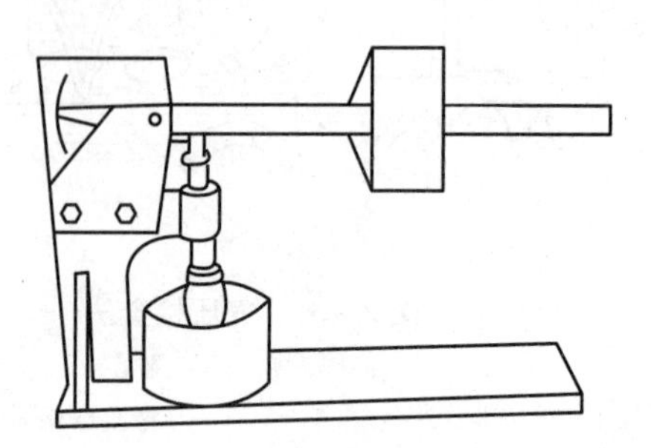

图 2 - 38　液压挺柱的降漏试验

二、点火正时调整

使用分电器的车辆在维修时经常会进行点火正时的调整。调整点火提前角的基本方法是转动分电器壳体。点火过早时应顺着分电器轴旋转方向转动分电器壳体；点火过迟时则反向转动分电器壳体。

点火正时的调整有静态正时调整和动态正时调整。

1. 静态正时调整

① 查间隙（电子点火式的可略过）：用厚薄规检查断电器触点间隙，正常应为 0. 35 ~ 0. 45 mm。调整时，用起子松开锁紧螺钉，转动调整螺钉使之符合要求。

② 找记号：转动曲轴，将 1 缸活塞转到压缩行程上止点附近（向火花塞孔塞棉丝或用手指感觉到有压力以验证），对准飞轮或皮带轮上的初始点火正时标记。

③ 对分火头：检查分火头是否正对着分电器盖上的 1 缸高压线插孔，否则予以调整，松开分电器固定螺栓并适当转动，使分火头对准 1 缸分缸线插孔位置。对准后初步固定。

④ 查跳火：检查分电器是否处于恰好高压跳火位置（初级电流恰好切断位置），否则转动分电器外壳位置进行调整，然后固定分电器。

⑤ 对分缸线次序：按点火次序，顺分火头转动方向，插上各缸分缸线。4 缸机是 1—3—4—2（桑塔纳、奥迪、切诺基等）或 1—2—4—3（BJ212）；6 缸机一般是 1—5—3—6—2—4。

2. 动态正时调整

可在点火正时灯（仪）监测下进行调整：启动发动机，急加速时发动机应加速良好。如果加速时有突爆声，则为点火过早；如果加速不良且发闷，排气管有“突突”声，则为点火过迟。

顺着分火头转动方向转动分电器壳，则点火推迟。逆分火头转动方向转动分电器壳，则点火提前。调整完毕，再次检查点火提前角是否符合要求。否则再调整、再检查，直至符合为止。

第五节　故障实例

实例一：

（1）故障现象

捷达王轿车四缸连杆断开，缸体两侧被打破。

（2）诊断及排除

检查发动机配气正时，机油、防冻液正常，无大、小瓦烧蚀现象。对车辆进行检查，发现空气滤芯是湿润的，有水分，进气管有水印，室内脚垫有水。结论：不是发动机质量问题，水被进气管吸入，造成连杆先弯后断，然后将缸体打破。换连杆和缸体后故障排除。

实例二：

（1）故障现象

捷达轿车早上着车后，怠速不稳，有缺缸现象，加油时，有熄火现象，热车后故障消失。

（2）诊断与排除

检查点火系统正常，检查火花塞，发现与其他车不一样，火花塞表面有胶质状的黑色物质，判断为冷车时气门被黏住。冷车测缸压，果然有的气缸缸压为零，并且不固定在某一缸。拆卸缸盖，清理气门、清洗油箱，故障排除。是由于加注劣质汽油引起的。

实例三：

（1）故障现象

红旗 CA7200E 车行驶中突然熄火，再启动不着车。

（2）诊断与排除

经检查油、电路正常，检查点火正时，发现点火错乱。打开正时皮带罩，发现正时皮带齿掉了很多，是由于皮带太松造成打齿，更换新的正时皮带，校正点火正时，试车，一切正常。

实例四：

（1）故障现象

捷达轿车行驶里程 76 000 km 后，发动机怠速不稳，行驶加速无力。

（2）诊断与排除

用单缸断火法，发现同时将 2 缸、3 缸断火，发动机抖动减轻，测量气缸压力，发现 2、3 缸缸压为 0，2、3 缸缸间的缸垫冲坏，拆下缸盖，检查缸盖、缸体的平面度，缸盖超差。更换缸盖和缸垫后故障排除。

实例五：

（1）故障现象

红旗 CA7200，该车低速、中速行驶时，排气管有规律地放炮。

（2）诊断分析

排气管放炮的主要原因：

① 电路故障：点火过迟、断电器触点严重烧蚀，分缸高压线错乱，分电器盖、分火头破裂、漏电。

② 油路：混合气浓。

③ 机械故障：气门烧蚀，弹簧折。

对点火系统、供油系统进行检查，无异常，判断故障为机械故障。拆下缸盖发现3缸的排气门严重烧蚀。

练习与思考题

2-1　分析气缸磨损的原因和磨损规律。

2-2　简述气缸体检验与修理方法。

2-3　简述活塞的检查与选配方法。

2-4　在某一车型上进行配气正时的调整作业。

第三章 电控汽油喷射系统故障诊断与检修

第一节 电控汽油喷射系统故障诊断分析

一、电控汽油喷射系统组成

电控汽油喷射系统根据其作用不同可分为四个系统，即空气供给系统、燃油供给系统、点火系统和控制系统。捷达轿车五气阀 1.6 L 发动机电控汽油喷射系统如图 3－1 所示。主要部件及其安装位置如图 3－2 所示。控制系统如图 3－3 所示。

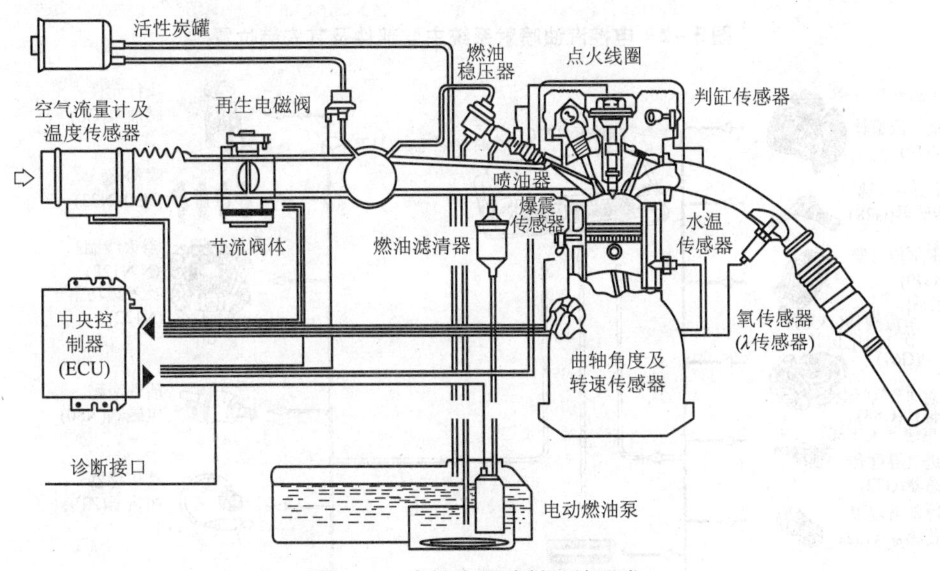

图 3－1 电控汽油喷射系统组成

二、排除电喷发动机故障的原则

排除电喷发动机故障时，首先检查其点火系统与供油系统。排除点火系统与供油系统的故障后，若还有故障，应检查其点火正时，测量其气缸压力，必要时检查其配气相位，目的是判断发动机有无机械故障，若有，加以排除。若故障依然存在，再考虑电喷控制系统故障。在排除电喷控制系统故障时，应首先检查发动机外部各种管路和电路的连接关系，尤其是

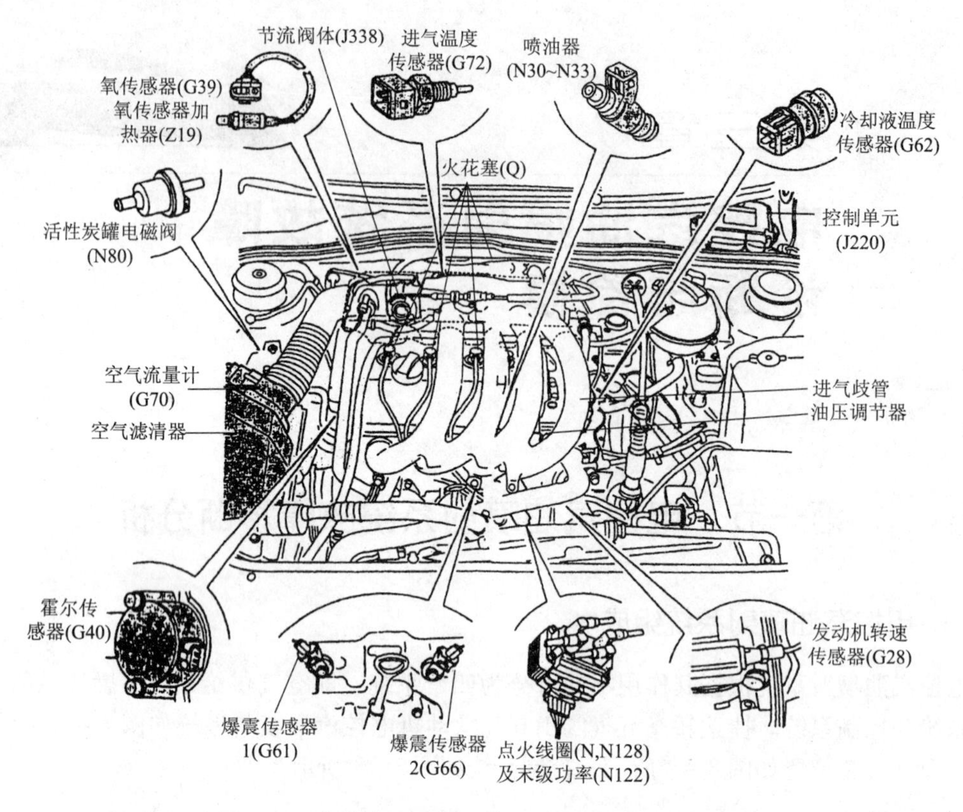

图3-2　电控汽油喷射系统主要部件及其安装位置

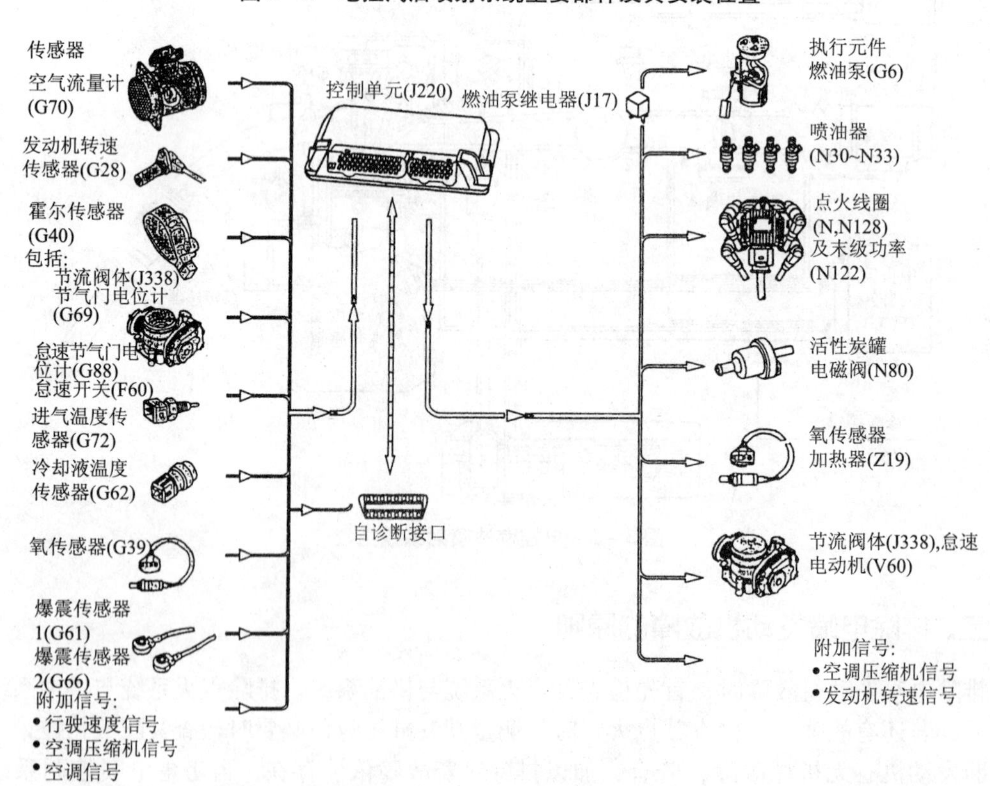

图3-3　控制系统的组成

电喷系统中各部真空管和插接器的连接，因为这些部件易产生故障。若这些部件性能良好，应考虑电喷系统其他部位的故障，可把电脑的ECU的自检系统与解码器结合起来，以缩小故障的检查范围。总的原则是：先排除外部故障，后排除内部故障；先排除机械故障，后排除电喷系统故障；先排除简单故障，后排除复杂故障。

三、电喷发动机故障诊断的基本方法

电喷发动机的诊断方法有直观诊断法、随车自诊断系统及利用诊断仪器诊断等。

1. 直观诊断法

不需要仪器设备，完全依据驾驶员对自己车辆的结构和经常发生故障的了解，应急地进行诊断，以查看、监听、试车为主。

在进行细致的检查和诊断之前，能够消除一般性故障。

① 拆除空气滤清器，检查滤芯，清除脏物，以消除空气流量计的不准确度。

② 检查真空软管完好程度，有无破损和老化，管路和接头安装是否正确。

③ 用振动法检查电控系统线束连接以及连接器有无松动、断路或插接不实等问题。

④ 电线是否有破损或线间短路现象。

⑤ 检查各传感器和执行器是否损伤。

⑥ 发动机在运转时，检查进排气歧管及氧传感器部位有无泄漏。

⑦ 试听检查：在发动机运转时，有无爆震、回火、失速、放炮等现象。

⑧ 试车：针对检查发现的问题及排除情况，使车辆在不同转速和负荷下运行，寻找故障所在。

2. 人工读码法

用随车自诊断系统诊断也称人工读码，在不具备故障检测仪时使用。不同车型发动机，人工读取故障码的方式不同。

① 用诊断跨接线短接故障检测插座中相应插孔（“诊断输入插孔”和“搭铁插孔”）。如本田、丰田、大发、欧宝、通用车系。

② 按压“诊断按钮开关”。如沃尔沃车系。

③ 拧动电脑控制装置上的“诊断模式选择开关”。如日产车系。

④ 打开空调控制面板上的“兼用开关”。

⑤ 在故障检测插座相应插孔间跨接自制的发光二极管。如马自达、奔驰、福特、现代车系。

⑥ 将点火开关置于ON，在规定时间内将加速踏板踩下5次。如宝马车系。

⑦ 将点火开关在5 s内连续开关3次。如切诺基等。

3. 诊断仪器诊断法

很多车系都采用专用诊断仪来读取故障码，如大众车系的故障诊断仪V. A. G1551，V. A. G1552、V. A. S5051。故障诊断仪与自诊断插孔相连，不仅能读取故障码，还具有测量数据流、基本调整及执行元件的检测等功能。

电子控制燃油喷射系统所设置的自诊断系统，能对电子控制系统的故障进行快速准确的诊断，但对于一些由机械故障所引起的故障现象难以判断，如：

① 次级点火电路。ECU不能探测不工作的点火线圈，污染或磨损的火花塞，断火或高压点火线搭铁不良。

② 燃油压力。ECU 不能探测燃油泵进口滤网和燃油滤清器及管路的堵塞情况，这些故障易造成混合气过浓或过稀。

③ 发动机的点火正时。ECU 不能探测错误的点火、配气正时。

④ 气缸压力。ECU 不能探测气缸压力是否均匀、过高或过低。

⑤ 喷油器的不正常工作。ECU 不能确定喷油器是否脏污、堵塞。

⑥ 排气系统。不能确定排气系统的堵塞。

⑦ 节气门体的空气流量。不能探测空气滤清器脏堵或节流情况。

⑧ 真空助力。不能监控发动机控制系统装置中的真空管路的泄漏或节流。

⑨ 发动机控制系统接地。不能探测是否接地不良。

⑩ 发动机 ECU 接头啮合。不能测定自身插头、插脚的脱节或损坏情况。

四、常见故障

1. 冷车启动困难

冷车启动困难指当发动机在冷却液温度低于发动机工作温度下启动时，需要启动若干次才能启动，或者根本不能启动。而发动机在正常工作温度下，即热启动时，一次就能启动。冷启动困难的根本原因是混合气过稀或过浓。冷车启动困难的原因有：冷启动喷油器不喷油，水温传感器有故障，进气温度传感器有故障，喷油器雾化不良，进气管积炭，点火能量不够，火花塞有故障，怠速控制阀有故障等，这些故障往往与启动系统的电路连接状况有关。其故障诊断流程如图 3－4 所示。

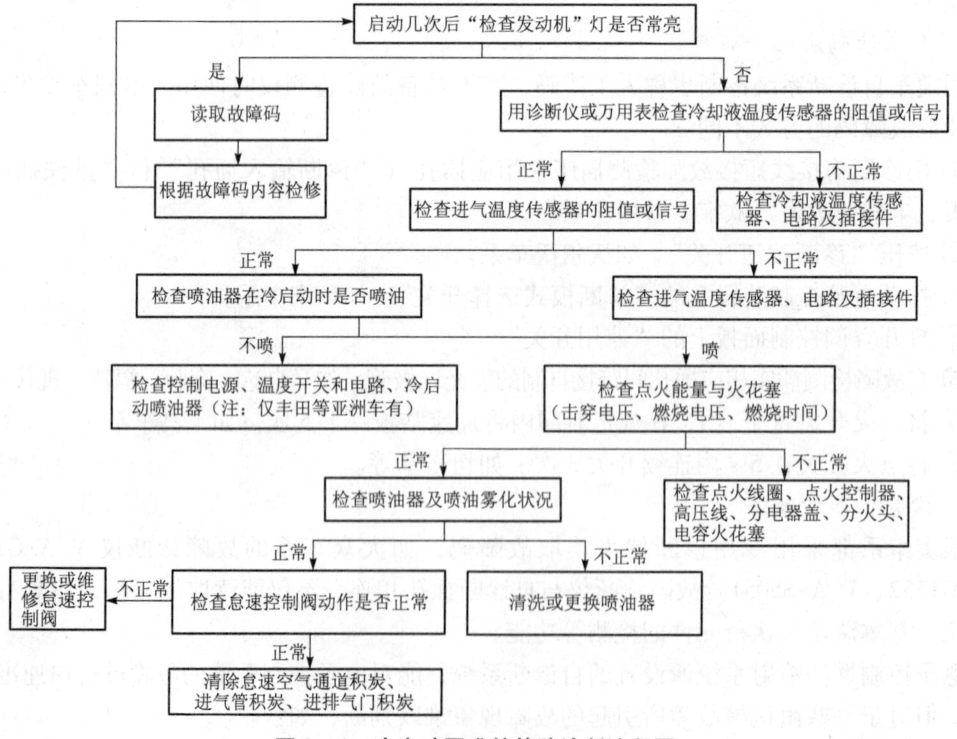

图 3－4　冷启动困难的故障诊断流程图

2. 热车启动困难

热车启动困难是指，发动机冷车启动正常，但当运转的发动机熄灭后，再次启动困难，甚至不能启动。热车启动难的根本原因是混合气过浓。热启动困难的原因有：水温传感器有故障，进气温度传感器有故障，多个喷油器漏油或严重雾化不良，冷启动喷油器有故障，怠速阀有故障，油压过高，点火能量不足等。其故障诊断流程如图 3－5 所示。

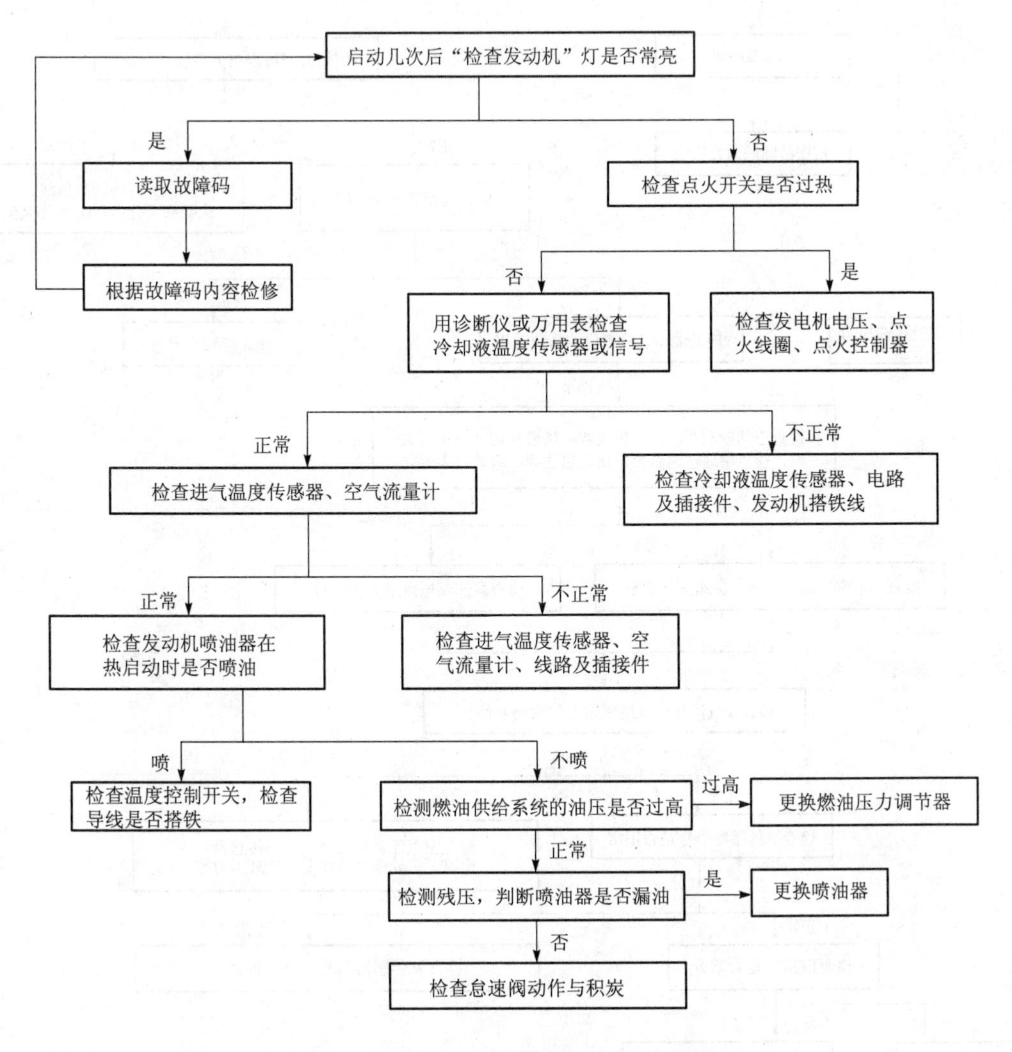

图 3－5　热车启动困难故障诊断流程图

3. 怠速转速过低

在发动机怠速时接通空调开关或接通动力转向开关，或将换挡手柄从 P 挡或 N 挡挂入 D 挡时，正常情况下，怠速会自然提高。如果发动机怠速调整（匹配）得太低，或者在上述开关接通情况下，怠速下降，造成怠速不稳甚至熄火，说明发动机怠速控制系统有故障，故障现象为发动机怠速转速过低。发动机怠速转速与其温度、负荷有关。发动机怠速过低的原因有：怠速控制阀有故障，怠速空气通道被堵塞，节气门位置传感器信号不正确，空气流量计或进气压力传感器信号不良，氧传感器信号有错误，油压过低，喷油器有故障，点火正时不正确，发动机真空管错插，点火系统有故障，开关信号不良，废气再循环阀，ECU有故障或发动机机械部分有故障等。其诊断流程如图3-6所示。

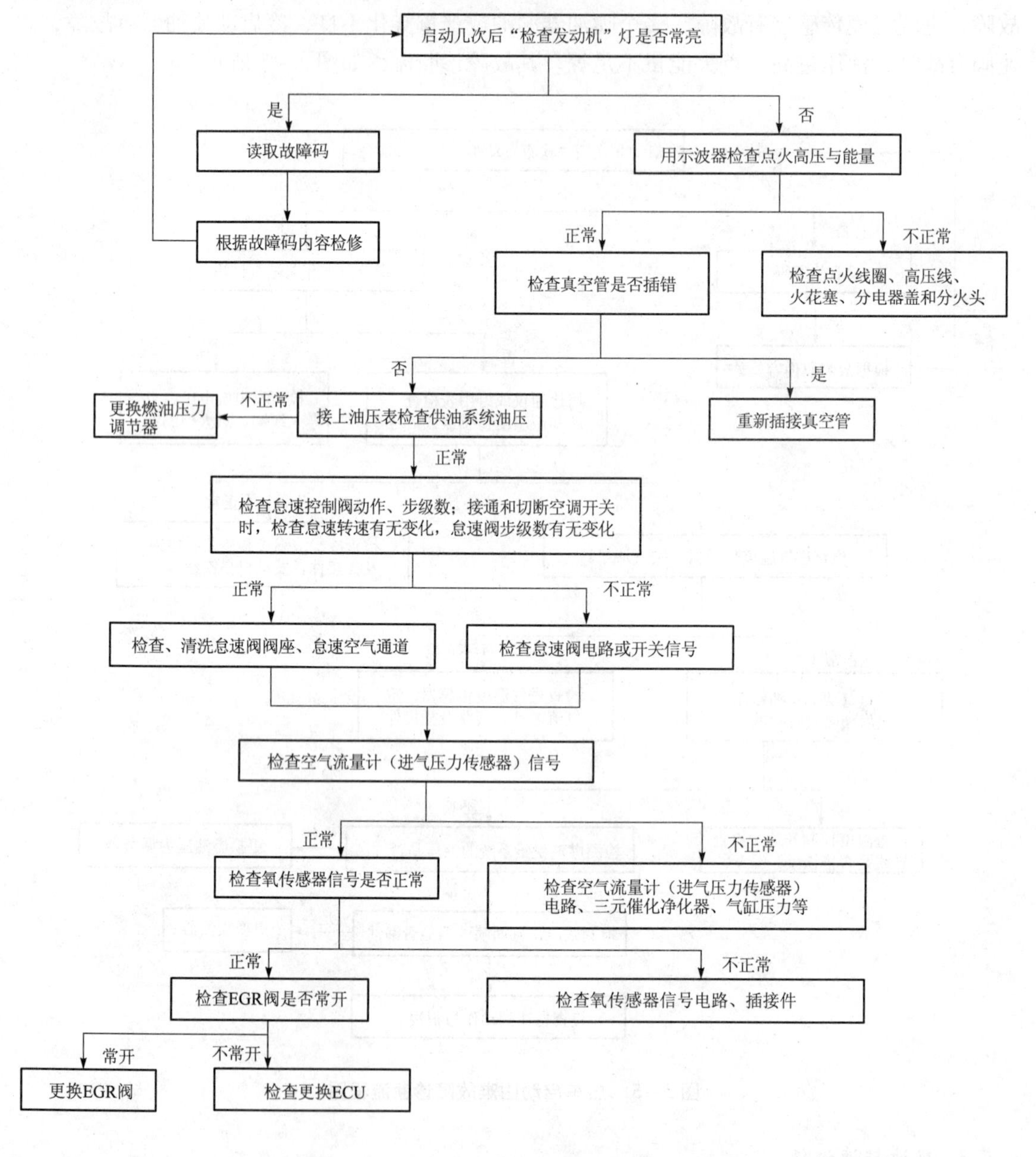

图3-6　发动机怠速转速过低故障诊断流程图

4. 怠速转速过高

发动机怠速转速过高，超过发动机怠速运转的技术要求。发动机怠速过高主要是由于怠速时吸入发动机的空气过多或发动机控制信号错误。造成怠速转速过高的原因有：进气温度传感器、水温传感器、节气门位置传感器、空气流量计（或进气歧管绝对压力传感器）有故障，开关信号错误，怠速控制间有故障，节气门体有故障，喷油器有故障，真空漏气，发动机控制单元有故障或匹配设定有问题等。其故障诊断流程如图 3－7 所示。

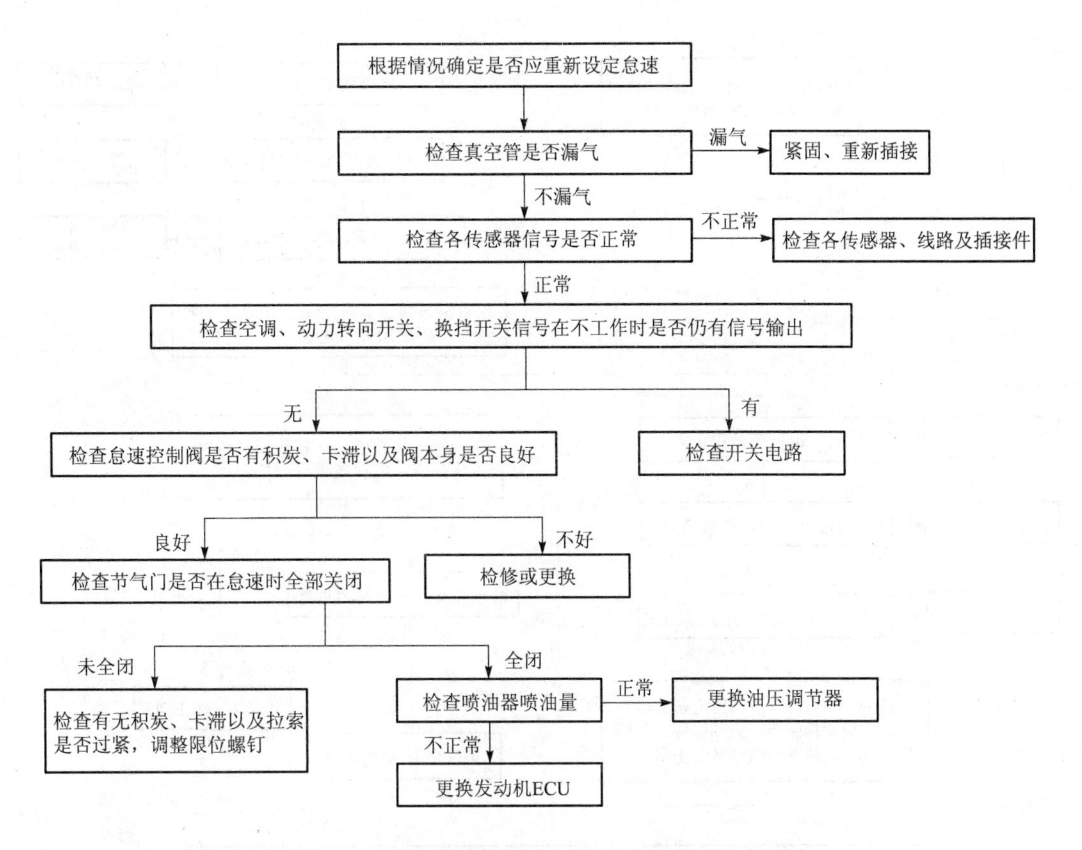

图 3－7　发动机怠速转速过高的故障诊断流程图

5. *发动机加速不良，动力不足*

踩下加速踏板，节气门开度增加，进气量增加，发动机 ECD 根据进气量和节气门位置传感器信号和信号变化率，修正增加喷油量；如果踩下加速踏板，进气量增加少，修正增加喷油量也少，或喷油器喷油量增加迟缓或增加量少，加速就迟缓。

发动机加速不良一般有两种现象：一种是踩下加速踏板，发动机加速时间过长，汽车加速能力下降；另一种是踩下加速踏板，发动机转速不但不上升反而下降。踩下加速踏板，进气量应该急剧增加，但由于传感器输出错误信号，喷油器喷油量不增加或增加量少，或点火高压弱，也会造成发动机加速不良。

发动机动力不足，加速迟缓通常是由混合气过稀或过浓，或点火系统、发动机机械系统有故障等造成的。

造成上述故障的具体原因有：燃油系统油压过高或过低，喷油器喷油不良，传感器信号错误，点火高压低、能量小，点火正时不正确，气缸压缩压力低，排气管被堵塞等。

发动机加速不良，动力不足的故障诊断流程如图 3－8 所示。

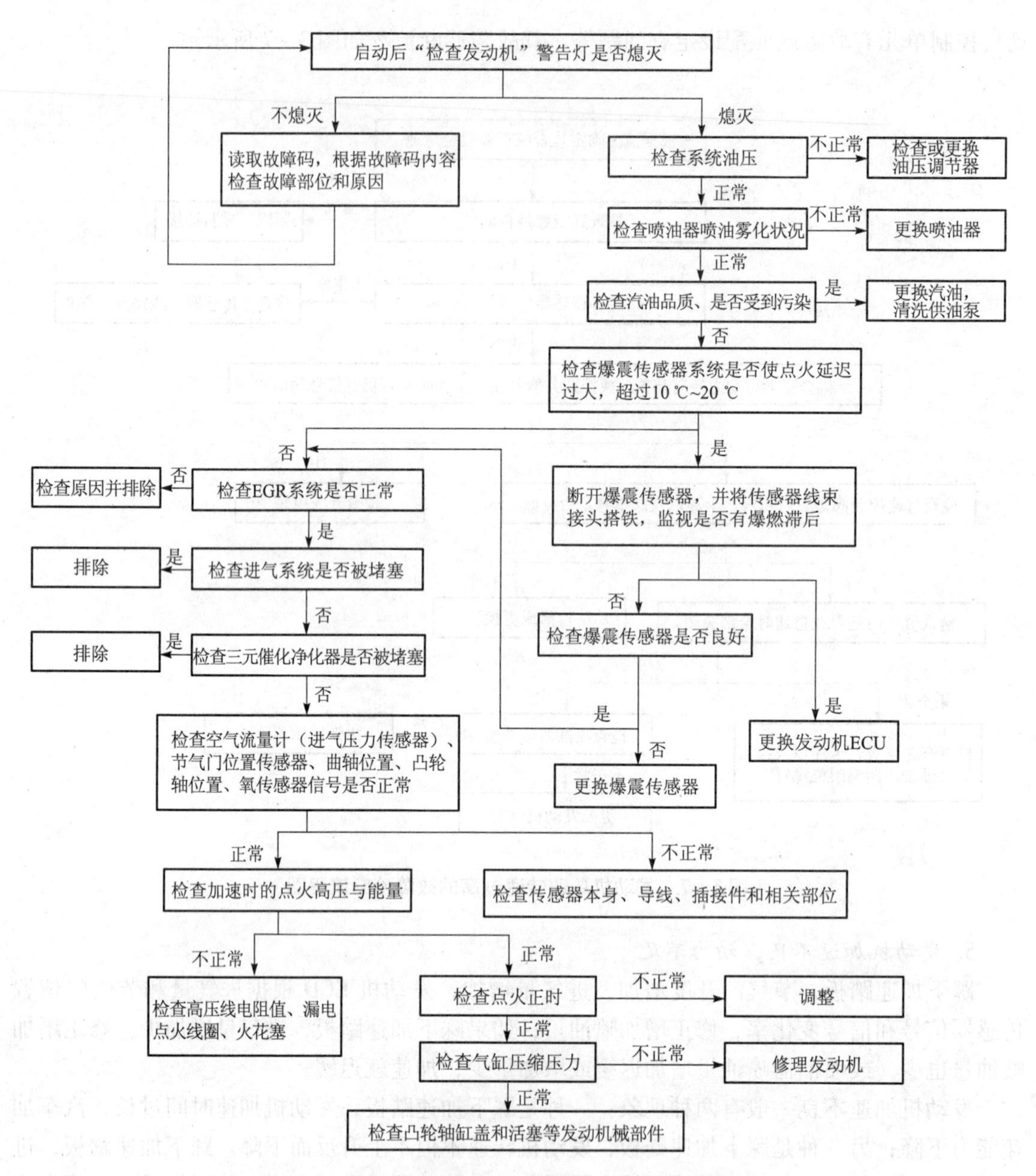

图 3-8 发动机加速不良，动力不足故障诊断流程图

第二节 电控汽油喷射系统的检修

一、油路系统的泄压

对电控燃油喷射发动机的油路系统进行检修时，应先卸除残余油压，否则高压的燃油可能溅落到热的机体上引起危险。油路系统泄压的方法有以下几种：

1. 从燃油滤清器的入口管接头处泄压

① 用吸油类物品，如棉纱、毛巾等捂住接头螺母。

② 旋松接头螺母，燃油被吸收后，安全放置吸油物品。

③ 重新接好入口管接头。

2. 利用泄压单向阀泄压

许多美国车供油管路上的油压检测孔兼有泄压的作用。泄压时用十字螺钉旋具压下孔内的单向阀，同时用棉纱等物品垫在检测孔处。

3. 动态泄压（不适用于高级车）

① 在发动机运转时拆下燃油泵电插头，使发动机自行熄火。

② 发动机熄火后再启动 1 ~2 次，确保完全泄压。

③ 点火开关置于“OFF”，重新接好电插头。

4. 用喷油器泄压

在发动机和燃油泵停止工作的情况下，人为给喷油器供 12 V 脉冲电压，使喷油器喷油泄压。

注意：这种泄压方法对三元催化转换器不利。

5. 用手动真空泵泄压

在油压调节器的真空管上连接一手动真空泵，利用真空泵提供的真空，使油压调节器打开回油管路，燃油流回油箱。从节能和环保的角度来讲，这种方法最好。

二、燃油系统的车上检测

① 在电源电压不小于 12 V 的情况下，拆下蓄电池搭铁线。

② 泄压后装油压表，并短接燃油泵电源。

③ 装上蓄电池搭铁线，点火开关置于“ON”，使燃油泵运转测油压。若油压过高，更换油压调节器；若油压过低，则检查燃油泵、燃油滤清器和油压调节器有无泄漏。

④ 点火开关置于“OFF”，拆下燃油泵跨接线。

⑤ 启动发动机，测怠速油压。如不在规定范围，检查真空管以及油压调节器。

⑥ 从油压调节器上拆下真空软管，塞住软管口。测此时油压，应符合规定。

⑦ 熄火 5 min 后检查油压。如油压下降，检查燃油泵和油压调节器有无泄漏。

⑧ 泄压，拆下搭铁线，取下油压表。

⑨ 装复后查漏。

三、燃油泵的测试

测试燃油泵工作状况时应保证蓄电池电压正常，燃油泵熔断器正常，燃油滤清器正常。

1. 燃油泵电路的检查

① 接通点火开关，应该能够听到燃油泵启动的声音，若用手指捏住输油管，应能感到油压。

② 如果燃油泵没有启动，应检查燃油泵、燃油泵继电器以及燃油泵控制电路。

③ 点火开关置于“ON”，燃油泵继电器必须有动作声，否则检查燃油泵继电器电路，如果电路正常，更换燃油泵继电器。

④ 如果燃油泵继电器良好，燃油泵仍然不工作，则在点火开关置于“ON”的情况下，

用万用表测量燃油泵导线上的供电电压，电压的额定值约为蓄电池的电压（12 V 左右）。如果电压没有达到额定值，则根据电路图查找并消除电路中的断路故障；如果达到了额定值，同时燃油泵处的搭铁导线没有发现断路情况，说明燃油泵有故障，应检查、更换燃油泵。

2. 燃油泵的检验

① 点火开关置于“OFF”，脱开燃油泵电插头。

② 用电阻表测燃油泵线圈电阻，如不在规定范围内，则更换燃油泵总成。

③ 给燃油泵加上 12 V 电源（注意极性），检查燃油泵的运转情况。如不正常，则更换燃油泵总成。

注意：本实验应在 10 s 内完成以免烧毁燃油泵线圈，同时使燃油泵远离蓄电池。

3. 测量燃油泵供油量

① 关闭点火开关。

② 泄压后，将油压表连接到输油管上，将软管接到回油管上，并伸到量杯内。

③ 使用插头导线短接燃油泵继电器的触点和蓄电池正极端子，使燃油泵运转。建立系统油压后断电。

④ 倒空量杯。

⑤ 接通燃油泵，使之运转。测量规定时间内的泵油量，与规定值进行比较。如果没有达到最低的输油量，故障原因可能是输油管弯曲或阻塞，燃油滤清器阻塞，燃油泵故障等。

四、喷油器的检测

1. 喷油器的检查

（1）喷油器工作情况的检查

在发动机运转时，用手触摸喷油器或用听诊器来检查喷油器是否工作及其工作情况是否与发动机转速相符。如不正常，检查喷油器或 ECM 输出的喷油信号。

如果喷油器难于接近，可以用断火的方法来检查。检查时动作要快，否则，长时间断缸将缩短三元催化转换器的使用寿命。

（2）检查喷油器有无堵、漏现象

① 点火开关置于“OFF”，脱开全部喷油器电插头。

② 在油路上装油压表，启动车或短接燃油泵电源使燃油泵运转，建立油压。

③ 逐个向脉冲式喷油器供 12 V 电压，同时听响声是否正常。

注意：如果是低电阻型的喷油器，则应在电路中串联一只阻值约 10 Ω 的电阻，以保护喷油器线圈。

④ 给喷油器供电时，系统油压应下降，否则说明该喷油器有脏堵现象。

⑤ 若喷油器没有喷油而系统油压下降，则说明该喷油器有泄漏现象。

⑥ 拆下全部喷油器观察，泄漏喷油器的喷孔处有黑痕。

（3）喷油器线圈阻值的检查

点火开关置于“OFF”，脱开喷油器电插头，测量喷油器线圈电阻，如超出技术范围，则更换之。

（4）喷油量、雾化情况和泄漏的检查

可以用喷油器实验台，按照使用说明书上的操作步骤，测试上述内容。如无喷油器实验台，可按以下方法进行。

① 将燃油分配管和喷油器一同拆下，用软管将燃油分配管的进口与燃油滤清器的出口可靠地连接起来，同时用另一根软管连接油压调节器的回油口与回油管。

② 点火开关置于“ON”，短接电动燃油泵使之运转，建立起系统油压。

③ 观察喷油器有无漏油。泄漏量每 2 min 不超过一滴，否则应更换喷油器。

④ 点火开关置于“OFF”，脱开喷油器的电插头。

⑤ 将喷油器放置在一个较高的量筒上，给喷油器供 12 V 电压 15 s（注意：供电电流不应超过 1 A），观察喷油的雾化情况，同时测量并记录喷油容积。每个喷油器重复 2～3 次。

⑥ 标准喷油容积和各喷油器之间的误差均应符合规定，否则应清洗或更换喷油器。

如果喷油量都大于或都小于规定值，则要检查系统油压。

2. 喷油器电路的检查

（1）检查电源

① 点火开关置于“OFF”，脱开喷油器电插头。

② 点火开关置于“ON”，将电压表的负表笔搭铁，正表笔先后测量线束电插头的两个端子，其中的一个端子应有 12 V 电压，否则检查点火继电器以及它与蓄电池之间的线束连接情况。

（2）检查计算机控制端

喷油器是脉冲式的功率器件，为了避免损坏 ECM 中的电子电路，在 ECM 插接器上设有专门的引脚搭铁，以自成回路。因此还应检查 ECM 中喷油器的搭铁是否良好。

① 自制一个串联有 330Ω 左右电阻的 LED 灯。在点火开关置于“OFF”的情况下，将 LED 灯的正极与蓄电池正极相连，负极与线束电插头的计算机控制端相连，如图 3－9 所示。

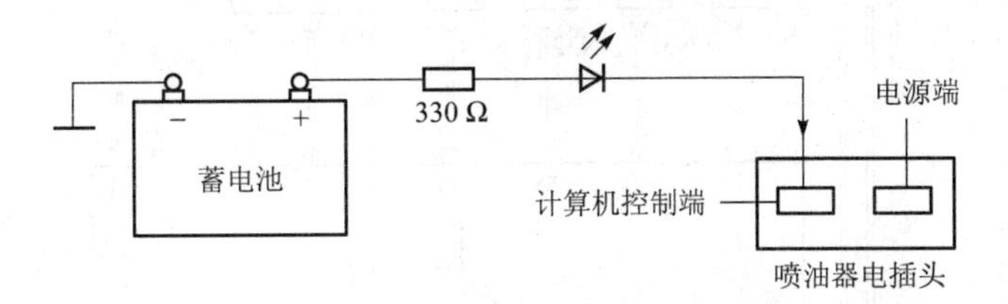

图 3－9　喷油器电路控制端的检查

② 接通起动机，LED 灯应闪烁。否则应检查喷油器电插头的控制端到 ECM 之间的电路连接情况。

③ 如果所有缸喷油器电插头上的 LED 灯都不亮，则检查与喷油控制相关的传感器输入信号（如曲轴和凸轮轴位置传感器）。

④ 如检查部分喷油器时 LED 灯未闪亮，则在检查完该喷油器的控制端连接情况后，检查控制计算机 ECM 中的功率晶体管（在此可以做一个实验来判断是否有喷油信号：拆下喷油器控制端至 ECM 的导线，人工脉冲搭铁使喷油器喷油；但装复后用起动机启动时，喷油器不喷油，则说明 ECM 没有输出喷油信号）。

⑤ 拆下 ECM，开盖检查晶体管的工作情况是否正常。

⑥ 如果晶体管良好，说明 ECM 有故障。

第三节 故障实例

实例一：

（1）故障现象

捷达 GTX 轿车（5 阀发动机），因不着车被拖进维修厂。

（2）故障诊断及排除

用 V. A. G1552 检测，无故障码；再试高压电，没电；接着试是否有油，拆下油管后启动车，结果油一股一股地冒出。拆下油泵继电器外壳，观察油泵继电器吸合状况，结果油泵继电器在着车时一吸一合，可确定毛病就在此处。只要继电器能够常吸合问题就得以解决。为了判断发动机 ECU、油泵继电器及其线路是否有故障，按照电路图（如图 3－10 所示）直接将油泵继电器的控制脚 ECU4 脚搭铁，这时继电器正常吸合，汽油泵也正常工作，说明故障可能在 G28 或发动机 ECU 上。因为发动机 ECU 只有接收到发动机转速信号后，才控制油泵继电器（J17）吸合和驱动点火线圈产生高压电。

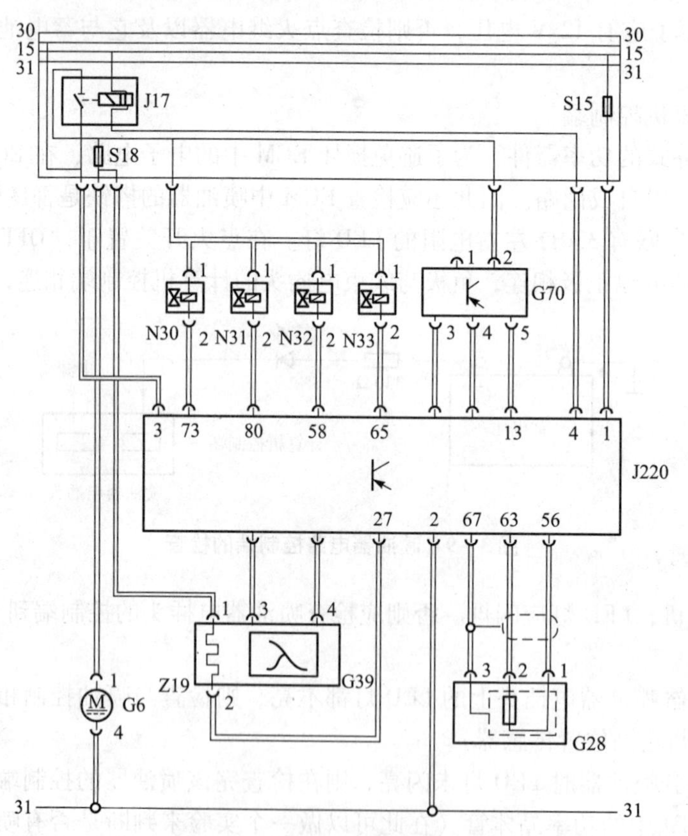

图 3－10　捷达王油泵控制电路图

J17—燃油泵继电器；S18、S15—熔断器；G6—燃油泵；Z19—氧传感器加热器；G39—氧传感器；N30、N31、N32、N33—喷油器；G70—空气流量计；J220—控制单元；G28—发动机转速传感器

按照电路图测 G28 线路正常，而 ECU 的电源供给完全正常，说明发动机 ECU 有可能存在故障。更换一个新的发动机 ECU，但测试后故障依旧。换上新的 G28 仍不能解决问题。

最后怀疑的目标还是锁定在 G28 的靶轮上。检查靶轮，原来此车发动机的四缸活塞连杆出现敲缸现象，将靶轮打变形，G28 的信号异常，使车无法启动。

故障点评：电喷发动机转速传感器 G28 的信号非常重要，当它出现故障时，发动机将无法启动。

实例二：

(1) 故障现象

捷达王轿车怠速不稳。

(2) 诊断及排除

用 V. A. G1551 检测，空气流量计 G70 有一偶发故障，消除后，重新启动发动机，检测时，仍发现 G70 有偶发故障。检查 G70 到发动机控制单元线路正常，测量 G70 数值与新 G70 基本相同。再次用 V. A. G1551 清除，并进行基本设定，G70 故障被排除，但发动机怠速仍不稳，重新用 V. A. G1551 检测，在阅读数据块时，发现喷油阀实际喷油时间超出标准范围。检查无漏气处，判断为喷油器可能脏、堵塞，用清洗机对燃油系统进行清洗后，故障排除。

实例三：

(1) 故障现象

一辆日产车，采用 VG30E 发动机，加速时发动机无力。

(2) 故障分析

该车采用热线式空气流量计，当在其端子 D 和端子 E 之间施加电压时，蓄电池中电压表测端子 B 和端子 D 之间的电压应为 1.1 ~2.1 V。而实际检测其值不符，说明此空气流量计损坏。由于空气流量计出现故障，不能正确反映正常空气流量，发动机 ECU 就不能正确给出喷油脉冲，从而造成发动机无力或加速无力。更换空气流量计后，发动机工作恢复正常。

练习与思考题

3 - 1　汽油电喷发动机故障诊断的基本方法是什么？

3 - 2　以某一电喷汽油机为例，使用诊断仪器对其进行模拟（或实际）故障诊断，要求完成诊断流程的编制以及诊断过程和结果的分析。

4

第四章 柴油机供给系统故障诊断与检修

第一节 柴油机供给系统常见故障诊断与分析

一、柴油机供给系统组成

柴油机供给系统一般由柴油箱、柴油粗滤器、输油泵、柴油细滤器、喷油泵、调速器、喷油器及油管等部件组成。图4－1是装有柱塞式喷油泵的柴油机燃料供给系统示意图。

柴油机供给系统常见故障主要有：发动机启动困难、发动机动力不足，并伴随排黑烟、排白烟、排蓝烟，发动机怠速不稳、发动机爆震等。

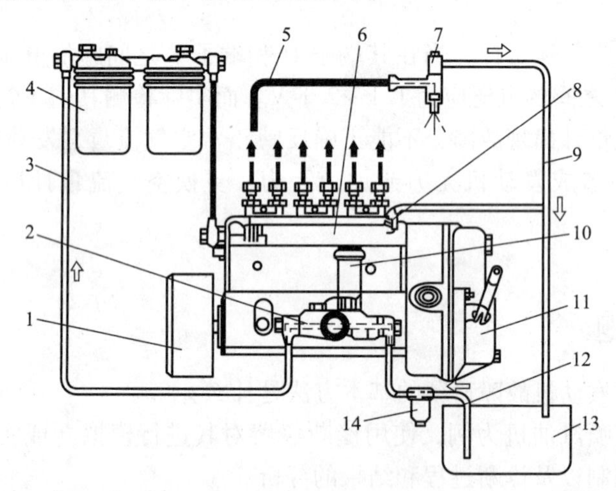

图4－1 装有柱塞式喷油泵的柴油机燃料供给系统示意图

1—供油提前调节器；2—输油泵；3—低压油管；4—柴油细滤器；5—高压油管；6—喷油泵；7—喷油器；8—限压阀；9—回油管；10—手油泵；11—调速器；12—吸油管；13—柴油箱；14—柴油粗滤器

二、启动困难

1. 故障现象

发动机曲轴在起动机带动下以启动转速转动，但发动机不能启动，通常表现为：

① 启动时听不到爆发声音，排气管没有烟排出，不能启动。

② 启动时可听到不连续的爆发声音，排气管少量排烟或大量排白烟，但不能启动。

2. 原因

第一种现象的实质是柴油没有进入气缸，应从燃料的输送方面查找故障的原因；第二种现象的实质是柴油已经进入气缸，但未能正常组织燃烧，应从供油时刻、燃油雾化、压缩终了时的气缸压力和温度等方面查找故障的原因，造成发动机不能启动的具体原因如下：

(1) 柴油不进气缸的原因

① 油箱无油，油箱开关未打开，油箱滤网脏、堵。

② 熄火拉钮没有退回。

③ 柴油滤清器滤芯脏、堵。

④ 输油泵故障：进油口滤网堵塞、活塞弹簧折断、活塞磨损严重或活塞、推杆发卡。

⑤ 油路中有空气、油管破裂或管接头漏油、堵塞。

⑥ 油路中有水，冬季结冰使油路堵塞。

⑦ 柴油牌号不对，冬季使用夏季用油，冷凝后析出石蜡，堵塞油路。

⑧ 喷油泵损坏：泵内有空气、喷油泵供油拉杆被卡死在不供油的位置、油门操纵拉杆脱落、喷油泵驱动联轴器损坏、发动机不能驱动喷油泵、柱塞磨损严重。

⑨ 喷油器不喷油：针阀被卡死在关闭位置、喷孔被积炭堵塞、喷油压力调整过高。

(2) 柴油进入气缸内，不能正常燃烧的原因

① 供油时间过迟：调整不当、联轴器上的调整螺栓松动。

② 供油量太小：低压油路溢流阀损坏使供油压力不足，引起喷油泵供油量减少；喷油泵出油阀密封不良，柱塞偶件磨损严重。

③ 喷雾质量差：喷油器的调整压力过低，针阀磨损严重。

④ 柴油中含有水分。

⑤ 空气滤清器脏、堵。

⑥ 排气不畅。

⑦ 气缸压力不足：气门间隙不当，气缸不密封。

⑧ 外界温度低，预热装置失效。

3. 诊断

柴油机不能启动，排气管不排烟，此故障主要是因为柴油机供给系统不工作，不能向燃烧室喷油。在诊断故障时，应首先判断故障是出在柴油供给系统的低压油路还是高压油路。为此，可先将喷油泵上的放气螺塞旋松，用手油泵泵油。若放气螺孔不流油或流出泡沫柴油，则表明低压油路故障。若放气螺孔处流油正常且无气泡出现，但各缸喷油器无油喷出，则说明故障在高压油路。应按下列程序进行诊断与排除：

(1) 低压供油部分

① 检查油箱开关是否打开，柴油机熄火拉钮是否退回，油箱内的油面是否过低，油箱盖空气孔是否堵塞，酌情予以补充或修理。

② 旋松喷油泵上的放气螺塞，用手油泵泵油。若从放气螺塞孔流出的燃油中夹有气泡，则说明油路中有空气窜入，应查明原因，是否由油箱内油量不足、油管接头松动、柴油滤清器衬垫密封不严或油管破裂而引起。此外，还应注意油箱内的上油管的焊接处是否有裂缝或漏孔。

③ 通过手油泵泵油，若感觉来油不畅，则说明低压油路中有堵塞或破损，应检查柴油滤清器和管路是否堵塞。

④ 检查输油泵的工作情况。检查时，用手油泵泵油时，若无正常的泵油阻力，并泵油多次也泵不出油，则说明手油泵活塞磨损过甚，输油泵出油阀黏滞或不密封，弹簧折断，应予拆检修理。

⑤ 拉出手油泵手柄，若感到有明显吸力，放开，手柄又会自动回位，则说明输油泵至油箱的油路堵塞，应卸下柴油滤清器及输油泵进油管进行清洗，使其畅通。若在拉手柄时感到无吸力，但在压手柄时感到阻力很大，则说明输油泵至喷油泵之间的油路堵塞。手油泵盖密封不严，也会引起输油泵泵油不良。

⑥ 在低温地区和低温季节，柴油牌号选用不当或油中有水，容易因结蜡和结冰而堵塞油管，这样，必须选用规定牌号的柴油，并对发动机进行必要的季节维护。

（2）高压供油部分

① 检查油门拉杆是否脱落。

② 检查各高压油管有无因破裂或接头松动而漏油。

③ 拆下喷油泵侧盖，检查供油调节拉杆是否移动灵活，柱塞弹簧是否折断而卡住或柱塞是否卡在上行位置，拨叉式油量调节机构的调节叉或齿条式调节机构的扇形小齿轮固定螺栓是否松动，调节臂有无脱出。

④ 发动机转动时，用手触试各缸高压油管。若有喷油脉动，说明故障不在喷油泵而在喷油器。若无喷油脉动或脉动甚弱，说明故障在喷油器。如图4－2所示。

⑤ 若喷油泵有故障，拆下喷油泵的高压油管，用手油泵泵油。在泵油时，若出油阀处有油溢出，则说明出油阀磨损或密封不良、出油阀弹簧折断或密封面有污物，如图4－3所示。

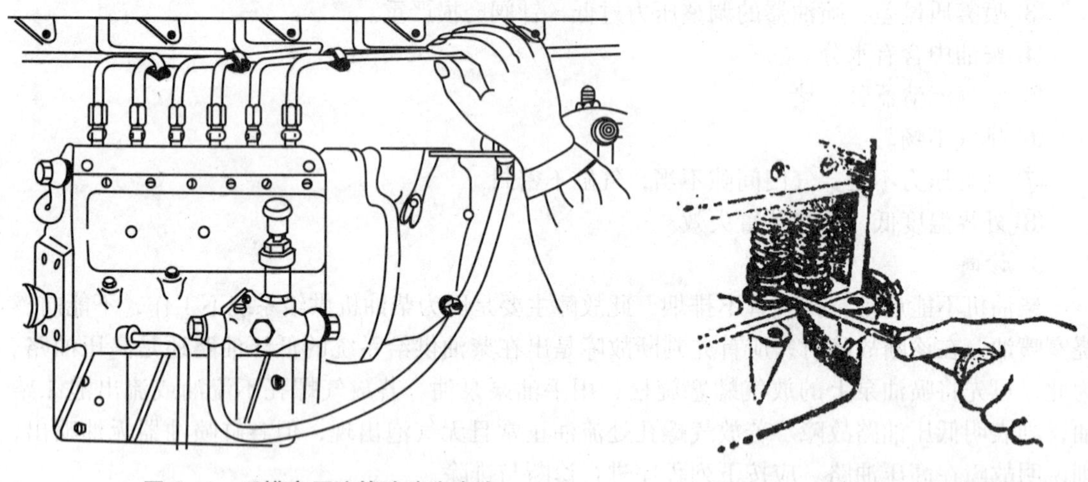

图4－2　手摸高压油管试喷油脉动　　图4－3　用起子撬动柱塞弹簧座

⑥ 若出油阀无油溢出，则应检查高压油路中有无空气。可将调节拉杆放在最大供油量位置上，用起子撬动喷油泵柱塞弹簧座，做泵油动作，使柴油从出油阀中喷出，直到不夹有气泡为止。旋紧高压油管，再撬动喷油泵柱塞弹簧座几次，使喷油器喷出柴油，听到有清脆的泵油声音为止，故障即可排除。

⑦ 若喷油器有故障，可将喷油器从缸盖上拆下，喷油器在缸外接到高压油管上，用起子撬动喷油泵柱塞弹簧座，做泵油动作。若喷油质量不良，则应拆检喷油器，查看弹簧弹力是否正常，喷孔有无堵塞，针阀有无卡滞等。

柴油机启动困难的诊断框图如图 4－4 所示。

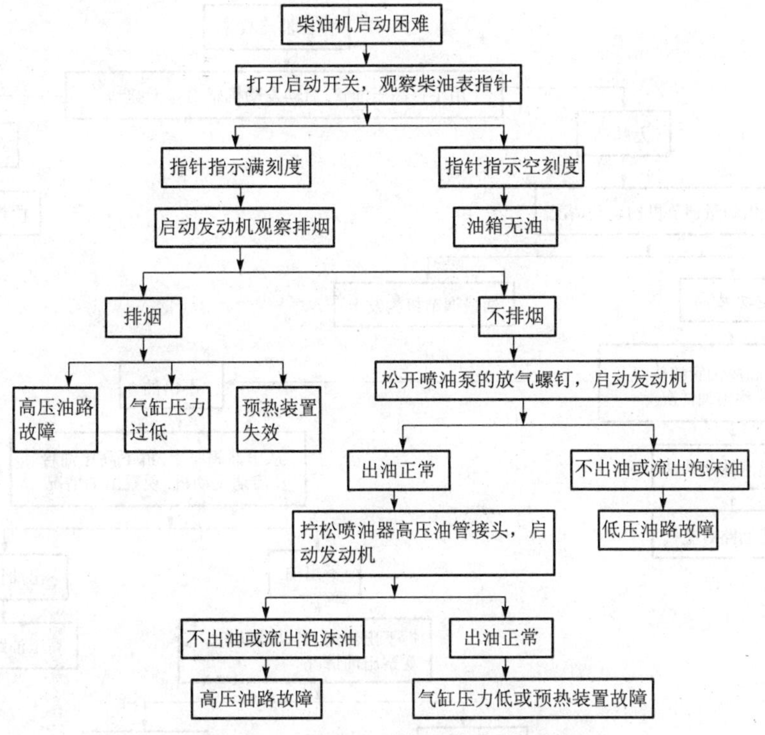

图 4－4　柴油机启动困难诊断框图

压油路故障诊断框图如图 4－5 所示。

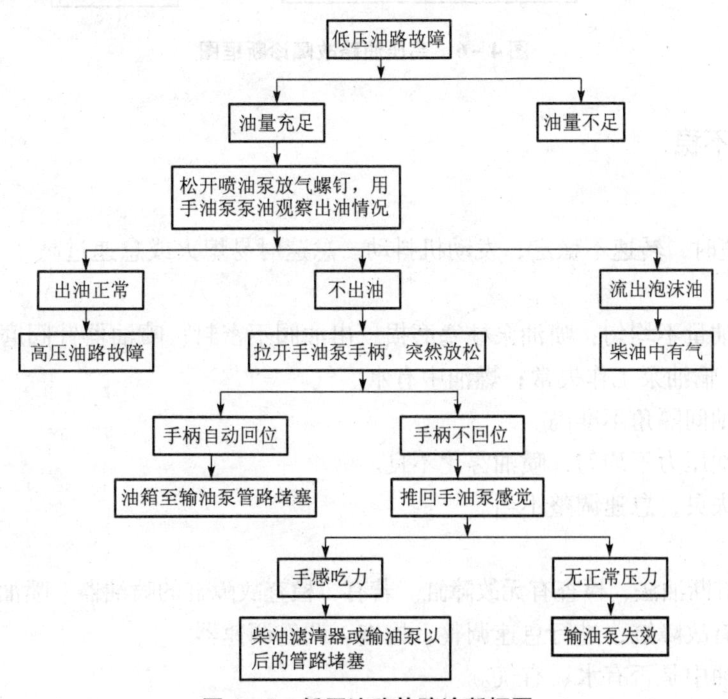

图 4－5　低压油路故障诊断框图

高压油路故障诊断框图如图4－6所示。

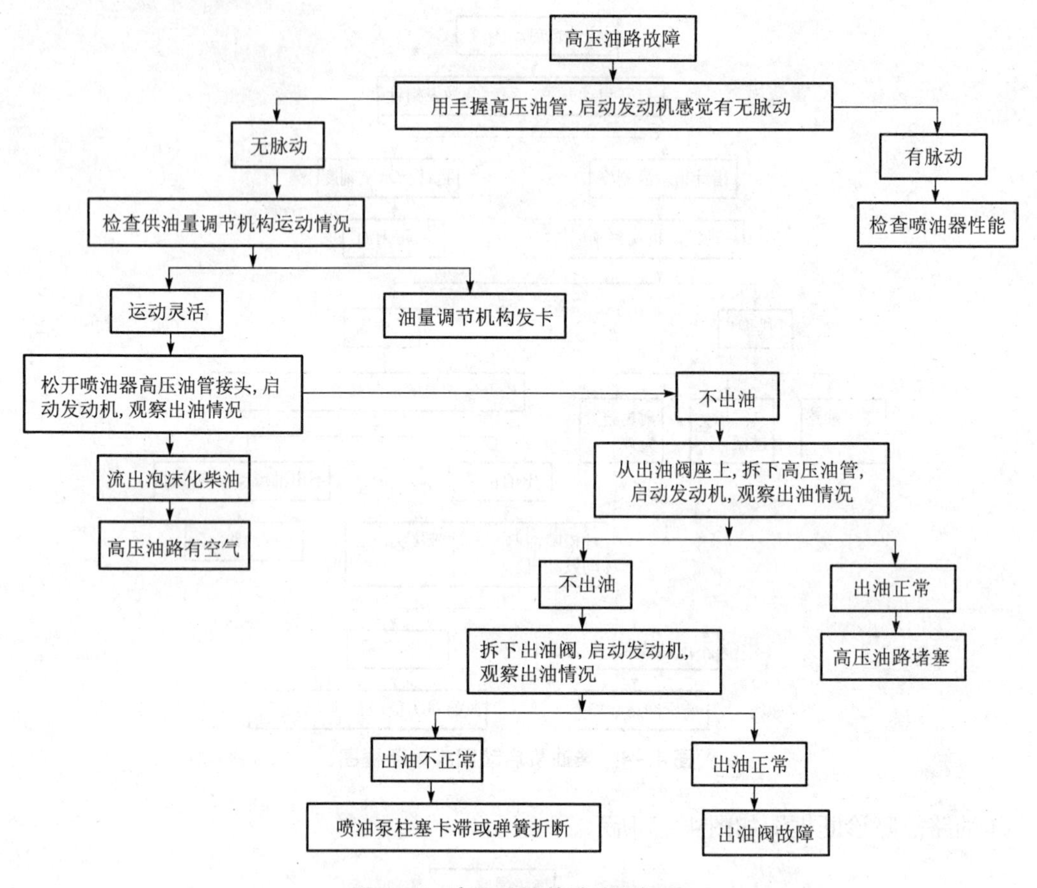

图4－6　高压油路故障诊断框图

三、怠速不稳

1 现象

发动机怠速时，转速不稳定，发动机抖动。怠速时易熄火或怠速过高。

2. 原因

① 各缸供油量不均匀：喷油泵柱塞磨损、出油阀不密封；喷油器针阀磨损，关闭不严、卡滞，喷孔堵；输油泵工作失常；燃油中有水、气。

② 各缸供油间隔角不准确。

③ 各缸喷油压力不均匀，喷油雾化不良。

④ 调速器失灵，怠速调整不当。

3. 诊断

① 采用单缸断油法，检查有无故障缸。若有，检查故障缸的喷油器、喷油泵、气缸压力。

② 如果没有故障缸，进行怠速调整，检查、调整调速器。

③ 检查柴油中是否有水、有气。

柴油机怠速不稳诊断框图如图4－7所示。

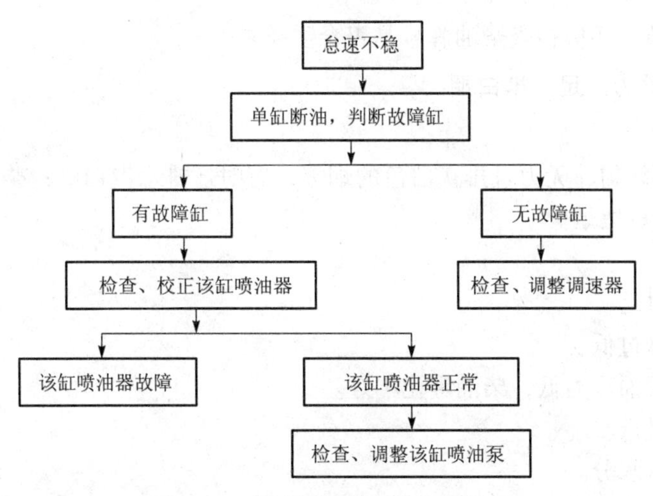

图 4－7　柴油机怠速不稳诊断框图

四、动力不足

柴油机动力不足可分为以下几种情况：

（一）发动机动力不足、排烟少，运转均匀

1. 现象

发动机运转均匀，排烟较少，但无力。急加速时有少量黑烟排出，柴油机达不到最高转速。

2. 原因

上述现象说明气缸内混合气燃烧较完全，但达不到最大供油量，导致柴油机难以输出额定功率。具体原因如下：

① 低压油路供油阻力过大，造成供油压力过低。

② 输油泵滤网、油管、柴油滤清器堵塞或低压油路溢流阀失效，引起低压油路供油压力过低。

③ 喷油泵故障：柱塞偶件磨损，造成泄漏过多；出油阀密封不良、卡、弹簧折断；柱塞弹簧失效；滚轮、凸轮磨损。

④ 喷油泵供油量调整不当，全负荷供油量不足。

⑤ 调速器因调整不当或高速弹簧过软，引起额定转速下降。

⑥ 喷油器喷孔积炭或调压弹簧的弹力调整不当。

3. 诊断

① 启动发动机，中速运转，拆下一只缸上的喷油器观察喷油情况。如喷油无力且雾化不良，再拆下喷油泵进油管检查出油情况。出油量充足，故障在高压油路；出油量少，故障在低压油路。

② 将加速踏板踏到底，若喷油泵操纵臂不能使油量调节拉杆移动到最大供油量位置，则应检修加速踏板拉杆或加速踏板轴。

③ 踏下离合器踏板，并将加速踏板踏到底，观察车上发动机转速表，如果低于发动机最高转速，则应检查调速器高速限制螺栓和最大供油量限制螺栓。

④ 拆下喷油器检查喷油器针阀的密封性和喷油压力。

⑤ 在低温季节，还应检查柴油牌号是否合乎要求。

（二）发动机动力不足、排白烟

1. 现象

柴油机运转不均匀、无力且排灰白色的烟雾，有时还排水汽白烟；柴油机刚启动时排白烟，温度升高后变成黑烟。

2. 原因

① 供油正时过迟。

② 发动机温度过低。

③ 喷油器的喷油压力低，柴油雾化不好。

④ 气缸压力过低。

⑤ 柴油内含有水分。

⑥ 气缸垫烧蚀。

⑦ 气缸破裂。

3. 诊断

柴油机无力、排灰白色烟雾，一般是柴油燃烧不完全所致。应检查：

① 喷油正时，检查喷油泵联轴节紧固情况，键有无损坏及错位。

② 在喷油器试验台上检验喷油器的开启压力及雾化质量。

③ 检查发动机的温度。

若柴油机无力、排水汽白烟，可将手靠近消声器管口，若手上有水珠，则说明气缸中进水。用单缸断油法判断是否有故障缸。若有，应查明进水原因是气缸垫烧蚀还是气缸破裂；若各缸工作基本一致，检查柴油中是否有水。

若柴油机刚发动时排白烟，温度升高后排黑烟，应检查气缸压力。

柴油机动力不足、排白烟诊断框图如图4－8所示。

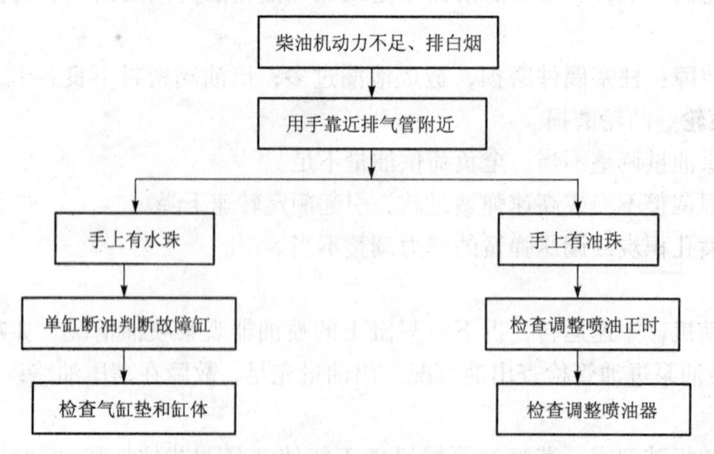

图4－8　柴油机动力不足、排白烟诊断框图

（三）柴油机动力不足，排黑烟

1. 现象

发动机运转无力且排黑烟。加大油门时，出现敲击声。

2. 原因

① 空气滤清器过脏。

② 进、排气道不畅通。

③ 气门间隙过大。

④ 喷油泵个别柱塞卡粘在上部，个别扇形小齿轮固定螺栓松动，致使供油改变。

⑤ 喷油器故障：针阀关闭不严或卡在开启位置；调压弹簧过软、折断或喷油压力调整螺栓松动。

⑥ 供油正时过早或过迟。

⑦ 气缸压力过低。

3. 诊断

① 在发动机运转时，可逐缸断油试验。当某缸断油时，若发动机转速明显降低，黑烟减少，敲击声减弱或消失，则说明该缸供油量过多。若发动机转速变化小而黑烟消失，则说明该缸喷油器喷雾质量差。找出故障缸后，再进一步查明故障原因，如该缸喷油泵柱塞副的磨损情况、扇形齿轮固定螺栓有无松动、柱塞弹簧有无折断等。若均正常，则可换装新喷油器进行对比试验。若用新喷油器时故障消失，则说明原喷油器有故障。拆下喷油器，检查其喷油压力、喷雾质量。必要时进行清洗和调试。

② 拆下喷油泵边盖，比较故障缸与其他各缸的挺杆上升到最高位置时，柱塞顶部的余隙（可用起子撬动检查）。若余隙的差值较大，则可能是该缸挺杆调整螺栓调整不当或松动，引起个别缸供油时间过迟。旋松锁紧螺母，则可通过转动调整螺栓予以调整，直到黑烟和敲击声均减轻或消失为止。必要时，应拆下喷油泵，在试验台上进行试验。

③ 若上述检查均正常，但该缸仍燃烧不良，则故障是由气缸压力低引起的。应检查气缸、活塞和活塞环是否磨损漏气或气门密封是否良好。

柴油机动力不足、排黑烟的诊断框图如图 4－9 所示。

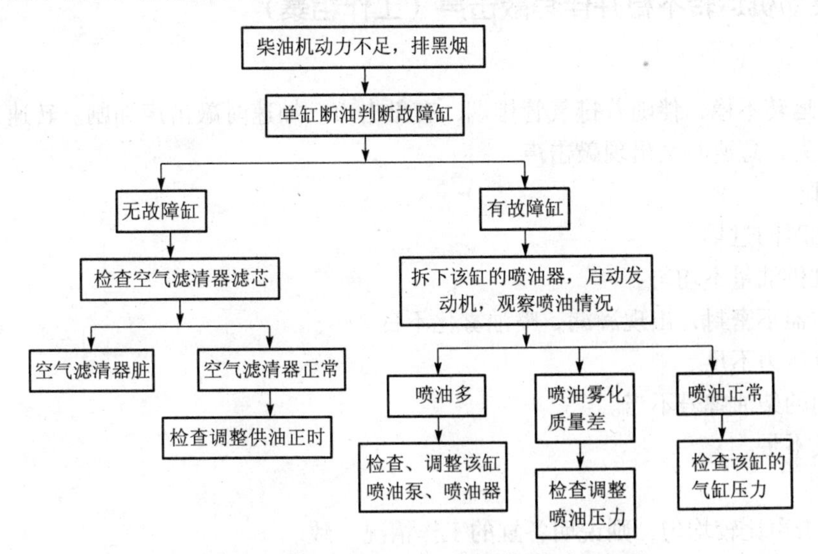

图 4－9　柴油机动力不足、排黑烟的诊断框图

柴油机动力不足的诊断框图如图 4－10 所示。

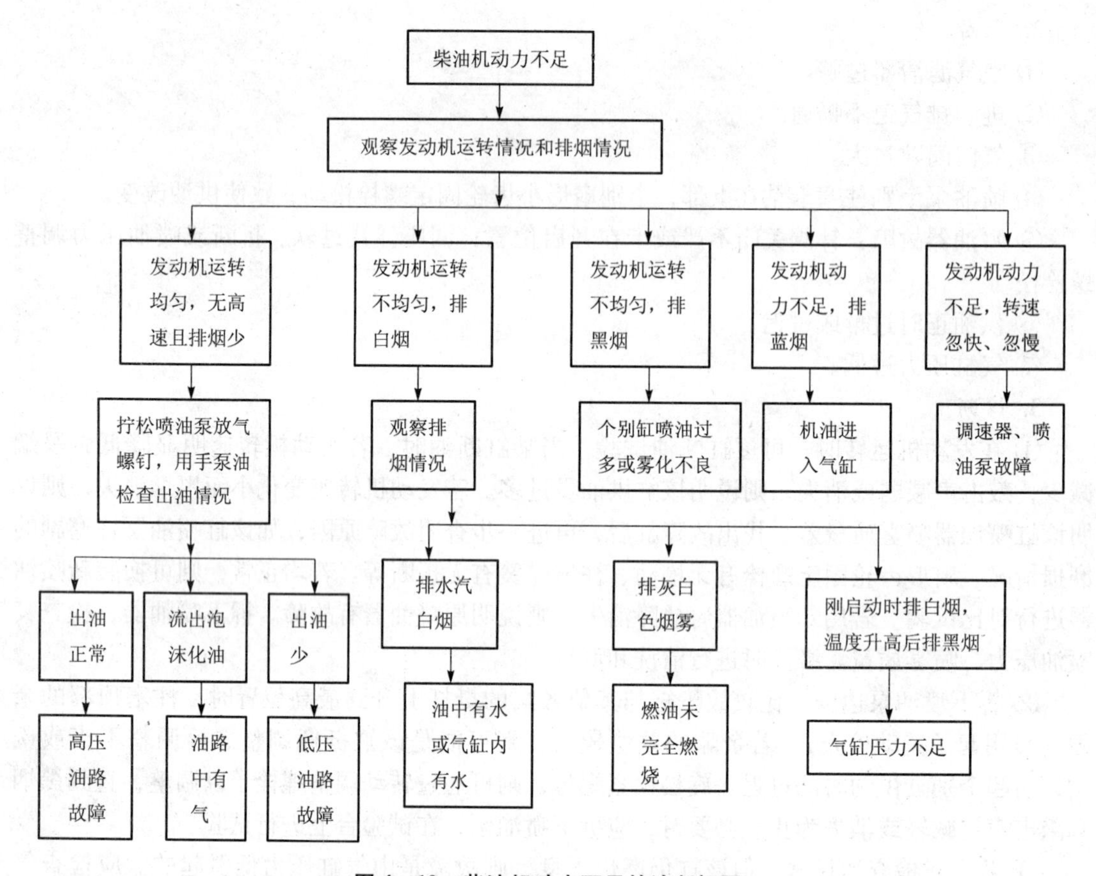

图 4－10　柴油机动力不足的诊断框图

五、发动机运转不稳并伴有敲击声（工作粗暴）

1. 现象

发动机运转不稳，伴随着排气管排烟，有敲击声。加速时敲击声加剧。转速升高后敲击声减弱或消失，怠速时又出现敲击声。

2. 原因

① 供油时间过早。

② 各缸供油量不均匀。

③ 喷油器不密封，出现滴漏，喷油雾化不良。

④ 气缸压力不足。

⑤ 选用的柴油牌号不当。

⑥ 进气不足。

3. 诊断

如果敲击声比较均匀，则说明各缸的工作情况一致。

① 首先检查空气滤清器滤芯是否脏、堵。

② 检查供油正时是否正确。若供油过早，响声尖锐、清脆，排气管排黑烟，怠速不良；如供油过迟，响声沉闷，柴油机过热、无力，排气管排黑烟。改变供油提前角，故障现象无

明显变化，应检查柴油牌号选择是否适当。

③ 检查调速器弹簧是否过软。调速器怠速弹簧过软，也会使柴油机运转不稳，其检查方法是：用手的压力使弹簧压缩到极限位置，若放开后不能自动回位，则说明弹簧过软或折断。

如果敲击声不均匀，说明故障是由各缸工作情况不一致引起的。可用单缸断油法、感温法、观色法找出故障缸。检查故障缸的气缸压力、喷油器、喷油泵、供油正时。

柴油机工作粗暴的诊断框图如图 4－11 所示。

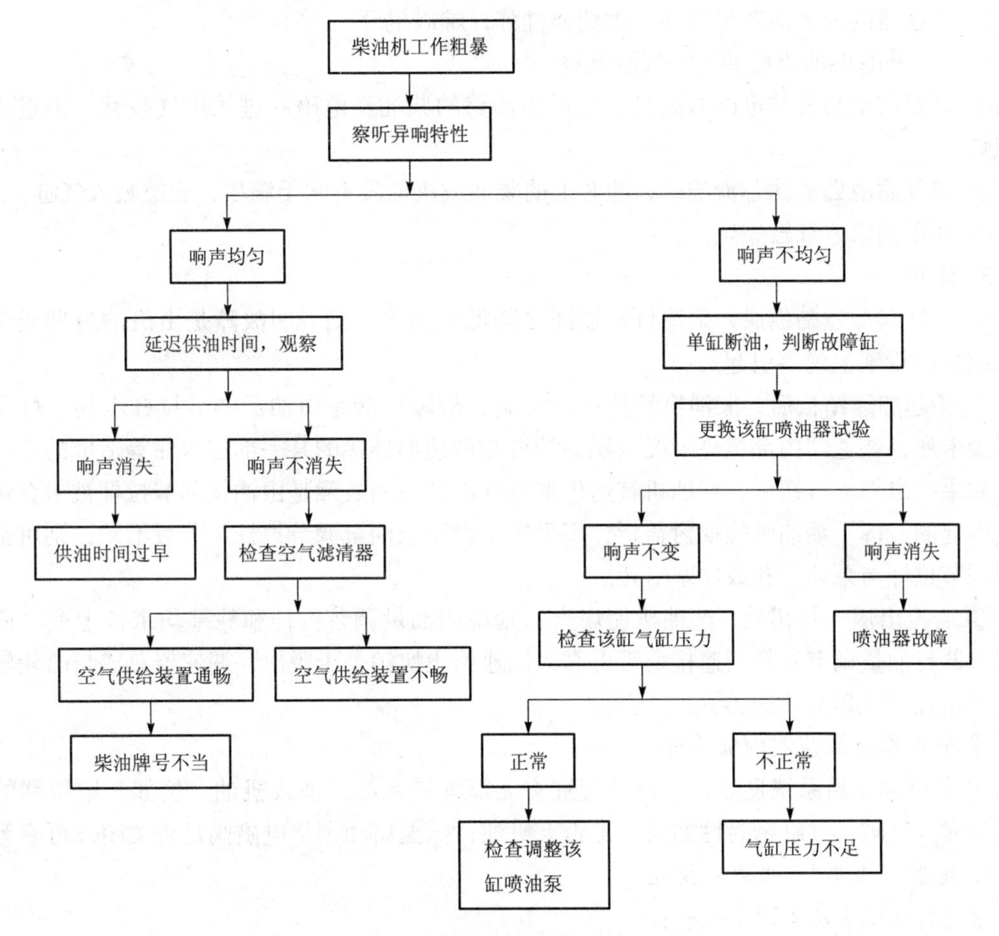

图 4－11　柴油机工作粗暴的诊断框图

六、发动机“飞车”

1. 现象

柴油机转速失控，急剧上升并超过最高允许转速，同时伴有巨大异常响声的现象，即为“飞车”。柴油机“飞车”是非常危险的，如果不及时采取措施予以消除，短时间内就会造成柴油机事故性损坏，甚至造成人员伤亡。

2. 原因

(1) 喷油器和调速器故障

① 供油拉杆被卡死在某一供油位置。

② 某缸的柱塞与柱塞套卡死在供油位置，不能相对转动。

③ 供油拉杆与调速杠杆之间的联系中断。

④ 飞球式调速器的飞球组合件锈死。

⑤ 调速弹簧折断。

⑥ 调速器总成从凸轮轴上脱落，调速器失效。

⑦ 柱塞的油量调整齿圈固定螺栓松动，使柱塞失去控制。

⑧ 调速器内的机油数量太多、太稠或过脏，难以甩开。

（2）额外的柴油或机油进入气缸燃烧

① 低温启动装置的电磁阀漏油，使低压油路的柴油经电磁阀进入进气歧管，再进入气缸燃烧。

② 空气滤清器的滤芯清洗后，滤芯上的柴油或机油没有吹干滴尽，而被吸入气缸。

③ 润滑油窜入气缸燃烧。

3. 诊断

① 若抬起加速踏板后，柴油机转速随之降低或熄火，则说明故障是由机油过稠或调速器总成从凸轮轴上脱落引起的。

② 抬起加速踏板后，柴油机转速继续升高，故障可能是由油量调节拉杆卡住，柱塞与柱塞套卡死，调速器内部机件卡死或供油拉杆与调速器连接的某一部位卡住等造成的。

如果拉出熄火拉钮后，柴油机转速仍继续升高，说明故障是由油量调节拉杆被卡在供油位置引起的。拆下喷油泵检视窗盖板，用手拨动齿圈或油量调节拉杆。若扳不动，则可证实油量调节拉杆与泵体座孔或柱塞卡死。

③ 若拉出熄火拉钮后，柴油机能熄火，则说明油量调节拉杆和柱塞均未被卡死，应检查调速器与油量调节拉杆的连接是否可靠，调速器飞块销是否脱出，调速器总成与凸轮轴之间是否松脱（飞球或调速器）。

④ 分解检查调速器内部零件。

⑤ 若燃油供给系统良好，应检查气缸有无额外进入的燃油或机油。例如，增压器的机油是否漏入气缸，气缸密封性如何，是否上机油；低温启动预热电磁阀是否关闭、可靠等。

4. 发生“飞车”，采取的措施

紧急熄火的方法有以下几种：

① 抬起加速踏板，有熄火拉钮的发动机应拉出熄火拉钮，有减压杆的发动机应提起减压杆，有排气制动阀的发动机应踩下（或按下）排气制动阀开关，迫使发动机熄火。

② 挂高速挡，踩下制动踏板，慢抬离合器，或同时将车驶向路旁砂石堆等故障物，强制柴油机熄火。

③ 堵塞进气口，切断进气。

④ 松开全部高压油路，切断供油。

以上几种紧急熄火法应根据具体条件灵活运用，以使发动机尽快熄火为原则。如果在车上发生飞车，应采用前两种办法熄火。如果发动机在还没有装车时发生飞车，则应采用后两种方法熄火。

柴油机“飞车”的诊断框图如图4-12所示。

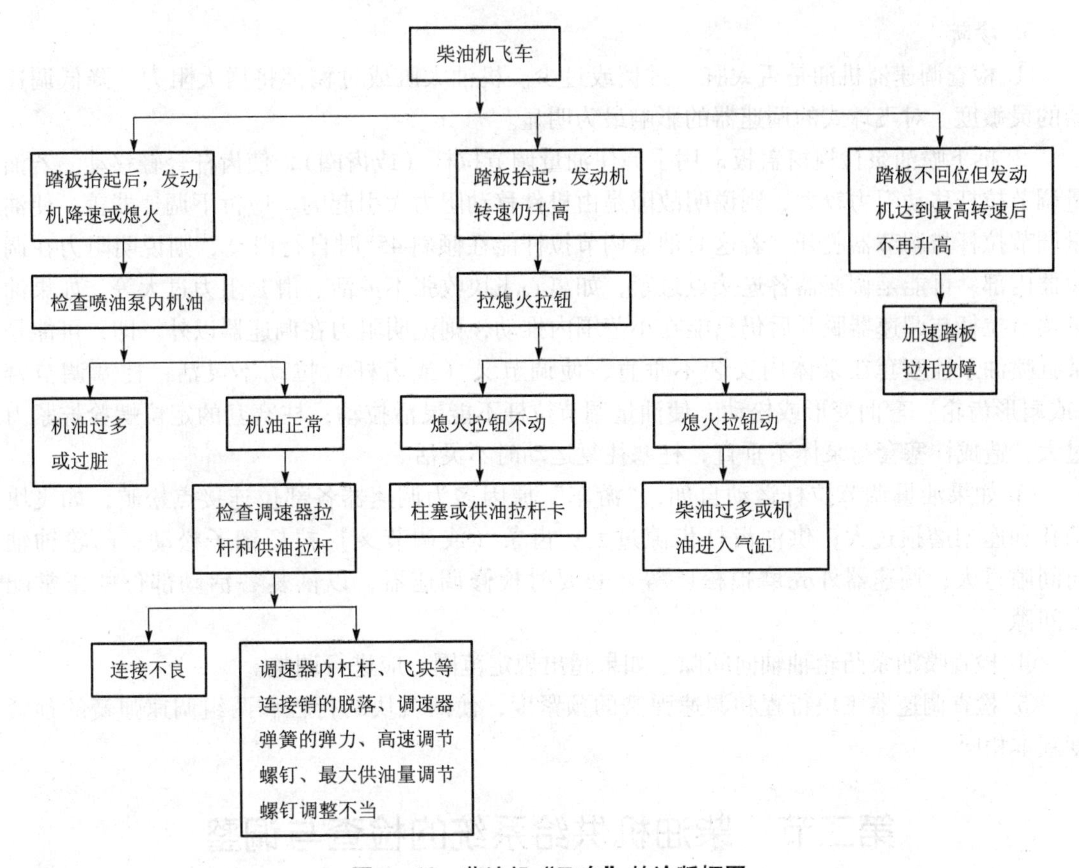

图4－12　柴油机“飞车”的诊断框图

七、柴油发动机“游车”

1. 现象

① 发动机在运转时，加速踏板停留在一定位置不动，而发动机的转速在较大的范围内周期性地忽快、忽慢地变化。

② 加、减油时发动机转速变化不及时，发动机无力。

2. 原因

① 喷油泵油量调节拉杆卡滞、移动不灵活。

② 齿圈与齿条或调节叉与调节臂之间运动不灵活。

③ 喷油泵凸轮轴轴向间隙过大。

④ 油量调节机构机件配合松旷。

⑤ 柱塞套安装不良，使调节齿杆（或拨叉）不能游动自如。

⑥ 柱塞调节臂或扇形小齿轮变形或松动，使齿杆不能游动自如。

⑦ 调速器内润滑油太脏、过稠或过少。

⑧ 调速弹簧变形或折断。

⑨ 飞球组合件与保持架之间运动不灵活。

⑩ 调速器飞块收张距离不一致。

3. 诊断

① 检查调速器机油是否太脏、过稠或过少。机油太脏或过稠都将增大阻力，降低调速器的灵敏度。对飞球式的调速器的影响最为明显。

② 拆下喷油泵检视窗盖板，用手握住油量调节拉杆（或齿圈），使齿杆轻轻移动。若油量调节拉杆移动阻力较大，则说明故障是由机件移动阻力大引起的。应拆下调速器盖，使油量调节拉杆与调节器脱开。若这时油量调节拉杆能在倾斜45°时自行滑动，则说明阻力在调速器内部，可能是调速器各连接点过紧，如离心飞块收张不灵活、滑套阻力过大等。如果油量调节拉杆与调速器脱开后仍只能在小范围内推动，则说明阻力在调速器以外。即，可能是某缸喷油泵柱塞套在泵体内安装不垂直，使调节叉（或齿杆）拉动不灵活；柱塞调节臂（或扇形齿轮）弯曲变形或松动，使油量调节拉杆不能灵活拉动；柱塞套的定位螺栓拧紧力过大，造成柱塞套与泵体不垂直，柱塞往复运动时不灵活。

③ 如果油量调节拉杆运动自如，“游车”原因多为调速器各部位连接点松旷，如飞块销孔和座架磨损过大；供油齿杆齿隙过大；齿条（或调节叉）拉杆销子松动；凸轮轴轴向间隙过大；调速器外壳磨损松旷等。必要时检修调速器，以恢复各活动部位的正常配合间隙。

④ 检查喷油泵凸轮轴轴向间隙。如果超出规定范围，应进行调整。

⑤ 检查调速器飞块行程和调速弹簧的预紧度，使两飞块的行程和两组调速弹簧的预紧度基本相同。

第二节　柴油机供给系统的检查与调整

一、喷油泵的检修

喷油泵是柴油机最精密的部件，由于柱塞与柱塞套、出油阀与阀座、凸轮、挺柱等机件的磨损，供油量、供油均匀度和供油时间都会发生变化。这些变化将使发动机的功率下降，燃料消耗量增大，工作可靠性降低。因此，喷油泵拆卸后零件的检查和修理，装复后的试验与调试，是柴油机大修中不可缺少的重要内容。

1. 喷油泵凸轮轴及轴承的检修

凸轮轴轴承支承座孔磨损致使轴承松旷，可对座孔进行镶套修复；供油齿杆与其衬套的配合间隙应不大于0.10 mm，否则应更换衬套；泵体不得有裂纹存在，否则应予焊补修复或更换新件；凸轮轴出现裂纹，应予更换；凸轮轴的直线度误差超过0.05 mm应进行冷压校正；支承轴颈磨损与轴承配合松旷、油封轴颈圆度误差大于0.10 mm，应进行电镀、堆焊修复或更换新件；凸轮表面应无剥落现象。

2. 柱塞与柱塞套的检修

① 检查柱塞与柱塞套的滑动性能。如图4－13（a）所示。

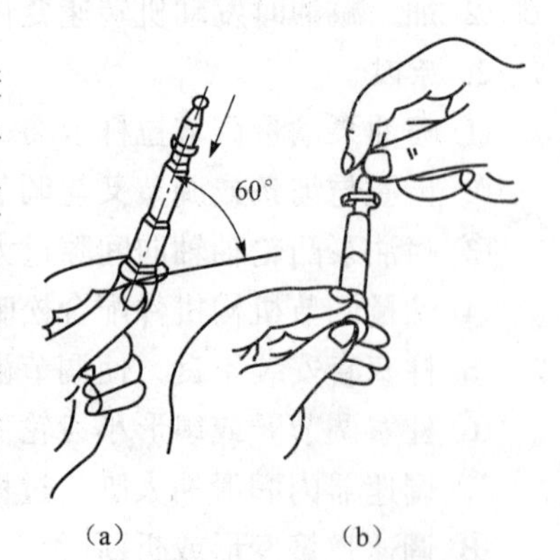

图4－13　柱塞与柱塞套的检验

（a）检查滑动性能；（b）检查密封性能

将柱塞与柱塞套放置于与水平线成60°左右角度的位置并保持，从几个方向拉出柱塞，如能自动慢慢地匀速滑下到底即为合适。

② 检查柱塞与柱塞套的密封性能。如图4－13（b）所示，一手握住柱塞套，用两个手指堵住柱塞套顶上和侧面的进油孔，另一手拉出柱塞，如感觉到有明显的吸力，放松柱塞时，它能立即缩回原位，即为合适。

③ 检查柱塞套与泵体接触面有无变形、擦伤和凸凹不平。检查柱塞与柱塞套的摩擦面的磨损或刮伤情况。不符合要求的，应予成套更换。柱塞的端面、斜槽、柱塞套的油孔边缘等若有凸起、凹陷、剥落及毛刺，应予更换。

二、喷油泵及调速器的调试

喷油泵出厂前已经调好，如需调整，一定要在专用试验台上进行。先把喷油泵装在试验台上，然后连接好相应的管路，按规定给喷油泵和调速器加好润滑油，拆下控制齿条盖和冒烟限制器，装上齿条位移的测量仪，调好零位。

1. 预行程的调整

将负荷操纵杆置于额定工况位置，拆下六缸的高压油管、出油阀座、弹簧和出油阀，装上专用测量百分表。转动凸轮轴到上止点使百分表指针位于零位置，调节喷油泵低压油腔油压为156 kPa，按照规定方向转动凸轮轴，直到试验油不再从溢流管流出，此时百分表的指针所指的数值即为预行程（应为3.3 mm）。若不符合要求，可按图4－14所示用两扳手调整定时螺钉，逆时针转动时预行程减少。

图4－14　喷油泵预行程调整

2. 喷油定时的调整

利用溢油校验法调试喷油泵供油时间时，首先将油路转换阀控制杆移到接通高压油的位置，旋松喷油泵上的放气螺钉口，打开电动机，使柴油从喷油器回油管连续流出。然后将供油齿杆推到全负荷位置，并沿凸轮轴的工作旋转方向慢慢转动刻度盘，至第一缸开始供油的时刻。随即检查联轴器上的刻线与喷油泵前轴承盖上的刻线是否对准，如超过轴承盖上的刻线，说明供油过晚，应向外拧出挺柱调整螺钉；反之，则应将螺钉向里旋。第一缸喷油定时调好后，再以第一缸为基准，按照喷油泵的供油顺序和供油间隔角依次调节，使各缸供油间隔角误差不大于 ±0.5°。

3. 供油提前角的检验与调整

柴油机供油提前角的大小与喷油方法、燃烧室形状、压缩比、曲轴转速、燃油质量等有关。因此，对于不同型号的柴油机，其供油角亦往往不同。这个提前角应按照该机型说明书的要求进行检验和调整。

任何柴油机通常都有两种不同提前角，喷油提前角和供油提前角。一般喷油提前角与供油提前角之间间隔相差 8°左右，在修理中，大都是检验供油提前角以察知供油时间是否正确。

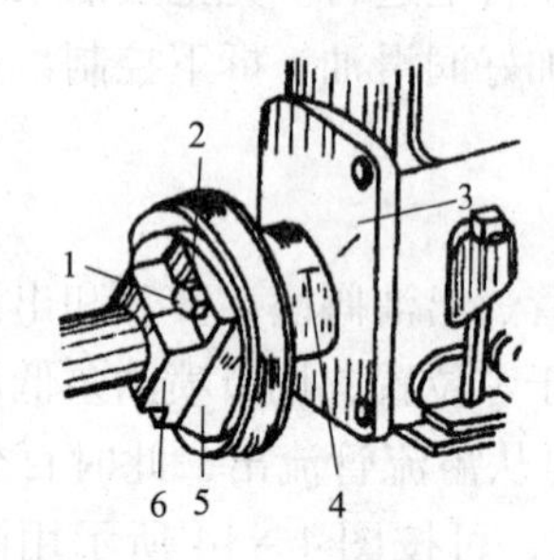

图 4-15 喷油正时标记

1—调整螺钉；2—调节分度线；3—标记线；4—定时刻线；5—驱动盘；6—联轴器

检验供油提前角的程序：一般是先转动曲轴，使第一缸的活塞在压缩行程的上止点前某一规定供油提前角度处停止，再使喷油泵的第一缸单泵处于供油始点位置，将喷油泵驱动轴与喷油泵凸轮轴的联轴器接好，如图 4-15 所示。此时，喷油泵轴承盖板上标记线应与定时刻线相重合。转动曲轴，再重复检验一次。如供油提前角与规定要求稍有出入，可扭松联轴器上两个调整螺钉，变动驱动盘与联轴器相互位置，进行适当调整。

调整时，注意驱动盘上的每一调节分度线并不等于喷油泵凸轮轴的 1°，通常相当于喷油泵凸轮轴的 3°。

4. 供油量及供油不均匀度的检查与调整

检验喷油泵的供油量，主要是检验各单泵向气缸内供油量的不均匀度是否在容许的范围内。

（1）供油量的检验与调整

在一定转速下，检验油量控制杆不同行程位置处各柱塞每喷 100 次或 200 次的供油量。一般在 200 r/min 和 600 r/min 时检验油量控制杆在最大行程、50% 行程和怠速三种情况下的油量。

在油量控制杆处于最大的行程的情况下，检验各种不同转速时柱塞每压油 100 次或 200 次的油量，也有规定为 400 次油量的，一般检查时额定的转速常采用 200 r/min、600 r/min 和 1 000 r/min。

将喷油泵低压腔的压力调整到 160 kPa，将控制齿杆调到额定供油量位置，并使喷油泵以规定转速运转，然后测量各缸供油量及其均匀度。如不符合要求，应松开齿圈锁紧螺钉，转动控制套筒，供油量增加，反之，减少。如图 4-16 所示。

（2）在发动机上直接检验供油量

检验时，先把各个喷油器都从发动机上拆下，把喷口转向发动机外方，再紧好高压油管，将油量控制杆放在供油量最大位置，然后转动曲轴。当各个喷油器喷出的油雾都不夹杂气泡时，再在每个喷油器喷口下面放一个有刻度的玻璃容器。以 150 ~ 200 r/min 的速度转动曲轴，一定转速后（例 100 r/min），看各量杯内的油量及其供油的不均匀度。

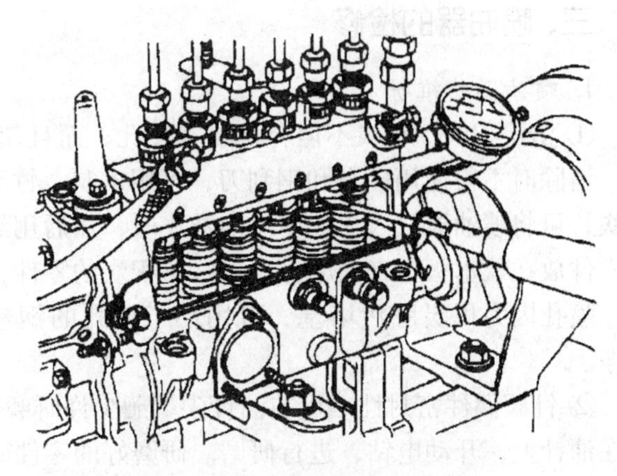

图 4－16 调整喷油泵供油量

5. 喷油定时自动调节器自动供油角度提前装置的调整

某些柴油机在喷油泵的驱动端装有机械飞锤离心式供油角度自动提前装置。提前装置前端喷油泵传动凸缘上有两个长孔，松开喷油泵传动凸缘上的两只紧固螺栓，调整喷油泵的开始供油提前角。自动提前角为 0°～5°30′。

调整时，调速装置控制油量齿条拉杆应放在最大转速位置（最高瞬时转速小于 2 200 r/min，最低空车转速小于 400 r/min）。否则，供油提前角会偏大，燃烧恶化，影响发动机功率。调整发动机功率，且调整后应紧固螺栓，防松动。

6. 调速泵最大供油量和最低稳定转速的调整

机械离心两速调速器在调速器壳外具有调整发动机最高转速的调节螺钉和调整最低稳定转速的调整螺钉。在壳内有一个限制螺钉，限制操纵摇臂向左转动的最大位置，起限制最大供油量及转速的作用。出厂时，供油限制在 1 500 r/min 时发出 97 kW 功率的位置。新车在行驶 1 500 km 后，应将第一级铅封的限制螺钉拆除，并调整最大供油量的限制螺钉，将喷油泵凸轮轴转速固定在 750 r/min，泵油 400 次，最大供油量为 52 mL，以保证发动机在 1 800 r/min 时发出 117. 7 kW 的功率，如图 4－17 所示。

最低稳定转速的调整是先将柴油机空车转速调整为 450～500 r/min，然后调节调速器的怠速调整螺钉（图 4－18）。

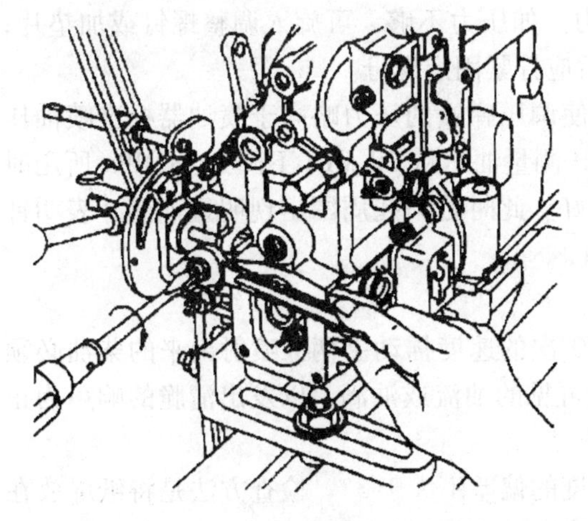

图 4－17 调整高速限位螺钉

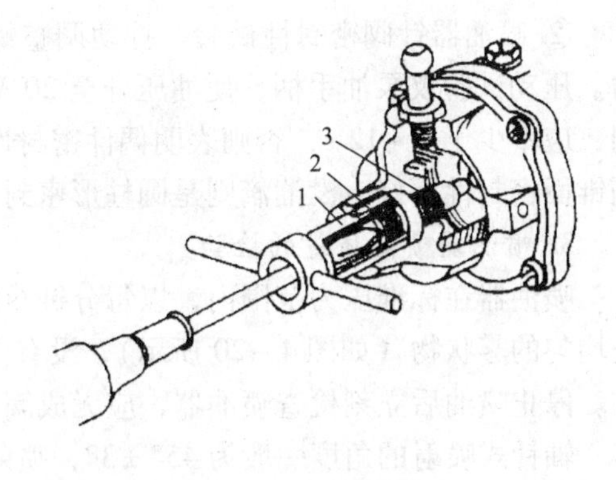

图 4－18 松怠速调整螺钉

1—套筒；2—怠速调整螺钉；3—圆螺钉

三、喷油器的检修

1. 喷油器的维护

① 清除积炭。积炭不但容易阻塞喷孔，而且使喷油器过热，因此在维修时必须清除积炭。清除时不得使用砂布和钢刮刀，可用木制、竹制刮刀。为了除去进油孔道及孔内污垢和积炭，可将喷油器放入煤油中浸泡数小时，然后用细铜丝清除在油针或喷油孔体上的积炭，将零件放在软木板上来回摩擦。清除了积炭的零件，需用汽油或煤油再清洗。

喷孔因为积炭脏污堵塞，可用小于喷孔的钢丝或钢针细致地清洗，并用压缩空气吹干净。

② 针阀偶件密封性。可在油针尖端蘸少许研磨膏（氧化铬和机油），用手拿着喷油孔体套在油针上，开动电钻，进行研磨。研磨好的零件应光滑、无磨痕和偏斜，然后加以仔细清洗，装复试验。

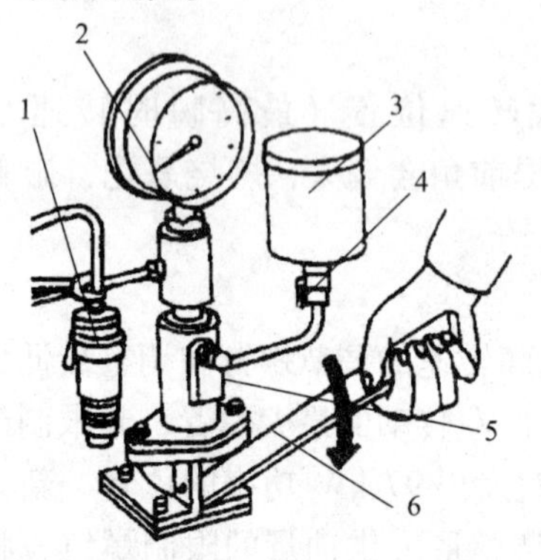

图4－19 喷油器试验仪

1—喷油器；2—压力表；3—油箱；4—开关；5—喷油泵；6—手摇柄

2. 喷油器的检验与调整

装配好的喷油器应放在喷油器试验仪中进行调整，如图4－19所示。

喷油器试验仪的油箱内应加注用滤纸滤过的柴油，并放净空气。同时保证有良好的密封性，如将油压增至25 MPa后，每分钟油压的下降应不大于2.0 MPa。喷油器检验前应用柴油仔细清洗，并检查针阀偶件的灵活性，拧动油针应均匀而无咬卡现象。

① 喷油压力的检验和调整。将喷油器接装在试验台高压油管上。用手泵检查喷油压力，压力表应与原厂规定数值相符。如6120柴油机在喷油泵压力为（17.5 ± 0.3）MPa时应开始喷油。如压力过高或过低，拧松喷油器上端固定螺母，然后拧动调整螺钉或在弹簧两端增、减垫片进行调整，以改变调压弹簧对顶杆的压力，达到正常的喷油压力。如压力不够，可旋入调整螺钉或加垫片；若压力过高，则旋出调整螺钉或减垫片。调好后应拧紧固定螺母。

② 喷油器针阀密封性试验。拧动调整螺钉使调压弹簧的压力略高于喷油器标准喷油压力。压动试验仪泵油手柄，使油压升至20 MPa，测量油压从20 MPa下降到18 MPa所用时间，应不少于9～12 s，否则表明偶件密封性不好。此时若喷孔周围出现明显油滴，表明针阀锥面密封性不好，没油滴则是圆柱形密封不好。

3. 喷油器喷油质量的检验

喷油器在标准压力范围内，以每分钟60～70次的速度摇动手柄，喷射出来的柴油必须是均匀的雾状物（如图4－20所示），没有肉眼可见的油流或油滴，以发出清脆的响声为正常。停止喷油后立刻检查喷油器，应无成滴油珠。

轴针式喷射的角度一般为45° ± 3°，喷射角度的偏差不大于3°。检查方法是将纸屏放在喷油嘴下面200 mm处，经过一次喷射后，在纸屏上的圆形油渍的直径应为165 mm，这个尺寸与标准的喷射角度（45°）正相符合。多孔针阀式则应注意各个喷孔喷油的均匀情况，油渍和喷孔数相符，各个油渍的形状应与规定范围相似。

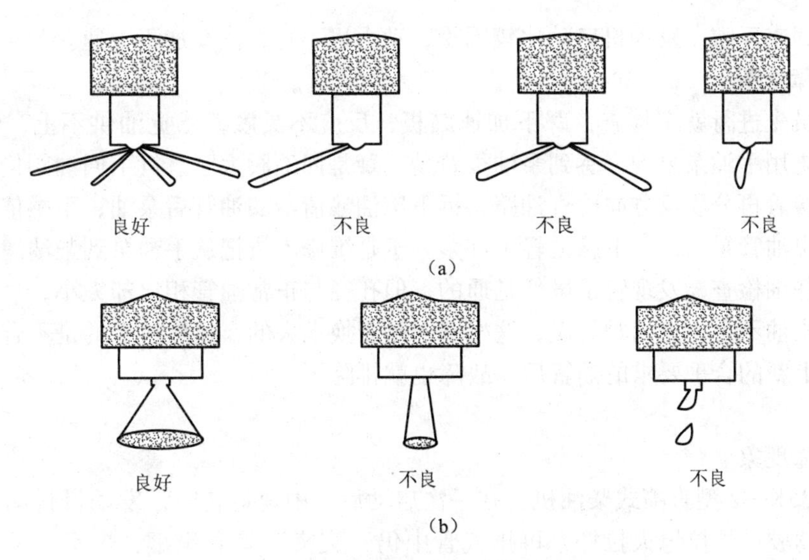

图 4-20　喷油器喷雾质量的检查

(a) 孔式喷油器喷雾质量检查；(b) 轴针式喷油器喷雾质量检查

第三节　故障实例

实例一：

(1) 故障现象

一辆东风 6105QC 柴油机汽车，在行驶过程中突然熄火，以后再启动，只是排气管冒黑烟，却再也发动不着。

(2) 故障诊断

在检查时，先用手油泵泵油，感觉阻力很小，怀疑油路有空气，于是排放空气，但空气排完后，泵油时依然很轻。进一步分析，认为输油泵有问题，但更换新的输油泵后，上述现象仍没有消失。

于是，对低压油路分段进行检查。先检查油箱，箱内存油充足；拆下进油管，没有发现有裂缝和堵塞现象；再查柴油滤清器，滤芯比较干净，也没有破损；又查回油压力阀，球阀和弹簧均完好无损。

在以上检查无果的情况下，从喷油器上拆掉全部高压油管后再泵油，看到柴油从喷油泵的第 2 缸出口处直接溢出，拆下第 2 缸出油阀紧帽，发现该缸的出油阀、出油阀弹簧已折断。换上新的出油阀和出油阀弹簧后重新调试喷油泵，装复试车，一切都正常了。

分析其原因，这是因为喷油泵第 2 缸出油阀和出油阀弹簧折断后，该缸出油口始终处于开启状态，泵油时，大部分柴油从该缸溢出流入回油管，回到油箱，因此发动机无法启动、运转，用手油泵泵油时，由于油路中压力升不上去，所以感觉阻力很小。

实例二：

(1) 故障现象

一辆装有 6110 柴油发动机的解放牌汽车，在修理厂调试喷油泵、喷油器后，不到一个月驾驶员又回来反映，发动机启动比较困难，动力也不足，汽车加不上速。

（2）故障诊断

维修人员先进行就车检查，踩下加速踏板，反应不灵敏，感觉油供不上，怀疑油路不畅。于是就先用手油泵泵油，感到泵油很费劲，疑是回油阀太紧。拆下回油阀检查，发现回油阀正常，接着再分段反方向检查油路。拆下柴油滤清器的油管后泵油，手感依然很重，再拆下手油泵出油管泵油，一下感觉轻了许多。于是维修人员把从手油泵到柴油滤清器的1根油管拆下来仔细检查，发现管子虽然是通的，但孔径与正常油管相比却太小，这就造成柴油流动不畅，供油不足。据驾驶员说，这根管子是新换上去的，显然换上的是不合规格的劣质产品。待换上新的合乎要求的油管后，故障也就排除了。

实例三：

（1）故障现象

一台4135K—2型直喷式柴油机，在一次启动后，中速运转时，发动机抖动且伴有剧烈的敲缸声，驾驶员忙拉熄火拉杆，可排气管中仍“突突”冒着黑烟，熄不了火，慌忙中急速把柴油滤清器上的油管卸掉，切断供油，发动机才熄火。

（2）故障诊断

根据拉熄火拉杆柴油机不熄火的现象，判断问题出在喷油泵上。拆下喷油泵，当油泵试验台上测试，当油泵熄火拉杆处于熄火位置时，对应第3缸的量杯中仍有大量的柴油（相当于柴油机在1 000 r/min左右时的供油量），说明第3缸的柱塞副仍然在供油；在油泵以700 r/min的转速测试时，第3缸的量杯中反而没有油，其余各缸的泵油量均正常。拆开油泵侧盖，检查3缸的情况，原来是紧固柱塞套的螺栓松了，使柱塞套相对于柱塞旋转了一个角度，从而改变了第3缸供油时间及供油量。油泵熄火拉杆处于熄火位置时，3缸柱塞副仍大量供油，使对应的气缸继续工作，从而使发动机不断运转，造成发动机熄不了火；在中速运转时，本应正常供油的第3缸却不供油，造成发动机缺缸抖动，且伴有敲缸声。在试验台上，重新校正第3缸的供油时间及供油量，装喷油泵，试车正常。

练习与思考题

4-1　分析柴油机冒黑烟的原因和故障诊断思路。

4-2　什么是柴油机的“飞车”？造成该故障的原因是什么？如何进行诊断？发生“飞车”时应采取怎样的措施？

第五章

润滑系统与冷却系统故障诊断分析

第一节　润滑系统故障诊断与分析

一、润滑系统的功用与组成

润滑系统的作用是不间断地向各摩擦副提供足够的润滑油，确保各机构的正常工作。

发动机润滑油路如图 5－1 所示。润滑系统主要由油底壳、机油泵、滤清器、油道、油孔等组成。润滑系统常见故障有机油压力过低、机油压力过高、机油消耗异常、机油变质等。

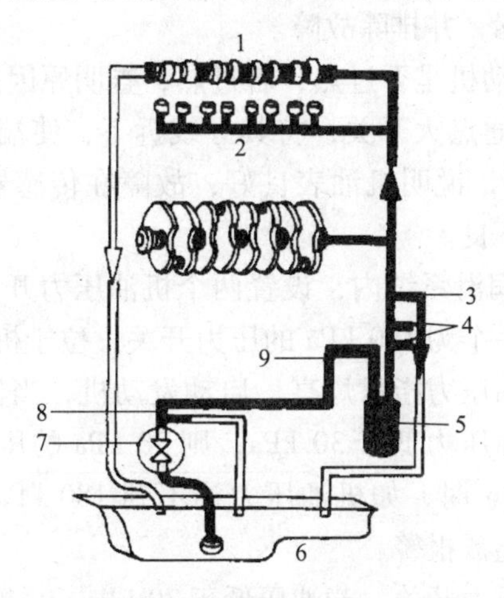

图 5－1　润滑油路

1—凸轮轴；2—液压挺杆；3—过压阀；4—油压开关；5—带旁通阀的机油滤清器；6—油底壳；7—机油泵；8—过压阀；9—油管

二、机油压力过低

机油压力过低，将使润滑效果降低，磨损增加，甚至危及机件的正常运转而使之烧坏。

1. 故障现象

① 发动机启动后，机油压力很快降低，机油报警灯闪亮。

② 发动机运转过程中机油压力始终过低。

油底壳机油被稀释，油面增高，机油黏度变小，带有浓厚的汽油味或水泡味。

2. 故障原因

① 机油没有达到规定容量。

② 机油黏度变小。

③ 汽油或冷却水进入油底壳。

④ 机油集滤器脏、堵。

⑤ 机油滤清器脏、堵。

⑥ 机油泵磨损严重。

⑦ 限压阀调整弹簧弹力过低。

⑧ 油道堵或泄漏。

⑨ 发动机曲轴轴承或连杆轴承配合间隙过大，或凸轮轴轴承间隙过大。

⑩ 机油压力表、机油压力传感器及机油压力报警器工作不正常。

⑪ 发动机过热。

3. 故障诊断与排除

① 首先拔出机油尺，检查曲轴箱内机油油面。若机油不亏，应检查机油表、传感器；若机油严重不足，能听到曲轴轴承和连杆轴承异响，应及时补充机油。

② 检查机油黏度是否变小，用拇指和食指沾少许机油，两指拉开，两指间应拉有 2～3 mm 的油丝，否则即为机油过稀。检查机油中是否含有汽油或水分，若混杂有汽油或水分，则需进一步检查何处渗漏，并排除故障。

③ 通过水温表，观察发动机是否过热，若过热，查明原因并排除故障。

④ 检查机油传感器。接通点火开关，将其导线拆下，使端头与缸体接触，查看机油表指针，若能迅速上升“到头”，说明机油表良好，故障在传感器；若表针不动或上升不多，表明机油表失效或导线接地不良。

国产轿车捷达在发动机润滑系统内，设置两个机油压力开关。一个为 30 kPa 的压力开关，位于发动机缸盖上；另一个为 180 kPa 的压力开关，位于机油滤清器支架上。

当接通点火开关时，机油压力指示灯亮，启动发动机，当机油压力大于 30 kPa 时，灯应灭。在低速运转时，如机油压力低于 30 kPa，则 30 kPa 的压力开关触点闭合，油压指示灯亮。当转速大于 2 150 r/min 时，如机油压力达不到 180 kPa，则 180 kPa 的压力开关断开，油压指示灯亮，同时蜂鸣器报警。

若机油足够，则应检查压力开关。若油压低于 30 kPa，报警指示灯不闪烁，说明低压开关触点烧蚀或接触不良。若低于 180 kPa，报警指示灯不闪烁，说明高压开关触点断不开。

发动机运转时，机油压力突然降低，应及时停车熄火，检查有无机油泄漏情况，如机油滤清器衬垫损坏、油管断裂等。

⑤ 拆下传感器（或压力开关）作暂短发动，若机油喷出无力，应检查机油滤清器、集滤器及机油泵等。

机油压力过低时的诊断框图如图 5－2 所示。

三、机油压力过高

机油压力过高，容易冲坏机油细滤器盖，也会冲坏机油压力传感器。

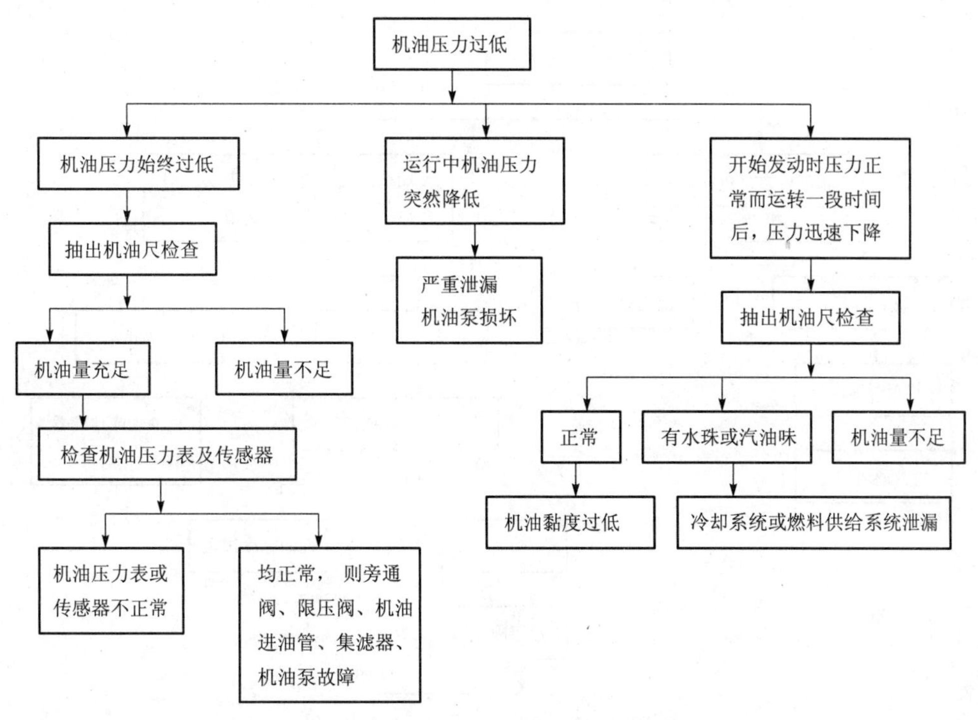

图 5－2　机油压力过低诊断框图

1. 故障现象

发动机在运转时，机油压力表指示高。

2. 故障原因

① 机油黏度过大。

② 限压阀调整不当或被胶质黏住卡死在关闭位置。

③ 气缸体主油道堵。

④ 机油滤清器滤芯堵塞且旁通阀开启困难。

⑤ 机油压力表失准或机油传感器失效。

⑥ 新装配的发动机曲轴轴承或连杆轴承间隙过小。

3. 故障诊断与排除

机油压力过高的诊断框图如图 5－3 所示。

四、机油消耗异常

每次检查时都发现机油减少，平均消耗量超过 0.1～0.5 mL/100 km 即为机油消耗异常。

1. 故障现象

① 发动机或空气压缩机有漏油现象。

② 排气管排蓝烟，机油加注口冒脉动蓝烟。

③ 每天检查机油量，均会有明显减少。

2. 故障原因

① 活塞与缸壁配合间隙过大。

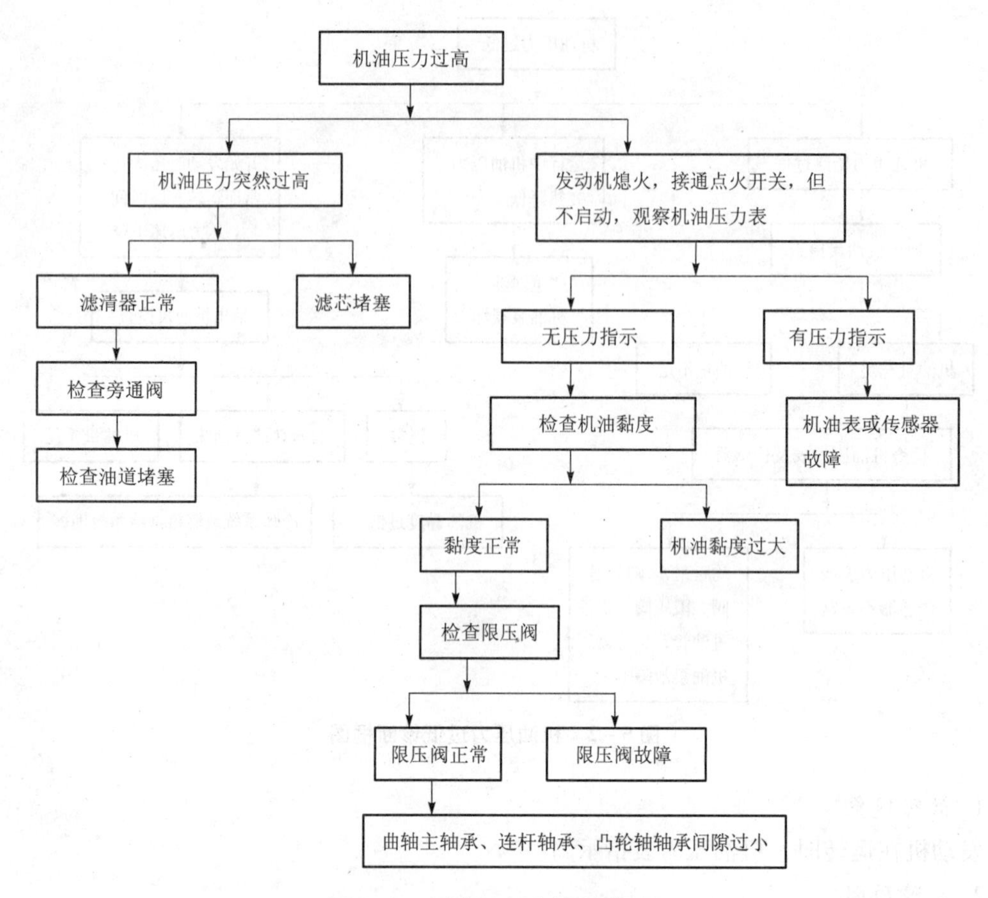

图5－3　机油压力过高诊断框图

② 活塞环严重磨损使泵油现象加重。

③ 活塞环装反了。

④ 气门导管磨损严重且气门油封损坏。

⑤ 曲轴箱通风不良。

⑥ 发动机曲轴后端漏油。

⑦ 发动机正时齿轮室盖处漏油。

⑧ 油底壳有裂纹。

3. 诊断

① 检查外部有无泄漏现象，特别是油底壳、曲轴前后端。

② 查看排气管是否排蓝烟。当踏下加速踏板，发动机高速运转时，若排气管大量排蓝烟，机油加注口也冒出大量烟雾，说明活塞、活塞环缸壁磨损过甚，应拆检活塞连杆组。

当发动机大负荷运转时，若排气管大量排蓝烟，机油加注口无烟雾冒出，这是飞溅到气门杆上的汽油，以气门杆与导管间的间隙被吸入燃烧室的结果。

若发动机在较短时期冒烟，而曲轴箱机油并无明显减少，这是空气滤清器油面过高，机油被吸入气缸所致。应检查曲轴箱通风。

机油消耗异常的诊断框图如图5－4所示。

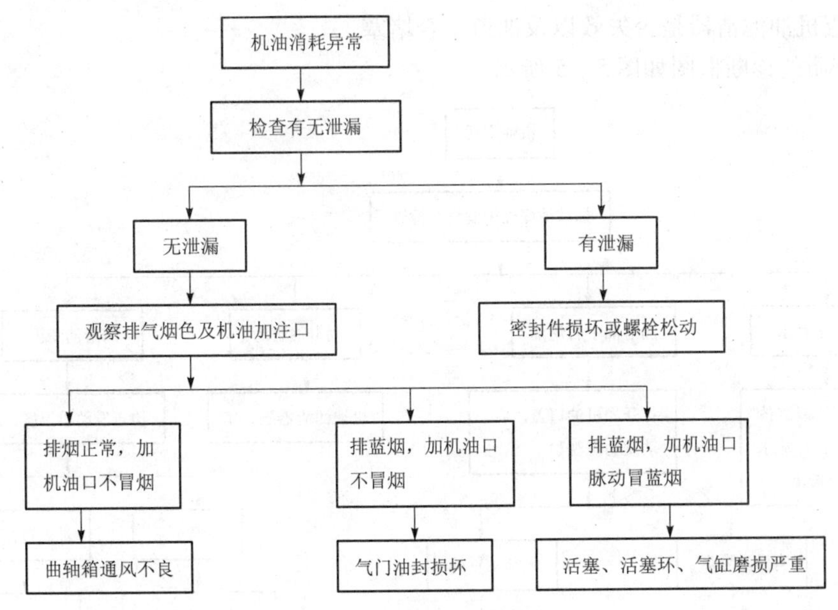

图 5－4 机油消耗异常诊断框图

五、机油变质

1. 故障现象

① 取样检查机油，颜色发黑，用手捻搓，失去黏性感并有杂质感。

② 含水分的机油呈乳浊状并有泡沫。

2. 故障原因

① 机油使用时间过长，在高温和氧化作用下形成氧化物和氧化聚合物，使机油逐渐老化变质。

② 活塞环漏气。

③ 曲轴箱通风不良。机油中混杂有废气中的燃油，促使机油变质。

④ 发动机缸体有裂纹，冷却水漏入油底壳。

⑤ 汽油泵膜片破裂，汽油进入了油底壳。

⑥ 废气中含有 SO_2 和 H_2O，下窜入油底壳中，使机油呈酸性。

⑦ 机油过脏，含有杂质。

3. 故障诊断

① 用机油尺取数滴机油进行观察，可大致分辨出机油污染情况。若机油呈雾状，油色混浊、乳化，说明机油已被水严重污染。若机油呈灰色，闻有燃油气味，则说明机油已被燃油稀释。若机油放置一段时间后，则机油添加剂可能已失去作用。若用手指捻搓机油，有细粒感，则说明含杂质较多。也可取数滴机油滴于中性滤纸上，检查其扩散后的油迹，若中心黑色杂质较黑，粒子较粗，则说明机油含杂质较多，已变质。

② 若机油油面上升，且机油含有汽油味，应检查汽油泵膜片是否破裂。曲轴箱通风是否良好、活塞的漏气量是否过大。

③ 若机油呈乳化状态，应检查缸壁是否有裂纹渗漏处。

④ 检查机油滤清器是否失效以及油道是否堵塞。

机油变质的诊断框图如图5－5所示。

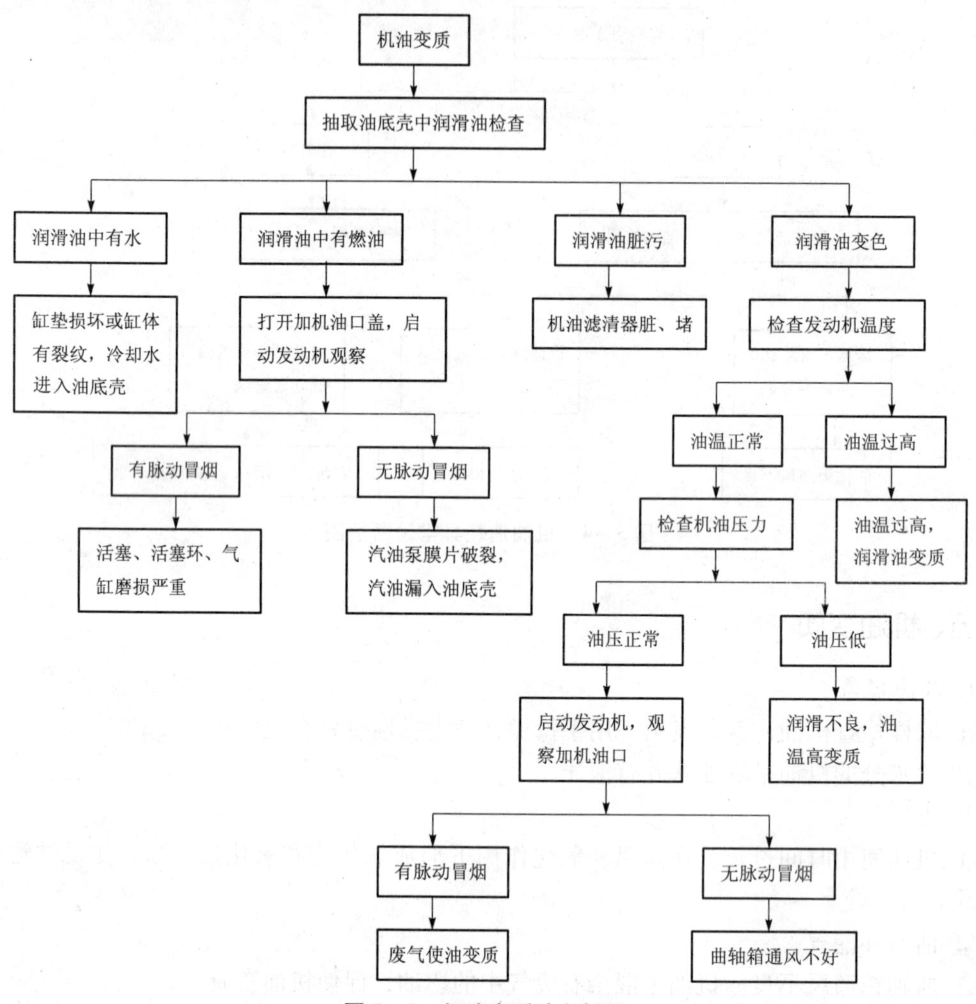

图5－5　机油变质诊断框图

六、机油滤清器的更换

机油滤清器的拆装步骤见表5－1。

表5－1　机油滤清器的拆装步骤

步　骤	图　示
1. 先将发动机机油泄放 2. 用专用工具拆卸机油滤清器	滤清器 专用工具

续表

步　骤	图　示
3. 检查并清洗机油滤清器安装表面，并在机油滤清器的密封圈上涂上少许机油	
4. 将机油滤清器安装到接触表面直至有阻力为止，再用专用工具拧3/4圈，以拧紧	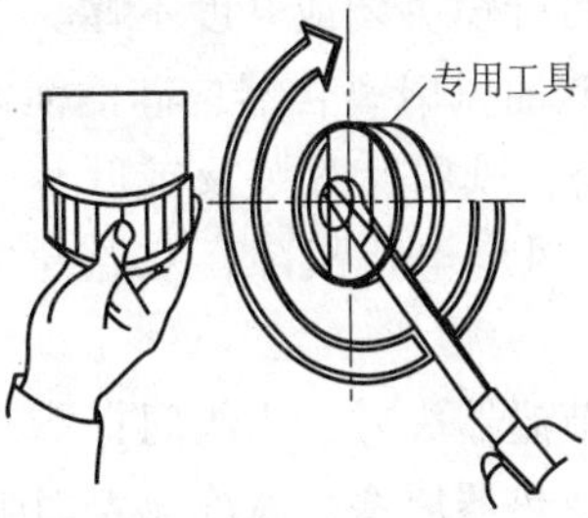 专用工具
5. 装好放油螺钉后，加入发动机机油 6. 启动发动机，检查是否有机油渗漏，熄火后检查机油液面是否正常（液面在上、下刻度中间位置）。若不正常，添加或放泄机油	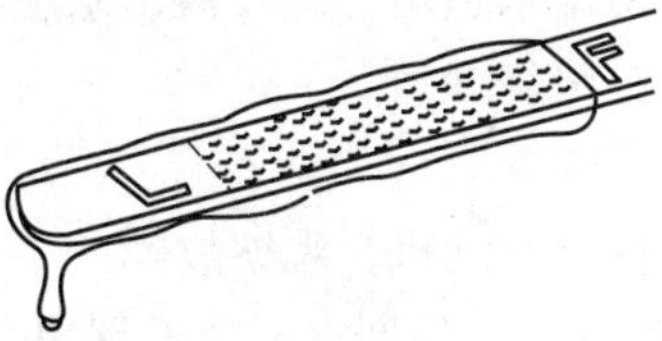

第二节　冷却系统故障诊断与分析

一、冷却系统功用与组成

冷却系统使发动机得到适度的冷却，从而使其在最适宜的温度范围内工作。

发动机冷却方式通常为封闭循环水冷式。发动机冷却系统布置如图5－6所示。由水泵将冷却液输送到气缸体和气缸盖的水套里，水套里已经受热的冷却液根据其温度选择按大循环（经过散热器）或小循环（直接通往水泵）进行循环冷却，水泵连续不断运转使冷却液不停地循环，与散热器连接的水泵总成内设置了节温器，根据温度的高低来控制冷却液的循环途径，另外在散热器后面设置了电动风扇，使空气经过散热器进行强制冷却。

冷却系的主要故障有：发动机温度过高、发动机温度过低。

二、发动机温度过高

1. 现象

① 发动机工作时，水箱沸腾，发动机动力性下降。

② 水温表指示水温高，水温报警灯闪亮。

2. 危害

① 破坏了发动机零部件正常的配合间隙，使发动机性能下降。

② 充气效率降低，发动机动力性下降。

③ 润滑油变稀，易变质。

④ 发动机易发生爆震、早燃。

3. 原因

① 冷却系统水量不足。

② 百叶窗关闭或开度不够。

③ 硅油风扇离合器：硅油泄漏、风扇皮带过松、风扇叶片装反或叶片变形；电动风扇：风扇电机故障，双温开关及线路故障。

④ 节温器失效，主阀门打不开。

⑤ 散热器堵塞、冰冻、表面脏污。

⑥ 冷却水道堵、漏、渗、水垢太重。

⑦ 缸垫烧蚀。

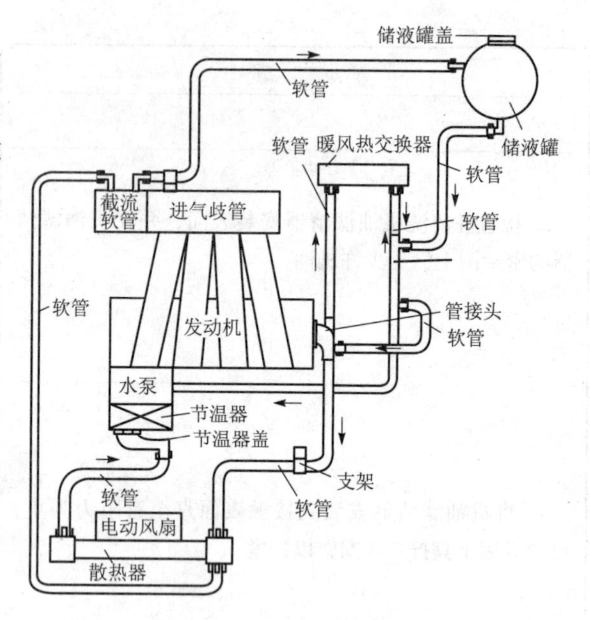

图5－6 冷却系统的布置

4. 诊断

① 启动发动机，观察故障的不同症状，如回火、放炮、加速不良、发动机爆震等，如果发动机有爆震、回火、放炮现象，则应检查发动机的点火正时；如果发动机出现加速不良现象，则应检查供油系统或清洗化油器；如果没有以上现象，则进行下一步。

② 关闭点火开关，检查百叶窗是否关闭或开度是否不足。

③ 检查风扇：

a. 检查风扇皮带松紧度是否适当，可扳动发电机或动力转向泵进行调整。

b. 检查风扇叶片固定情况、叶片是否变形、风扇的风量。其方法是在发动机运转时，将一张薄纸放在散热器前面，若薄纸被牢牢吸住，说明风量足够。否则应调整风扇叶片的角度。

④ 检查冷却液：

a. 检查液面，液面高度是否符合要求。

b. 检查液质，检查冷却液中锈皮或水垢是否过多。

⑤ 检查电路故障：

a. 检查指示系统，可用起子将感应塞中心极与发动机机体作搭铁试验。若搭铁后水温表指针摆动，则说明水温表良好；若水温表指针不动，则表明水温表有故障。

b. 检查温控开关及装置，检查方法是：当散热器温度升到93 ℃ ~98 ℃时，风扇开始转动；当散热器温度下降到88 ℃ ~93 ℃时，风扇停止转动；否则应进行检修。

⑥ 检查散热器：检查散热器外部和内部清洁状况。散热器外部有泥土、油污或散热器因碰撞而变形，均影响流过的风量，导致发动机温度过高。应清洗或调整。散热器内部积有水垢将会影响冷却液传热，用化学剂清洗。

⑦ 检查节温器：

a. 用手触试发动机缸体、缸盖和小循环通水管，正常情况为：温度差不大，且很烫。如果触试缸盖至散热器的通水管和散热器上部，感到不烫，触试散热器下部及下部通水管感到温度很低，则说明节温器大循环阀门打不开；

b. 拆下节温器，将节温器悬挂在水中加热并放入温度计，检查阀门开始开启和完全开启时的温度以及全开时阀门的升程。

⑧ 检查水泵：检查水泵皮带的松紧度；检查水泵的泵水能力。

⑨ 检查发动机内部机械方面是否有故障。

发动机过热的诊断框图如图 5－7 所示。

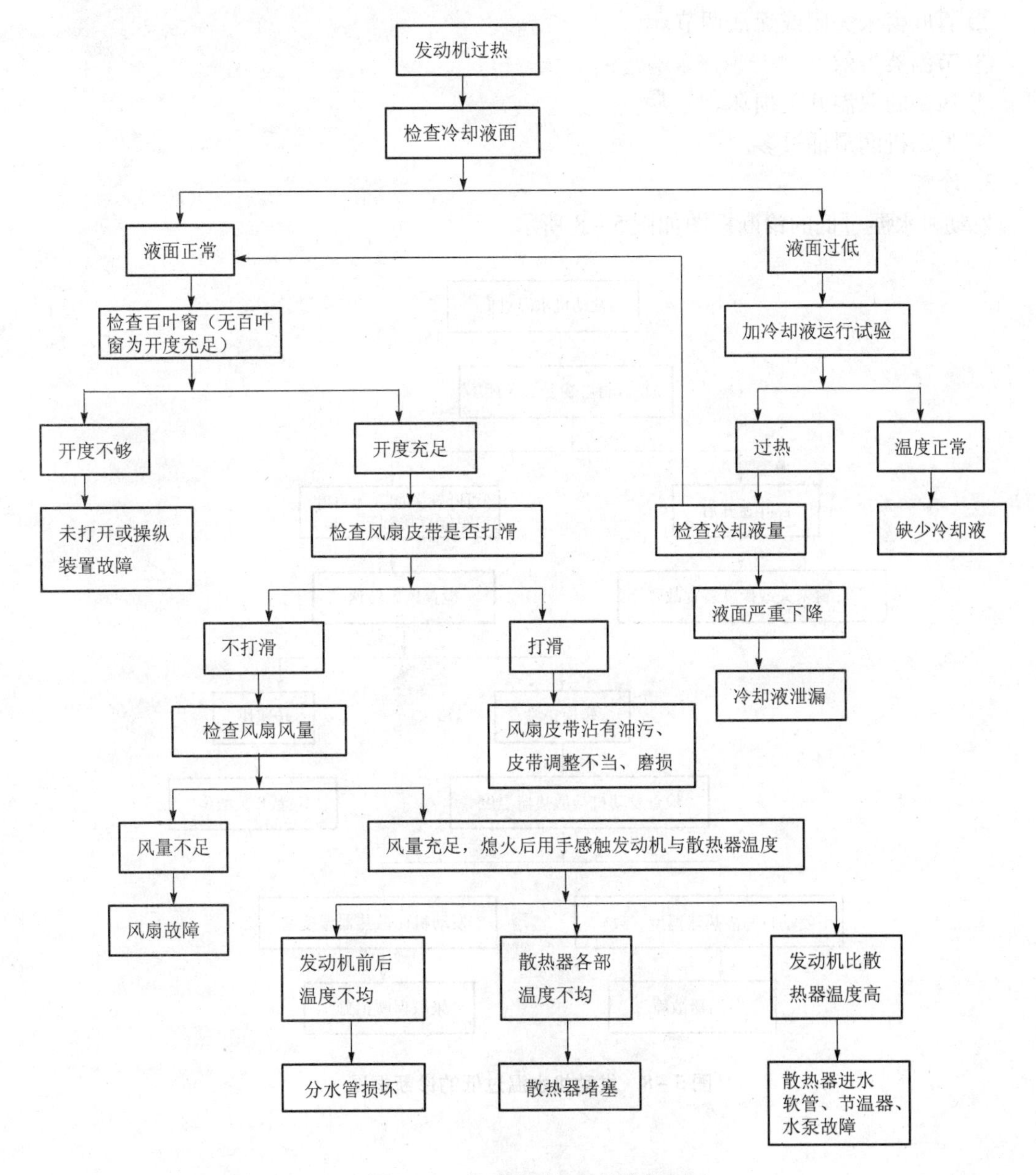

图 5－7　发动机过热的诊断框图

三、发动机温度过低

发动机温度过低的现象，一般出现在寒冷的冬季或在高寒地区。

1. 故障现象

① 汽车长时间行驶后，发动机的温度仍达不到正常的工作温度。

② 发动机动力性下降。

③ 燃油消耗增加。

2. 故障原因

① 环境温度太低，无保温措施。

② 百叶窗未关闭或无法调节。

③ 节温器失效。

④ 风扇的双温开关损坏。

⑤ 发动机润滑油过多。

3. 诊断

发动机水温过低的诊断框图如图 5－8 所示。

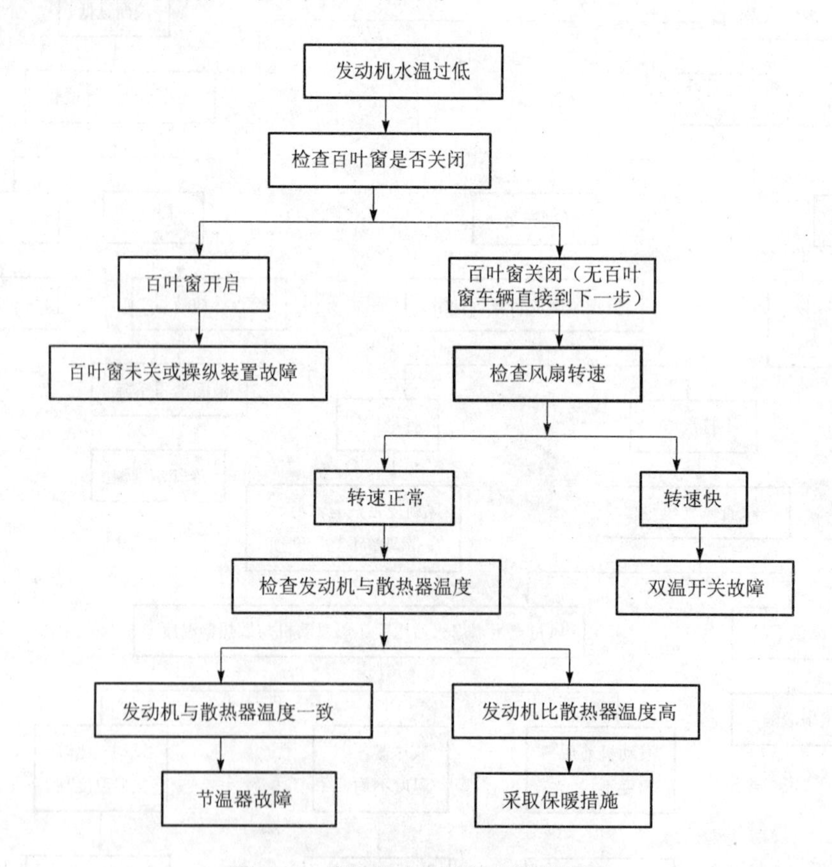

图 5－8　发动机水温过低的诊断框图

第三节　故障实例

实例一：

(1) 故障现象

一辆捷达车无法启动，且缸压很低。

(2) 故障分析

经检查发现机油压力过高，使液压挺柱充油过多，液压挺柱伸长导致气门关闭不严，更换机油泵后故障排除。

实例二：

(1) 故障现象

一辆桑塔纳 2000 GLi 乘用车，发动机运转一段时间后，冷却液就不断地从储液箱盖上冒出。

(2) 故障诊断

首先逐一检查了节温器、热敏开关和水泵，均正常；后又清洗了散热器，故障未能排除；还检查过气缸衬垫，并对气缸盖、气缸体水套进行水压试验，均正常。此后发现，发动机“开锅”时冷却液温度表指示温度值并不高，于是怀疑会不会是一种“假开锅”现象。于是仔细检查了储液箱盖，发现箱盖上压力阀关闭不严。正常情况下，储液箱盖上压力阀的开启压力为 (130 ± 10) kPa。如果压力阀弹簧损坏，冷却系统内循环流动的冷却液就会不受控制地往外流，造成一种类似“开锅”的假象。排除方法为更换储液箱盖。

实例三：

(1) 故障现象

BJ213 越野车，怠速时冷却水温上升缓慢，经长途行车后，水温反而下降到 50 ℃ ~ 60 ℃。检查相关零部件，未见异常。后来发现节温器壳的隔板已锈蚀穿孔。更换节温器壳后，冷却水温达到要求。

(2) 故障分析

节温器隔板把散热器上水管接头处与暖风机回水管接头处隔开，一旦被锈穿，暖风机回水流向散热器，启动发动机后，冷却系统就开始大循环，造成冷却水温偏低。怠速时，冷却水温能缓慢上升是因为流过散热器的风速很小，冷却水循环缓慢；行车时，流过散热器的风速增强，故水温反而下降。

实例四：

(1) 故障现象

奥迪 200C3V6 轿车机油警告灯不熄灭。

(2) 诊断及排除

发动机启动后机油警告灯不熄灭，踩油门踏板后灯熄灭，但液压挺杆噪声始终不消失。

经检查，外接压力表测得的怠速机油压力低于标准值，拆下机油泵，测量转子轴向间隙为 0. 15 mm。此故障原因是机油泵转子轴向磨损，从而导致机油压力降低。故更换机油泵后，故障排除。

实例五：

（1）故障现象

一辆捷达王车，行驶里程70 000多千米，车主反应冷却液温度过高，冷却液有从加注口往外溢的现象。

（2）故障分析及排除

先判断节温器是否失效。用手摸上下循环水管，发现温度一致，表明节温器功能正常。检查水箱，水箱上下温度也一样。加大油门开度，即提高发动机转速，冷却液液罐的回量基本上没有改变，因为冷却液泵是由齿形皮带驱动的，与曲轴同步运转，故判断冷却液泵存在故障。拆检后发现水泵叶轮与驱动轴脱开，更换水泵，故障排除。

冷却液温度过高，主要原因是：冷却液循环不畅和冷却液散热不够。此例故障是由冷却液循环不畅造成的。有关冷却液循环不畅的原因，一方面是动力源，即水泵故障；另外一方面是冷却液管堵塞。

练习与思考题

5－1　车辆在行驶过程中机油报警灯点亮，如何进行故障诊断？

5－2　车辆在行驶过程中水温报警灯点亮，如何进行故障诊断？

第六章

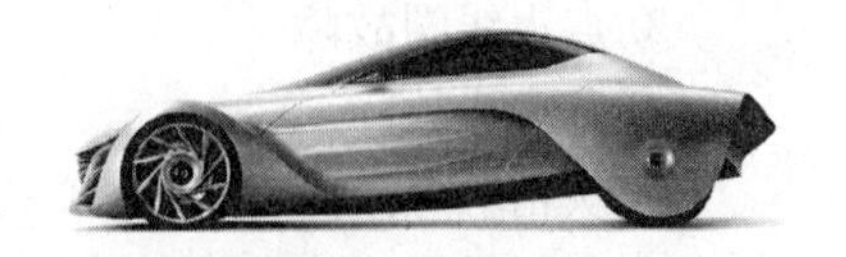

发动机点火系统与启动系统故障诊断分析

第一节　点火系统故障诊断与分析

一、霍尔效应式无触点点火系统常见故障的诊断与分析

霍尔效应式无触点点火系统电路如图 6－1 所示。

1. 简易法判断霍尔传感器故障

霍尔效应式无触点点火系统中比较重要的两个部件是电子点火器和霍尔传感器。在实际维修中准确判断出这两个部件是否有故障是十分重要的。下面介绍一种简易判断霍尔传感器故障的方法。

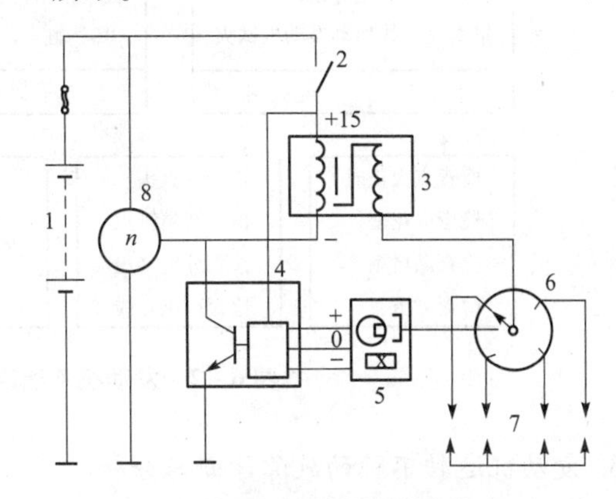

图 6－1　霍尔效应式无触点点火系

1—蓄电池；2—点火开关；3—点火线圈；4—点火模块；5—霍尔传感器；6—分电器；7—火花塞；8—发动机转速表

关闭点火开关，将霍尔传感器的三孔插头从分电器上拔下，拔下分电器上的中央高压导线，使其在距机体 5 ~ 7 mm 处试火，打开点火开关，在霍尔传感器插头上用一根导线间断地短接“－”和“0”两触点，观察中央高压导线试火火花。如果有火花跳出，一般说明故障在霍尔传感器中；如果没有火花，应进一步检查电子点火器及线路连接情况。

2. 发动机不能启动的故障诊断与分析

(1) 故障现象

点火开关打至启动挡时，起动机能够带动发动机运转，但发动机没有着火征兆。

(2) 故障原因

当发动机因点火系统的故障不能启动时，故障可能出现在低压电路，也可能出现在高压电路。主要原因有：

① 霍尔传感器故障。

② 点火控制器故障。

③ 点火线圈故障。

④ 分火头故障。

⑤ 炭精触点故障。

⑥ 高压导线或火花塞故障。

⑦ 线路故障。

⑧ 点火正时不正确。

（3）故障诊断与分析

发动机不能启动可采用高压导线对机体试火的方法进行诊断。具体方法如图6－2所示。

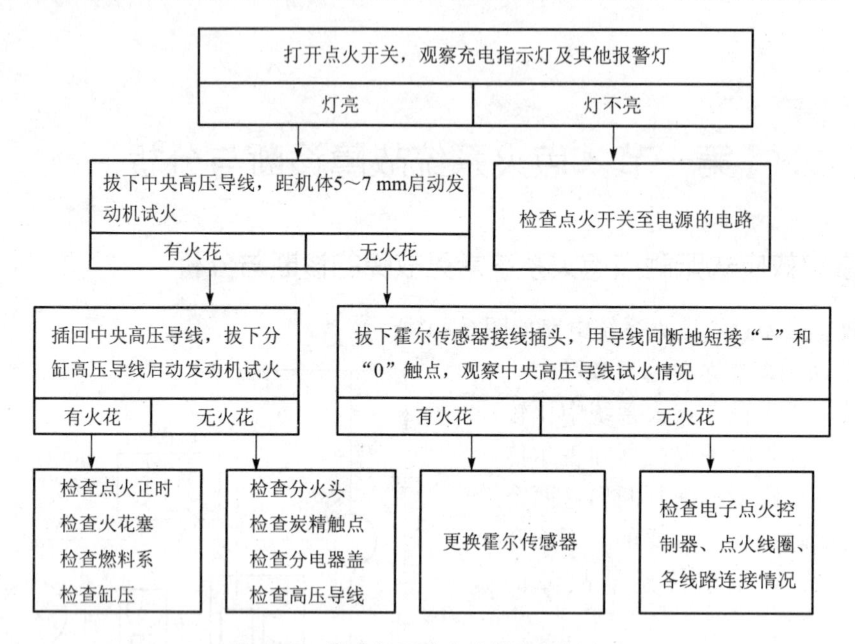

图6－2　发动机不能启动故障诊断方法

3. 发动机运转不稳的故障诊断与分析

（1）故障现象

发动机运转转速时高时低，出现抖动，严重时出现排气管冒黑烟、排气管放炮或回火等现象。

（2）故障原因

发动机运转不稳，由点火系统故障引起的原因有：

① 点火正时调整不当。

② 火花塞积炭严重。

③ 高压线路中（分火头、高压线、分电器盖）有漏电。

④ 点火线圈故障。

⑤ 点火提前调节装置故障。

（3）故障诊断与分析

发动机工作时，如果点火线圈温度超出正常温度，用手接触烫手时，说明点火线圈工作欠佳，应予以更换。在点火线圈正常的情况下，发动机运转不稳，点火系统故障主要在高压部分，可按图 6－3 所示方法进行诊断。

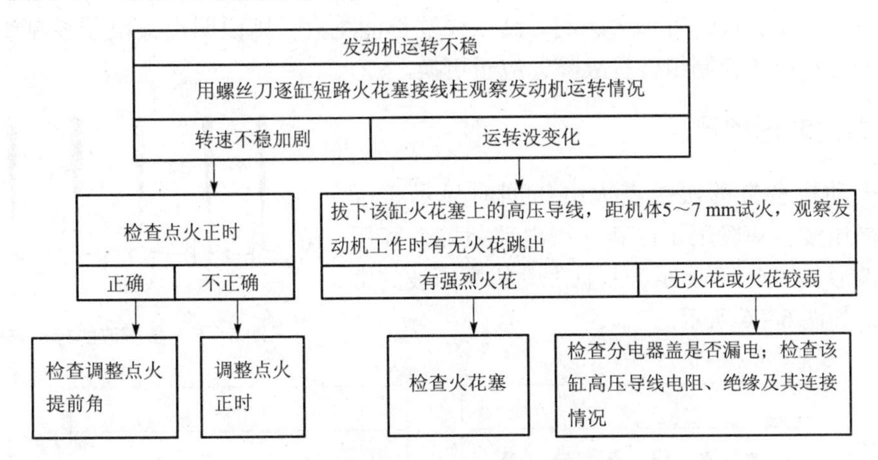

图 6－3　发动机运转不稳的故障诊断方法

二、磁感应式无触点点火系统常见故障的诊断与分析

磁感应式无触点点火系统电路如图 6－4 所示。

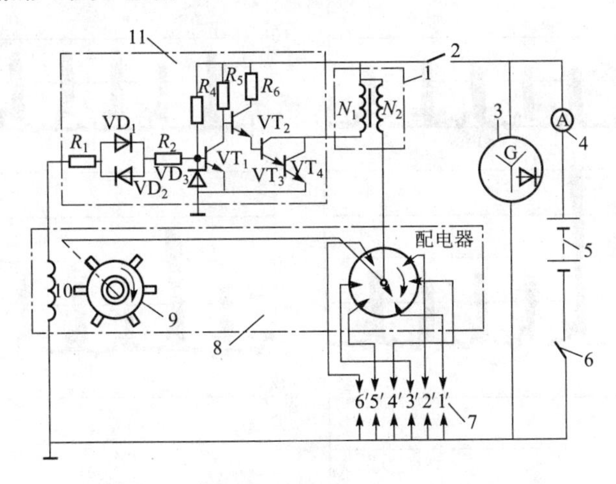

图 6－4　磁感应式无触点点火系统电路

1—点火线圈；2—点火开关；3—硅整流发电机；4—电流表；5—蓄电池；6—电源总开关；7—火花塞；8—无触点分电器；9—磁脉冲式点火信号发生器；10—传感线圈；11—电子点火器

发动机不能启动时，怀疑磁感应式无触点点火系统有问题，可将分电器盖上中央插孔的高压线拔出，使其端头距缸体 5 ~ 7 mm，然后启动发动机，观察线端是否跳火。如确认无火，则说明点火系统有故障，应予检查。

首先检查电气线路中的导线连接情况和各插接件的接触情况，因这些部位的故障率远比点火信号发生器和电子点火器的故障率要高。如无问题应进一步检查点火信号发生器、电子点火器和高能点火线圈。

在确认点火信号发生器正常的基础上，可通过跳火试验法对电子点火器进行检查。将分电器盖拆下，并拔出分电器盖上的中央高压线，使其端头离开缸体 5 ~ 10 mm，接通点火开关，然后用一只螺丝刀迅速地碰刮定子爪，以改变通过传感线圈的磁通而使其产生点火脉冲，触发点火电子组件。若每次碰刮时高压线端都能跳火，则说明点火电子控制组件完好，否则，说明点火电子控制组件有故障，应予更换。

三、点火波形检测

多缸发动机各缸的次级点火电压同时显示于屏幕，即为高压波，一般用于诊断次级电路故障。高压波的标准波形如图6－5所示。六缸发动机高压波的常见故障波形如图6－6所示。

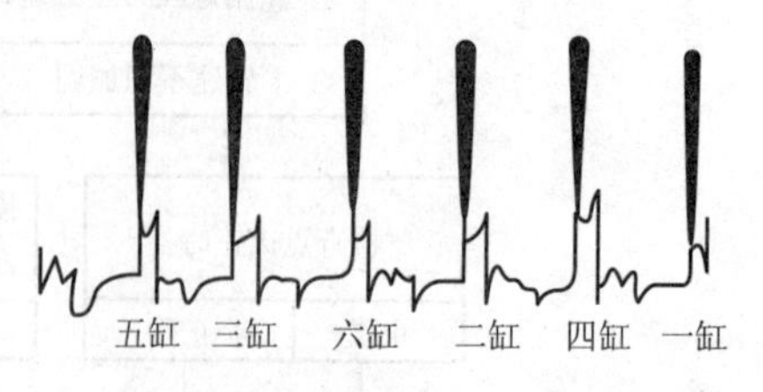

图6－5 高压波的标准波形

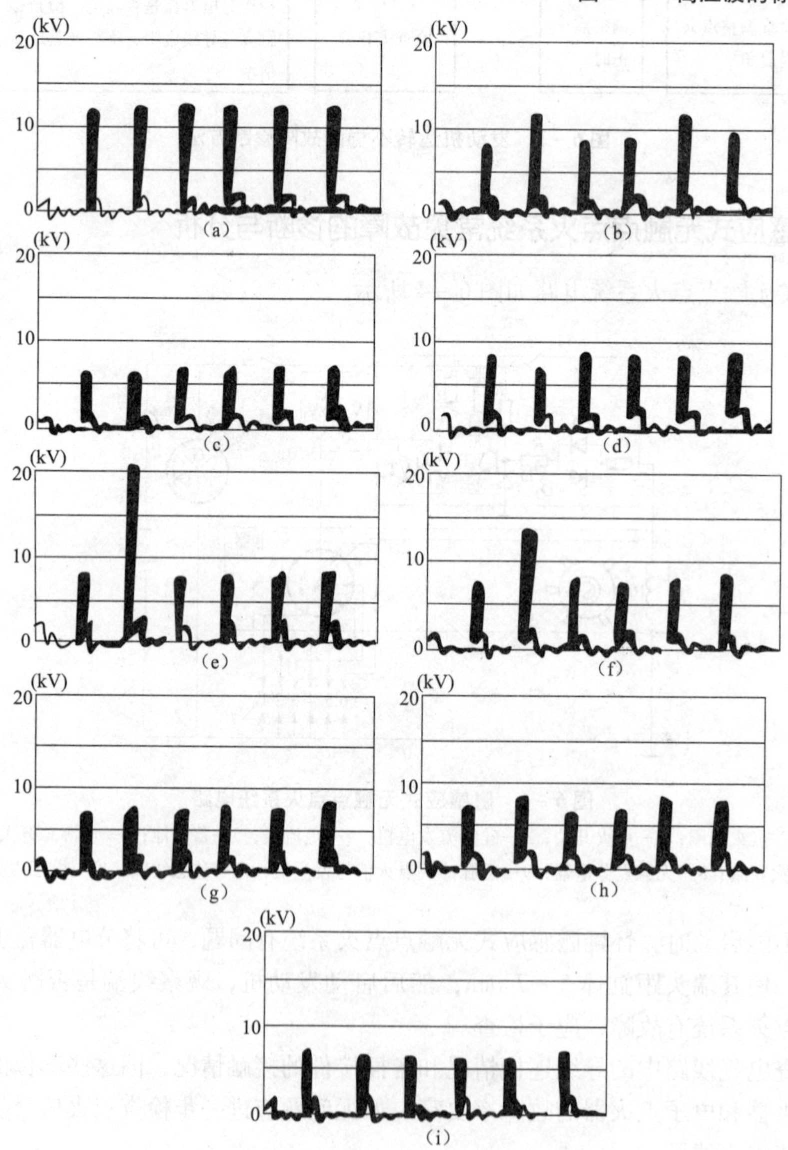

图6－6 六缸发动机高压波的常见故障波形

① 各缸点火电压均过高，可能由火花塞间隙过大或烧蚀、混合气过稀引起［图6-6（a)］。

② 个别气缸点火电压过高，如图中的3、4缸，说明这两个气缸的火花塞可能烧蚀［图6-6（b)］。

③ 全部气缸点火电压过低，原因可能是电源电压过低，火花塞间隙过小，混合气过浓等［图6-6（c)］。

④ 个别气缸点火电压过低，如图中的3缸，可能为该缸的火花塞间隙小或绝缘体损坏［图6-6（d)］。

⑤ 拔下某缸的高压线，电压高过20 kV，属正常情况；可见，若某缸电压超过20 kV，说明该缸高压线脱落［图6-6（e)］。

⑥ 拔下某缸的高压线，电压低于20 kV，说明点火线圈性能不好或分电器和高压线有漏电故障［图6-6（f)］。

⑦ 将发动机的转速提高到2 500 r/min，各缸点火电压一直减小，并保持在5 kV以上，说明点火系统能高速正常工作［图6-6（g)］。

⑧ 发动机转速升高后，个别气缸的电压高于其他气缸，说明该缸火花塞间隙大［图6-6（h)］。

⑨ 发动机转速升高后，个别气缸的电压低于其他气缸，说明该火花塞的间隙过小、脏污或绝缘体不良［图6-6（i)］。

第二节　启动系统故障诊断与分析

一、带启动保护的启动控制系统

带启动保护的启动控制电路在载货汽车上较为常见，图6-7是CA1091载货汽车启动系统电路。

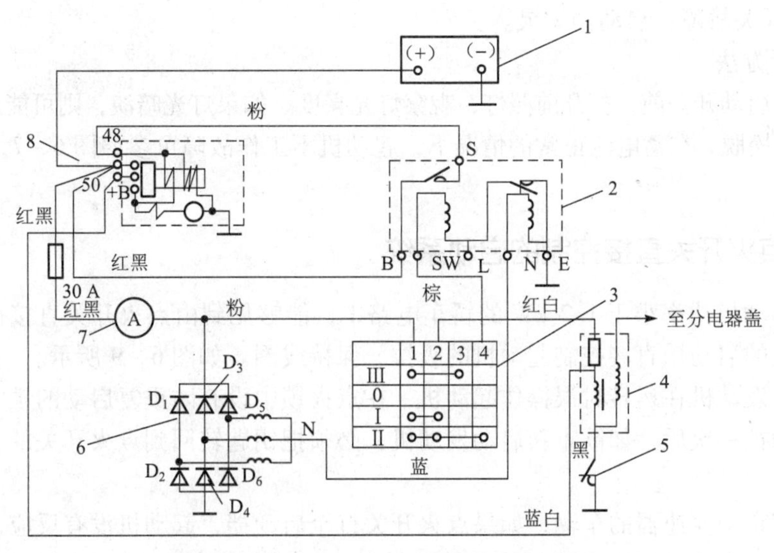

图6-7　CA1091载货汽车启动系统电路

1—蓄电池；2—组合继电器；3—点火开关；4—点火线圈；5—断电器；6—交流发电机；7—电流表；8—起动机

1. 电路分析

当点火开关打至2挡时，启动系统工作电路为：蓄电池（+）→起动机50端子→电流表（7）→点火开关（3）→组合继电器的SW→控制常开触点的线圈→常闭触点→塔铁→蓄电池（-）。结果是常开触点吸合，起动机（8）的吸拉、保持线圈由起动机48端子供电，产生吸力，使起动机小齿轮与飞轮齿圈啮合，同时将主电路触点接通：蓄电池（+）→主触点→起动机磁场线圈→起动机电枢→搭铁→蓄电池（-），起动机工作。与此同时，主触点将点火线圈旁路触点接通，电流直通点火线圈初级，附加电阻被隔除在外。

发动机启动工作后，交流发电机（6）的中性点N的对地电压（约为发电机调节电压的1/2）使组合继电器（2）中的启动保护继电器常闭触点断开，切断充电指示灯搭铁电路（L端子接充电指示灯），充电指示灯熄灭，表明发电机工作正常。同时也切断了启动继电器线圈的搭铁通路，当发动机正常工作时，即使误将点火开关扳到2挡，起动机也不会与飞轮啮合，避免打坏飞轮齿圈与起动机，起到保护起动机的作用。

2. 起动机不工作故障的诊断与分析

（1）故障现象

点火开关打至启动挡时，起动机不转动。

（2）故障原因

① 供电系统故障：蓄电池储电量严重不足，亏电太多；起动机电缆线与蓄电池接线柱连接松动或接线柱氧化。

② 起动机故障：起动机电磁开关吸拉线圈或保持线圈出现搭铁、断路、短路故障，电磁开关触点烧蚀，或因调整不当使接触盘与触点接触不良；磁场绕组或电枢绕组断路、短路或搭铁；电刷在电刷架内卡死、弹簧折断等；换向器油污、烧蚀、磨损产生沟槽。

③ 组合继电器故障：启动继电器线圈断路、短路、搭铁；启动继电器触点烧蚀、油污。铁芯与触点臂气隙过大；保护继电器触点烧蚀、油污。

④ 点火开关故障：启动挡失灵。

（3）诊断方法

在未接通启动开关前，打开前照灯，观察灯光亮度。如果灯光暗淡，则可能是蓄电池亏电过多或连接线松脱。在蓄电池正常的情况下，起动机不工作故障可参照图6－7，并按图6－8进行诊断。

二、由点火开关直接控制的启动系统

在一些起动机功率小于1.2 kW的轿车电路中，能够见到由点火开关直接控制的启动电路，点火开关的启动挡直接控制起动机的吸拉、保持线圈。如图6－9所示。

为了防止发动机在运转时误操作起动机，在点火锁中设有防重复启动的锁定装置。点火开关打至启动挡一次后，如欲重新启动发动机，必须把钥匙转回到点火开关的关闭位置后方可进行。

对于装有自动变速器的车辆，如果点火开关打至启动挡，起动机没有反应，首先要确认自动变速器的操纵杆是否处在N挡或P挡，只有在N挡或P挡才允许起动机工作。

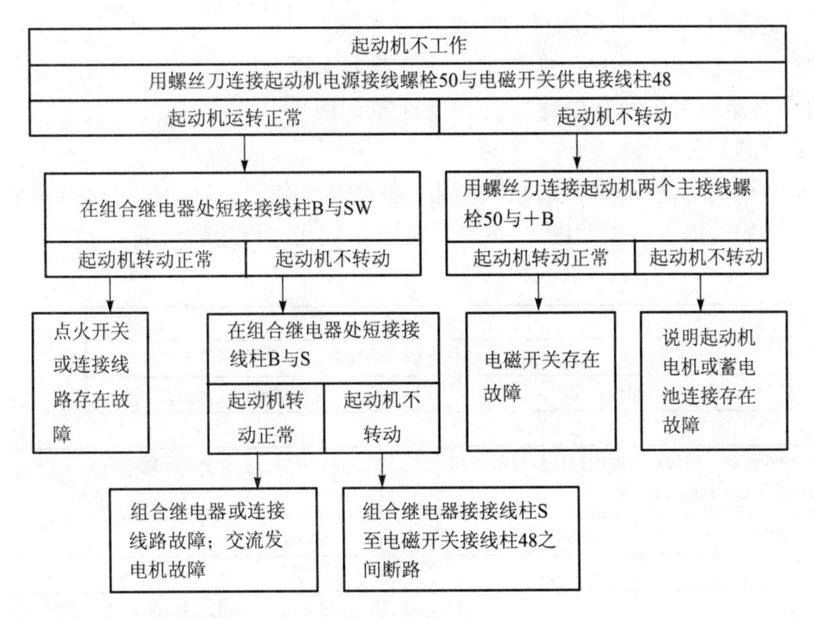

图6－8　起动机不工作故障诊断方法

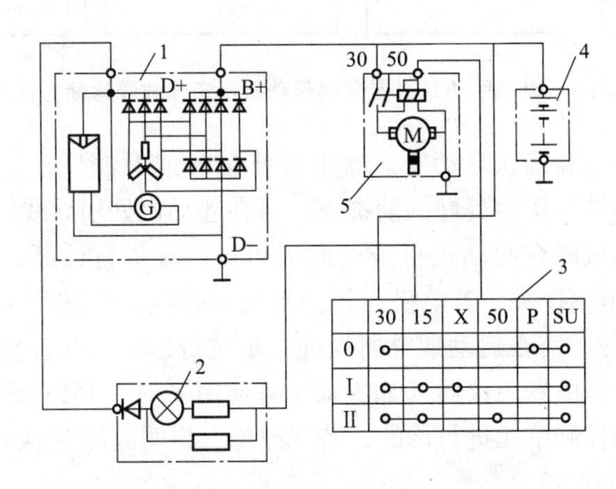

图6－9　捷达轿车电源系统电路

1—发电机及调节器；2—充电指示灯；3—点火开关；4—蓄电池；5—起动机

1. 起动机不工作

(1) 故障现象

点火开关打至启动挡，起动机没有反应。

(2) 故障原因

① 蓄电池严重亏电。

② 蓄电池接线柱氧化严重。

③ 线路接触不良或有断路。

④ 点火开关故障。

⑤ 起动机电磁开关故障。

⑥ 启动电动机有故障。

⑦ 自动变速器不在 N 或 P 挡（自动变速器车辆）。

⑧ 自动变速器多功能开关有故障（自动变速器车辆）。

⑨ 自动变速器控制单元有故障（自动变速器车辆）。

（3）故障诊断与分析

手动变速器车辆可使用万用表进行检测。在蓄电池有电，起动机电磁开关各接线以及各搭铁线接触良好的前提下，参照图 6-9，并按图 6-10 进行故障诊断。

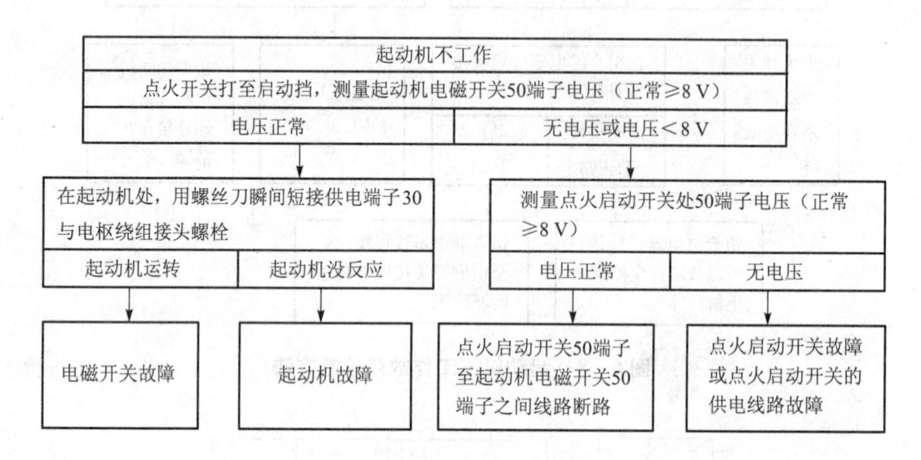

图 6-10　手动变速器车辆起动机不工作故障诊断方法

自动变速器车辆首先要确认自动变速器是否处在 N 或 P 挡，在蓄电池有电，起动机电磁开关各接线以及各搭铁线接触良好的前提下，可在起动机处用导线短接 30 与 50 端子，若起动机不工作，则说明故障在起动机自身（此时可进一步进行诊断，用较粗导线在起动机处瞬间短接 30 端子与电枢接头，若电机运转，则说明故障在电磁开关；否则说明故障在电机内部）；若起动机工作，需在启动继电器处进一步进行诊断，在各接线良好且点火开关启动供电正常的前提下，借助专用仪器（如大众车系使用 V. A. G1551 或 V. A. G1552）对自动变速器的多功能开关和控制单元进行诊断，若无故障，说明故障在启动继电器。

2. *起动机运转无力故障*

（1）故障现象

启动时，发动机转速太低不能启动。

（2）故障原因

① 蓄电池亏电。

② 线路接触不良或接线柱被氧化。

③ 起动机自身故障。

④ 发动机转动阻力太大。

（3）故障诊断方法

在正确使用发动机机油和具有合适的 V 形皮带张紧度的情况下，可按图 6-11 进行故障诊断。

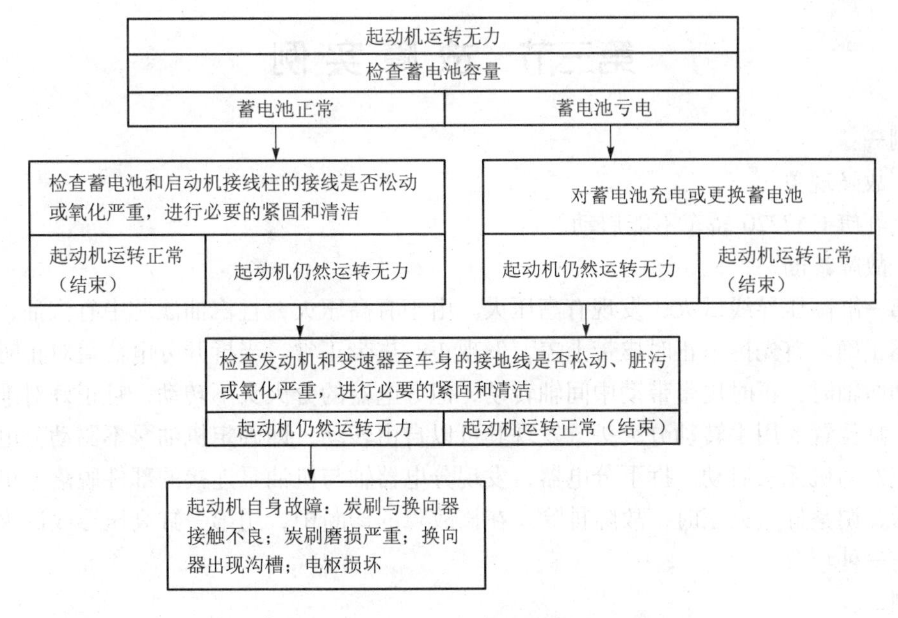

图 6－11　起动机运转无力故障的诊断方法

三、起动机故障

启动系统常见故障主要有起动机不工作、起动机运转无力、起动机空转等。产生起动机不工作或起动机运转无力故障的原因有蓄电池亏电、线路接触不良、起动机自身故障。起动机自身故障的部位如图 6－12 所示。

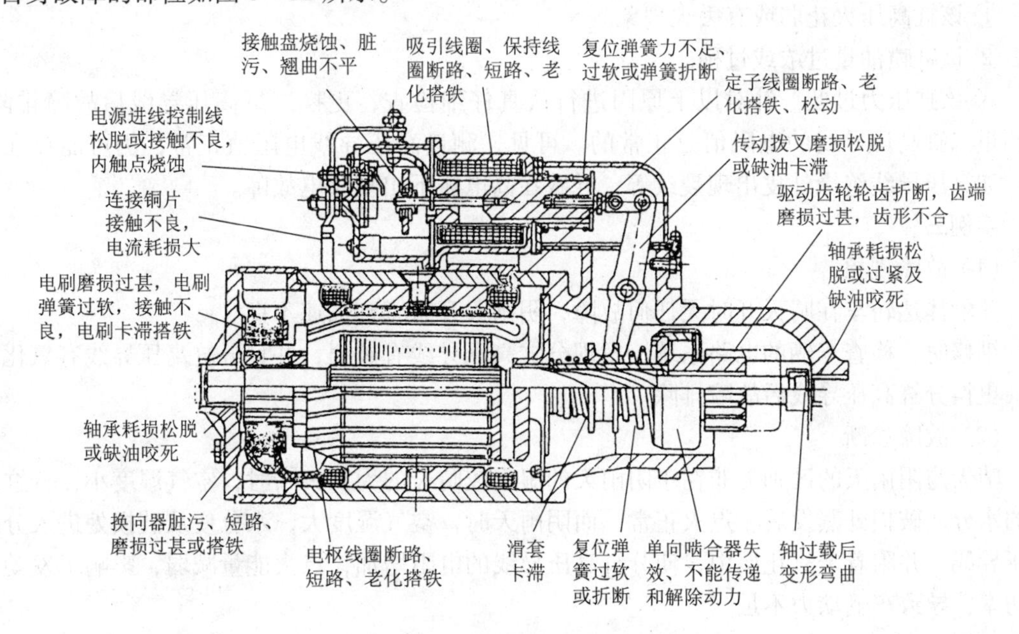

图 6－12　起动机自身故障的部位

第三节 故障实例

实例一：

（1）故障现象

一辆红旗 CA7220 轿车不能启动。

（2）故障诊断

用第一缸高压导线试火，发现有高压火。由于有高压火，且汽油滤芯中有汽油，所以怀疑正时不正确。首先拆下正时皮带上盖，发现正时皮带正常。当拆开分电器盖对正时时，发现在转动曲轴时，正时皮带带动中间轴转动，但分电器的分火头不转动，且正好对准分电器盖上第一缸位置。用手转动分火头，发现其可以自由转动，即确定机油泵不驱动分电器轴转动，造成发动机无法启动。拆下分电器，发现分电器轴与机油泵连接的部件脱落。更换分电器总成后，调整好点火正时，故障排除。在该故障的诊断中，用第一缸高压导线试火有高压火花，是一种巧合。

实例二：

（1）故障现象

一辆 Audi 100 2.2E 轿车行驶无力，发动机以各种转速运转时，排气管均发出有节奏的“突突”声。

（2）故障诊断

采用单缸断油法（拧松燃油分配器上各缸汽油管接头）检查，发现二缸工作不良。拆下二缸火花塞后看到电极上有积炭。分析二缸工作不良的可能故障原因是：

① 该缸高压火花弱或有丢火现象。

② 该缸喷油量过浓或过稀。

③ 该缸压力过低。针对以上原因进行认真仔细检查，更换二缸高压导线后故障排除。但测量二缸高压导线的电阻值是正常的。可见，测量高压导线电阻值正常，仍可能存在故障，如高压导线绝缘外皮出现裂纹等，导致在高电压下出现漏电故障。

实例三：

（1）故障现象

一辆捷达轿车在晴天开时无任何故障，阴雨天开时感到加速不良。

维修时，检查车辆的电路系统，发现分缸高压导线有破损，并且分缸高压导线有氧化现象，更换分缸高压导线后故障排除。

（2）故障诊断

晴天与阴雨天的区别无非在于阴雨天的湿度较晴天的大，天晴时，空气湿度小，分缸线内的水分从破损处蒸发后，点火正常，而阴雨天时，空气湿度大，水分便从破损处进入分缸高压导线，并附着于氧化层中，使分缸高压导线的电阻增加，点火能量减弱，影响了发动机的功率，导致车辆动力不足。

实例四：

（1）故障现象

一辆解放 CA1091 汽车点火开关打至启动挡时，起动机不工作。

(2) 故障诊断

检修时，用导线短接组合继电器的接线柱“B”与“SW”，起动机不转动。而在短接接线柱B与S时，起动机转动正常。因此，判断组合继电器存在故障。更换新的组合继电器，故障仍然存在。在未启动状态下，用万用表测量组合继电器的各接线柱电压，结果发现N接线柱有电压存在，拆下N接线柱的接线，起动机工作正常，说明交流发电机存在故障，维修后故障排除。

(3) 故障分析

如图6－7所示。当交流发电机的整流正二极管被击穿短路时，组合继电器的N接线柱有电，使动断（常闭）触点断开，组合继电器进入保护状态，起动机不能工作。该故障容易被误诊为组合继电器故障。但发电机整流正二极管被击穿短路后，点火开关旋至点火挡，未启动发动机时，充电指示灯不亮。

练习与思考题

6－1　结合图6－6分析点火高压波形的各种形态；在条件允许的情况下，实车进行点火高压波形检测。

6－2　以某一车型为例，分析起动机不工作故障。

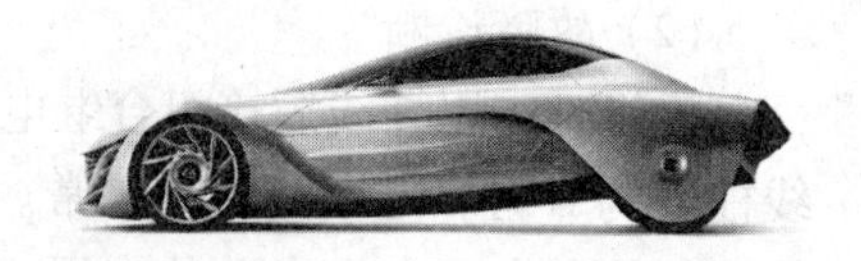

第七章 发动机排放超标故障诊断与分析

第一节 发动机排放基本知识

一、汽车排放污染源

随着汽车工业的迅速发展，汽车保有量急剧增加，汽车排放的污染物已成为大气污染主要元凶，直接危害人类的健康，并破坏着自然界的生态平衡，已引起各个国家的高度重视。

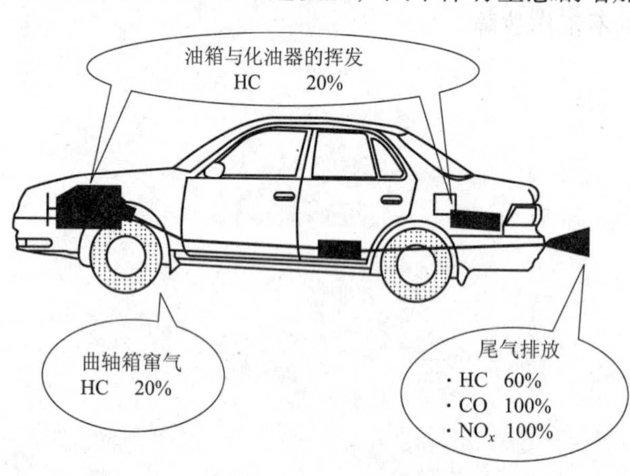

图7－1 汽车排放污染源

汽车排放污染主要有3个排放源，如图7－1所示：一是发动机排气管排出的发动机燃烧废气（俗称尾气），汽油车的主要污染成分是CO、CH、NO_x，而柴油车除了这三种有害物外还排放大量的微粒物；二是曲轴箱排放物，由发动机在压缩和燃烧过程中未燃的HC经燃烧室漏向曲轴箱再排向大气而产生；三是燃料蒸发排放物，主要由发动机燃料供给系统的燃料蒸发而产生。

二、汽油机排放污染物的主要成分及形成

汽油机排放污染物的主要成分是CO、HC、NO_x、SO_2，铅化合物及油雾等。

1. 一氧化碳（CO）的形成

一氧化碳（CO）是在局部缺氧或低温条件下，由燃料的不完全燃烧产生的。一氧化碳是碳氢燃料在燃烧过程中的中间产物，对于汽油机来说，当空气量充分时，理论上不会产生CO。但实际运转的汽油机排气中都存在CO，这是由于在汽油机燃烧室内的局部地方存在$\alpha<1$的过浓区以及部分未燃碳氢化合物在排气过程中发生不完全燃烧。此外，气温低或者滞留时间短暂等使燃烧不完全，也会有CO排出。

2. 碳氢化合物（HC）的形成

碳氢化合物（HC）是燃料的不完全燃烧和缸壁的激冷作用使火焰消失而致。不论汽油机在何工况下运转，排气中总会含有一定数量的未燃碳氢化合物 HC，如果混合气过浓，将有部分燃油因得不到氧化而不能完全燃烧，燃烧后成为多余的 HC 排出。此外，混合气是由火焰传播燃烧的，当火焰传播至缸壁附近时，由于缸壁温度较低，在距缸壁面 0.5 mm 的小缝隙处的混合气将不能着火燃烧，这部分未燃烧的 HC 亦随废气排出。可见，燃烧后在排出的废气中将有未燃烧的或燃烧不完全的 HC。

3. 氮氧化物（NO_x）的形成

氮氧化物（NO_x）是空气在燃烧室的高温条件下，由氮和氧发生反应而形成的，其生成量取决于温度、反应时间及氧的浓度。混合气中的空气由 O_2 和 N_2 组成，当空气足够，且气缸温度很高时，分子状态的 O_2 和 N_2 会分解为原子状态的氧和氮。它们相互反应，将产生各种氮氧化物，如 NO、NO_2、N_2O。燃烧后将有某种 NO_x 排出。

硫的氧化物（SO_2）是燃料中的硫分燃烧后产生的；碳烟是不完全燃烧的产物。

此外，燃料中的杂质和添加剂燃烧生成 SO_2、铅氧化物等，燃料中的炭在一定高温下会离解成微小的炭粒，这些物质也将在排气行程中排出。

三、柴油机排放污染物的主要成分

柴油机排放的废气其有害成分主要有：一氧化碳（CO）、氮氧化物（NO_x）、碳氢化物（HC）、硫化物（SO_2）、微粒（主要是碳烟，还包括油雾、金属颗粒）等。与同功率的汽油机相比，柴油机的 HC 和 CO 排放量要比汽油机少得多，其中 CO 的排放量只有汽油机的 1/10，HC 的排放量仅为汽油机的 1/3，NO_x 排放量几乎相同，因而减少柴油机排放物，关键是降低（NO_x）、碳烟及颗粒物的含量。

第二节　发动机排放超标常见故障诊断与分析

汽车正常工作时，排气管排出的废气是无色透明的气体，只有在短时间内以接近全负荷运转或启动时，废气才呈现灰色或深灰色。所谓汽车异常排烟，指的是排气的烟色为黑色、蓝色或白色。

一、汽车排黑烟的检修

1. 汽油机排黑烟

（1）故障现象

发动机动力不足，混合气燃烧不完全，排气管排黑烟、放炮，油耗增加，气缸内大量积炭。

（2）故障原因

① 混合气过浓。

② 点火系统高压火花过弱。

③ 点火时刻过迟。

④ 气门间隙调整不当。

⑤ 个别气缸工作不良。

⑥ 空气过滤器堵塞，造成进气量不足。

(3) 故障诊断

① 拆下空气滤清器，观察排气烟色。若排黑烟情况好转，则故障是由空气过滤器脏污或堵塞造成的，应清洗或更换空气过滤器滤芯。

② 拔出中央高压线试火，若火花弱，则是点火能量不足导致混合气不能完全燃烧而排黑烟，故障在点火系统的低压电路。

③ 在发动机运转时，做各缸断火试验。若拔出某缸高压分线后，发动机工作无明显变化，则表明该缸不工作或工作不良。进一步检查高压分线的火花是否太弱，若火花弱，应检查分电器盖、分火头是否击穿漏电，高压分线、火花塞是否有故障。如果火花正常，则应检查气缸压力是否过低。气缸压力过低的原因有：活塞环卡滞或磨损、气缸磨损、气门磨损、积炭导致关闭不严等，应视情况进行修理排除。

④ 检查点火正时，若过迟应进行调整。

⑤ 若汽车在行驶时，随着车速的提高，油门开度的加大，排气冒黑烟、放炮现象越来越严重，拆下火花塞检查，火花塞湿，则故障为混合气过浓。

2. 柴油机排黑烟

(1) 现象

发动机动力不足，运转不稳，排气管排黑烟，加速时出现敲击声。

(2) 原因

① 空气过滤器严重堵塞，造成进气量不足。

② 喷油泵供油量过多或各缸供油不均匀度过大。

③ 喷油器喷雾质量不佳或喷油器滴油。

④ 供油时间过早。

⑤ 气缸压缩压力不足。

⑥ 柴油质量低劣。

(3) 诊断

柴油机排气黑烟多，大多是由各缸供油量不均匀或过多、吸入空气不足、雾化不良、喷射时间过早等原因引起的不完全燃烧造成的。

① 拆下空气滤清器，观察排气烟色。若排黑烟情况好转，则故障是由空气滤清器脏污严重造成的。

② 检查供油时间是否过早，若过早应调整。

③ 在发动机运转时，可逐缸断油试验。当某缸断油时，若发动机转速降低，黑烟明显减少，敲击声变弱或消失，说明该缸供油量过多；若发动机转速变化小而黑烟消失，说明该缸喷油器喷雾质量差。找出有故障的单缸后，拆检喷油器。必要时，可换装新喷油器进行对比，若用新喷油器时故障消失，说明原喷油器有故障。

④ 用上述方法仍不能排除故障时，如果喷油泵柱塞挺杆具有调整螺钉，应检查各缸喷油是否一致，必要时进行调整。

⑤ 检查喷油泵供油量是否过大和供油不均匀度是否符合标准时，应在试验台上进行。

⑥ 若以上各项均无问题，应对有故障的单缸测试其压缩压力，以判断是否有气缸、活

塞、活塞环等磨损漏气或气门密封不良现象。

二、汽车排白烟的检修

1. 汽油机排气冒白烟

(1) 故障现象

发动机运转不均匀，排气管冒白烟。

(2) 故障原因

① 汽油或机油中含有水。

② 发动机气缸体或气缸盖有裂纹。

③ 气缸盖螺栓拧紧力矩不足或扭力不均，气缸垫损坏使冷却液进入燃烧室。

④ 温度低，燃烧水蒸气遇冷变白烟。

(3) 故障诊断

① 检查汽油和机油是否掺杂有水。

② 冷车时取下水箱盖，启动发动机，若水箱口的冷却水呈沸腾状态并排出大量气泡，故障为气缸垫损坏，致使水道与气缸相通。应更换气缸垫。

③ 若油底壳油平面上升且机油呈乳状，说明气缸盖或气缸体有裂纹，拆下气缸盖，对气缸盖与气缸体进行检修。

2. 柴油机排气冒白烟

(1) 故障现象

发动机动力不足，运转不均匀，排气管排出大量白烟。

(2) 故障原因

① 供油时间过迟。

② 柴油中有水或因气缸垫烧穿、缸套缸盖破裂等原因造成气缸进水。

③ 气缸温度过低或气缸压缩压力不足。

④ 喷油器喷雾质量不佳等。

3. 故障诊断

柴油机排气冒白烟分为灰白烟和水汽白烟两种。

① 检查发动机温度，若温度过低，则是由保温措施不足或百叶窗控制不佳造成。在冬季，柴油机冷启动后往往冒白烟，但发动机热机后，白烟能自行消失，这是正常现象。

② 若发动机温度正常，排气管排水蒸气烟雾时，将手靠近排气管口，如白烟掠过，手面留有水珠，则应检查柴油中是否有水或是否有缸垫烧穿、缸体缸盖破裂漏水等。

③ 发动机动力不足，排气管排灰白色烟雾时，一般是供油时间过迟，应检查和调整供油时间。

④ 检查喷油器的喷雾质量。采用单缸断油的方法，找出工作不良的气缸。拆下喷油器，在缸外将其连接到原来的高压油管上，启动柴油机开始运转，观察喷雾质量。若喷雾质量不佳，应检查、调整，必要时更换喷油器。

⑤ 若发动机刚启动时排白烟，温度升高后冒黑烟，通常是由气缸压力过低造成的。

三、汽车排蓝烟的检修

汽车排蓝烟，是由于机油窜入气缸燃烧并随废气排出。汽油机和柴油机的故障原因及诊断方法是一致的。

1. 故障现象

汽车在运行过程中排气冒蓝烟，机油消耗量过大。

2. 故障原因

① 油底壳油面过高或机油压力过高。

② 活塞环装错或磨损、损坏。

③ 气缸与活塞之间配合间隙过大。

④ 曲轴箱通风装置进风过多。

⑤ 气门杆与气门导管的配合间隙过大。

⑥ 气门油封损坏。

3. 故障诊断与排除方法

① 检查发动机机油量及机油压力。若油面过高，应放掉部分机油。机油压力过高，则应检查油路是否堵塞、机油泵限压阀是否损坏。

② 当踩下加速踏板，发动机高速运转时，排气管大量排出浓蓝烟，机油加注口也大量冒蓝烟或脉动冒烟，说明气缸与活塞、活塞环磨损过大，或活塞环装反或对口，应拆下活塞连杆组进行检查分析，对症检修。

③ 当发动机大负荷运转时，排气管冒浓蓝色烟，但加机油口并不冒烟，则故障为气门杆与气门导管的配合间隙过大或气门油封损坏，使机油窜入燃烧室燃烧。应更换气门油封、气门或气门导管。

④ 检查曲轴箱通风情况。曲轴箱强制通风系统阻塞、通风流量控制阀装反、失效或丢失，也可能导致发动机排蓝烟，应及时检修。

第三节 故障实例

实例一：

（1）故障现象

奥迪四缸车行驶中油耗增加，发动机中、高速运转时可看到排气管中排出黑烟并带有汽油味。

（2）故障诊断

怠速时CO含量为1.0%为正常，转速为2 000 r/min时，CO含量为6.0%即为超标，应低于正常怠速时的排放值。转速为2 000 r/min时副腔没有参加工作，混合气过浓的原因在主腔。拆检化油器，发现加浓阀卡住，处于打开状态，汽油质量不好，用化油器清洗剂清洗使加浓阀活动自如。故障排除。

实例二：

（1）故障现象

一辆捷达王轿车行驶里程约3万千米，出现发动机怠速不稳，加速时排气管冒黑烟的现象，同时百公里油耗超过20 L。

（2）故障诊断

用V. A. G1551检查该车发动机控制单元的故障存储器，显示“空气流量计信号不正常”、“节流阀体超出调整范围”偶发性故障及“λ 传感器对地短断路”永久性故障。查看发动机控制系统数据时发现，其 λ 值始终为 0.2 V 保持不变。正常情况下 λ 值应该在 0.1～0.8 V 变化，由此可以看出 λ 传感器失效，空燃比不能自动调节，喷油量增加，造成发动机怠速不稳，加速排气管冒黑烟，同时引发另外两个偶发性故障。于是决定更换 λ 传感器。更换 λ 传感器并清除发动机控制单元故障码后，对其电控系统重新进行基本设定，重新启动发动机，发动机工作正常。原地怠速，急加速都正常，排气管也无黑烟冒出。试车跑了几千米，一切都正常，观察 V. A. G1551 的数据流也都正常，于是把车交给客户。两天后客户又反映，车在急加油门时仍然有一股淡淡的黑烟。再次用 V. A. G1551 检查该车发动机控制单元的故障存储器，这次只出现“空气流量计信号不正常”一个偶发性故障。认真检查空气流量计和它的线路，未发现任何问题。决定更换一个好的空气流量计试一试。在换完空气流量计并清除发动机控制单元故障码后，对其电控系统进行基本设定并重新试车。刚开始发动机一切正常，过了 1 个小时排气管又开始冒黑烟。用 V. A. G1551 再次检查该车发动机控制单元的故障存储器，这次依然出现“空气流量计信号不正常”这个偶发性故障。但空气流量计是好的，为什么仍然出现这个偶发性故障呢？是不是其他原因引发的故障呢？

因为发动机控制单元只能监控部分传感器和执行元件，非电控部分元器件就无法监控，根据这个思路再次重新检查非电控部分。首先，先检查发动机的气缸压力，未见异常。于是又用汽油压力表检查油路压力正常，汽油泵和燃油压力调节器也都正常。接着又检查喷油嘴的喷油量、雾化状况及其密封性、高压线和火花塞也都正常。

当用发动机综合检测仪检测发动机点火波形时，发现其点火波形有异常，高压点火电压约 7 500 V，综合前面检测的情况分析，可能是点火线圈受热后出现匝间短路，造成点火电压偏低，从而使发动机燃烧不完全。

更换一个新的点火线圈，发动机状况马上好转，怠速运转平稳，加油门排气管也没有冒黑烟。用 V. A. G1551 检查发动机控制单元的故障存储器，没有故障存储。经过长时间试车，故障再也没有出现。

练习与思考题

7－1　汽车的排放污染物主要有哪些？其成因是什么？

7－2　分析汽车排蓝烟故障。

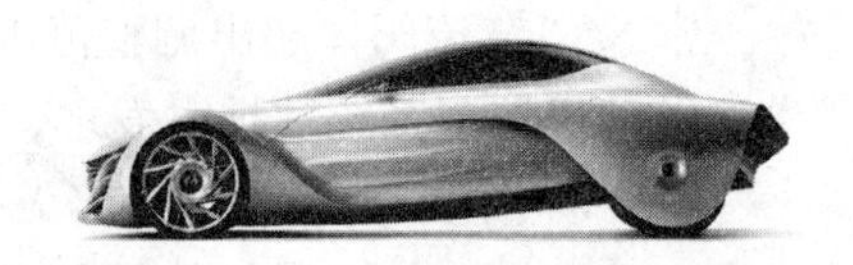

第八章

发动机综合故障诊断与分析

第一节　发动机异响故障诊断与分析

正常发动机转速是均匀的，运转声是轻微的、有节奏的机械振动和排气声音。当正常的发动机转速发生变化时，表现为连续的声音强弱变化，转速过渡圆滑而不间断。如果发动机在运转过程中，出现间歇且无规律的碰撞声、摩擦声和强烈的振抖声，即为异响。异响预示着发动机存在故障。影响发动机异响的因素很多，如温度、速度、负荷、润滑条件等。正确分析异响是诊断故障原因和部位的有效途径。

一、响声分类

1. 按照响声部位可分为主机响和附件响

对于发动机的异响，首先要确定是主机响还是附件响，如果将风扇皮带松开后响声消失，说明该响声与水泵或发电机及其旋转件有关；如果松开空气压缩机皮带后，响声消失，则为空气压缩机或与其有关部件响；如果将全部传动带松开后响声仍不消失，应考虑是主机响。

2. 按照响声频率可分为间响和连响

连响是指曲轴每转一圈响一次；间响是指曲轴每转两圈响一次。一般配气机构所发出的响声为间响，活塞连杆组发出的响声为连响。

3. 按照单缸断火后，响声的变化规律分为上缸、不上缸、反上缸

松开柴油机某缸高压油管，或将汽油机某缸火花塞短路，如果此缸响声减弱或消失，该缸响声为上缸；如果响声不变为不上缸；如果响声增强为反上缸。配气机构发出的响声一般为不上缸，曲柄连杆机构发出的响声一般为上缸或反上缸。

4. 按照响声所造成的后果可分为良性响声和恶性响声

良性响声是指在短期内不会对机件造成明显损坏的响声，如活塞冷敲缸，气门间隙大所发出的响声；恶性响声，是指能很快造成机件严重损坏的响声。此响声一般随着发动机温度、转速、负荷的升高而增大。

5. 按照响声来源有摩擦响、爆震响、敲击响

活塞热敲缸响、拉缸响属于摩擦响；活塞冷敲缸响、活塞销响属于敲击响。点火过早属于爆震响。

二、故障现象

发动机有异响故障时，会出现发动机正常运转时所没有的响声，同时会出现发动机振动、功率下降、燃料润滑油油耗量增加等现象。发动机异响按照响声部位可分为活塞敲缸响、活塞销响、曲轴轴瓦响、连杆轴瓦响、气门响等。

三、故障原因

① 装配间隙调整不当。
② 润滑不良。
③ 运动机件磨损过度，间隙增大。
④ 紧固螺栓松动。
⑤ 发动机爆震。

四、故障诊断

故障诊断见表 8－1。

表 8－1　发动机异响故障诊断

响声	听诊部位	响声特征及变化规律	故障主要原因	诊断
活塞冷敲缸响	气缸体上部	① 怠速时有清脆的“当当”响声，发动机温度低时响声明显，正常工作时，响声减弱或消失 ② 单缸断火后，响声减弱或消失	① 活塞与气缸壁磨损后，配合间隙增大 ② 活塞裙部磨损过大或气缸严重失圆 ③ 活塞质量差，受热产生不正常变型，活塞与缸壁配合间隙过大	① 机油加注口冒烟，排气管排蓝烟 ② 测缸压指示值低 ③ 向气缸加入少量机油再发动，响声短时间减弱
活塞热敲缸响	气缸体上部	① 怠速时发出响声，发动机运转抖动 ② 水温升高，响声加重 ③ 单缸断火后，响声加重	① 活塞的几何形状不对 ② 曲轴轴颈与连杆轴颈不平行 ③ 活塞与气缸配合间隙小，连杆小头孔与连杆大头孔中心线不平行 ④ 活塞环的配合间隙小 ⑤ 活塞反椭圆或椭圆度太小 ⑥ 气缸壁和活塞润滑不良	温度越高，响声越大，伴有发动机抖动

续表

响声	听诊部位	响声特征及变化规律	故障主要原因	诊断
活塞销响	发动机机体上部	① 怠速或略低于中速时，响声比较明显清晰，出现有节奏的“嗒嗒”声 ② 急加速响声加大 ③ 发动机温度升高，响声不减 ④ 单缸断火后，响声减少或消失	活塞销与活塞销座孔或与连杆铜套配合松旷	① 单缸断火后，“复火”瞬间，响声明显地突然恢复 ② 响声不明显可提早点火时刻，响声会明显
活塞环响	气缸两侧或润滑油加注口	① 钝哑的“拍拍”声，随转速的升高而增大 ② 从加机油口处听到曲轴箱内发出连续的漏气响声 ③ 严重时加机油口中脉动冒烟 ④ 单缸断火后，响声减轻，但不消失	① 活塞环磨损，与环槽配合松旷 ② 活塞环失去弹性 ③ 活塞环对口 ④ 活塞环折断	① 机油加注口脉动冒烟，频率与响声吻合 ② 缸压低
连杆轴承响	气缸体下部	① 较重而短促的金属敲击声 ② 怠速时响声较小，中速时明显，突然加速时，响声增强 ③ 单缸断火后，响声减弱 ④ 载重、爬坡响声加剧	① 轴承与轴颈磨损严重，径向间隙过大 ② 连杆轴承盖的固定螺栓松动 ③ 轴承合金烧毁或脱落	① 中速运转，响声明显，单缸断火后，响声减弱，为该缸异响，拆下油底壳查看轴瓦是否松旷 ② 机油压力下降，表示轴承间隙增大
曲轴轴瓦响	气缸体下部	① 响声沉重、发闷 ② 改变车速时，响声明显，发动机振抖 ③ 负载、爬坡，响声明显，抖动增强 ④ 单缸断火后，响声无明显变化，相邻两缸断火后，响声减弱	① 主轴承盖固定螺栓松动 ② 轴承合金烧毁或脱落 ③ 轴承和轴颈磨损严重，轴承径向间隙大	① 低温时，响声较小；温度升高，响声变大 ② 轴瓦磨损严重时，机油压力明显下降，发动机振抖 ③ 相邻两缸断火，响声减弱

续表

响声	听诊部位	响声特征及变化规律	故障主要原因	诊断
气门异响	气门室罩盖	① 怠速时，发出连续而有节奏“嗒嗒”的金属敲击声 ② 响声不受温度影响 ③ 单缸断火后，响声不变	① 气门间隙调整过大 ② 气门调整螺钉松动 ③ 气门传到组磨损 ④ 液压挺柱缺油	① 对可调气门，怠速时，逐个气门塞塞尺，若响声减弱，为该缸气门异响 ② 对于液压挺柱，用手压摇臂或液压挺柱，如果感到有间隙、松旷，为液压挺柱失效
气门弹簧响	气门室罩盖	① 怠速时，有明显的“嚓嚓”响 ② 拆下气门室罩盖，响声更明显	① 气门弹簧折断 ② 气门弹簧弹力过弱	① 拆下气门室罩盖，检查弹簧有无断裂 ② 用起子撬住弹簧，响声消失
气门座圈响	缸盖靠近气门处	① 与气门异响相似，但比气门响声大，且声音忽高忽低 ② 中速时响声清晰，高速杂乱 ③ 单缸断火后，响声不变	① 座圈材质不好，产生热变形 ② 镶配工艺不当，过盈量不够	拆下气门室罩盖，检查不属于气门异响，即为气门座圈响
正时齿轮响	正时齿轮室处	① 怠速、中速较为清晰 ② 单缸断火后，响声不变	① 正时齿轮间隙过大或过小 ② 曲轴、凸轮轴不平行，造成齿轮啮合不良 ③ 个别齿轮损坏	响声严重时，在正时齿轮盖处感觉振动
凸轮轴响	在凸轮轴区	① 有节奏而钝重的“嗒嗒”声 ② 中速时，响声明显；怠速时也能听到；高速时一般消失 ③ 单缸断火后，响声不变	① 凸轮轴弯曲、变形 ② 凸轮轴轴颈与轴承松旷 ③ 凸轮轴轴向间隙过大	拆下气门室罩盖，用金属棍插在响声较强处（两个凸轮之间），压住凸轮轴，察听响声有无变化
爆震异响	气缸上部	类似钢球撞击的声音。发动机有负荷或爬坡时，动力不足，金属敲击声大	① 点火提前角过大 ② 汽油牌号低 ③ 发动机温度过高 ④ 发动机负荷过大，混合气浓	改变加速踏板位置和发动机温度、改变点火提前角等来听响声的变化

第二节　发动机启动困难故障诊断与分析

一、故障诊断思路

发动机要想启动良好，应满足一定的条件：气缸内有足够的气缸压力、有合适浓度的可燃混合气、有足够强的高压火花、正确的点火正时与配气正时。汽油发动机启动困难或启动不着多为油路、电路或机械故障。以前两者居多。

启动困难的原因为：

① 油路系统故障，如电动燃油泵、喷油器不工作。

② 点火系统故障。

③ 电控系统故障，转速传感器、空气流量计、喷油器、节气门控制单元、电脑工作不良致使冷启动困难。

④ 机械故障。

⑤ 进气系统有漏气、堵塞情况。

在检查时从点火、汽油供给、空气供给、机械、电脑几方面来考虑，操作步骤如下：

① 检查燃油箱是否有燃油，观察燃油报警灯，必要时加油。

检查油压。若油压不正常，则是油路问题。须检查油泵、滤网、滤清器、蓄压器、油压调节器、喷油器。检查油泵可在打开点火开关时听油泵运转声。

② 在确认发动机没有故障代码的前提下，再检查点火系统有无高压火花以及火花强弱的情况，分别检查高压线、分电器盖、点火线圈、分电器、点火器及相关的曲轴位置传感器及其控制系统。

③ 检查油压调节器。卡断回油管，如燃油压力迅速上升，则说明油压调节器漏油，如果上升慢或不上升，则说明油路或电动燃油泵有故障。

④ 查气缸压力是否下降。检查配气正时、缸垫、正时带位置、活塞环密封性、气门密封性等。

⑤ 查气路，检查是否有脱落真空管，按要求插好各种真空管路。

二、故障实例

下面介绍一下捷达轿车的典型故障实例。

实例一：

(1) 故障现象

一辆捷达前卫轿车，行驶50 000 km，起动机工作正常，但发动机不能启动。

(2) 故障诊断与排除

因为该车装有防盗系统，故首先检查防盗系统。将车钥匙插入点火锁并置于点火位置，防盗器指示灯亮3 s后熄灭，证明防盗系统工作正常。用V. A. G1551检查，无故障码，经检查，认为是钥匙有故障，更换、匹配钥匙后，也不能点火，检查发动机无其他故障，后检查线路，发现点火开关在二挡时断电，故该车不能启动，后更换点火开关，问题解决。

故障点评：

可以利用仪表来区别不着车的原因，提示方法如下：

点火开关置于点火挡，观察仪表显示，仪表上的指示灯不亮，说明15号线没有来电，若组合仪表线路正常，发动机又没有启动征兆，可怀疑点火开关故障，15号线没电，使喷油和点火中断。若点火开关在点火挡时仪表各指示灯正常，将钥匙转到启动位置时，仪表无任何指示，说明点火开关在启动位置处不能输出正常电压，导致发动机控制单元不能工作，也无法着车。带有防盗器的车辆不能着车的特征是发动机启动后又熄火。

实例二：

（1）故障现象

捷达GTX，发动机2、3缸不工作，曾到某修理厂更换过发动机电脑、火花塞、高压线、发动机线束等，均未好转，当更换点火线圈后发动机反而不着车。

（2）故障诊断与排除

使用原车点火线圈发动汽车，检查2、3缸无高压火。将发光二极管测量灯一端接地，另一端接到点火放大器的2、3缸点火信号线上，启动时看到二极管闪烁，说明点火触发信号无问题；测量点火放大器15号与地点电压为13 V，测量点火放大器接地线与接地的电压为5 V。在点火放大器电源负极接上一根临时接地线，更换点火线圈，发动机运转正常。此时又换上损坏的点火线圈发动车，仍然是2、3缸无高压火。由于点火放大器的接地线是在仪表线束中进行接地，所以更换仪表线束、更换点火放大器，使2、3缸无高压火的故障排除。

（3）故障点评

点火放大器接地线与接地之间存在5 V电压，说明接地线搭铁不良，点火放大器得不到正常电源电压，导致点火放大器工作不正常，2、3缸无高压火（具体原因要根据点火放大器内部电路分析）。换上新点火线圈发动机反而不着车的原因是，好的点火线圈在这种低电压下不能工作。

实例三：

（1）故障现象

都市先锋轿车难启动、易熄火。

（2）故障诊断及排除

此车发动机难启动，勉强启动后，运转不平稳，排气管发出“突突”声，此时即使把油门踏板踩到底，发动机转速无丝毫上升，松开油门踏板就熄火，熄火的同时，稍有“反转”现象。用户反映该车行驶中突然熄火，熄火后再也启动不了，拖车到附近修理厂换了很多零件，但解决不了问题。根据以上状况，先用V. A. G1551检测，未发现任何故障；对点火系统，如点火提前角、火花塞、高压线等进行常规检查，未发现异常；接着转动曲轴到一缸上止点，检查配气相位角、凸轮轴链轮和分火头都对准了它们的参考标记。正时齿轮带的张紧度也适合，检查燃油系统正常；检查气缸压力750 ~ 850 kPa，稍偏低，但不至于引起这样的问题。

综合上述现象和检查步骤，对配气相位进行检查，在拆下齿形皮带时，果然发现了问题：曲轴正时链轮上定位凸块严重磨损。由于发动机曲轴链轮上的定位凸块严重磨损，致使一定转速，一定负荷下，曲轴正时链轮相对于曲轴空转（打滑），产生以上现象。更换定位凸块，故障排除。

实例四：

（1）故障现象

捷达 GIX 车发动不着。

（2）故障诊断与排除

打开行李箱后，再打开点火钥匙。听不到油泵的工作声，说明油泵不工作。检查油泵保险、油泵继电器，均正常。

用 V. A. G1552 对电脑 ECU 进行检测，V. A. G1552 无法进入控制单元。

用 V. A. G1552 对防盗器控制单元进行检测，看防盗器控制单元是否锁住发动机电脑 ECU。V. A. G1552 检测仪无故障显示。防盗器系统正常。说明防盗器控制单元没有干扰发动机控制单元。

检查电脑线束的 62 号线是否是给电脑供电，因为 30 号线是通过 62 号线给电脑供电。用万用表检查电脑 3 号脚其值等于蓄电池电压。说明 ECU 供电正常。

检查电脑的地线是否断路。电脑的 1 号、2 号、120 号脚都为接地点。接地点都在流水槽处。检查接地线无松动。用万表的通、断挡分别检查 1 号、2 号、120 号线是否断路，经检查这三条线都正常，无断路。

更换一块同型号电脑，用 V. A. G1552 进行匹配，V. A. G1552 很顺利进入发动机电脑 ECU 检测系统，电脑 ECU 匹配完毕。车发动着了，故障排除。

（3）故障点评

防盗器正常，电脑 ECU 供电和接地正常，但是车发动不着，V. A. G1552 又不能进入发动机电脑 ECU 检测系统。证明电脑 ECU 阻塞，接收不到各控制元件输入的控制信号，同时电脑也无法向各执行元件发出执行指令。

第三节　发动机怠速不稳故障诊断与分析

一、故障诊断思路

怠速不稳常见的原因有：

① 进气系统漏气。

② 空气滤清器堵塞。

③ 空气流量计不工作。

④ 节气门控制单元工作不良。

⑤ 怠速调整不当。

⑥ 供油压力低，喷油器有漏油、堵塞现象。

⑦ 火花塞有积炭、断火现象。

⑧ 气缸压力偏低。

⑨ 氧传感器故障。

重点检查部位：

① 进行故障自诊断，有无节气门位置传感器、水温传感器、空气流量计、氧传感器、

怠速控制阀等故障代码，以此作为排除故障重点。

② 怠速时逐缸检查，拔下高压线或喷油器线束插头，如果转速明显下降，说明工作正常。若无变化，说明该缸火花塞或喷油器及控制电路有故障。

③ 发动机熄火后拔下怠速控制阀线束插头，启动后，怠速上下波动消失，怠速不稳加剧，说明怠速控制阀工作正常，喷油系统有故障；如怠速波动不变，则说明怠速控制阀工作不正常。

④ 检查进气管接头、真空软管、废气再循环等有无漏气。

⑤ 检查曲轴箱是否通风良好。

二、故障实例

实例一：

（1）故障现象

一辆捷达王轿车，驾驶员反映该车急加速不良，且当打开大灯时，发动机出现怠速不稳现象，并有熄火征兆。

（2）故障诊断与排除

根据修车经验，更换了点火线圈、高压线、火花塞等，故障基本排除。约半个月后该车驾驶员又来了，说又发生了以前的故障。经试车检查，确如该车驾驶员所述。连接故障诊断仪 V. A. G1551 进行检测，进入发动机电控系统，进入读取测量数据块功能的 003 数据组，在第 2 显示区发现，当打开大灯开关时，控制单元的供电电压只有 9 V 左右，由此可知是由于控制单元工作电压过低导致发动机工作不正常。用万用表检查发电机电压，大于 14.5 V，正常，则有可能是控制单元的供电线路有故障，可能有附加电阻或接地不良。用万用表测得控制单元的第 2 号脚（接地线）与负极间电阻值为 40 Ω 左右（正常值为 0.5 ~ 1 Ω），进而询问车主，车主说该车曾经肇事，曾维修过，检查控制单元接地线（蓄电池旁），发现控制单元接地线的固定螺栓没有紧固好，造成控制单元接地线的虚接。重新紧固螺栓后，故障排除。

（3）故障点评

许多故障由搭铁不良引起，维修时特别要注意。

实例二：

（1）故障现象

捷达发动机怠速不稳。

（2）故障诊断与排除

连接故障阅读仪 V. A. G1551，发动机系统无故障记忆，汽油压力、高压点火正常，08 阅读测量数据块中节气门开度、空气流量计信号、氧传感器信号等也正常。最后检查四个喷油器的喷油量差异较大（差异大也可以从喷油形状分辨出），有的喷油量过低。清洗喷油器后，故障排除。故障是由加注劣质汽油引起的。

（3）故障点评

燃油质量对发动机性能影响较大，在故障诊断时要考虑这方面的因素，避免走弯路。

实例三：

（1）故障现象

一辆捷达王轿车，怠速时发动机明显抖动，行驶中加速不良，急加速时出现回火现象。

（2）故障诊断与排除

检查空气滤清器，没有堵塞现象。更换燃油滤清器，清洗4只喷油器后试车，故障仍然存在，检查供油压力，怠速和加速时均正常。检查进气系统，未见漏气现象，拆下空气流量计插头后试车，故障现象明显减轻。初步判定故障与空气流量计有关。于是检查空气流量计各端子间电阻均正常，但电阻上有积尘。用清洗剂清除积尘，装复后试车，故障排除。

（3）故障点评

捷达王轿车采用的是热膜式空气流量计，工作时以恒定的电压加在电阻两端使其发热，温度由电路控制，保持恒定，发动机电控单元（ECU）根据热线中流过电流的大小来判断进气量的多少，并据此决定喷油量的多少，以适应不同工况的需要。如果电阻上积尘，便会使其温度变化减慢，所需电流变小，ECU便据此减少喷油量，致使混合气过稀而出现故障。

第四节　发动机动力不足故障诊断与分析

一、故障诊断思路

动力不足是指，发动机在大负荷时，加速迟缓、动力不足，车速达不到最高值。常见原因有：

① 空气流量计故障。

② 空气滤清器堵塞。

③ 节气门开度小，不能全开。

④ 喷油器工作不良。

⑤ 燃油压力过低。

⑥ 点火时间不正确，或高压火花太弱。

⑦ 气缸压力低。

⑧ 蓄电池亏电，电压不足。

重点检查部位：

① 检查空气滤清器是否堵塞，必要时清洗。

② 检查节气门开度。当踏下加速踏板时，节气门应全开。否则，应调整其拉索或踏板。

③ 检查高压线、火花塞、高压火花是否太弱。

④ 检查燃油压力是否过低，必要时检查电动燃油泵、油压调节器及汽油滤清器等。

⑤ 检查喷油器工作情况，是否有均匀的振动声音。

⑥ 检查蓄电池电压，电压过低时喷油量减少。

二、故障实例

实例一：

（1）故障现象

捷达前卫轿车，当车速达80～100 km/h时，踩加速踏板，车速反而下降。

（2）故障诊断与排除

连接故障诊断仪V. A. G1552，进入发动机电控系统，进入读取测量数据块功能，检查喷油时间、氧传感器电压、节气门位置等信号，未发现异常；用万用表测量高压线电阻阻值，其阻值均在正常范围（5 kΩ），连接燃油压力表，检查燃油压力，压力正常；拆下火花塞，发现火花塞间隙过大，调整后试车，无好转，分析火花塞可能已损坏，更换火花塞后试车，故障排除。

（3）故障点评

对于电喷车，发动机有故障时应首先检查电控系统，即连接 V. A. G1551 或 V. A. G1552 查询故障存储器，在确认没有故障后，再读取测量数据块，察看数据是否正常，确认故障发生处。正宗的火花塞备件是不允许调整火花塞的间隙的，因此，调整火花塞间隙的操作步骤是不必要的，也是不正确的。

实例二：

（1）故障现象

一辆捷达王 GTX 轿车，该车配备 EA113 型 5 阀电控发动机。怠速平稳，但加速无力。

（2）故障诊断与排除

据车主讲，该车没有按使用说明书规定的那样按时更换正时皮带。在一次出差途中，突然熄火，便拖去附近的修理厂进行修理。检查发现，正时皮带断裂导致点火正时错乱，顶了气门。在换完正时皮带、气门后，装复试车，发动机顺利着车，怠速稳定，但加速无力。

首先用 V. A. G 1552 进行故障码测试，显示该系统正常，没有故障码。然后接上燃油压力表进行检测，发现燃油压力在 300 kPa 左右，系统油压正常。拆下节气门进行清洗，洗完节气门又拆下喷油嘴来进行性能检测，没有异常现象。装复后试车，故障依旧。接下来，拆下高压线进行测量，各缸高压线的阻值正常。更换了 4 个火花塞后进行试车，故障依然没有排除。怀疑可能正时皮带挂齿错误。拆下正时皮带罩，用扳手转动发动机，检查曲轴皮带轮和凸轮轴皮带轮上的正时标记，与维修手册上规定的标记吻合。拆下气门室盖检查正时链条链节，终于发现故障所在。按维修手册规定，曲轴皮带轮和凸轮轴皮带轮正时标记对准为 16 个链节，而此车为 15 个链节。于是拆下进气凸轮轴、排气凸轮轴和正时链条，重新对正正时标记（图 8－1），装复试车，发动机启动顺利，加速顺畅。故障彻底排除。

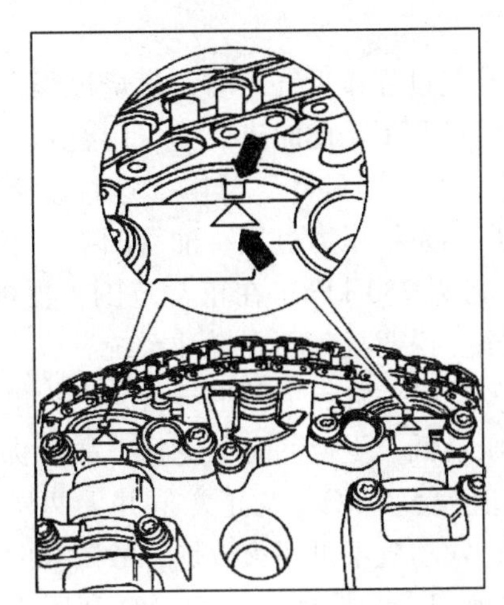

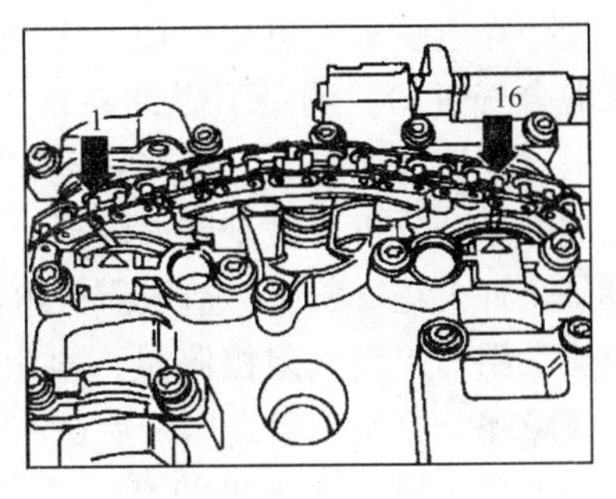

图 8－1　进气凸轮轴、排气凸轮轴和正时链条正时标记

实例三：

（1）故障现象

一辆捷达王轿车出现了发动机无力、怠速抖动、油耗不断升高的故障。

（2）故障诊断与排除

用V. A. G1552进入控制单元，读取故障代码，故障为爆震调节超出调节值。抽取少量燃油检查发现，该车燃油颜色呈黄色且透明度低，明显标号不够。抽取所剩的燃油，并清洗了油路，加注达标的燃油。

启动后出现的气门敲击声比较清脆。检查气缸压力偏差过大，缸与缸之间压力偏差大于300 kPa。

拆下进气歧管检查偏差原因。发现该车由于长期加入低标号劣质燃油，进气门根部结满积炭和胶质，时间长了越积越多，从而影响了气门的密封性，造成气门杆润滑不良。启动发动机时，出现了活塞顶气门的现象，从而使动力性能越来越不好，相邻缸压力偏差过大造成动力下降，怠速抖动，油耗升高。

拆下气缸盖进行分解，清除气门上的积炭和胶质并重新研磨气门，安装调试后故障排除，动力恢复。

（3）故障点评

该故障在燃油质量差的地区经常发生，特别当用户不按规定进行保养时，将发生类似故障。针对油质特别差的地区，应在常规保养中增加清洗喷油器项目，用免拆清洗机，这样既清洗了喷油器也清洗了燃烧室，可防患于未然。

实例四：

（1）故障现象

一辆捷达王轿车，急加速时出现发动机回火放炮现象，发动机故障指示灯没有指示。

（2）故障诊断与排除

捷达王轿车点火系统采用无分电器直接点火，点火正时无需人工调整。检查4根高压分缸线插接正确，拔出分缸线，试高压火花正常，因此可以排除点火错乱、点火过迟和高压火花弱的故障原因。把思路对准燃油系统。

如果混合气过稀，其燃烧速度就变慢，当排气过程接近终了时，燃烧过程仍未结束，但为了使进气更充足，排气未终了时，进气门已经打开了。此时进、排气门叠开，燃烧着的混合气从排气门窜入进气门，造成“回火、放炮”，产生“砰砰”异响，这种故障在化油器式发动机上会出现，在电喷车上也会出现。比如燃油系统压力过低、油管凹陷、喷油器部分堵塞等都会造成混合气过稀。测量了燃油系统压力为230 kPa，在正常范围，再拆下喷油器，在清洗测试仪上逐个清洗检测后，没有发现堵塞。说明故障不在燃油系统。

用发动机故障综合分析仪检测点火波形，发现第一缸点火波形异常，点火电压明显低于其他缸，怀疑是一缸火花塞积炭，造成点火电压过低，更换一缸火花塞，故障仍然存在，又怀疑高压线故障，用万用表电阻挡测量，电阻值为5.0 kΩ，与正常值并无两样，到底是什么原因造成的故障呢？更换一组高压线后试车，发动机不再回火放炮，故障排除。为验证第一缸高压线工作不良，把更换下来的高压线再换回去，发现当换回一缸高压线时，故障重现，说明一缸高压线确实工作不良。这是劣质高压线常出现的故障，这种故障无法通过测量电阻值来判断，故障实质是高压线绝缘不良，耐压不够，在火花塞插头的中心极与外壳

（与发动机缸体相连）间产生击穿漏电，造成高压泄漏。

（3）故障点评

造成发动机进气管回火放炮的原因有：点火错乱、点火过迟、高压火花弱、混合气过稀等。但检查高压线时，只用万用表测量电阻值是不够的，还要进行绝缘检查。

实例五：

（1）故障现象

捷达五阀车加速不良、耸车、易熄火、启动较困难，在阴雨天尤其明显。

（2）故障诊断与排除

故障与环境湿度有关，故障应在电器线路上。电器虚接、因潮湿而短路或断路的可能性较大，用 V. A. G1552 读取故障存储器，有偶发性故障“水温传感器不可靠信号”，读取测量数据块 01→08→003 第三显示区水温为 37 ℃，加速至散热器风扇低速挡旋转时，再次读取水温为 54 ℃，而组合仪表显示指针处于中间位置（约 99 ℃），显然水温传感器供给组合仪表和控制单元的温度不一致，将水温传感器拆下，发现其金属与塑料材料连接松动，更换水温传感器，读取数据块，其供给发动机控制单元的信号与水温表信号一致，经过路试，故障排除。发动机控制单元接收水温传感器信号，根据该信号修正喷油量，当接收不到该信号或信号偏差较大时，喷油量时多时少，造成混合气浓度或浓或稀，势必影响到启动性能及加速性能。

第五节　发动机燃油消耗量大故障诊断与分析

一、故障诊断思路

燃油消耗大，主要原因为燃油供给多，混合气浓、燃烧不完全，也可由点火系工作不良引起，并伴随发动机动力不足，排气管排黑烟、放炮等症状，气缸内大量积炭。

二、故障实例

实例一：

（1）故障现象

一辆捷达前卫车，行驶里程 8 000 km，油耗增高，约 13 L/100 km。

（2）故障诊断与排除

连接汽油压力表，经检测汽油压力正常，氧传感器正常，连接故障诊断仪 V. A. G1551，进入发动机电控系统，进入读取阅读测量数据块 08 功能的 002 数据组，发现第四区的进气压力数据不稳定。正常情况下，如果节气门开度及发动机转速不变，进气压力应基本保持恒定。所以判定是压力传感器信号不可靠，导致油耗高。更换进气压力传感器后，故障排除。

（3）故障点评

造成汽油消耗高的原因很多。对于电喷车来讲，首先就要连接故障诊断仪 V. A. G1551，查询发动机控制单元里是否有故障存储，若有故障则应首先加以排除，其次是燃油供给系统故障和点火系统故障。

实例二：

（1）故障现象

一捷达前卫车行驶20 000 km，油耗高。

（2）故障诊断与排除

车主反映最近汽油消耗特别多，且发动机工作不良，排气管冒黑烟。连接V. A. G1551，读取故障记忆为进气压力传感器信号不良。但在08功能阅读测量数据块中，进气压力信号稳定，而氧传感器电压信号变化缓慢。遂根据经验首先更换了氧传感器，发动机工作良好，排气管不冒黑烟了。因油耗不容易试验，建议用户再开几天看看。用户跑了几趟长途，反映油耗有所减轻，但还是偏高。连接V. A. G1551对发动机各项工作参数认真分析检查，发现热机后水温显示值始终在30 ℃~40 ℃，不随水温升高而变化，测量冷却液温度传感器电阻值为2 500 Ω。冷却液温度传感器为负温度系数电阻，在80 ℃时电阻值应在300 Ω左右，故问题出在冷却液温度传感器上，更换后故障排除。

练习与思考题

8-1　以某一车型为例，分析发动机启动困难故障。

8-2　请收集三个以上燃油消耗量大的故障实例。

第九章 离合器故障诊断与检修

第一节 离合器故障诊断与分析

一、离合器功用与组成

1. 功用

离合器的功用就是，由驾驶员控制，根据需要随时切断和接通发动机传给传动系统的动力，从而保证了汽车起步平稳、换挡平顺，同时还可以防止传动系统过载（过载时离合器自动打滑）。

2. 结构

膜片弹簧离合器目前在各种类型的汽车上广泛应用，其构造如图 9－1 所示。

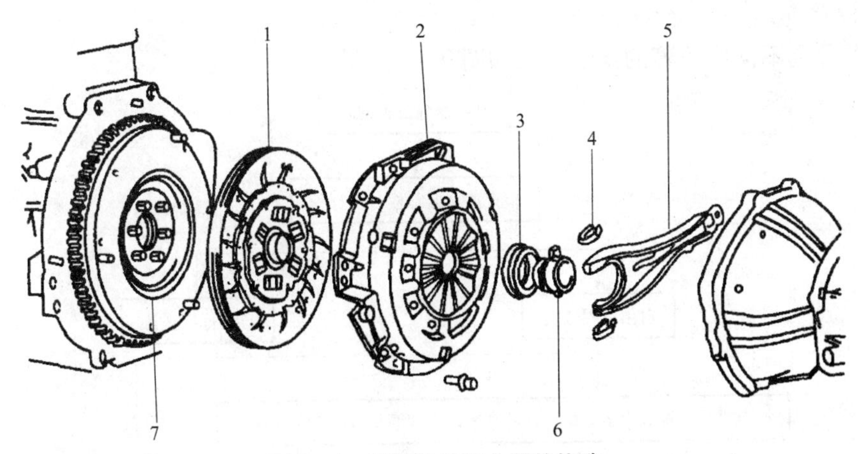

图 9－1 膜片弹簧离合器的构造

1—从动盘；2—离合器盖和压盘；3—分离轴承；4—卡环；5—分离叉；6—分离套筒；7—飞轮

3. 常见故障

离合器在使用中，常见的故障有：打滑、分离不彻底、发抖、异响等。离合器如发生这些故障，不但影响动力的传递，造或燃料消耗增加，还会烧坏离合器摩擦衬片，损坏机件。所以，在行车中应注意检查，发现故障及时排除。

离合器出现故障时，检查的重点部位有：

① 检查离合器的液压操纵系统是否正常，有无气阻；主缸、工作缸是否工作正常。

② 拆检离合器，检查离合器的从动盘是否磨损严重、翘曲变形；压盘是否变形；膜片弹簧是否弹力不足等。

二、离合器分离不彻底故障

1. 故障现象

① 汽车起步时，将离合器踏到底仍感到挂挡困难，或虽然强行挂入，但未抬离合器踏板，车就前移或造成熄火。

② 变速时，挂挡困难或挂不上挡，变速器内发出齿轮撞击声。

2. 故障原因

① 离合器踏板自由行程过大。

② 分离杠杆内端不在同一水平面内（对于膜片弹簧离合器来说，膜片弹簧兼起分离杠杆的作用），个别分离杠杆或调整螺钉折断。

③ 从动盘翘曲，铆钉松脱。

④ 中间压盘限位螺钉调整不当。

⑤ 从动盘毂键槽与变速器第一轴键齿锈蚀或有油污，造成移动发涩而引起离合器分离不彻底。

⑥ 离合器从动盘正反面装错。

⑦ 膜片弹簧过软、折断或支承圈铆钉松脱。

⑧ 液压系统中有空气；液压系统渗漏。

⑨ 主缸、工作缸工作不正常。

3. 故障诊断

离合器分离不彻底故障的诊断方法如图 9－2 所示。

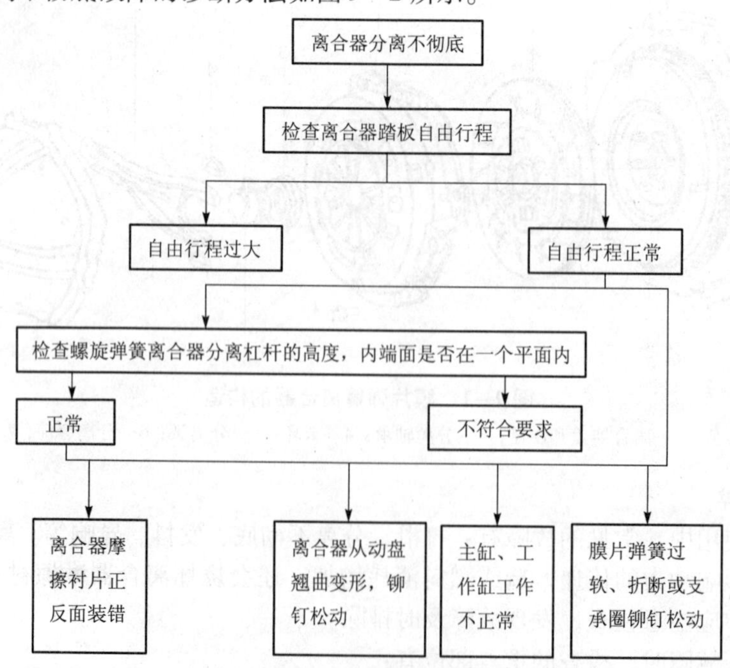

图 9－2　离合器分离不彻底故障的诊断方法

三、离合器打滑故障

1. 故障现象

① 汽车起步时，完全放松离合器踏板，汽车不能起步或起步困难。

② 汽车行驶中加速时，车速不能随发动机转速的提高而增加，发动机的动力不能完全传递到驱动轮，行驶无力。

③ 负载上坡时，打滑较明显，严重时会散发出因摩擦衬片过热而产生的焦臭味。

2. 故障原因

① 离合器踏板自由行程太小或没有行程。

② 压盘弹簧过软或折断，分离轴承常压在分离杆上，使压盘处于半分离状态。

③ 离合器衬片磨损变薄、硬化、铆钉外露或沾有油污。

④ 离合器盖与飞轮连接螺栓松动。

⑤ 离合器杠杆调整不当。

⑥ 液压分离装置卡滞。

3. 故障诊断

离合器打滑故障的诊断方法如图 9－3 所示。

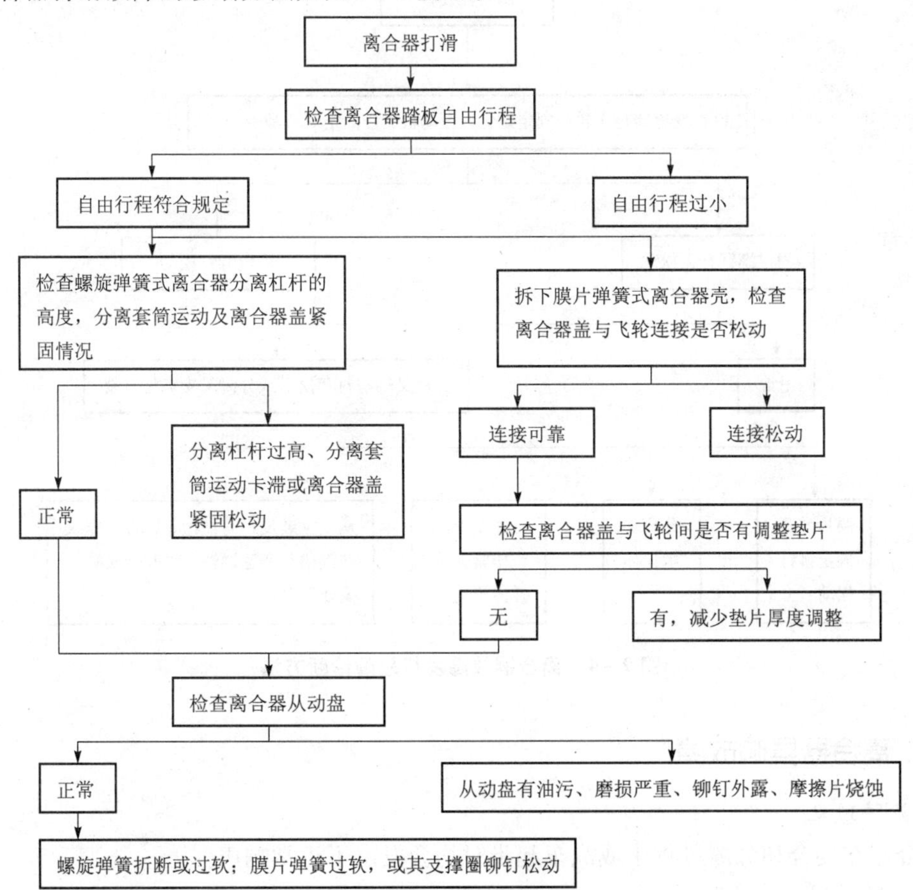

图 9－3　离合器打滑故障诊断方法

四、离合器发抖故障

1. 故障现象

汽车起步时，离合器接合不平稳而使车身发生振抖。

2. 故障原因

① 离合器有油污，从动盘与毂铆钉松动或摩擦片表面不平。

② 压盘扭曲变形。

③ 膜片弹簧分离指高度不一致。

④ 从动盘减振弹簧折断，造成从动盘不能工作。

⑤ 压盘总成的固定螺栓松动，造成从动盘与压盘不能正常接触。

⑥ 离合器和踏板间液压联动件松动。

⑦ 从动盘花键毂严重磨损。

⑧ 变速器一轴弯曲。

3. 故障诊断

离合器发抖的故障诊断方法如图 9－4 所示。

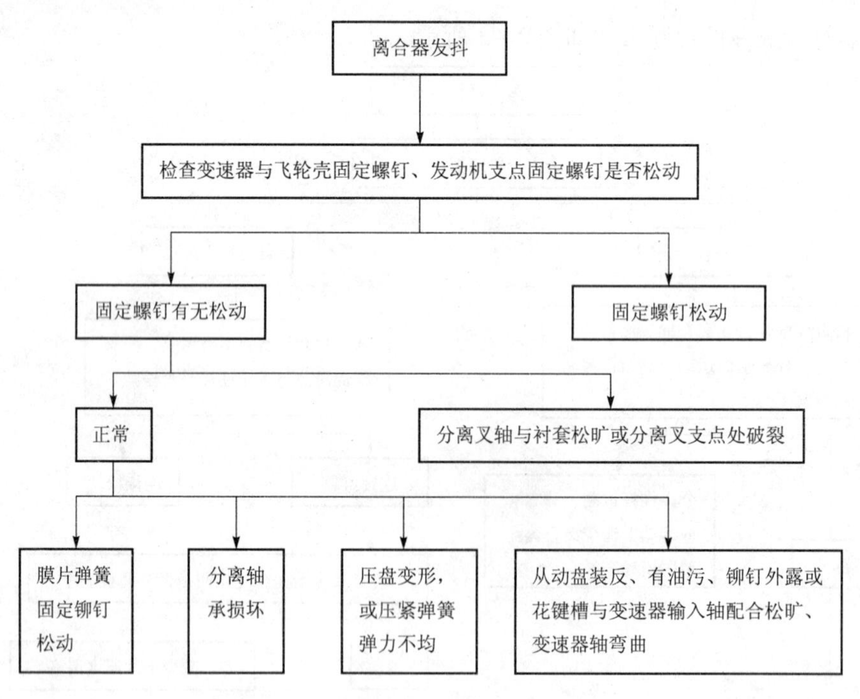

图 9－4　离合器故障发抖故障诊断方法

五、离合器异响故障

1. 故障现象

离合器在接合和分离过程中或汽车起步时均会发出不正常响声。

2. 故障原因

① 分离轴承缺油或磨损，回位弹簧过软、折断或脱落。

② 分离杠杆螺钉折断或支架销及孔因磨损配合松旷。
③ 离合器摩擦片铆钉松动或铆钉头外露。
④ 离合器片键槽与主轴键齿磨损严重。
⑤ 离合器摩擦衬片碎裂或减振弹簧折断。
⑥ 踏板回位弹簧过软或折断、脱落。

3. 故障诊断

离合器异响故障的诊断方法如图 9－5 所示。

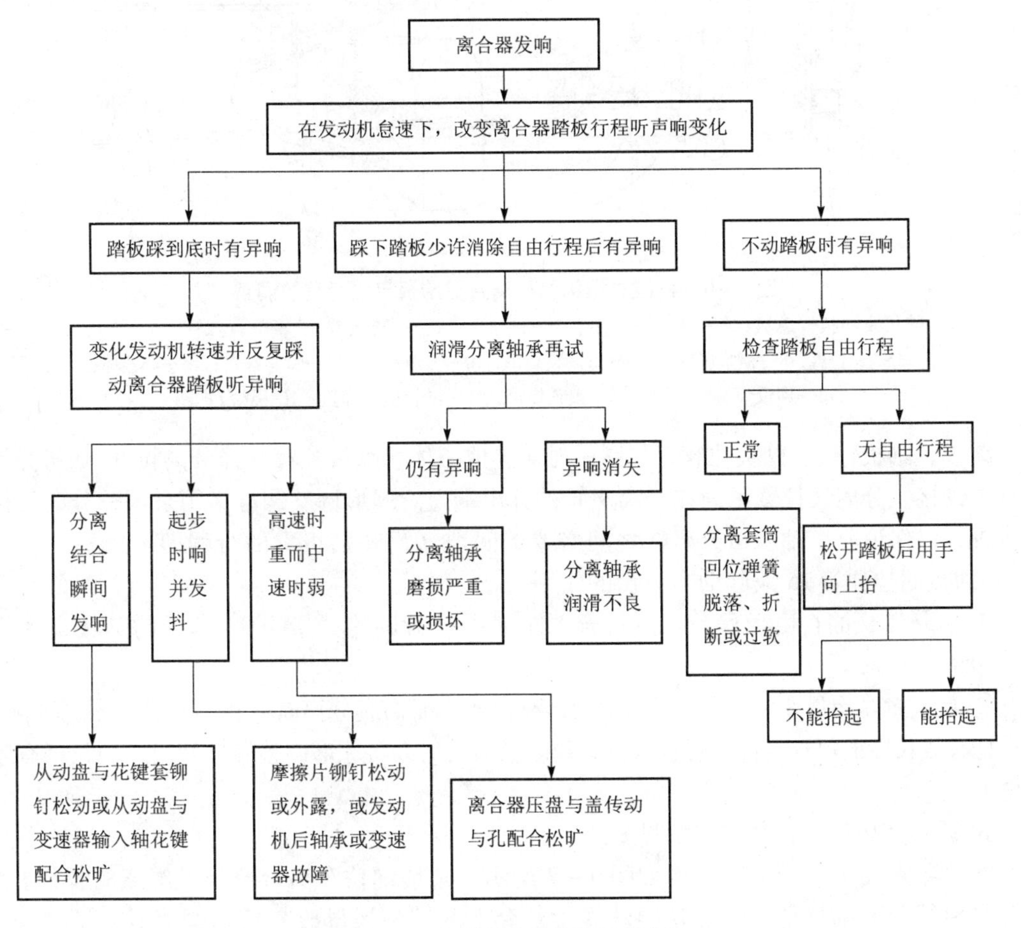

图 9－5　离合器异响故障诊断方法

第二节　离合器检查与调整

一、离合器踏板自由行程的调整

1. 机械式操纵机构离合器踏板自由行程的调整

一般是通过分离叉拉杆调整螺母来调整拉杆长度，或通过改变钢丝绳索长度来进行调整。

图9－6为CA1092汽车的离合器操纵机构，其自由行程的调整如下。

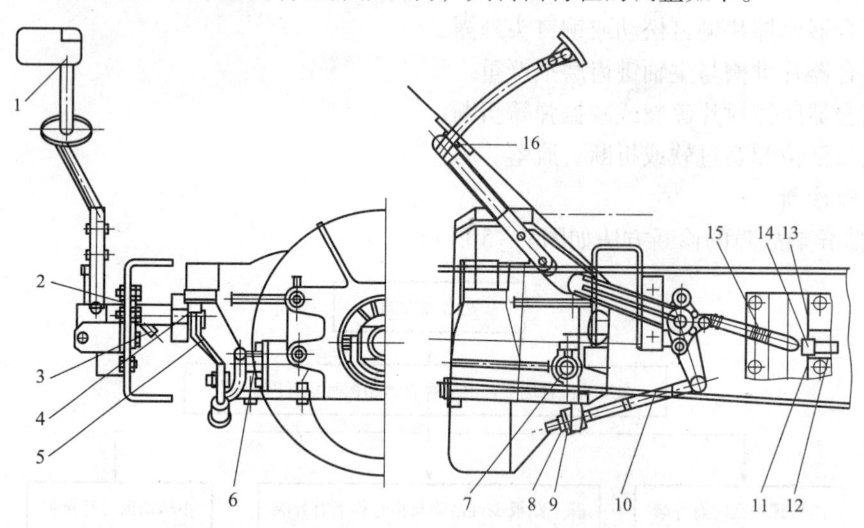

图9－6　机械式操纵机构离合器踏板自由行程的调整

1—踏板及踏板臂总成；2—踏板轴支架；3—润滑脂嘴；4—踏板轴；5—踏板拉臂；6—分离叉；7—分离叉拉臂；8—锁紧螺母；9—球形调整螺母；10—分离拉杆；11—调整螺母；12—调整螺栓；13—回位弹簧固定架；14—锁紧螺母；15—踏板回位弹簧；16—橡胶护圈

踏板、踏板臂1、踏板拉臂5与踏板轴4连成一体，踏板拉臂又经分离拉杆10与分离叉拉臂7铰接。分离叉拉臂紧固在分离叉6的伸出端上。球形调整螺母9用来调整分离叉拉臂的位置，以保证分离轴承与分离杆之间必要的间隙（反映踏板上的行程即为踏板的自由行程）。踏板回位弹簧15兼起助力弹簧的作用。

① 测量踏板的自由行程，若不符合要求必须进行调整（CA1092车型的踏板自由行程为：30～40 mm）。

② 旋松锁紧螺母8，当自由行程太大，离合器不能彻底分离时，将球形调整螺母9旋入，使拉杆有效长度缩短；当自由行程太小，离合器打滑时，将球形调整螺母旋出，使拉杆有效长度增加。

③ 调整完毕后，锁紧调整螺母8。

钢丝绳索式离合器操纵机构如图9－7所示。桑塔纳轿车离合器钢丝绳索式操纵机构，踏板自由行程的调整是通过旋转钢丝绳索外套上的调整螺母改变钢丝绳索长度来调整的，如图9－8所示。钢索伸长则自由行程增大，反之减小，一些轿车离合器踏板的自由行程见表9－1。

表9－1　一些轿车离合器踏板的自由行程　　mm

车型	捷达	桑塔纳	富康	夏利
离合器踏板自由行程	15～20	15～20	5～15	15～30

2. 液压式操纵机构的踏板高度和行程的检查与调整

离合器液压操纵系统由离合器踏板、储液罐、过油软管、离合器主缸、离合器工作缸、油管总成、分离叉、分离轴承等组成，如图9－9所示。

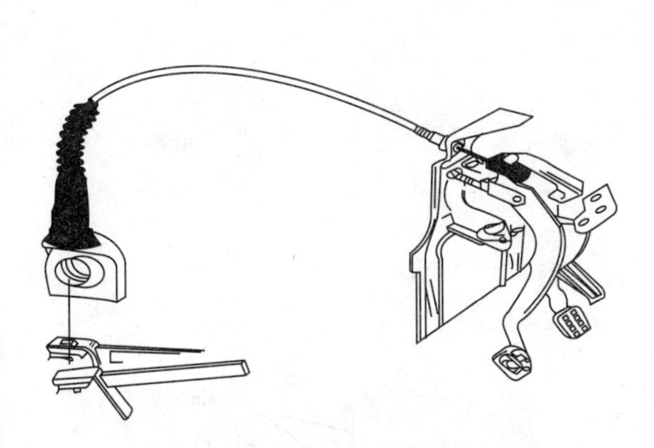

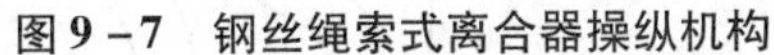

图 9-7 钢丝绳索式离合器操纵机构

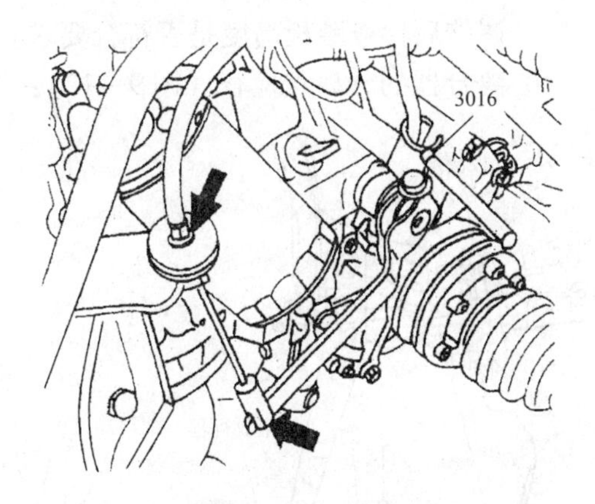

图 9-8 桑塔纳轿车离合器自由行程调整

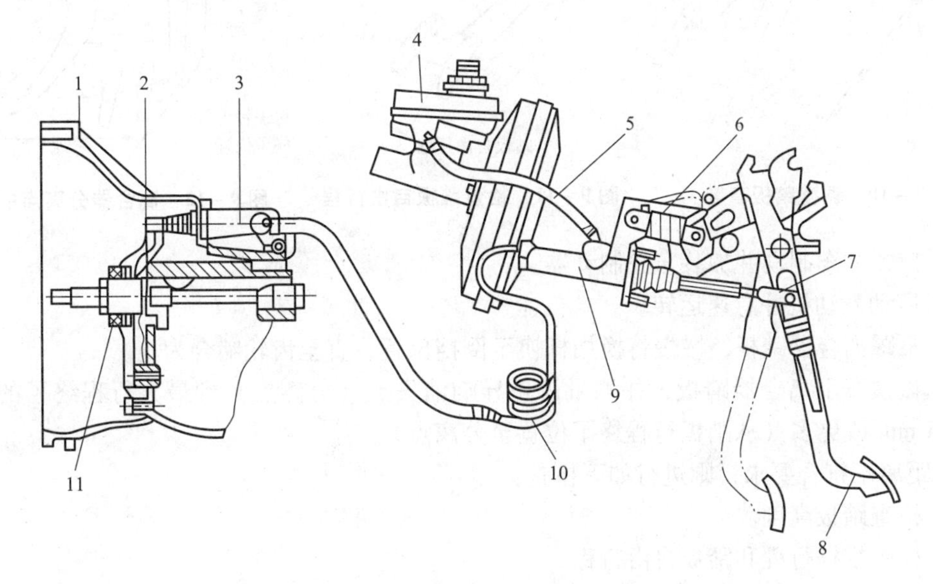

图 9-9 离合器液压操纵系统

1—变速器壳体；2—分离叉；3—工作缸；4—储液罐；5—进油软管；6—助力弹簧；7—推杆接头；8—离合器踏板；9—主缸；10—油管总成；11—分离轴承

储液罐有两个出油孔，分别把制动液提供给制动主缸和离合器主缸。

下面以威驰轿车为例加以介绍。

① 掀开地板地毯。

② 检查踏板的高度：距油毡的高度应为 134.3 ~144.3 mm。

③ 调整踏板高度（图 9-10）：松开锁止螺母并转动止动螺栓，直至踏板高度符合规定为止，然后紧固锁止螺母，拧紧力矩：16 N · m。

④ 检查踏板自由行程和推杆行程（图 9-11）。踩下踏板直至感到有阻力为止，此段距离即为踏板的自由行程，应为 5 ~15 mm。

⑤ 调整踏板自由行程和推杆行程：

a. 拧松锁止螺母并转动推杆直至踏板自由行程和推杆行程符合要求。

b. 拧紧锁止螺母，拧紧力矩：12 N · m。

c. 调整后检查踏板高度是否符合要求。

⑥ 离合器的分离点检查（图9－12）：

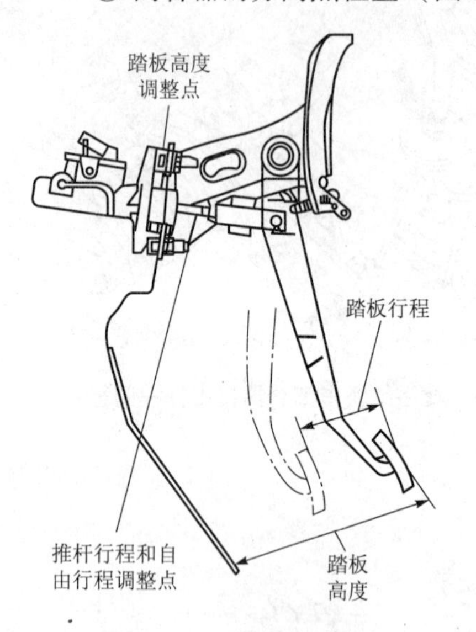

图9－10 调整踏板高度

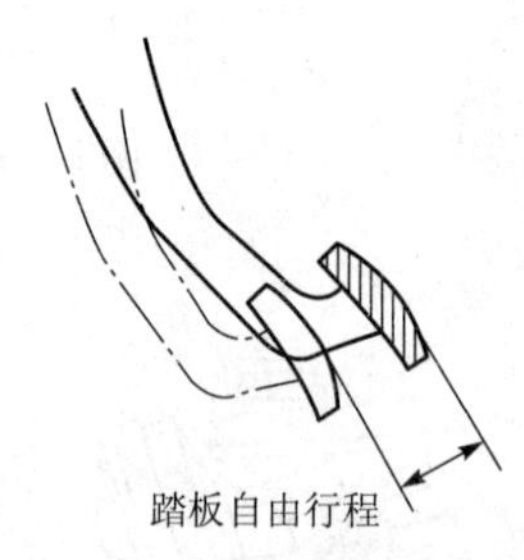

图9－11 检查踏板自由行程

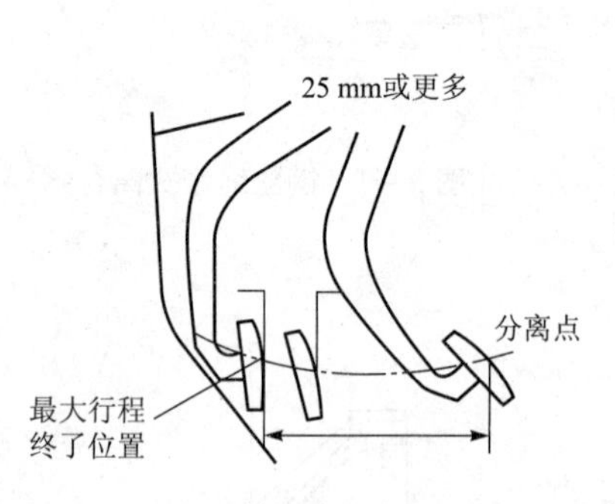

图9－12 离合器分离点的检查

a. 拉紧驻车制动并加装车轮制动器。

b. 启动发动机并怠速运转。

c. 不踩离合器踏板，慢慢将换挡杆换至倒挡位置，直至齿轮啮合为止。

d. 慢慢踩下离合器踏板，并测量齿轮异响消失点（分离点）到最大行程终了的距离，应为25 mm或更多（从踏板行程终了位置至分离点）。

如距离不符合要求，则进行如下检查：

① 检查踏板高度。

② 检查推杆行程和踏板自由行程。

③ 放出离合器油管中的空气。

④ 检查离合器盖和离合器片。

⑤ 检查踏板行程，应为120～130 mm。

二、离合器液压系统排气

① 拉紧驻车制动器手柄，向离合器储液罐内加注制动液。

② 拆下离合器工作缸上的放气阀排气螺塞橡皮罩，把排气螺塞擦拭干净，将乙烯管接到排气螺塞上，再将乙烯软管的另一端放进盛有一半制动液的容器内。

③ 反复踩下离合器踏板，并保持其被踩下的状态。

④ 拧松离合器工作缸上的放气阀排螺塞，将带有气泡的离合器液排进容器内，然后立即拧紧放气螺塞。

⑤ 缓慢地放开离合器踏板，反复进行上述作业，直到排出的离合器液油流中没有气泡为止。排气后，拧紧排气螺塞，装好橡皮罩。

⑥ 排气过程中，应及时向储液罐中补充制动液。

第三节　故 障 实 例

实例一：

（1）故障现象

一辆皇冠2.8轿车，急速踩下离合器踏板时，离合器可以分离；但慢慢踩下离合器踏板并停留片刻后，离合器则无法分离。

（2）故障诊断与排除

① 排除液压系统空气，故障依然存在。

② 拆检离合器液压主缸，发现液压主缸皮碗老化、磨损，并有纵向沟槽，主缸内壁磨损严重。

当急速踩下离合器踏板时，由于制动液的黏性和流动惯性，制动液从主缸皮碗口及沟槽部位泄漏较少，皮碗前方制动液压力较大，所以离合器能够分离；如慢慢踩下离合器踏板并停留片刻，主缸皮碗前方的压力油会沿皮碗口及沟槽部位被挤回皮碗后方的真空腔，造成管路内压力无法建立，故离合器无法分离。

③ 修理主缸，更换皮碗，故障消除。

实例二：

（1）故障现象

一辆红旗轿车，发动机转速很高时，车速上升缓慢，最高车速只有90 km/h。行驶里程：123 000 km。

（2）故障诊断与排除

因车辆已行驶十几万千米，出现离合器打滑的故障可能是离合器片过度磨损所致。

拆下离合器测得从动盘厚度为6.2 mm，铆钉外露、磨损严重。按技术要求，离合器从动盘的厚度应为8.4 mm、总磨损量（双面）为1.5 mm，从动盘表面距铆钉距离最小1.3 mm。更换离合器从动盘和压盘，故障排除。

实例三：

（1）故障现象

捷达前卫GiX，车内有焦煳味，加油时发动机轰轰响，车速不提高，车辆走得很慢。

（2）故障诊断与排除

拉住手制动，挂上1挡起步，车辆不行走，发动机也不熄火。车辆使用中，如果离合器半接合时间过长，也就是说经常用半踩离合器的方法控制车速，离合器片因摩擦产生的过高热量损坏，造成离合器打滑。正确驾驶方法是，尽量减少离合器半接合时间，如果跟车时的1挡速度过快，可以摘空挡用脚制动控制车辆速度。抬下变速器，更换离合器片，故障排除。

练习与思考题

9－1　以某一车型为例分析离合器分离不彻底故障。

9－2　在实车上进行离合器从动盘更换作业。

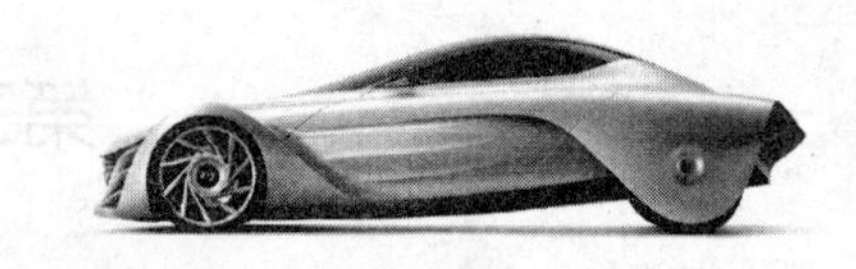

第十章 变速器故障诊断与分析

第一节 手动变速器故障诊断与分析

一、手动变速器功用与结构

1. 变速器的功用

汽车上广泛采用的活塞式内燃机，其转矩和转速变化范围较小，而复杂的使用条件要求汽车的驱动力和车速能在相当大的范围内变化。为解决这一矛盾，在传动系统中设置变速器。

变速器的主要功用是：

① 改变传动比，在较大的范围内改变汽车的行驶速度和汽车驱动轮上转矩的数值，以适应经常变化的行驶条件，同时使发动机在有利的（功率较高而耗油率较低）工况下工作。

② 在发动机旋转方向不变的前提下，利用倒挡实现汽车倒向行驶。

③ 在发动机不熄火的情况下，利用空挡中断动力传递，可以使驾驶员松开离合器踏板离开驾驶位置，且便于汽车启动、怠速、换挡和动力输出。

2. 变速器的结构

图 10－1、图 10－2 分别为桑塔纳 2000 轿车二轴式变速器传动机构的结构图和示意图。

三轴式变速器用于发动机前置后轮驱动的汽车。解放 CA1092 中型货车的变速器结构简图如图 10－3 所示，具有 6 个前进挡和一个倒挡。它有三根主要的传动轴：一轴、二轴和中间轴，所以称为三轴式变速器。另外还有倒挡轴。

变速器操纵机构按照变速操纵杆（变速杆）位置的不同，可分为直接操纵式和远距离操纵式两种类型。解放 CA1092 中型货车六挡变速器操纵机构就采用直接操纵式，如图 10－4 所示。桑塔纳 2000 轿车的五挡手动变速器，由于其变速器安装在前驱动桥处，远离驾驶员坐椅，因此需要采用远距离操纵方式，如图 10－5 所示。而在变速器壳体上则具有类似于直接操纵式的内换挡机构，如图 10－6 所示。

3. 变速器常见故障

汽车变速器在使用中，常见的故障有跳挡、乱挡、换挡困难、发响、抖杆及漏油等，这些故障的存在，不但使驾驶员操作困难，难以正常行驶，还可能直接造成机件的损坏，所以发现故障应及时排除。

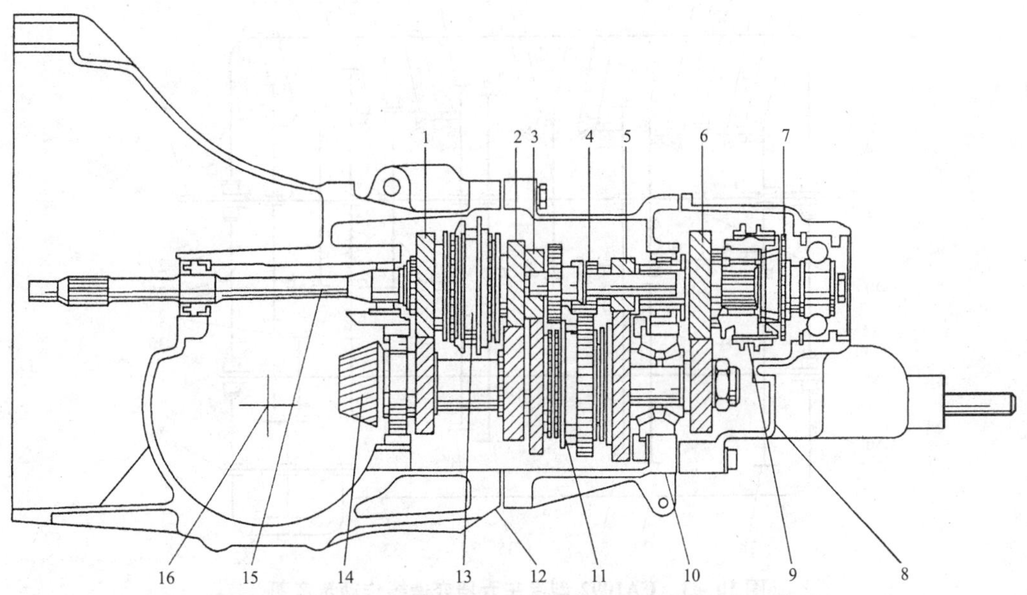

图 10－1　桑塔纳 2000 轿车二轴式变速器传动机构的结构图

1—四挡齿轮；2—三挡齿轮；3—二挡齿轮；4—倒挡齿轮；5—一挡齿轮；6—五挡齿轮；7—五挡运行齿环；8—换挡机构壳体；9—五挡同步器；10—齿轮箱体；11—一、二挡同步器；12—变速器壳体；13—三、四挡同步器；14—输出轴；15—输入轴；16—差速器

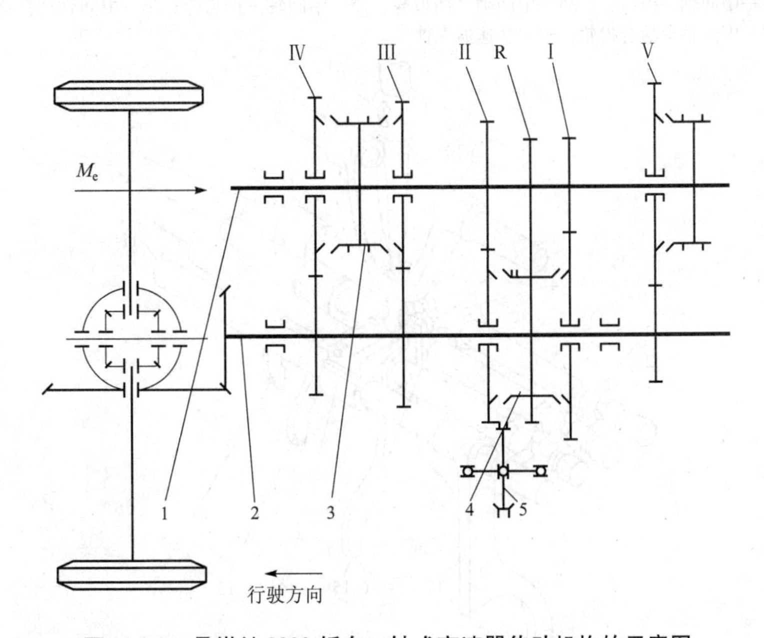

图 10－2　桑塔纳 2000 轿车二轴式变速器传动机构的示意图

1—输入轴；2—输出轴；3—三、四挡同步器；4—一、二挡同步器；5 一倒挡中间齿轮

Ⅰ—一挡齿轮；Ⅱ—二挡齿轮；Ⅲ—三挡齿轮；Ⅳ—四挡齿轮；

Ⅴ—五挡齿轮；R—倒挡齿轮

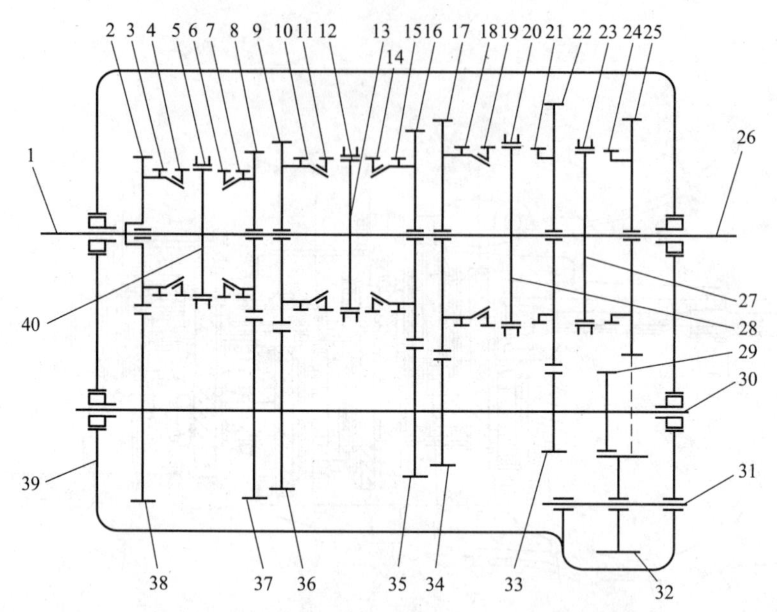

图 10-3　CA1092 型汽车六挡变速器传动示意图

1—第一轴；2—第一轴常啮合齿轮；3—第一轴齿轮齿圈；4—六挡同步器锁环；5，12，20，23—接合套；6—五挡同步器锁环；7—五挡齿轮齿圈；8—第二轴五挡齿轮；9—第二轴四挡齿轮；10—四挡齿轮齿圈；11—四挡同步器锁环；13，27，28，40—花键毂；14—三挡同步器锁环；15—三挡齿轮接合齿圈；16—第二轴三挡齿轮；17—第二轴二挡齿轮；18—二挡齿轮齿圈；19—二挡同步器锁环；21—一挡齿轮齿圈；22—第二轴一挡齿轮；24—倒挡齿轮齿圈；25—第二轴倒挡齿轮；26—第二轴；29—中间轴倒挡齿轮；30—中间轴；31—倒挡轴；32—倒挡中间齿轮；33—中间轴一挡齿轮；34—中间轴二挡齿轮；35—中间轴三挡齿轮；36—中间轴四挡齿轮；37—中间轴五挡齿轮；38—中间轴常啮合齿轮；39—变速器壳体

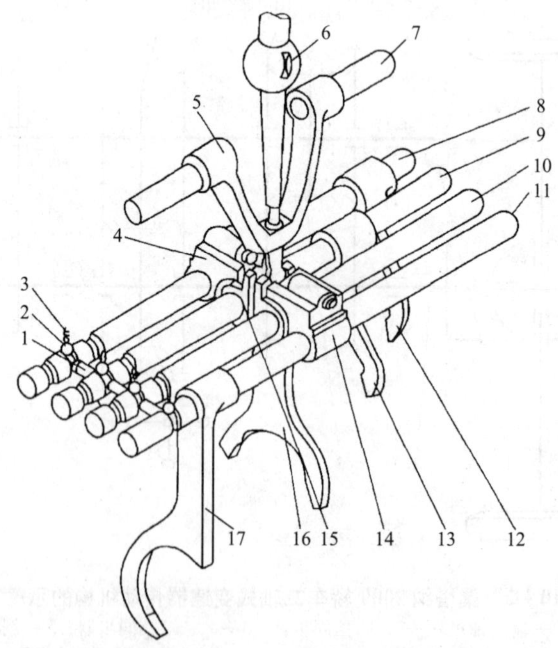

图 10-4　解放 CA1092 中型货车六挡变速器直接操纵式操纵机构

1—互锁销；2—自锁钢球；3—自锁弹簧；4—倒挡拨块；5—叉形拨杆；6—变速杆；7—换挡轴；8—倒挡拨叉轴；9— 一、二挡拨叉轴；10—三、四挡拨叉轴；11—五、六挡拨叉轴；12—倒挡拨叉；13— 一、二挡拨叉；14—五、六挡拨块；15— 一、二挡拨块；16—三、四挡拨叉；17—五、六挡拨叉

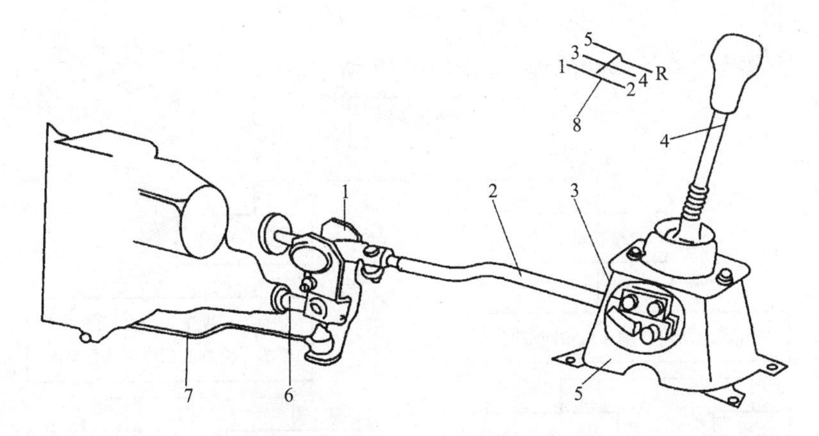

图 10－5　桑塔纳 2000 轿车五挡手动变速器的远距离操纵机构

1—换挡杆接合器；2—外换挡杆；3—换挡手柄座；4—变速杆；5—倒挡保险挡块；6—内换挡杆；7—支撑杆；8—换挡标记

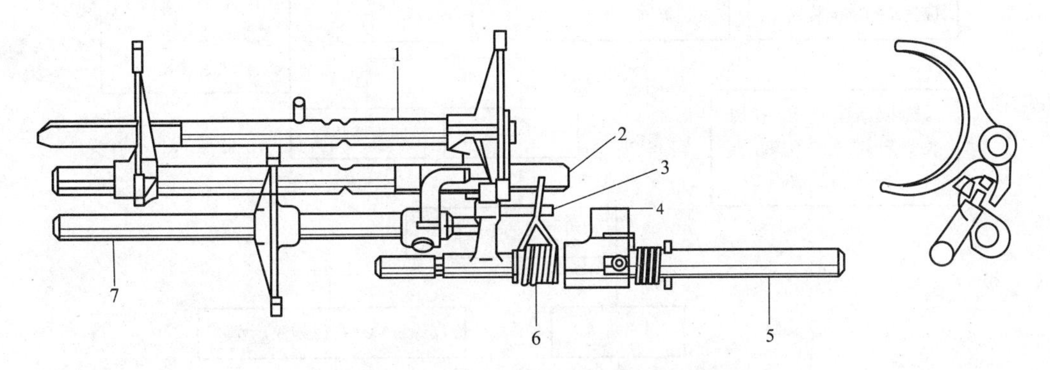

图 10－6　桑塔纳 2000 轿车五挡手动变速器的内换挡机构

1—五、倒挡拨叉轴；2—三、四挡拨叉轴；3—定位拔销；4—倒挡保险挡块；5—内换挡杆；6—定位弹簧；7— 一、二挡拨叉轴

二、跳挡故障

1. 故障现象

汽车重载或爬坡时，变速杆有时从某挡自动跳回空挡位置。跳挡一般在发动机中、高速运转、负荷突然变化或车辆剧烈震动时发生。

2. 故障原因

① 变速器同步器接合套与拨叉轴轴向间隙太大。

② 自锁装置凹槽与定位钢球磨损松旷，定位弹簧过软或折断。

③ 拨叉弯曲、过度磨损使齿轮不能正常啮合。

④ 常啮合齿轮轴向间隙太大，各轴轴向间隙或径向间隙太大或齿套磨损严重。

⑤ 变速器一轴、二轴、曲轴不同轴，或轴承磨损严重，松旷或轴向间隙过大，使相互啮合的齿轮在传动时摆动或窜动。

⑥ 主轴的花键齿和滑动齿轮的花键槽磨损严重，在运转时上下摆动引起跳挡。

3. 故障诊断

变速器自动跳挡故障的诊断流程，如图 10－7 所示。

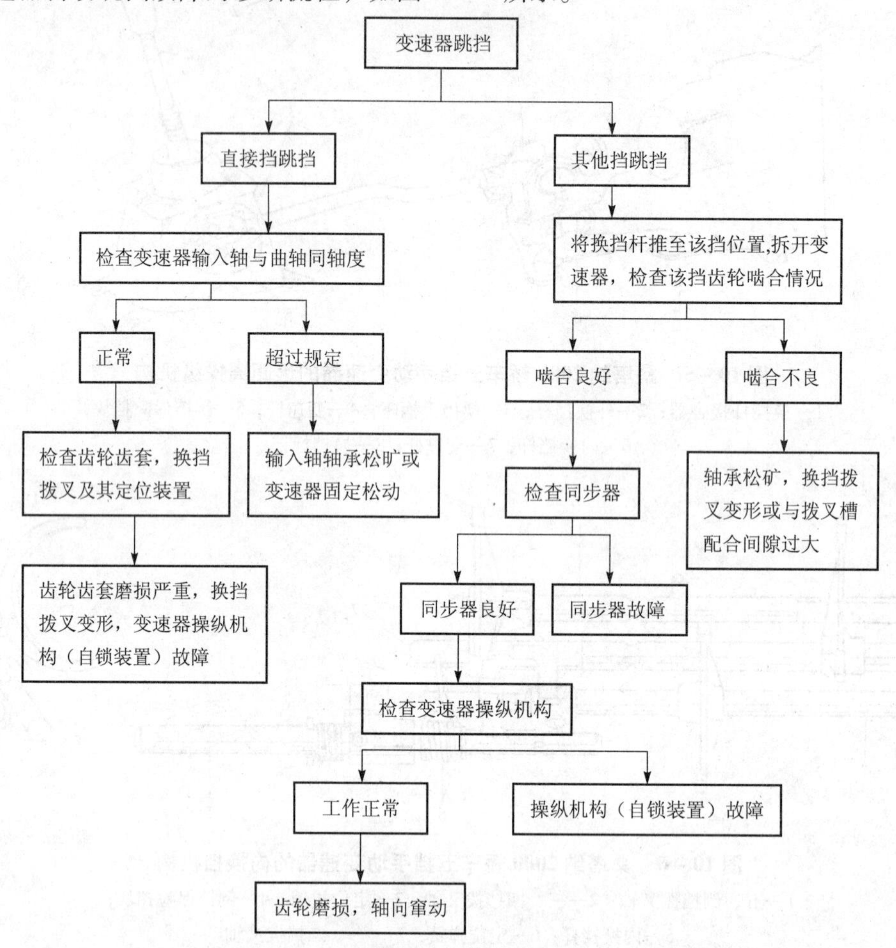

图 10－7 变速器自动跳挡故障的诊断流程图

三、换挡、挂挡困难故障

1. 故障现象

在离合器工作良好的条件下，变速杆不能正常挂上挡位，或者勉强挂入挡位后又很难退挡，齿轮发响。

2. 故障原因

① 离合器不分离。

② 变速器拨叉轴弯曲变形，端头有严重“毛刺”，严重锈蚀，造成变速叉轴移动困难。

③ 新换齿轮的牙齿端面倒角太小。

④ 变速器换挡杆、换挡选挡拉杆连接松动。

⑤ 变速器装配不良，各齿轮及轴的配合不符合技术标准。

3. 故障诊断

变速器换挡、挂挡困难故障诊断流程如图 10－8 所示。

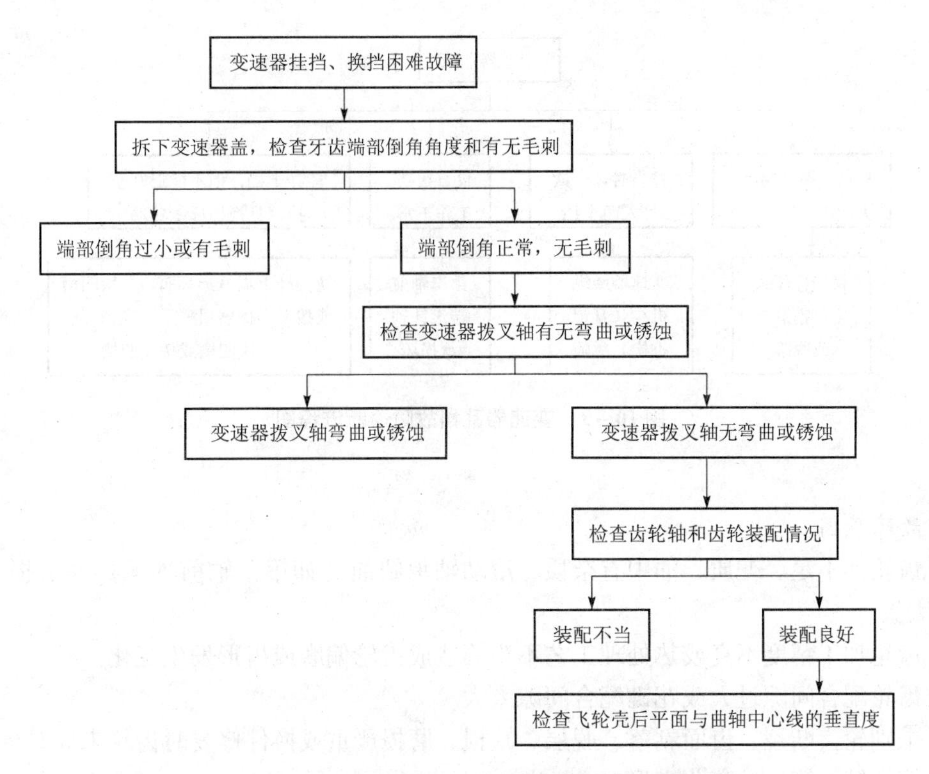

图 10－8　变速器换挡、挂挡困难故障诊断流程图

四、乱挡故障

1. 故障现象

① 变速杆所挂挡位与挡位不符。

② 虽能挂入所需挡位，但不能退回空挡。

③ 一次挂入两个挡位。

2. 故障原因

① 互锁装置使用时间过长，拨叉轴、自锁钢球、互锁柱销等磨损严重，失去互锁作用。

② 变速杆定位销磨损，松旷或折断，失去控制作用。

③ 变速器拨叉轴弯曲、互锁销凹槽磨损，不能起定位作用。

④ 变速器拨叉弯曲或变速杆下端工作面磨损严重，使其不能正确拨动换挡导块而乱挡。

3. 故障诊断

变速器乱挡故障诊断流程如图 10－9 所示。

五、变速器异响故障

1. 故障现象

主要现象为：有变速器齿轮的啮合声、轴承的运转声等。一般若在各挡都有连续响声，为轴承损坏；某挡位有连续、较尖细的响声，为该挡齿轮响声；挂上某挡时有断续、沉闷的冲击声，为该挡个别齿折断；停车时踩下离合器踏板不响，松开离合器踏板就响，为常啮合

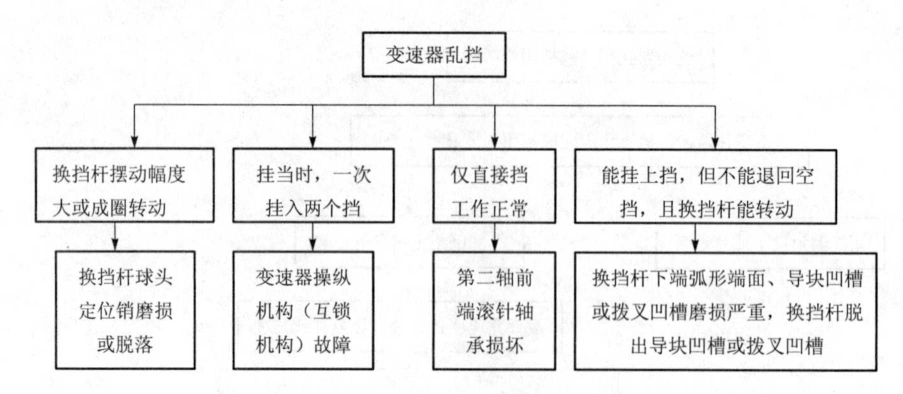

图10－9　变速器乱挡故障诊断流程图

齿轮响。

2. 故障原因

① 齿轮油不足、变质、油中有杂质，滚动轴承缺油（如第一轴前轴承）而磨损，或轴承间隙太大。

② 齿轮加工精度不高或热处理工艺不当等造成齿轮偏磨或齿形发生变化。

③ 齿轮配合间隙过大或花键配合间隙太大。

④ 个别轮齿断裂、齿面剥落、脱层、缺损、磨损严重或换件修复时齿轮未成对更换。

⑤ 第一轴、第二轴弯曲变形。

⑥ 壳体轴承孔镗孔镶套修复后，两孔中心距发生变动或两轴线不平行。

⑦ 拨叉弯曲或拨叉修复时单边堆焊太厚，致使相关齿轮位置不准。

⑧ 第二轴紧固螺母松动或其他各轴轴向定位失准。

⑨自锁装置凹槽、钢球磨损严重或自锁弹簧疲劳、折断，造成挂挡时越位而产生异响。

3. 故障诊断

变速器异响故障诊断流程如图10－10所示。

六、变速器漏油故障

1. 现象

变速器盖周边、壳体侧盖周边、加油口螺塞、放油口螺塞、第一轴油封（或回油螺纹）或各轴承盖等处有明显漏油痕迹。

2. 原因

① 接合平面变形或加工粗糙。

② 油封磨损、老化、变形。

③ 回油螺纹与轴颈的安装不同心、回油螺纹沟槽污物沉积严重或有加工毛刺阻碍回油。

④ 油封轴颈磨损成沟槽。

⑤ 加油口、放油口螺塞松动或螺纹损坏。

⑥ 壳体有铸造缺陷或裂纹。

⑦ 通气孔堵塞，造成箱内压力太大。

⑧ 齿轮油加注过多。

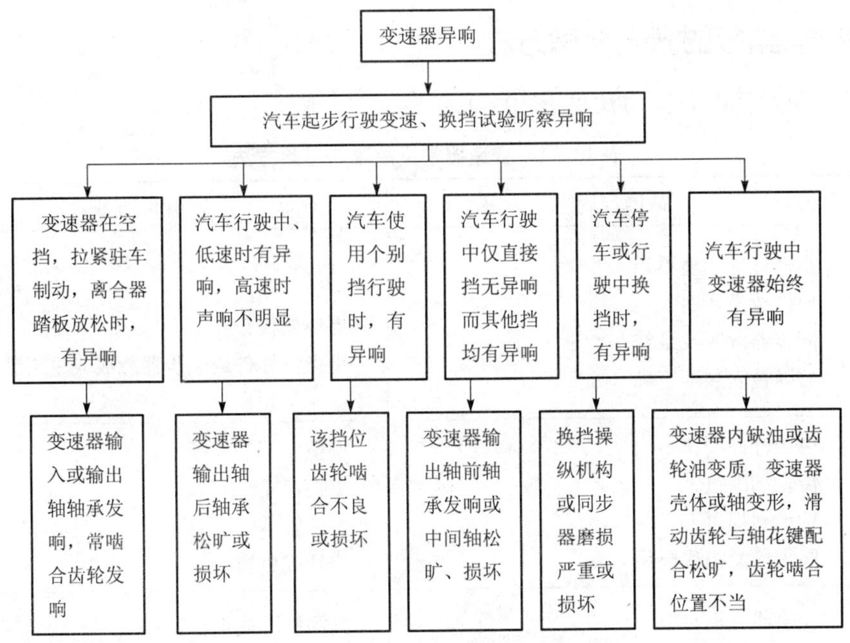

图 10－10　变速器异响故障诊断

3. 故障诊断

漏油故障诊断流程如图 10－11 所示。

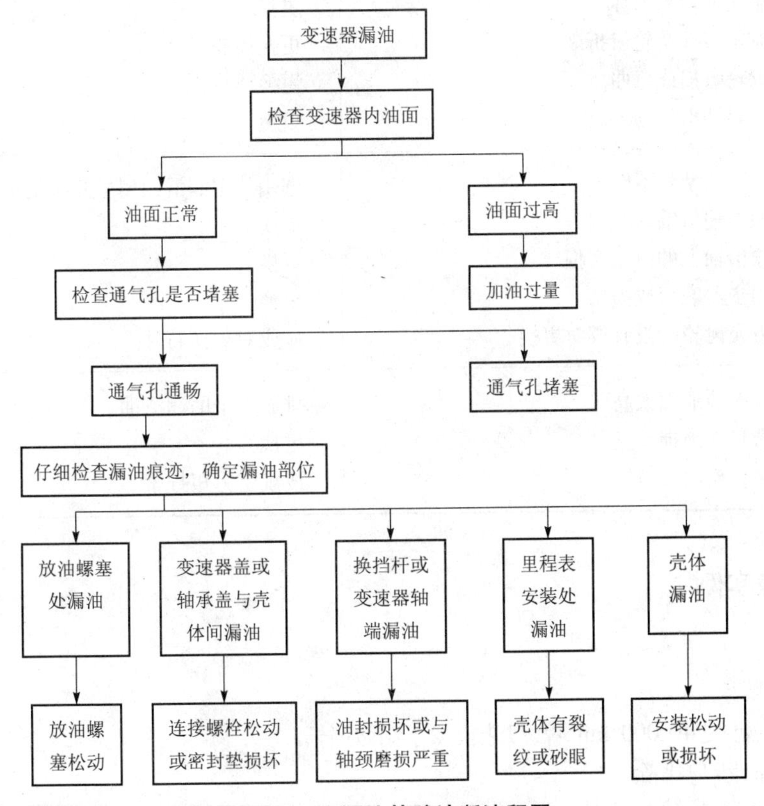

图 10－11　漏油故障诊断流程图

七、变速器常见故障与排除方法

变速器常见故障与排除方法见表10－1。

表10－1　变速器常见故障与排除方法

故障现象	故障原因	排除方法
换挡困难	换挡杆件调整不当 换挡拨叉弯曲 同步器故障或维修 后弹簧安装不正确	调整 更换或校正 更换损坏件或同步器总成或重新装合同步器
自动跳挡	换挡杆件调整不当 齿轮端隙过大 轴承磨损过大 同步器磨损或损伤	调整 更换齿轮 更换轴承 修理或更换
自动跳挡	变速器壳不对中 自锁弹簧弹力不足 拨叉轴定位球销附近磨损、损伤	紧固螺栓或重新安装 更换弹簧 更换新件
空挡时发响	轴承磨损或发干 输入轴轴承损坏 齿轮磨损及轮齿折断 齿轮磨损或弯曲 导向轴承松动	更换轴承、添加润滑油 更换 更换齿轮 更换或校正 更换
啮合时发响	润滑油型号不对 输入轴后轴承磨损 输出轴上的齿轮磨损 同步器磨损或损伤 更换齿轮时没有成对更换	选用规定润滑油型号并添足量 更换 更换 更换 应成对更换新件
漏油	润滑油油面太高 密封件破损 螺钉松动	排放多余的润滑油 更换 按规定力矩拧紧

八、故障实例

实例一：

（1）故障现象

捷达CI在行驶40 000 km后，1挡、2挡不好挂。

（2）故障诊断与排除

经过检查离合器各部位均正常。对挂挡机构进行调整，不起作用。对变速器加入清洗液，进行清洗后，重新加入新的变速器油，故障排除。

(3) 故障点评

判别挂挡困难的故障是离合器还是变速器的原因很简单，由于该变速器倒挡无同步器，而一、二挡带同步器，所以若是离合器故障造成的挂挡困难应先反映到倒挡，而不是一、二挡，所以此故障一定在变速器内。

实例二：

(1) 故障现象

一辆奥迪 100 轿车只能挂上 3 挡、4 挡，其他各挡都挂不上。行驶里程 6 000 km。

(2) 故障诊断与排除

① 试车后发现挂 1 挡、3 挡、5 挡时，实际挂上的全是 3 挡；挂 2 挡、4 挡、倒挡时，实际挂上的全是 4 挡，其他挡挂不上。

② 用举升器将车支起来，一人在车上挂挡，一人在车下观察挂挡机构动作，正常。放下车辆，用手扳动变速器上选换挡操纵机构，发现连杆总成的球头套开裂，更换连杆总成，变速器各挡位摘挂都正常，故障消除。

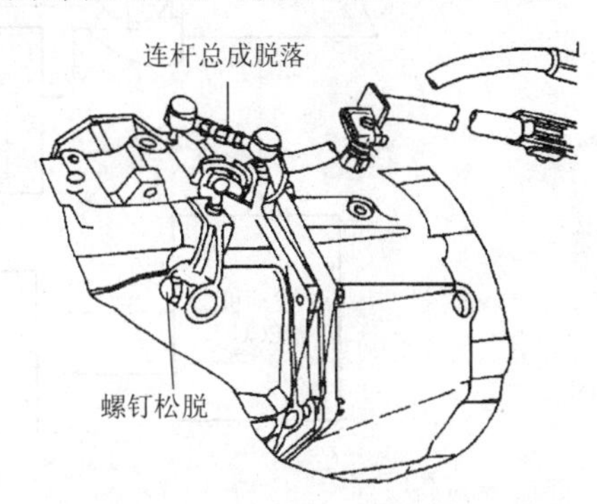

图 10－12　奥迪轿车挂挡操纵机构

损坏的连杆总成如图 10－12 所示，它脱落后，左右摆动变速杆时，选换挡轴不动作造成 1 挡、2 挡、5 挡、倒挡都挂不上。

实例三：

(1) 故障现象

一辆行驶里程 118 000 km 的红旗轿车在加、减速时，4 挡脱挡。

(2) 故障诊断与排除

① 摘挂 4 挡时感觉行程正常，挂挡到位。检查变速器操纵机构，正常，没有松脱之处，分析故障可能在变速器内部。拆下并解体变速器，检查 4 挡从动轮及同步器，发现输入轴的 4 挡从动轮轴颈处和滚针轴承过度磨损。更换 4 挡从动轮、滚针轴承和输入轴后，4 挡不再脱挡。

② 观察变速器齿轮油，发现变稀、发红，变速器润滑油变质，润滑不良，因车辆行驶时，多以 4 挡行驶，4 挡从动轮长时间受力，磨损过度，造成上述故障。

第二节　自动变速器故障诊断与分析

一、自动变速器的功用与组成

1. 功能

自动变速器具有自动操纵汽车起步选挡和换挡等功能。具有自动变速、连续改变转矩、换挡时不中断动力传递等特点，并具有操作轻便、换挡平稳、乘坐舒适、过载保护性能好等优点。采用此类变速器，可以大大减轻驾驶员的驾驶强度、提高车辆行驶的机动性、越野性以及交通安全性等。

2. 组成

电控液力自动变速器组成与控制原理如图 10－13 所示。

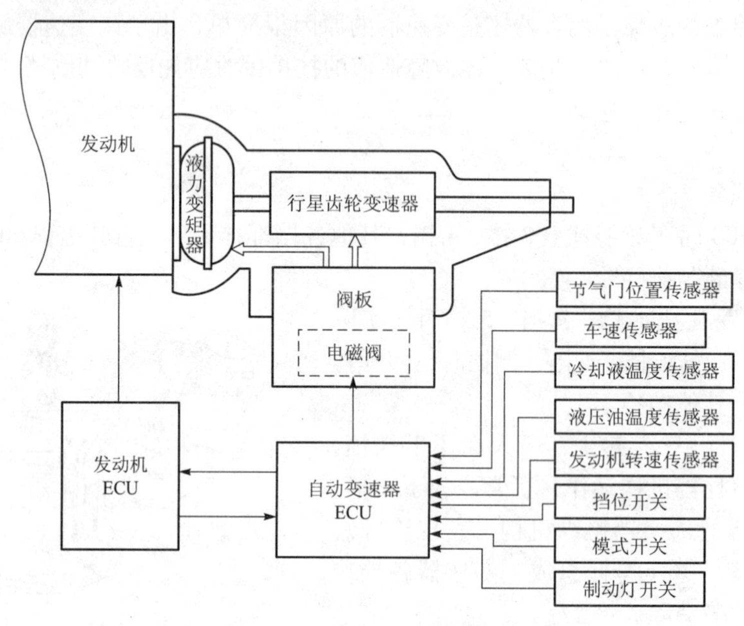

图 10－13　电控自动变速器组成与控制原理

大众公司 01M 自动变速器是电控液力四挡自动变速器，它集成于自变速驱动桥中，由液力变矩器、行星齿轮变速器、液压操纵系统、电控系统、主减速器和差速器等部分组成，其结构如图 10－14 所示。自动变速器的电子控制装置由传感器、控制开关、自动变速器控制单元（微电脑）等部件组成，如图 10－15 所示。

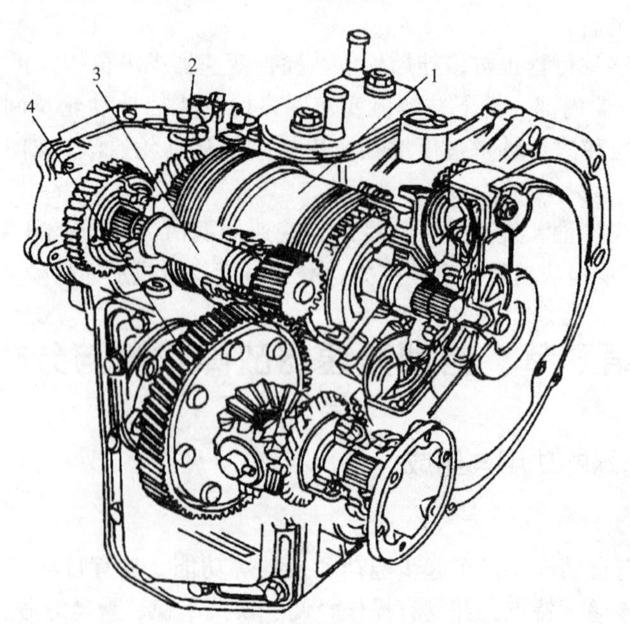

图 10－14　01M 自动变速器的结构简图

1—行星齿轮系统；2—行星齿轮系统输出齿轮；3—中间传动轴；4—差速器

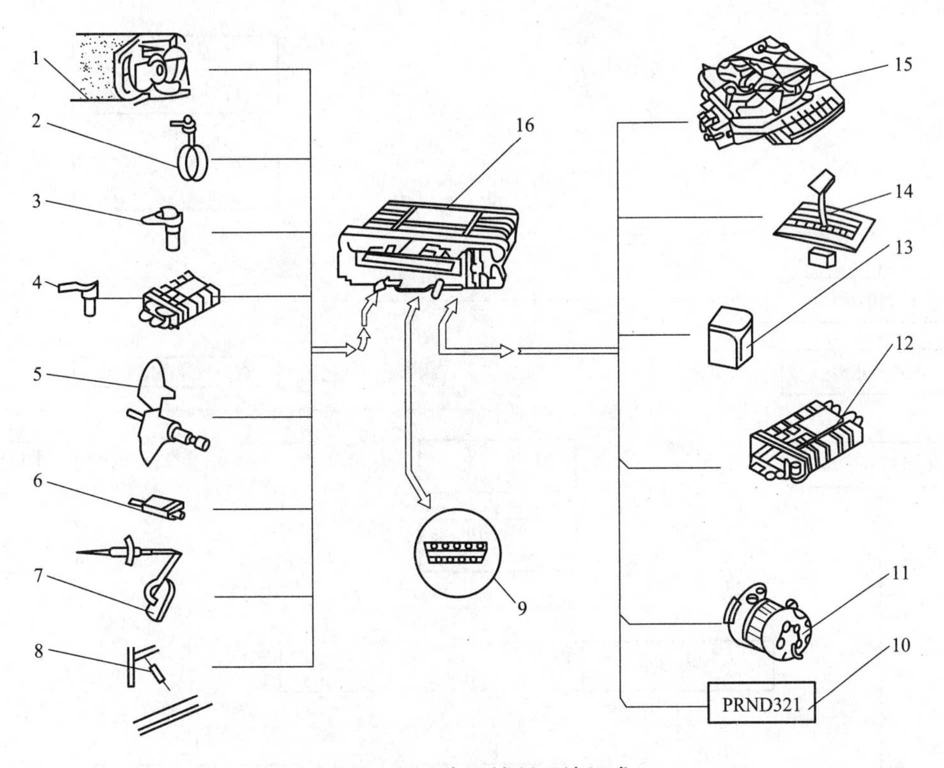

图 10－15　电子控制系统组成

1—节气门电位计 G69；2—变速器转速传感器 G38；3—车速传感器 G68；4—发动机转速传感器 G28；5—多功能开关 F125；6—制动灯开关；7—强制低挡开关 F8；8—变速器机油温度传感器 G93；9—自诊断接口；10—变速杆位置指示板；11—空调装置；12—发动机控制单元 J220；13—启动锁和倒车灯继电器 J226；14—变速杆锁止电磁阀 N110；15—带电磁阀的滑阀箱；16—变速器控制单元 J217

二、自动变速器故障诊断思路

通常利用自动变速器控制单元的自诊断系统进行故障诊断，步骤如图 10－16 所示。

三、常见故障

汽车自动变速器在使用中，随着技术状况的下降会出现一系列故障，常见的故障会通过一定的现象特征表现出来，不同车型由于结构上有所不同，其故障原因会有所差异，但故障产生的常见原因和诊断排除方法是基本相同的。

（一）汽车不能行驶故障

1. 故障现象

① 无论操纵手柄位于倒挡、前进挡或前进低挡，汽车都不能行驶。

② 冷车启动后汽车能行驶一小段路程，但热车状态下起车不能行驶。

2. 故障原因

① 自动变速器油底渗漏，液压油全部漏光。

② 操纵手柄和手动阀摇臂之间的连杆或拉索松脱，手动阀保持在空挡或停车挡位置。

③ 油泵进油滤网堵塞。

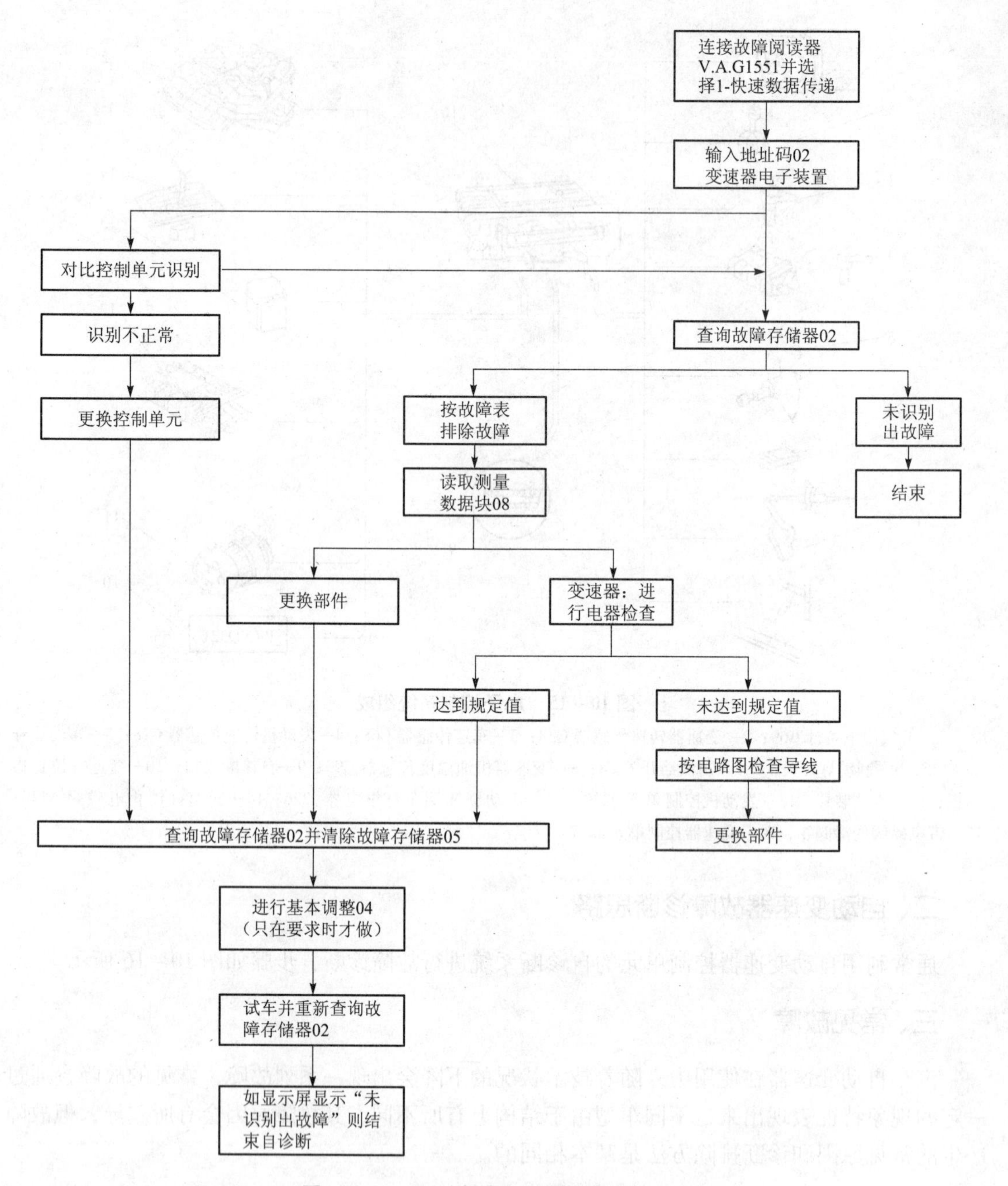

图10－16　01M自动变速器故障诊断方法

④ 主油路严重泄漏。

⑤ 油泵损坏。

3. 故障诊断与排除

① 检查自动变速器内有无液压油。其方法是：拔出自动变速器的油尺，观察油尺上有无液压油。若油尺上没有液压油，说明自动变速器内的液压油已漏光。对此，应检查油底壳、液压油散热器、油管等处有无破损。如有严重漏油处，应修复后重新加油。

② 检查自动变速器操纵手柄与手动阀摇臂之间的连杆或拉索有无松脱。如有松脱，应

予以装复，并重新调整好操纵手柄的位置。

③ 拆下主油路测压孔上的螺塞，启动发动机，将操纵手柄拨至前进挡或倒挡位置，检查测压孔内有无液压油流出。

④ 若主油路测压孔内无液压油流出，应打开油底壳，检查手动阀摇臂轴与摇臂间有无松脱，手动阀阀芯有无折断或脱钩。若手动阀工作正常，则说明油泵损坏。对此，应拆卸分解自动变速器，更换油泵。

⑤ 若主油路测压孔内只有少量液压油流出，油压很低或基本上没有油压，应打开油底壳，检查油泵进油滤网有无堵塞。如无堵塞，说明油泵损坏或主油路严重泄漏。对此，应拆卸分解自动变速器，予以修理。

⑥ 若冷车启动时主油路有一定的油压，但热车后油压明显下降，说明油泵磨损过甚。对此，应更换油泵。

⑦ 若测压孔内有大量液压油喷出，说明主油路油压正常，故障出在自动变速器中的输入轴、行星排或输出轴。对此，应拆检自动变速器。

（二）自动变速器打滑故障

1. 故障现象

① 起步时踩下油门踏板，发动机转速升高很快但车速升高很慢。

② 行驶中踩下油门踏板加速时，发动机转速升高但车速没有很快提高。

③ 平路行驶基本正常，但上坡无力，且发动机转速很高。

2. 故障原因

① 液压油油面太低。

② 液压油油面太高，运转中被行星排搅动后产生大量气泡。

③ 离合器或制动器摩擦片、制动带磨损过甚或烧焦。

④ 油泵磨损过甚或主油路泄漏，造成主油路油压过低。

⑤ 单向超越离合器打滑。

⑥ 离合器或制动器活塞密封圈损坏，导致漏油。

⑦ 减振器活塞密封圈损坏，导致漏油。

3. 故障诊断与排除

打滑是自动变速器最常见的故障之一。虽然自动变速器打滑往往都伴有离合器或制动器摩擦片严重磨损甚至烧焦等现象，但如果只是简单地更换磨损的摩擦片而没有找出打滑的真正原因，则修后的自动变速器在使用一段时间后又出现打滑现象。因此，对于出现打滑的自动变速器，不要急于拆卸分解，应先做各种检查测试，以找出造成打滑的真正原因。

① 对于出现打滑现象的自动变速器，应先检查其液压油的油面高度和品质。若油面过高或过低，应先调整至正常后再做检查。若油面调整正常后自动变速器不再打滑，可不必拆修自动变速器。

② 检查液压油的品质。若液压油呈棕黑色或有烧焦味，说明离合器或制动器的摩擦片或制动带有烧焦，应拆修自动变速器。

③ 做路试，以确定自动变速器是否打滑，并检查出现打滑的挡位和打滑的程度。将操纵手柄置于不同的位置，让汽车行驶。若自动变速器升至某一挡位时发动机转速突然升高，但车速没有相应地提高，即说明该挡位有打滑现象。打滑时发动机的转速越容易升高，说明

打滑越严重。

根据出现打滑的规律，还可以判断产生打滑的是哪一个换挡执行元件。

a. 若自动变速器在所有前进挡都出现打滑现象，则为前进挡离合器打滑。

b. 若自动变速器在操纵手柄位于D位时的1挡有打滑，而在操纵手柄位于L位或1位时的1挡不打滑，则为前进单向超越离合器打滑。若不论操纵手柄位于D位或L位或1位时，1挡都有打滑现象，则为低挡及倒挡制动器打滑。

c. 若自动变速器只在操纵手柄位于D位时的2挡打滑，而在操纵手柄位于S位或2位时的2挡不打滑，则为2挡单向超越离合器打滑。若不论操纵手柄位于D位或S位或2位时，2挡都有打滑现象，则为2挡制动器打滑。

d. 若自动变速器只在3挡有打滑现象，则为倒挡及高挡离合器打滑。

e. 若自动变速器只在超速挡有打滑现象，则为超速制动器打滑。

f. 若自动变速器在高挡和倒挡时都有打滑现象，则为倒挡及高挡离合器打滑。

g. 若自动变速器在1挡和倒挡时都有打滑现象，则为倒挡及低挡制动器打滑。

④ 对于有打滑故障的自动变速器，在拆卸分解之前，应先检查自动变速器的主油路油压，以找出造成自动变速器打滑的原因。自动变速器不论前进挡或倒挡均打滑，其原因往往是主油路油压过低。若主油路油压正常，则只要更换磨损或烧焦的摩擦元件即可。若主油路油压不正常，则在拆修自动变速器的过程中，应根据主油路油压，相应地对油泵或阀板进行检修，并更换自动变速器的所有密封圈和密封环。

（三）不能升挡故障

1. 故障现象

① 汽车行驶中自动变速器始终保持在1挡，不能升入2挡或高速挡。

② 行驶中自动变速器可以升入2挡，但不能升入3挡和高速挡。

2. 故障原因

① 节气门位置传感器调整不当。

② 车速传感器有故障。

③ 2挡制动器或高挡离合器有故障。

④ 换挡阀卡滞。

⑤ 挡位开关有故障。

3. 故障诊断与排除

① 应先进行故障自诊断。影响换挡控制的传感器有节气门位置传感器、车速传感器等。按所显示的故障代码查找故障原因。

② 按标准重新调整节气门位置传感器。

③ 检查车速传感器。如有损坏，应予以更换。

④ 检查挡位开关的信号。如有异常，应予以调整或更换。

⑤ 拆卸阀板，检查各个换挡阀。换挡阀如有卡滞，可将阀芯取出，用金相砂纸抛光，再清洗后装入。如不能修复，应更换阀板。

⑥ 若控制系统无故障，应分解自动变速器，检查各个换挡执行元件有无打滑现象，用压缩空气检查各个离合器、制动器油路或活塞有无泄漏。

（四）无前进挡故障

1. 故障现象

① 汽车倒挡行驶正常，在前进挡时不能行驶。

② 操纵手柄在 D 位时不能起步，在 S 位、L 位（或 2 位、1 位）时可以起步。

2. 故障原因

① 前进离合器严重打滑。

② 前进单向超越离合器打滑或装反。

③ 前进离合器油路严重泄漏。

④ 操纵手柄调整不当。

3. 故障诊断与排除

① 检查操纵手柄的调整情况。如有异常，应按规定程序重新调整。

② 测量前进挡主油路油压。若油压过低，说明主油路严重泄漏，应拆检自动变速器，更换前进挡油路上各处的密封圈和密封环。

③ 若前进挡的主油路油压正常，应拆检前进离合器。如摩擦片表面粉末冶金烧焦或磨损过甚，就更换摩擦片。

④ 若主油路油压和前进离合器均正常，则应拆检前进单向超越离合器，检查前进单向离合器的安装方向是否正确以及有无打滑。如有装反，应重新安装；如有打滑，应更换新件。

（五）无倒挡故障

1. 故障现象

汽车在前进挡能正常行驶，但在倒挡时不能行驶。

2. 故障原因

① 操纵手柄调整不当。

② 倒挡油路泄漏。

③ 倒挡及高挡离合器或低挡及倒挡制动器打滑。

3. 故障诊断与排除

① 检查操纵手柄的位置。如有异常，应按规定程序重新调整。

② 检查倒挡油路油压。若油压过低，则说明倒挡油路泄漏。对此，应拆检自动变速器，予以修复。

③ 若倒挡油路油压正常，应拆检自动变速器，更换损坏的离合器片或制动器片（制动带）。

（六）换挡冲击故障

1. 故障现象

① 在起步时，由停车挡或空挡挂入倒挡或前进挡时，汽车震动较严重。

② 行驶中，在自动变速器升挡的瞬间，汽车有较明显的闯动。

2. 故障原因

导致自动变速器换挡冲击大的故障原因很多，主要原因为调整不当、机械元件性能下降或损坏、电子控制系统有故障，具体原因有：

① 发动机怠速过高。

② 节气门位置传感器调整不当，使主油路油压过高。

③ 升挡过迟。

④ 主油路调压阀有故障，使主油路油压过高。

⑤ 减振器活塞卡住，不能起减振作用。

⑥ 单向阀钢球漏装，换挡执行元件（离合器或制动器）接合过快。

⑦ 换挡执行元件打滑。

⑧ 油压电磁阀不工作。

⑨ 电脑有故障。

3. 故障诊断与排除

由于引起换挡冲击的原因较多，因此，在诊断故障的过程中，必须循序渐进，对自动变速器的各个部分做认真的检查。一定要在全面检测的基础上，有针对性地进行分解修理，切不可盲目地拆修。总体而言，若是由于调整不当造成的，只要稍作调整即可排除；若是自动变速器内部控制阀、减振器或换挡执行元件有故障，应分解自动变速器，予以修理；若是电子控制系统有故障，应对电子控制系统进行检测，找出具体原因，加以排除。具体检查诊断与排除步骤如下：

① 检查发动机怠速。装用自动变速器的汽车的发动机怠速一般为750 r/min左右。若怠速过高，应按标准予以调整。

② 检查节气门位置传感器的调整情况。如不符合标准，应重新予以调整。

③ 做道路试验。如有升挡过迟的现象，则说明换挡冲击大的故障是升挡过迟所致。如果在升挡之前发动机转速异常升高，导致在升挡的瞬间有较大的换挡冲击，则说明是离合器或制动器打滑，应分解自动变速器，予以修理。

④ 检测主油路油压。如果怠速时主油路油压过高，则说明主油路调压阀或调压电磁阀有故障，可能是调压弹簧的预紧力过大或阀芯卡滞所致；如果怠速时主油路油压正常，但起步进挡时有较大的冲击，则说明前进离合器或倒挡及高挡离合器的进油单向阀阀球损坏或漏装。对此，应拆卸阀板，予以修理。

⑤ 检测换挡时的主油路油压。在正常情况下，换挡时的主油路油压会有瞬时的下降。如果换挡时主油路油压没有下降，则说明减振器活塞卡滞。对此，应拆检阀板和减振器。

⑥ 检查油压电磁阀的线路以及油压电磁阀工作是否正常、电脑是否在换挡的瞬间向油压电磁阀发出控制信号。如果线路有故障，应予以修复；如果电磁阀损坏，应更换电磁阀；如果电脑在换挡瞬间没有向油压电磁阀发出控制信号，说明电脑有故障，对此，应更换电脑。

（七）跳挡故障

1. 故障现象

汽车以前进挡行驶时，即使油门踏板保持不动，自动变速器仍经常出现突然降挡现象；降挡后发动机转速异常升高，并产生换挡冲击。

2. 故障原因

① 节气门位置传感器有故障。

② 车速传感器有故障。

③ 控制系统电路接地不良。

④ 换挡电磁阀接触不良。

⑤ 电脑有故障。

3. 故障诊断与排除

① 应先进行故障自诊断。如有故障代码，则按所显示的故障代码查找故障原因。

② 测量节气门位置传感器。如有异常，应更换。

③ 测量车速传感器。如有异常，应更换。

④ 检查控制系统电路各条接地线的接地状态。如有接地不良现象，应予以修复。

⑤ 拆检自动变速器油底壳，检查各个换挡电磁阀线束接头的连接情况。如有松动，应予以修复。

⑥ 检查控制系统电脑各接线脚的工作电压。如有异常，应予以修复或更换。

⑦ 换一个新的阀板或电脑试一下，如果故障消失，说明原阀板或电脑损坏，应更换。

⑧ 更换控制系统所有线束。

（八）无发动机制动故障

1. 故障现象

① 在行驶中，当操纵手柄位于前进低挡（S、L或2、1）位置时，松开油门踏板，发动机转速降至怠速，但汽车没有明显减速。

② 下坡时，操纵手柄位于前进低挡，但不能产生发动机制动作用。

2. 故障原因

① 挡位开关调整不当。

② 操纵手柄调整不当。

③ 2 挡强制制动器打滑或低挡及倒挡制动器打滑。

④ 控制发动机制动的电磁阀有故障。

⑤ 阀板有故障。

⑥ 自动变速器打滑。

⑦ 电脑有故障。

3. 故障诊断与排除

① 先进行故障自诊断，按所显示的故障代码查找故障原因。

② 做道路试验，检查加速时自动变速器有无打滑现象。如有打滑，应拆修自动变速器。

③ 如果操纵手柄位于S位时没有发动机制动作用，但操纵手柄位于L位时有发动机制动作用，则说明2挡强制制动器打滑，应拆修自动变速器。

④ 如果操纵手柄位于L位时没有发动机制动作用，但操纵手柄位于S位时有发动机制动作用，则说明低挡及倒挡制动器打滑，应拆修自动变速器。

⑤ 检查控制发动机制动作用的电磁阀线路有无短路或断路，电磁阀线圈电阻是否正常，通电后有无工作声音。如有异常，应修复或更换。

⑥ 拆卸阀板总成，清洗所有控制阀。阀芯如有卡滞，可抛光后装复。如抛光后仍有卡滞，应更换阀板。

⑦ 检测电脑各接脚电压。要特别注意与节气门位置传感器、挡位开关连接的各接脚的电压。如有异常，应做进一步检查。

⑧ 更换一个新的电脑试一下。如果故障消失，说明原电脑损坏，应更换。

（九）不能强制降挡故障

1. 故障现象

当汽车以3挡或超速挡行驶时，突然将油门踏板踩到底，自动变速器不能立即降低一个挡位，汽车加速无力。

2. 故障原因

① 节气门位置传感器调整不当。

② 强制降挡开关损坏或安装不当。

③ 强制降挡电磁阀损坏或线路短路、断路。

④ 阀板中的强制降挡控制阀卡滞。

3. 故障诊断与排除

① 检查节气门位置传感器的安装情况。如有异常，应按标准重新调整。

② 检查强制降挡开关。在油门踏板踩到底时，强制降挡开关的触点应闭合；松开油门踏板时，强制降挡开关的触点应断开。如果油门踏板踩到底时强制降挡开关触点没有闭合，可用手直接按动强制降挡开关。如果按下开关后触点闭合，说明开关安装不当，应重新调整；如按下开关后触点仍不闭合，说明开关损坏，应予以更换。

③ 对照电路图，在自动变速器线束插头处测量强制降挡电磁阀。如有异常，则故障为线路短路、断路或电磁阀损坏。对此，应检查线路或更换电磁阀。

④ 打开自动变速器油底壳，拆下强制降挡电磁阀，检查电磁阀的工作情况。如有异常，应予以更换。

⑤ 拆卸阀板总成，分解、清洗、检查强制降挡控制阀。阀芯如有卡滞，可进行抛光，若无法修复，则应更换阀板总成。

（十）液压油易变质故障

1. 故障现象

① 更换后的液压油使用不久即变质。

② 自动变速器温度太高，从加油口处向外冒烟。

2. 故障原因

① 汽车使用不当，经常超负荷行驶，如，经常用于拖车，或经常急速、超速行驶等。

② 液压油散热器堵塞。

③ 通往液压油散热器的限压阀卡滞。

④ 离合器或制动器自由间隙太小。

⑤ 主油路油压太低，离合器或制动器在工作中打滑。

3. 故障诊断与排除

① 让汽车以中低速行驶5～10 min，待自动变速器达到正常工作温度后，在发动机运转过程中检查自动变速器液压油散热器的温度。在正常情况下，液压油散热器的温度可达60 ℃左右。若液压油散热器的温度过低，说明油管堵塞，或通往液压油散热器的限压阀卡滞。这样，液压油得不到及时的冷却，油温过高，导致变质。

② 若液压油散热器的温度太高，说明离合器或制动器自由间隙太小。对此，应拆卸自

动变速器，予以调整。

③ 若液压油温度正常，应测量主油路油压。若油压太低，应检查节气门位置传感器的调整情况。若节气门位置传感器安装正常，应拆卸自动变速器，检查油泵是否磨损过甚、阀板内的主油路调压阀和油压电磁阀有无卡滞、主油路有无漏油处。

④ 若上述检查均正常，则故障可能是汽车经常超负荷行驶所致，或未按规定使用合适牌号的液压油所致。对此，可将液压油全部放出，加入规定牌号和数量的液压油。

四、故障实例

实例一：

（1）故障现象

一捷达都市先锋轿车（装 01M 自动变速器）行驶中不能升入高挡，发动机转速很高，但就是不跳挡。

（2）故障诊断与排除

① 连接 V. A. G1551 进行故障诊断，无故障存储。

② 在试车中读取测量数据块，发现车子只能升到二挡，并且在一挡与二挡间来回跳动。

③ 打开发动机舱罩盖，发现变速器转速传感器 G38 与车速传感器 G68 插反，黑色插头 G68 应插在变速器外侧。

将两个传感器插头按正确位置装好，试车后，故障消失。

故障点评：变速器转速传感器 G38 用来监控大太阳轮的转速变化信号。在二挡时，大太阳轮被制动，因为两个传感器插反，所以此时，车速传感器 G68 收不到车速信号，从而又降入一挡，如此反复，车辆升不到三挡。由于插错的这 2 个插头，输出的是 2 个完全相反的错误信号，ECU 无法按储存的程序发出正确指令进行控制，结果导致自动变速器频繁跳挡。但是因 ECU 能接收到转速传感器信号，所以 ECU 不会储存故障代码。

实例二：

（1）故障现象

捷达 AT 挂上前进挡，踏下加速踏板，发动机转速表指针已指向 3 000 r/min，此时车速只有 30 km/h。

（2）故障诊断与排除

此现象说明自动变速器总以 1 挡行驶。使用 V. A. G1552 查询，无故障码。汽车停在原地，打开点火开关，踩加速踏板，观察数据块 001 显示组第三区的节气门位置值。随着节气门由全闭到全开，节气门位置值应从 0% ~100% 变化，而此车不管节气门在何位置，节气门位置值总是 57% 。自动变速器电脑根据变速器转速信号和节气门电位计信号来变换挡位，如果收不到节气门电位计信号，或者节气门电位计信号始终是一个固定的数值，自动变速器电脑就不会发出换挡指令。使用 V. A. G1552 进入自动变速器地址，因自动变速器电脑自诊断程序未设置节气门电位计故障码，所以不能储存此故障，但是可以观看数据块中节气门的位置，来判断节气门电位计是否有故障。

将 V. A. G1552 进入发动机地址，查询无故障码。阅读数据块中节气门角度不正常，怀疑自动变速器控制单元有问题。更换自动变速器控制单元，然后用 V. A. G1552 先后进入发动机、自动变速器地址进行节气门基本调整。

最后进行路试，观察当发动机转速在3 000 r/min时，对应的车速是100 km/h。此情形说明自动变速器换挡完全正常，故障排除。

实例三：

1. 故障现象

宝来1.8T AT行驶10 000 km时，来服务站报修，变速器不跳挡，车速升不起来。

2. 故障诊断与排除

经V. A. G1551访问变速器地址码02，查得故障为变速器转速传感器G38信号不良，换用新G38传感器装车路试，故障依旧。于是怀疑线路是否有问题，用万用表测量自动变速器控制单元J217的“21”及“66”脚与G38插头的阻值，其中一条为无穷大，说明有断路现象。经过仔细检查发现，与变速器电脑相连的插座座孔不良，导致该线退出，致使断路。将该线恢复后，路试车辆，一切正常。用V. A. G1551访问变速器控制单元，传感器G38变为“SP”偶发故障，将该故障用05功能清除后，电脑无故障记忆。

练习与思考题

10－1 分析手动变速器换挡困难故障原因。

10－2 以某一车型的自动变速器为例，分析自动变速器无倒挡故障原因。

第十一章 万向传动装置与驱动桥故障诊断与检修

第一节 万向传动装置故障诊断与分析

一、万向传动装置功能和组成

1. 功用

万向传动装置用来实现变角度的动力传递。

2. 组成

万向传动装置一般由万向节和传动轴组成，有时还要加装中间支承。如图 11－1 所示。

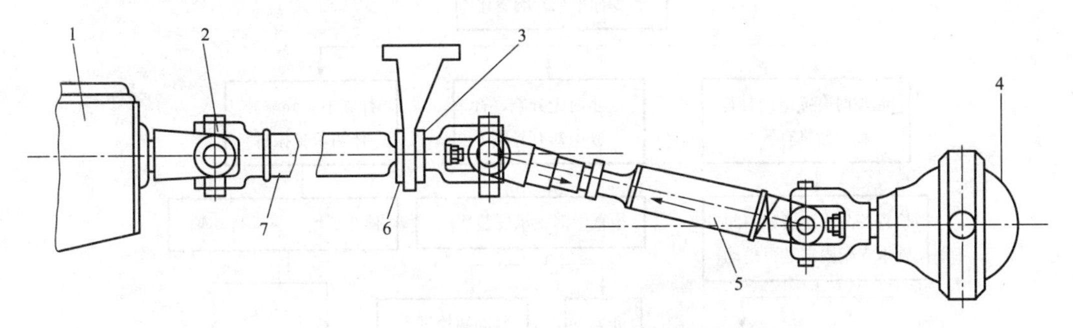

图 11－1 万向传动装置的组成

1—变速器；2—万向节；3—中间支承；4—驱动桥；5，7—传动轴；6—球轴承

3. 常见故障

万向传动装置故障主要表现为异响和振动。

二、异响故障

1. 故障现象

（1）传动轴万向节响声

① 汽车起步时，车身发抖，能听到“克啦、克啦”撞击声，在车速变化时响声更加明显。

② 车辆在高速挡用小油门行驶时，响声增强，抖动更严重。

（2）中间轴承发响

汽车行驶时，听到一种无节奏的“呜、呜”或“嗡嗡”的响声，速度越快响声越严重，有时也出现“咯噔、咯噔”的响声。

2. 故障原因

（1）传动轴万向节响声

① 由于长期缺油，万向节十字轴及滚针磨损松旷或滚针碎裂。

② 传动轴花键齿与叉管花键槽磨损松旷。

③ 变速器第二轴（输出轴）花键齿与突缘花键槽磨损严重。

④ 车辆经常用高速挡制动停车。

⑤ 各连接部位的螺栓松动。

（2）中间轴承发响

① 轴承磨损严重或缺少润滑油。

② 滚珠轴承损坏。

③ 支架橡胶套损坏或支架位置不正确和装配不当等致使轴承歪斜。

④ 支架螺栓松动或松紧不一致。

3. 故障诊断

传动轴异响故障诊断流程图如图 11－2 所示。

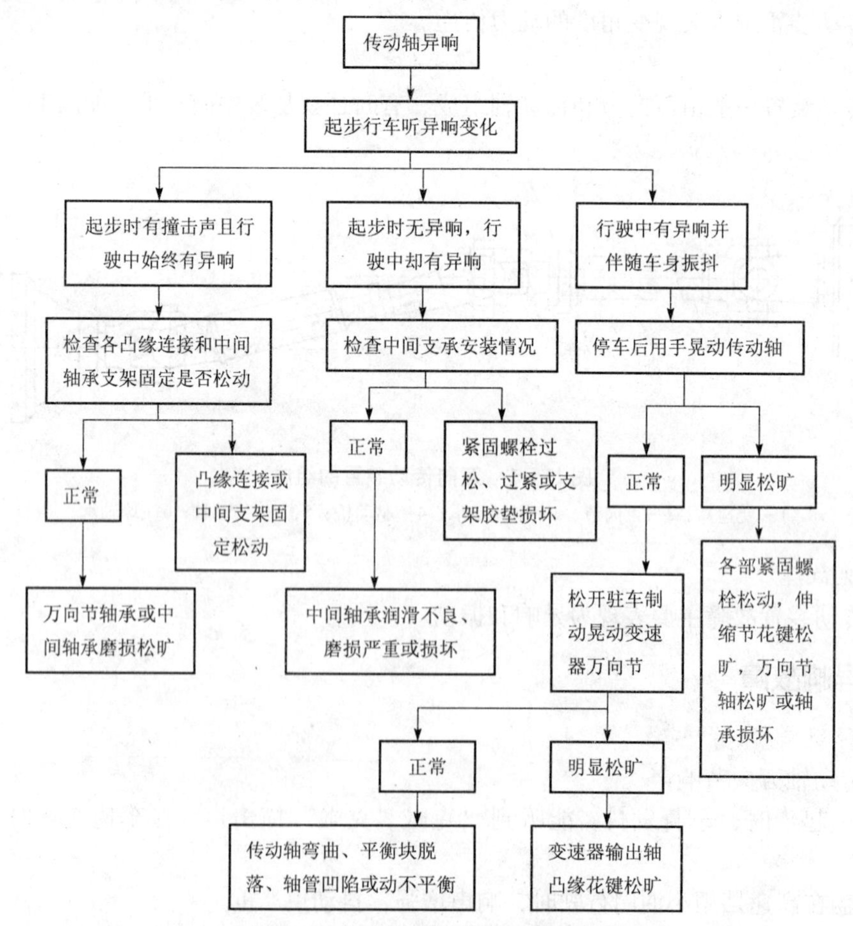

图 11－2　传动轴异响故障诊断流程图

二、振动故障

1. 故障现象

汽车在行驶中听到一种周期性的“隆隆”声，且随车速加快，响声增大，严重时车身发抖，驾驶室振动。

2. 故障原因

① 传动轴不平衡。

② 传动轴弯曲和扭曲。

③ 传动轴各部紧固螺栓松动。

④ 十字万向节十字叉花键磨损。

⑤ 中间轴承磨损或轴承支架安装处松动。

3. 故障的诊断

传动轴振动故障诊断流程图如图 11－3 所示。

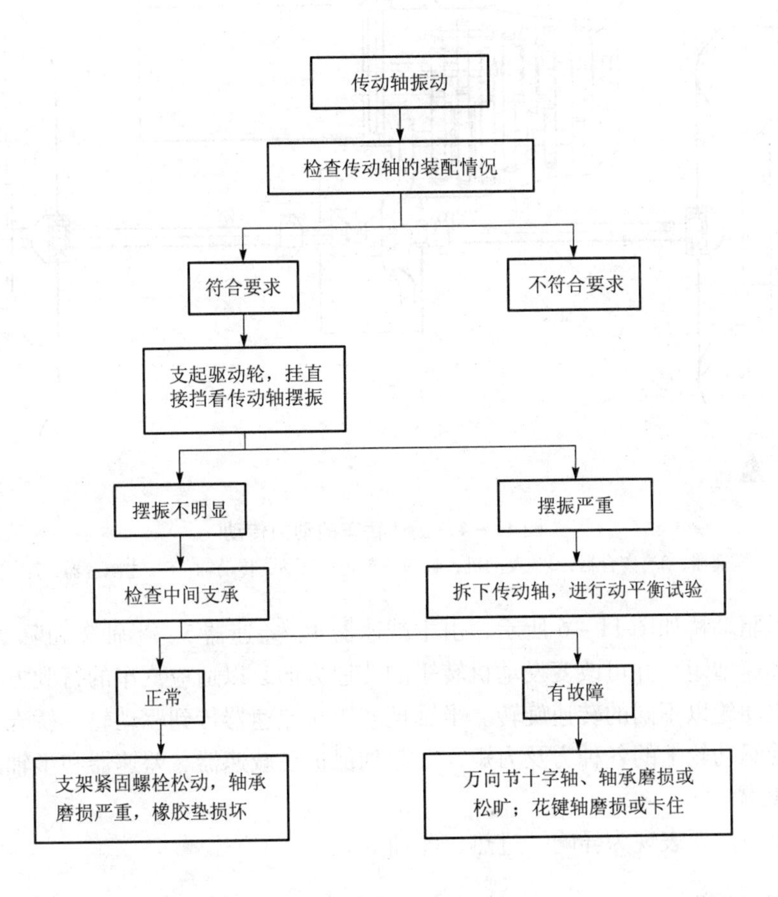

图 11－3　传动轴振动故障诊断流程图

第二节 驱动桥故障诊断与分析

一、驱动桥的功用与组成

1. 功用

驱动桥的功用是将万向传动装置传来的发动机动力，经降速增矩，改变传动方向后，分配给左、右驱动轮，并且允许左、右驱动轮以不同转速旋转。

2. 组成

捷达轿车的动力传动，如图 11－4 所示，是典型的发动机前横置传动。主减速器和差速器结构如图 11－5 所示。

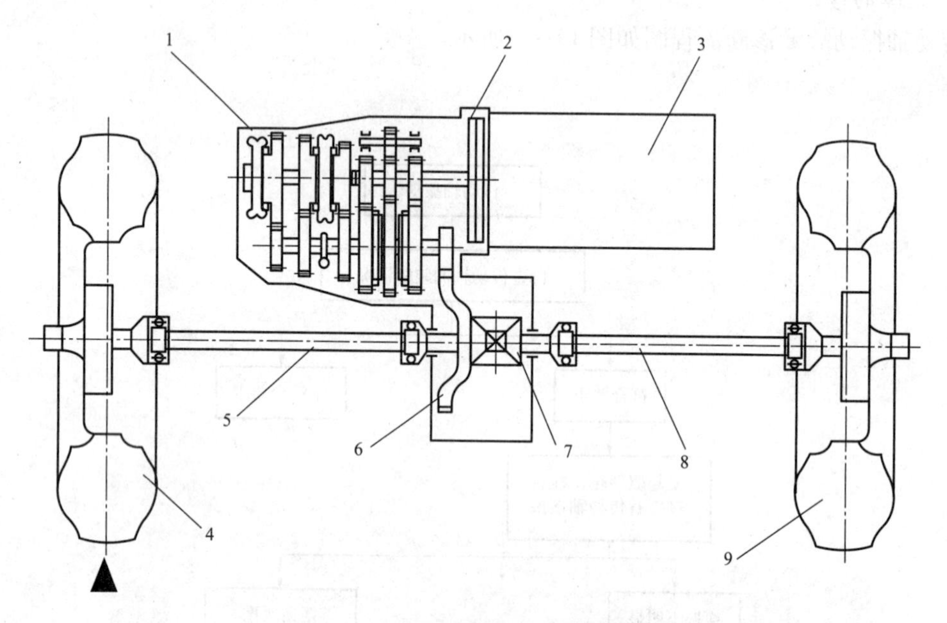

图 11－4 捷达轿车的动力传动

1—5 挡变速器；2—离合器；3—发动机；4，9—车轮；5，8—传动轴；6—主减速器；7—差速器

载货汽车驱动桥如图 11－6 所示，由主减速器 4、差速器 5、半轴 2 和驱动桥壳 3 组成。主减速器可降速增矩，并可改变发动机转矩的传递方向，以适应汽车的行驶方向。差速器可保证左、右驱动轮以不同的转速旋转。半轴把转矩从差速器传到驱动轮。桥壳支承汽车的部分质量，承受驱动轮上的各种力及力矩，并起到保护主减速器、差速器和半轴的作用。

3. 常见故障

驱动桥故障主要表现为异响、过热、漏油等。

二、异响故障

1. 故障现象

（1）主减速器齿轮响

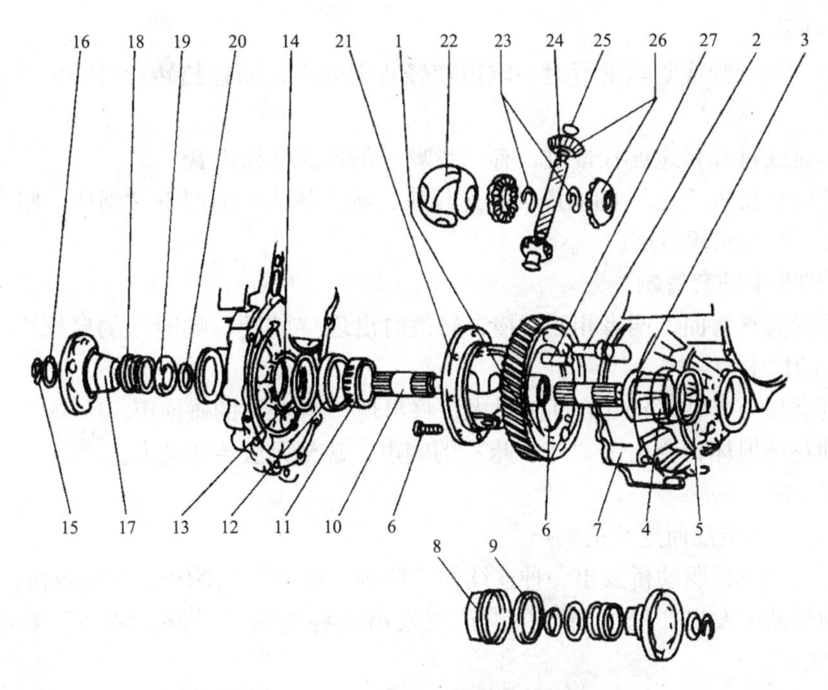

图 11－5　主减速器和差速器结构

1—主传动齿轮；2—螺钉；3—圆锥滚珠轴承内圈；4—圆锥滚珠轴承外圈；5—调整垫片；6—组合固定件；7—离合器壳体；8—轴套；9—油封；10—驱动法兰轴；11—圆锥滚珠轴承内圈；12—圆锥滚珠轴承外圈；13—调整垫片；14—变速器壳体；15—弹性挡圈；16—碟形弹簧；17—驱动法兰；18—压力弹簧；9—止推垫圈；20—锥形环；21—差速器壳体；22—整体式止推垫圈；23—弹性挡圈；24—差速器行星齿轮轴；25—弹性挡圈；26—差速器行星齿轮；27—铆钉

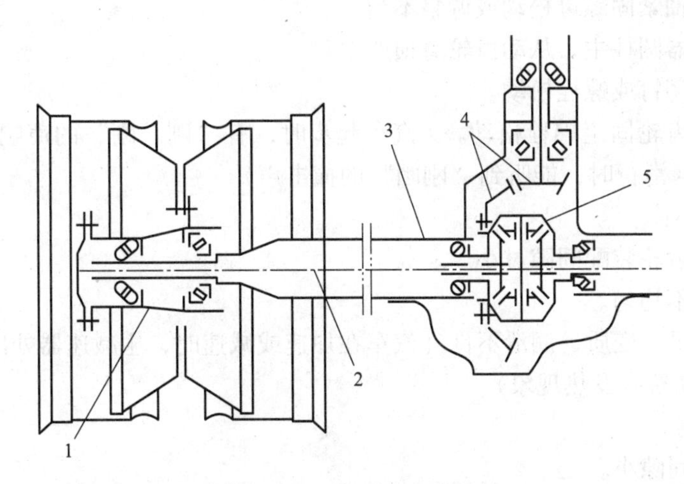

图 11－6　驱动桥示意图

1—轮毂；2—半轴；3—驱动桥壳；4—主减速器；5—差速器

① 汽车起步时，有“刚、刚”的声响；行进中突然抬油门，或“脱挡”滑行时，能听到“刚哨”的撞击声。

② 汽车在加速或减速时，主减速器处出现连续的“嗯、嗯”声，同时驱动桥有发热现象。

③ 车辆行驶时，驱动桥间断地发出“哽、哽”声，且随车速提高而增大。

（2）差速器响

① 汽车直线行驶或空挡滑行时，响声较轻或无响声，而挂挡转弯时响声严重，转弯越急响声越大。

② 汽车直线行驶且速度较慢时，有“嗞嗞”的齿面摩擦声音。

③ 转弯时，出现“嗯”的响声，车速越快，响声越大；有时有“咯叭、咯叭”的响声或“啃、啃”的金属撞击声。

（3）半轴和半轴套管响

① 半轴或套管弯曲，两者相互碰撞，轻微时出现“呲哽、呲哽”的碰擦声，严重时产生“咕隆”的撞击声。

② 花键磨损与半轴齿轮配合间隙过大，将出现“咯啃”的碰撞声。

③ 半轴花键损坏，会出现“咔、咔”的响声，甚至无法传递动力。

（4）轴承响

轴承响是一种杂乱而连续的响声。

① 汽车行驶时，驱动桥发出一种连续的“咯啦、咯啦”的响声，车速越快，响声越大。

② 车辆行驶中发出“嗯、嗯”的响声或发出一种连续“咕咚、咕咚”响声，车速越快，响声越大。

2. 故障原因

（1）主减速器齿轮响

啮合间隙太大：

① 主、从动齿轮磨损或调整不当。

② 主、从动齿轮轴承磨损、松旷。

③ 主动齿轮轴紧固螺母松动或调整不当。

④ 双级减速器圆柱主、从动齿轮磨损严重。

⑤ 从动齿轮铆钉或螺栓松动。

⑥ 圆柱从动齿轮固定螺栓松动。（汽车起步时，有“刚、刚”的声响；行进中突然抬油门，或“脱挡”滑行时，能听到“刚啮”的撞击声）

啮合间隙过小：

① 主、从动齿轮装配间隙过小。

② 啮合间隙不均匀。

③ 润滑油不足、变质、润滑不良（汽车在加速或减速时，主减速器处出现连续的“嗯、嗯”声，同时驱动桥有发热现象）

（2）差速器响

① 齿轮啮合间隙小。

② 行星齿轮在十字轴上运动时有阻滞甚至卡住的现象，行星齿轮与半轴齿轮不配套（如单独更换某齿轮）。

（3）半轴和半轴套管响

① 半轴弯曲、扭曲、折断。

② 差速锁止装置使用不当而打坏半轴齿轮或造成半轴花键损坏。

③ 半轴花键磨损松旷等。

3. 故障诊断

异响故障的诊断流程图如图 11－7 所示。

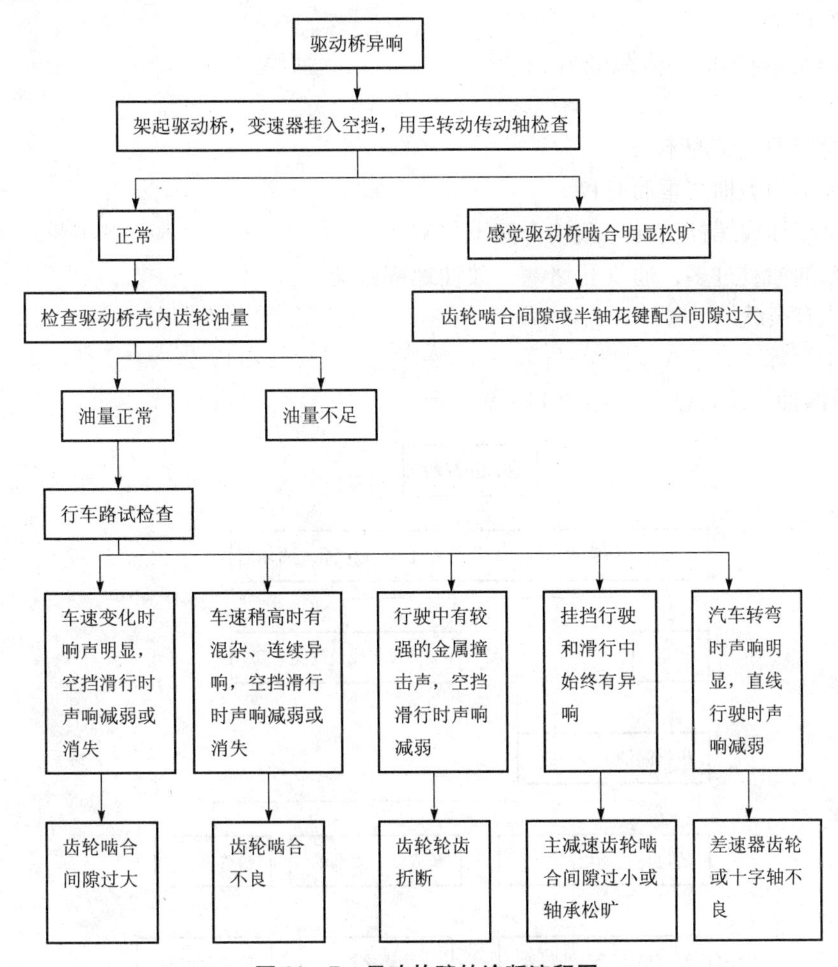

图 11－7　异响故障的诊断流程图

三、驱动桥过热

1. 故障现象

车辆行驶一段路程后，用手抚摸驱动桥，若感到烫手（不能忍受），则为过热。

2. 故障原因

① 轴承装配过紧。

② 齿轮啮合间隙过小。

③ 齿轮过度磨损。

④ 缺少润滑油或使用的润滑油牌号与要求不符。

3. 故障诊断

驱动桥过热故障诊断流程如图 11－8 所示。

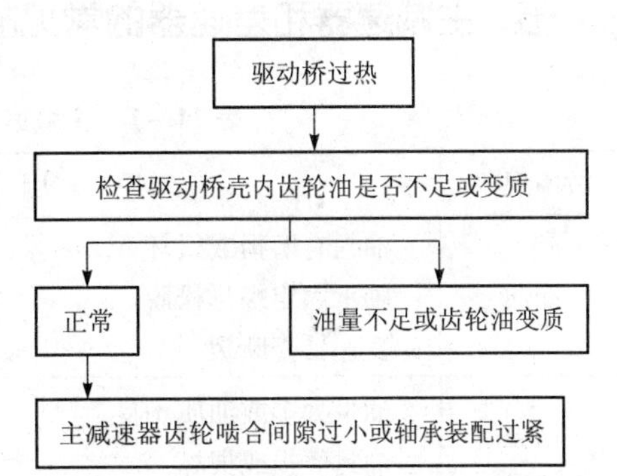

图 11－8　驱动桥过热故障诊断流程图

四、驱动桥漏油故障

1. 故障现象

齿轮油封或衬垫向外渗漏油液。

2. 故障原因

① 油封磨损或装配不当。

② 轴承轴颈磨损严重而起槽。

③ 衬垫损坏或螺栓松动导致结合面不严密。

④ 齿轮油油量过多，通气孔堵塞，放油螺塞松动。

⑤ 壳体有裂缝。

3. 故障诊断

驱动桥漏油故障诊断流程如图 11 －9 所示。

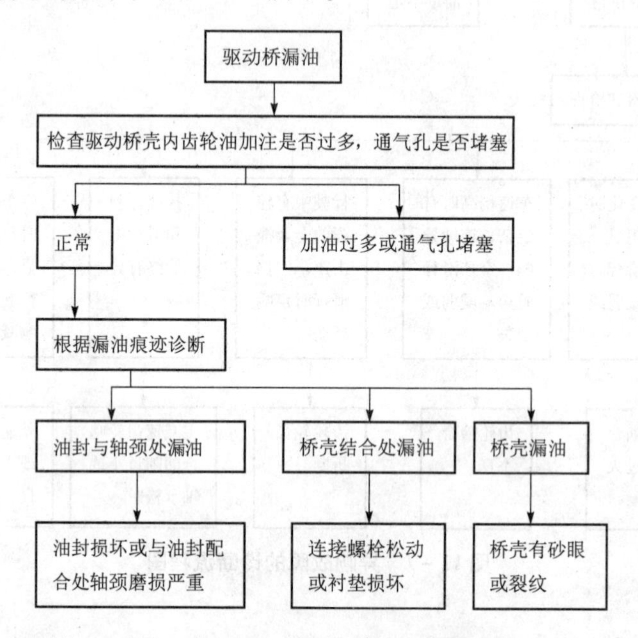

图 11 －9　驱动桥漏油故障诊断流程图

五、主减速器和差速器的常见故障排除方法

表 11 －1　主减速器和差速器的常见故障排除方法

故障现象	原　　因	排除方法
漏油	油封有磨损或毁坏 轴承固定螺母松脱 变速器壳断裂	更换油封 更换固定螺母 如必要则修理
主动锥齿轮轴漏油	油量太多或油质不良 油封磨损或损坏 前端凸缘松开或磨损	泄掉、更换油料 更换油封 拧紧或更换凸缘

续表

故障现象	原　因	排除方法
有杂音	油量太少或油质差 主、从动锥齿轮或差速器齿轮之间齿隙过大 主、从动锥齿轮或差速器齿轮磨损 主动锥齿轮轴承有磨损 轮毂轴承有磨损 差速器轴承松脱或磨损	放掉、更换新油 检查齿隙 检查齿轮 更换轴承 更换轴承 拧紧或更换轴承

第三节　万向传动装置驱动桥的检查与调整

一、传动轴的检查

1. 检查传动轴的弯曲变形

拆下中间传动轴或主传动轴后，如图 11－10 所示，将轴管两端支撑在 V 形架上，用百分表测量传动轴的径向圆跳动，其使用极限见表 11－2。

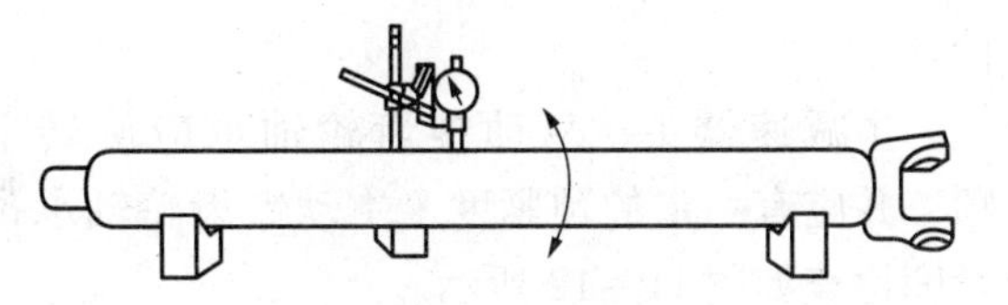

图 11－10　检查传动轴弯曲变形

表 11－2　传动轴弯曲度使用极限

车　型	测量部位	使用极限/mm
CA1091	主传动轴和中间传动轴轴管全长	1.4
	花键轴轴颈处	0.2
EQ1090	主传动轴和中间传动轴轴管全长	1.5
NJ1061	主传动轴轴管全长	1.2
	中间传动轴轴管全长	1.0
五十铃	主传动轴和中间传动轴轴管全长	1.0

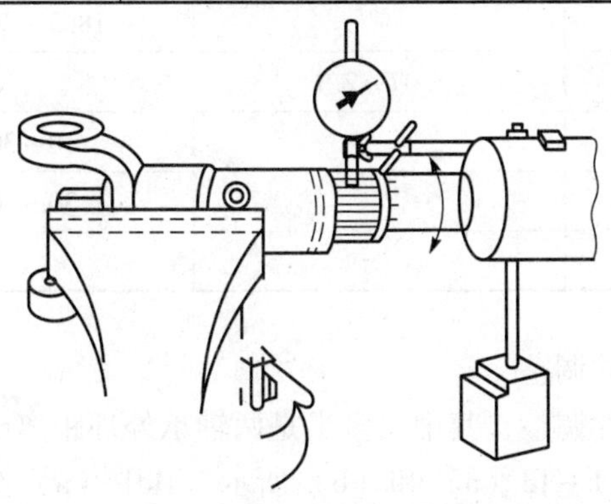

图 11－11　检查传动轴花键配合间隙

2. 检查传动轴花键配合间隙

检查传动轴花键配合间隙方法如图 11－11 所示，将传动轴滑动叉（或凸缘）夹在台钳上，把花键轴按装配标记插入滑动叉（或凸缘），并使部分花键露出，转动花键轴，同时用百分表测量花键侧面扭转摆动量，即为花键配合间隙，其值应不超过表 11－3 规定。

表 11－3 传动轴花键配合间隙

车　　型	测量部位	使用极限/mm
CA1091	凸缘与中间传动轴	0.6
	滑动叉与主传动轴	0.8
EQ1090	滑动叉与主传动轴	0.4
NJ1061 五十铃	凸缘与中间传动轴	0.3
	滑动叉与主传动轴	0.3

二、主减速器、差速器的检查与调整

1. 主减速器主动锥齿轮轴承的预紧度的检查与调整

（1）主减速器主动锥齿轮轴承的预紧度的检查

主减速器主、从动锥齿轮轴承应旋转平顺，并应有一定的预紧度。主动锥齿轮轴承预紧度检查如图 11－12 所示。

在不装油封的情况下，用手抓住突缘来回推拉，应无间隙感觉，转动突缘，轴承应转动灵活，无卡滞。在突缘螺栓孔处用弹簧秤测量圆周切向拉力（图 11－12），其拉力极限值（见表 11－4）即为主动锥齿轮的轴承预紧度。

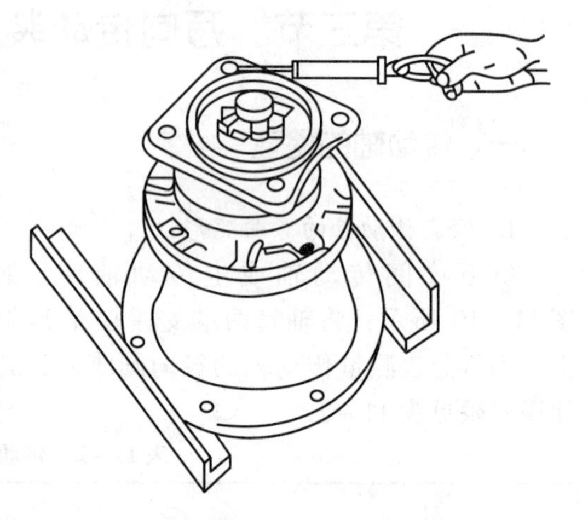

图 11－12 检查主动锥齿轮轴承预紧度

表 11－4 主动锥齿轮轴承预紧度及凸缘螺栓的力矩

车　　型	凸缘螺母力矩/（N·m）	轴承预紧力矩/（N·m）	圆周力/N
CA1091	200～290	1.47～3.43	25～58
EQ1090	196～294	1.33～2.67	16.7～33.3
NJ1061	177～245	0.59～1.37	12.3～28.4
NJ1041	177～245		18.3～30.4
CA1040	200～220	1.07～2.1	
BJ1040	200～220		10～30
BJ1041			30～50
五十铃	117～143		

（2）主减速器主动锥齿轮轴承的预紧度的调整

主动锥齿轮轴承预紧度一般使用调整垫片调整，其中又多半是两轴承外环距离已定，用改变两轴承的内环之间的距离来调整，如图 11－13（a）和（b）所示。其中（a）图两轴承之间有隔套 2。（b）图主动齿轮轴上有轴肩。在隔套或轴肩前面装有调整垫片 3，增减垫片 3

的厚度即可改变两锥轴承内环之间的距离。垫片厚度增加，距离加大，轴承预紧度减小；反之，轴承预紧度加大。EQ1090E、CA1091、JN162、BJ2020、广州标致等汽车都属于这种形式。

有的汽车不用垫片，而是通过精选隔套长度来调整［图11－13（d）］，如南京依维柯S系列即是这种形式。还有的隔套为波形套，如丰田CORONA、STARLET和日产200SX。当轴承预紧后，波形套便超过了弹性极限而进入塑性变形范围，能在较宽的变形范围内保持轴向支持力基本不变，从而使轴承预紧度保持在规定范围内。

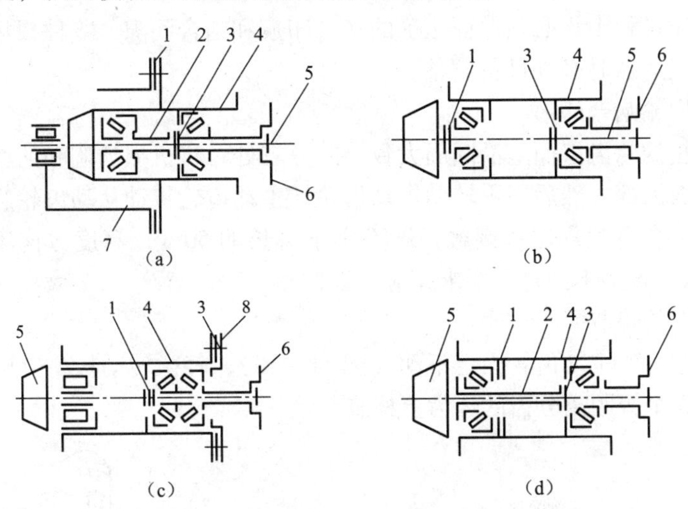

图11－13　主动锥齿轮的支承形式及调整装置

（a）改变两轴承的内环之间的距离调整（带隔套）；（b）改变两轴承的内环之间的距离调整（无隔套）；（c）改变两轴承的外环之间的距离调整；（d）通过隔套长度调整

1—啮合状况调整垫片；2—隔套；3—轴承预紧度调整垫片；4—轴承座；5—锥齿轮；6—突缘叉；7—主减速器壳；8—油封盖

另外，也有两轴承内环之间的距离已定，用改变两轴承外环之间的距离来调整。如图11－13（c）所示，在主减速器油封盖后面装有调整垫片3。垫片厚度增加，距离加大，轴承预紧度减小；反之，轴承预紧度增加。奥迪100组合式变速器主减速器(如图11－14所示）也类似这种形式，其调整垫片1在变速器输出轴外端轴承盖下，垫片厚度增加，预紧度减小，反之预紧度增加。

2. *从动锥齿轮轴承的预紧度调整*

单级主减速器从动锥齿轮轴承就是差速器轴承，其预紧度调整随结构不同而异。对整体式桥壳来说（如EQ1090E），通常是通过两差速器轴承外侧的螺母来调整的。旋进螺母，预紧力加大，反之则减小。对与变速器在一起的组合式结构来说（如奥迪100，如图11－14所示），通常是通过增减两差速器轴承外环与壳体间的两组垫片3和4的厚度来调整的。两组垫片总厚度增加，预紧度增加；反之减小。类似的，分段式桥壳（如BJ2020），通常也是

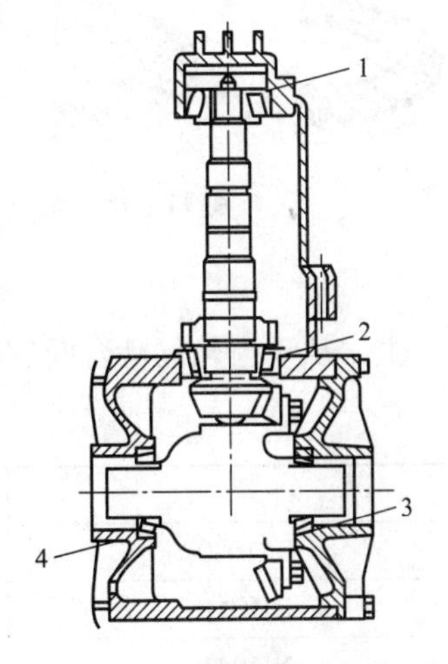

图11－14　奥迪100主减速器的调整装置

1，2—主动锥齿轮调整垫片；3，4—差速器轴承调整垫片

通过增减两差速器轴承内环（或外环）与差速器壳（或桥壳）间两组垫片总厚度来调整的。

双级主减速器第一级为锥齿轮者（如 CA1091），其从动锥齿轮与第二级主动圆柱齿轮共同支承于中间轴上，轴承预紧度是通过中间轮两端轴承盖下的垫片调整的。两组垫片总厚度增加，预紧度减小，反之增加。第二级从动圆柱齿轮轴承预紧度的调整与单级主减速器从动锥齿轮轴承预紧度调整相同。

3. 调整主减速器主、从动锥齿轮的啮合印痕和啮合间隙

主减速器工作过程中，必须保证正确的啮合印痕和啮合间隙。零件损坏或因零件磨损而松动，在维修主减速器时必须进行调整。

（1）检查锥齿轮啮合印痕

在从动锥齿轮的轮齿齿面上沿圆周大致等距分三处，将机械油调和的红丹油或兰油均匀地涂在齿轮凸凹面齿部，然后用手转动主动齿轮，主动齿轮带动从动齿轮旋转，其两齿轮凸面的啮合印痕应符合下列规定：接触长度不小于齿长的50%，高度方向不小于齿高40%，如图 11－15 所示。若达不到这个要求，应予以调整。

（2）啮合间隙的检测

测量啮合间隙时，主动齿轮固定不动（图 11－16），轻微转动从动齿轮。应在从动锥齿轮圆周上不少于3个等距离分齿的牙齿上检查测量。

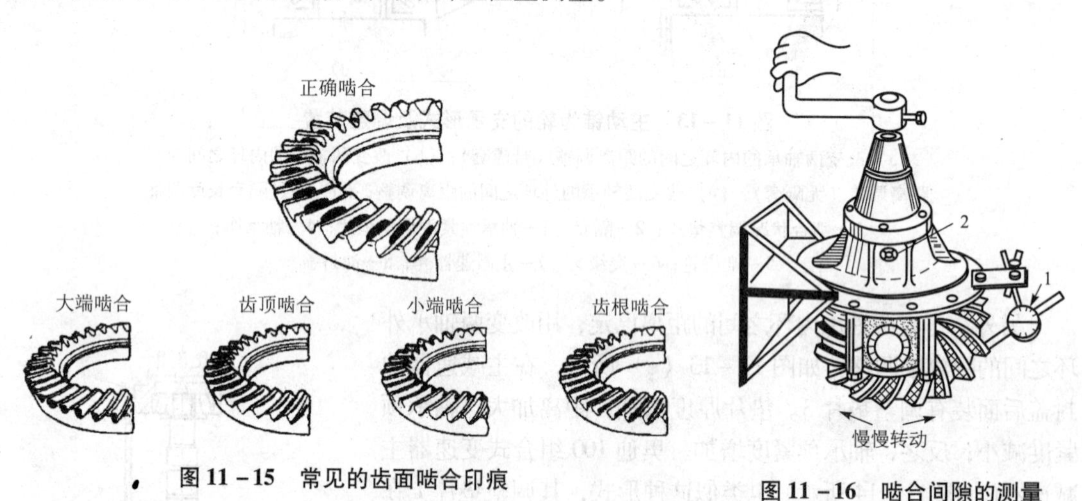

图 11－15　常见的齿面啮合印痕

图 11－16　啮合间隙的测量

1—百分表；2—止推轴承

主、从动齿轮的啮合间隙应在规定范围内，几种车型的啮合间隙见表 11－5。

表 11－5　主、从动齿轮的啮合间隙

车　型	主、从动齿轮的啮合间隙/mm
CA1040	0. 15 ~ 0. 30
BJ1041	0. 20 ~ 0. 35
NJ1041	0. 15 ~ 0. 35
CA1091	0. 15 ~ 0. 40
EQ1090	0. 15 ~ 0. 40
五十铃	0. 15 ~ 0. 20

（3）主减速器锥齿轮和啮合印痕和侧隙的调整

主、从动锥齿轮的啮合间隙和啮合印痕，是通过主、从动锥齿轮沿各自轴向位移来调整。主动锥齿轮轴向位移通过增减主动锥齿轮轴承壳与减速器壳之间的调整垫片来调整。从动锥齿轮轴向位移通过旋拧差速器轴承调整环来调整（不要改变轴承预紧度）。调整过程如图 11－17 所示。

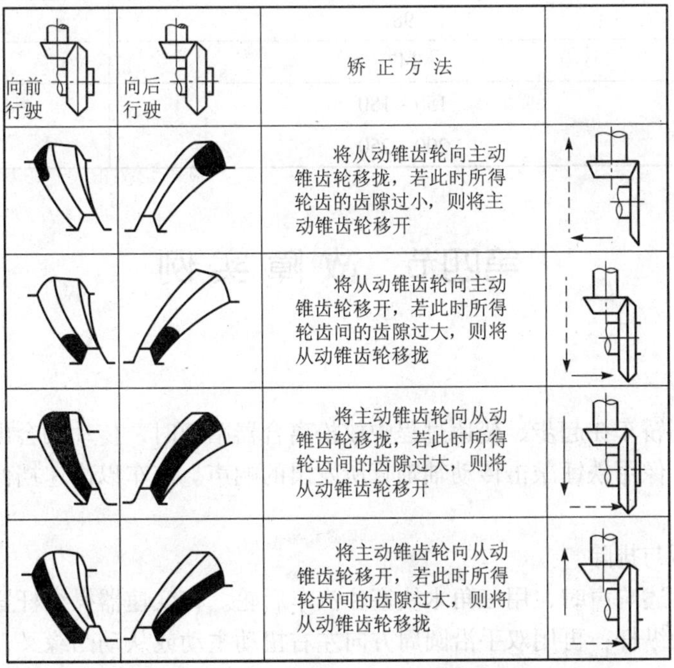

向前行驶	向后行驶	矫正方法	
		将从动锥齿轮向主动锥齿轮移拢，若此时所得轮齿的齿隙过小，则将主动锥齿轮移开	
		将从动锥齿轮向主动锥齿轮移开，若此时所得轮齿间的齿隙过大，则将从动锥齿轮移拢	
		将主动锥齿轮向从动锥齿轮移拢，若此时所得轮齿间的齿隙过大，则将从动锥齿轮移开	
		将主动锥齿轮向从动锥齿轮移开，若此时所得轮齿间的齿隙过大，则将从动锥齿轮移拢	

图 11－17　主减速器锥齿轮啮合印痕和齿轮侧隙的调整

对双级主减速器，在不改变主减速器壳左、右主动圆柱齿轮轴承盖下调整垫片总厚度的前提下，通过把适当厚度的调整垫片从一侧移到另一侧来调整从动锥齿轮的轴向位移。

对单级主减速器，从动锥齿轮的轴向位移可通过转动两个差速器轴承调整螺母来调整，但注意不能改变差速器轴承预紧度。

各车型所给定的主减速器锥齿轮侧隙，是在齿面啮合印痕正确的条件下的间隙。因此，调整间隙应与调整啮合痕迹同步进行。调整啮合间隙和啮合印痕时，应以调整啮合痕迹为主，在满足调整啮合印痕的条件下，可将啮合间隙适当放大。因为啮合印痕是为了保证传动过程中的受力要求，而间隙主要影响速度变化时的冲击响声。

三、后轮毂轴承调整

安装轮毂时，按下述方法调整轮毂轴承预紧度：

① 将轴承内螺母按规定力矩拧紧，见表 11－4。边拧紧轴承内螺母，边转动制动鼓，以使轴承滚子在轴承内、外圈中处于正确位置。

② 将已拧紧的轴承内螺母退回一定圈数，见表 11－6。装上螺母锁紧垫圈，若垫圈上的锁孔不能套上轴承内螺母销，可将轴承内螺母拧出少许，直到对准并套上销钉为止。

③ 调整完毕后，检查轮毂应能灵活转动，且无明显摆动现象。按规定力矩装上并拧紧

轴承外螺母。

表 11－6　后轮毂轴承调整数据

车　型	轴承内螺母拧紧力矩/（N·m）	轴承内螺母退回圈数/圈
CA1091	98～147	1/5
EQ1090	196～245	1/4～1/3
NJ1041	98	1/8
NJ1061	147	1/8　～1/9
BJ1041	150～180	1/4～1/3
CA1040	200～250	1/6～1/4

第四节　故 障 实 例

实例一：

（1）故障现象

一辆本田雅阁轿车在起步、变速过程中放松离合器踏板时，传动轴会出现一种明显、清脆的金属敲击声，像用铁锤敲击传动轴轴管所发出的响声。汽车以高速挡低速行驶时，其响声连续而有节奏。

（2）故障诊断与排除

当汽车出现上述响声时，用三角木块塞住汽车后轮。将变速器操纵杆置于空挡位置，并放松驻车制动器操纵杆；再用双手沿圆周方向左右扭动主动或从动凸缘叉，结果发现十字轴及其轴承磨损严重。更换十字轴及其轴承，故障消失。

经分析，该故障原因是万向节轴承松旷，即万向节轴承间隙太大，一旦放松离合器踏板，主、从动件接触时就会发生撞击，因此会出现金属敲击声。汽车在高速挡低速行驶时，因发动机运转不均匀，传动轴会发生抖动，所以此时又会出现连续而有节奏的响声。

实例二：

（1）故障现象

一辆日本丰田皇冠2.0轿车在中、高速行驶时出现车身及转向盘强烈振抖，空挡滑行时，振抖更为强烈。

（2）故障诊断与排除

将汽车后轮架起，启动发动机，挂上高速挡。后驱动轮旋转基本稳定。检查传动轴，发现其随着转速的提高而出现摆振，且当车速突然下降时，摆振更加明显。这说明传动轴运转不平衡，是故障的真正原因。重新装配传动轴，故障消失。

练习与思考题

11－1　分析万向传动装置振动故障原因。

11－2　分析驱动桥异响故障原因。

11－3　进行主减速器、差速器检查与调整作业。

第十二章 转向系统故障诊断与检修

第一节 转向系统故障诊断与分析

一、转向系统组成

汽车转向系统按转向动力源的不同分为机械转向系统和动力转向系统两大类。

1. 机械转向系统

机械转向系统由转向操纵机构、转向器和转向传动机构三大部分组成，如图 12 – 1 所示。

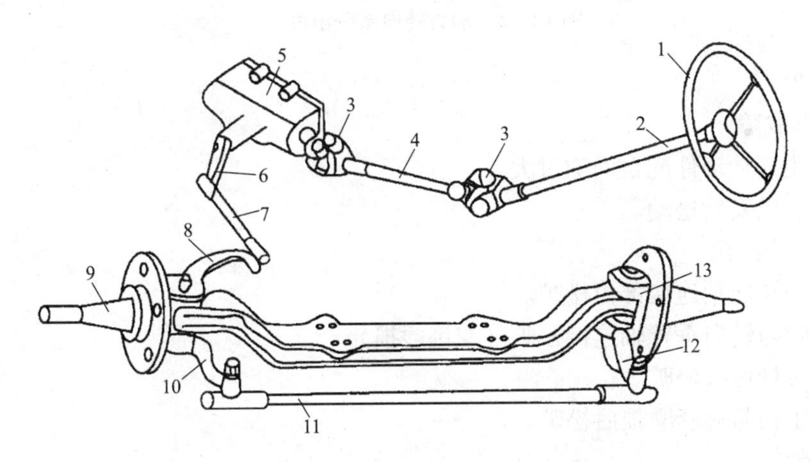

图 12 – 1 机械转向系统组成

1—转向盘；2—转向轴；3 转向万向节；4—转向传动轴；5—转向器；6—转向摇臂；7—转向直拉杆；8—转向节臂；9—左转向节；10，12—梯形臂；11—转向横拉杆；13—右转向节

2. 动力转向系统

动力转向系统组成如图 12 – 2 所示。

3. 常见故障

转向系统最常见的故障主要是转向不灵敏、转向沉重、行驶跑偏、转向轮摆振等。

二、转向不灵敏故障

1. 故障现象

汽车在行驶时，转向盘需要转过较大的角度才能控制汽车的行驶方向。

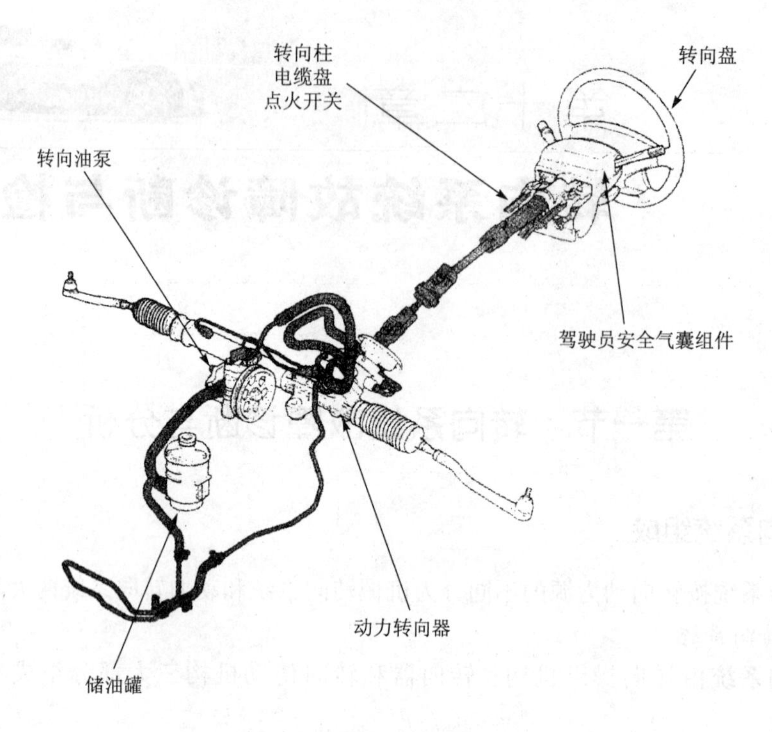

图12－2 动力转向系统组成

2. 故障原因

(1) 转向器故障

① 啮合副主、从动件配合间隙过大。

② 转向器总成安装松动。

(2) 转向传动机构

① 转向盘与转向轴连接部位松旷。

② 转向垂臂与转向垂臂轴连接松旷（花键磨损）。

③ 横、直拉杆球头松旷。

④ 转向节主销与衬套磨损后松旷。

(3) 其他故障

① 车架弯曲变形。

② 前轮定位调整不当。

③ 车轮轮毂轴承间隙过大。

3. 故障诊断

转向不灵敏故障的诊断流程图如图12－3所示。

三、转向沉重故障

1. 故障现象

汽车行驶中转向时，转动转向盘感到沉重费力。

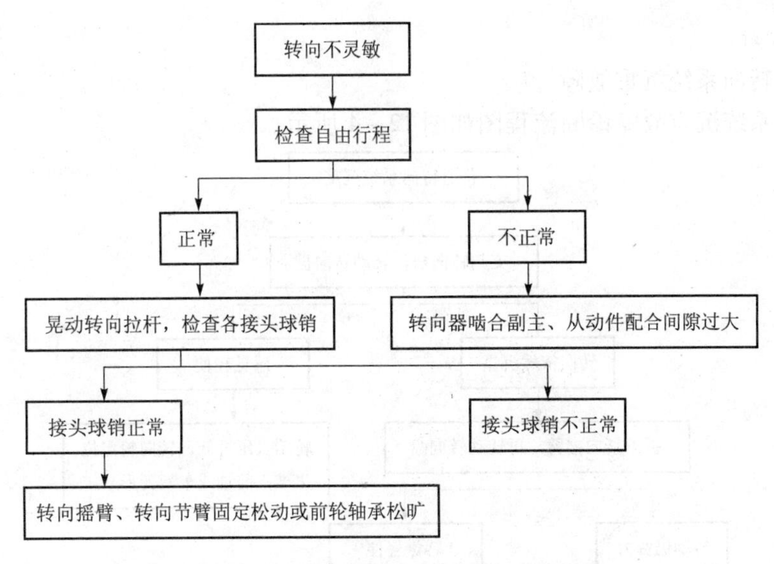

图 12-3　转向不灵敏故障的诊断流程图

2. 故障原因

(1) 转向器故障

① 转向器主动部分轴承过紧或从动部分与衬套配合过紧。

② 转向器主、从动部分的啮合间隙过小。

③ 转向器缺油或无油。

④ 转向器的转向轴弯曲或套管凹瘪造成互相碰擦。

⑤ 转向盘弯曲变形。

⑥ 齿轮齿条转向器齿轮与齿条啮合间隙过小。

(2) 传动机构故障

① 转向节主销后倾角过大、内倾角过大或前轮外倾。

② 转向横、直拉杆球头连接处连接过紧或缺油。

③ 转向节止推轴承缺油或损坏。

④ 转向节主销与转向节衬套配合过紧或缺油。

(3) 动力转向装置故障

① 液压助力泵皮带松动。

② 油面过低。

③ 转阀、滑阀发卡。

④ 转向助力泵压力不够或泄漏大。

⑤ 管路中有空气、管路接头泄漏。

⑥ 动力缸或分配阀密封圈损坏。

(4) 其他故障

① 轮胎气压不足。

② 前轮定位调整不当。

③ 前轴或车架变形。

3. 故障诊断

（1）普通转向系统沉重故障

普通转向系统沉重故障诊断流程图如图 12－4 所示。

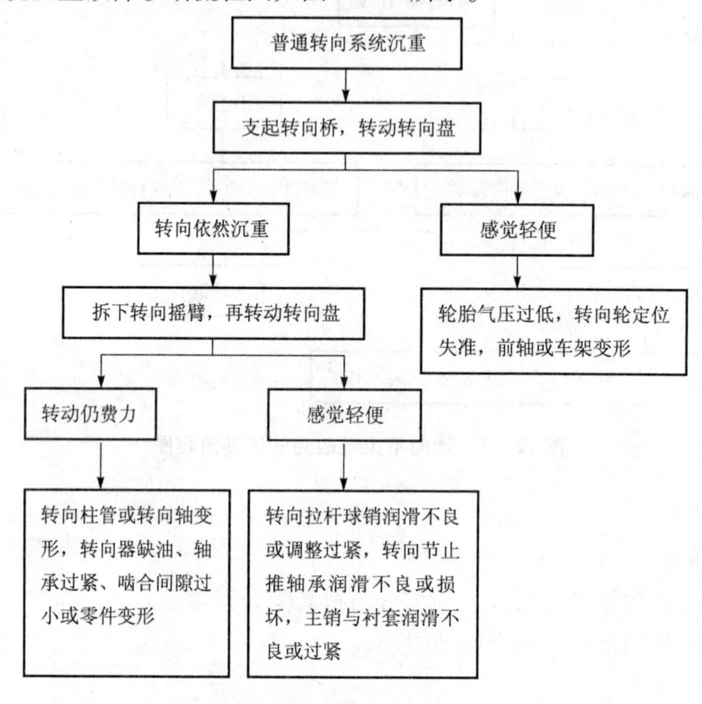

图 12－4 转向沉重故障诊断流程图

（2）动力转向系统转向沉重故障

动力转向系统转向沉重故障诊断流程图如图 12－5 所示。

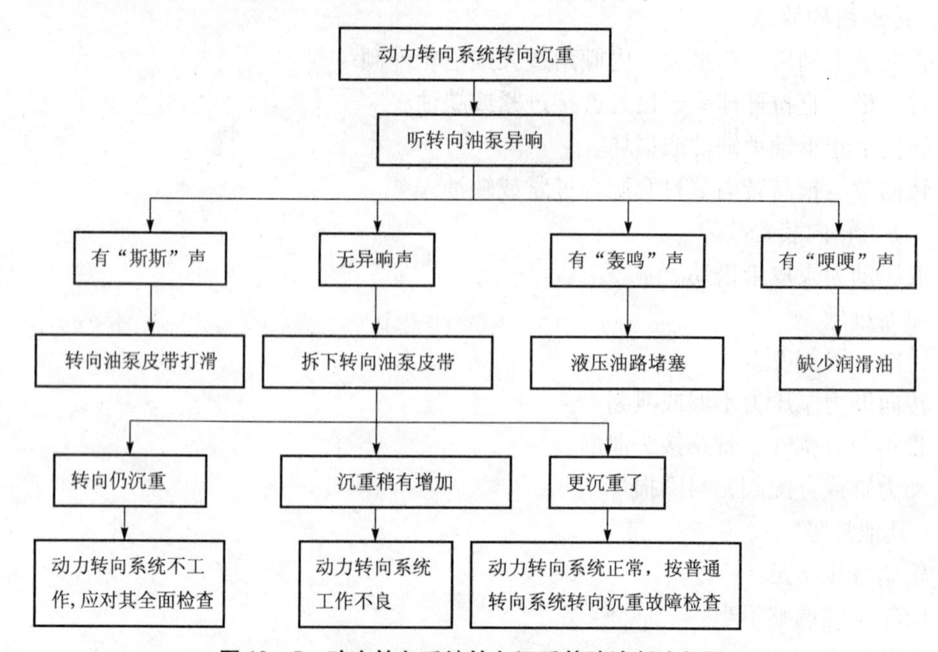

图 12－5 动力转向系统转向沉重故障诊断流程图

四、单边转向不足故障

1. 故障现象

汽车转弯行驶时，左、右转弯量明显不均，一边转弯半径大，一边转弯半径小。

2. 故障原因

① 转向传动机件变形。

② 转向角限位螺钉调整不当。

③ 转向垂臂在转向垂臂轴上的位置不当。

④ 直拉杆弯曲变形或长度调整不当。

⑤ 前钢板弹簧 U 形螺栓松动或折断。

⑥ 齿轮在齿条上不居中。

3. 故障诊断

单边转向不足故障诊断流程图如图 12－6 所示。

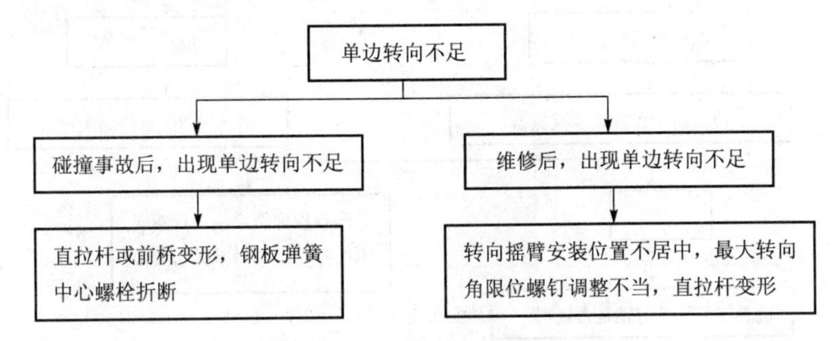

图 12－6　单边转向不足故障诊断方法

五、行驶跑偏

1. 故障现象

汽车直线行驶时，转向轮自动偏向一边，驾驶员必须紧握转向盘，不断校正方向，才能保持直线行驶；有时，行进中会突感方向往一侧偏转，其偏转力越来越大等。

2. 故障原因

(1) 机械转向部分

① 一侧前轮制动器发咬或轮毂轴承过紧。

② 钢板弹簧疲劳折断或两边弹力不一致或 U 形螺栓松动造成两侧轴距不等。

③ 前轮定位失准（主销内倾角过小或两边内倾角不等）。

④ 车架、前桥变形。

⑤ 一侧减振器损坏。

⑥ 转向节臂、转向臂、直拉杆弯曲。

⑦ 转向螺杆轴承过松。

⑧ 左、右轮胎气压不一致。

(2) 动力转向部分

① 分配阀反作用弹簧过软或折断造成滑阀或转阀不居中。

② 滑阀两端环肩磨损不一致。

③ 滑阀或滑阀体环肩处有毛刺或碰伤。

④ 滑阀推力轴承预紧度调整不当或调整螺母松动。

3. 故障诊断

行驶跑偏故障诊断流程图如图 12－7 所示。

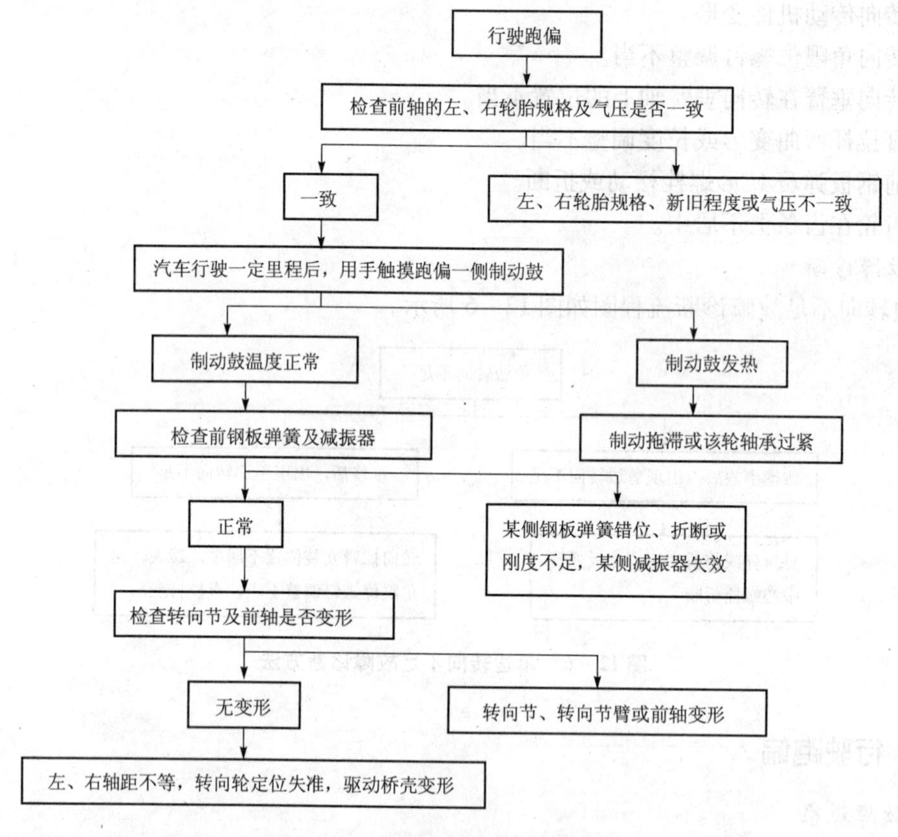

图 12－7　行驶跑偏故障诊断流程图

六、转向轮摆振故障

1. 故障现象

汽车摇摆分低速摇摆和高速摇摆。低速摇摆是汽车起步后，低车速（20 km/h 以下）行驶时，就感到前轮摇摆。高速摇摆是汽车高速行驶时，前轮摆动，此时转向盘抖动，手有发麻的感觉（俗称“打手”），影响操纵。

2. 故障原因

(1) 低速行驶时摇摆

① 前轮定位失准。

② 汽车载货后，使重心后移。

③ 后轮气压不足。

④ 转向器总成螺栓松动。

⑤ 拉杆球头销磨损严重，松动。
⑥ 转向节衬套磨损。
(2) 高速行驶时摇摆
① 前钢板弹簧因疲劳变形下沉或折断，改变了主销后倾角。
② 前轮轮毂总成变形。
③ 钢板弹簧中心螺栓和 U 形螺栓松动。
④ 制动蹄摩擦片与制动鼓间隙调整不当或制动鼓失圆。
⑤ 转向盘游动间隙过大。
⑥ 传动轴、车轮总成动不平衡。
⑦ 减振器损坏失效。
(3) 动力转向部分
① 液压系统进入空气。
② 分配阀反作用弹簧弹力不足或折断。
③ 转向油泵流量过大或溢流阀调整不当。
④ 液压系统严重缺油，使空气在油路中产生循环。

3. 故障诊断

转向轮摆振故障诊断流程图如图 12－8 所示。

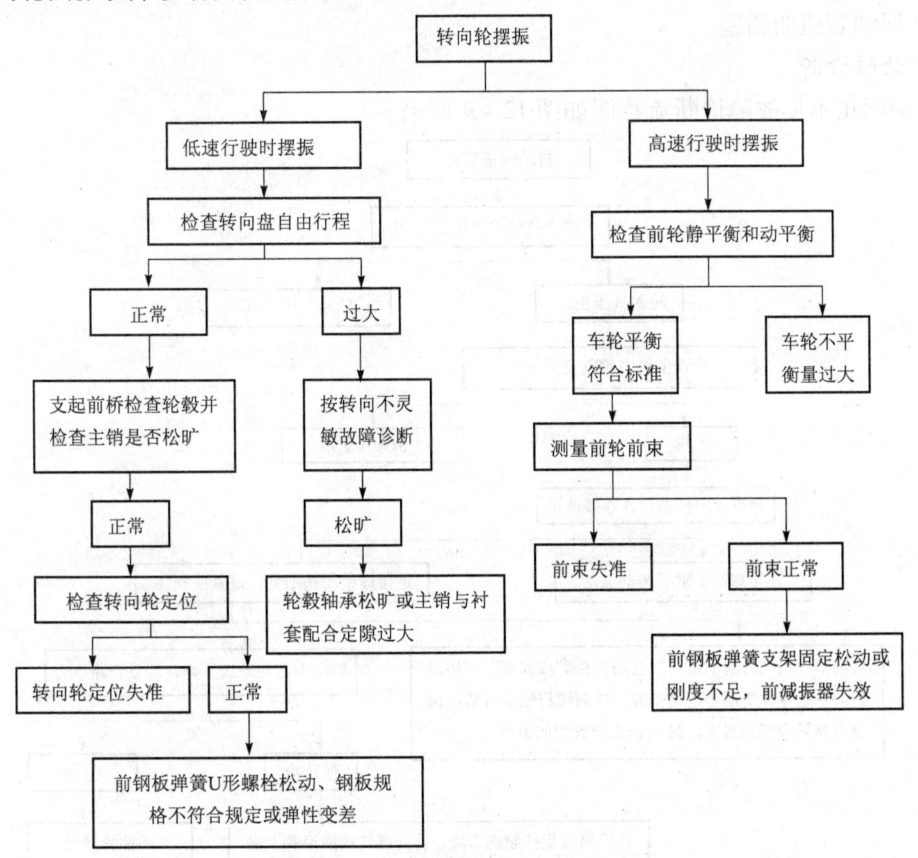

图 12－8　转向轮摆振故障诊断流程图

七、自动回正不良故障

1. 故障现象

转动转向盘，然后松开手后，转向盘不能自动回到中间位置。

2. 故障原因

（1）机械转向部分

① 轮胎气压过低。

② 各拉杆、球头节等润滑不良。

③ 转向螺杆轴承过紧。

④ 前轮定位失准。

⑤ 转向器松动。

⑥ 齿条齿扇啮合间隙过大。

⑦ 转向器未调到中间位置。

⑧ 转向柱与转向柱管擦碰。

（2）动力转向部分

① 转向器流量控制阀卡滞。

② 转向器转阀或滑阀卡滞。

③ 回油管扭曲堵塞。

3. 故障诊断

自动回正不良故障诊断流程图如图 12－9 所示。

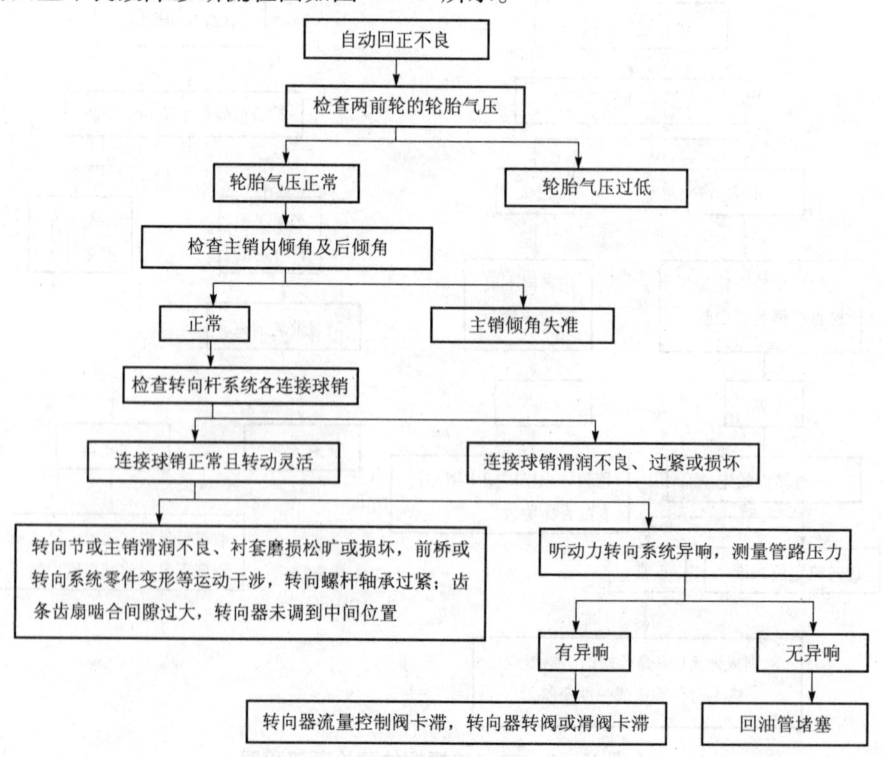

图 12－9　自动回正不良故障诊断方法

八、转向系统常见故障的排除

转向系统常见故障的排除见表 12－1。

表 12－1 转向系统常见故障的排除

故障现象	原因	排除方法
转向沉重	1. 转向器故障 由轮轴上无单列向心轴承或滚针轴承调整、安装过紧或已损坏 补偿弹簧力过大，或齿条变形量过大 转向器润滑不良 转向柱弯曲或转向柱管凹陷	检查、调整或更换 调整或更换 添加润滑油 校正或更换
	2. 转向传动机构故障 转向传动横拉杆球销配合过紧，润滑不良 横拉杆弯曲 悬架支柱变形过大或转向臂变形过大	调整，加注润滑油 校正或更换 更换
	3. 其他原因 前轮定位失准 轮胎气压偏低 前轮轴承过紧	检查调整前轮定位 充足气压 检查、调整、润滑
转向盘自由行程过大	齿轮与齿条啮合间隙过大 球销磨损严重，配合松旷 横拉杆与支架配合松旷	调整 检查、调整 检查、调整
转向不灵敏 操纵不稳定	转向器松动 齿轮与齿条口啮合间隙变大 球销磨损松旷 轮载轴承松旷 悬架系统变形或松旷 前轮定位失准	检查紧固 检查调整，补偿弹簧 检查调整 检查调整 检查调整 检查调整
高速摆振 转向盘抖动	前轮不平衡 前轮轮辋发生拱曲变形 传动机构松旷 减振器损坏 悬架弹簧弹性不足或断裂 前轮定位失准 传动轴弯曲松动不平衡过大 转向器松动	平衡前轮 更换轮辋 检查调整 更换减振器 更换弹簧 检查调整 更换 检查紧固

续表

故障现象	原　因	排除方法
动力转向沉重或助力不足	油泵V带松弛 储油罐油面过低 油泵压力不足 压力控制黏结 外泄漏过大 内泄漏过大 轴向轴衬套太紧 前悬架变形 液压系统内有空气	调整V带张紧度 补充液压油至规定高度 检修油泵 检修压力控制阀，必要时更换 找出泄漏处修理 找出泄漏处，修理或更换零件 检修或更换 修理 排除
动力转向装置噪声	油泵V带松弛 油泵轴承损坏 压力板或转子损伤 油泵环过度磨损 储油罐油量不足 液压系统有空气或压力软管连接不牢 油泵装配不当 溢流阀故障	按规定调整V带张力 更换轴承 更换损坏零件，并冲洗 更换油泵环 按规定补充液压油 按规定力矩拧紧压力臂，并排除液压系统中空气 正确装配 更换
动力转向装置液压压力不足	油泵V带打滑 油面过低 内部泄漏 液压系统有空气	调整V带张紧度 按规定加注液压油 找出泄漏处，更换不合格零件 排除液压系统空气

第二节　转向系统的检查与调整

一、调整转向盘自由行程、前轮定位及最大转向角

1. 转向盘自由行程的检查与调整

将汽车停放在平坦场地上，当转向轮处于直线行驶位置时，向左、右转动转向盘感觉有阻力时为止（此时转向轮不能产生偏转），测量出转向盘的空行程即为转向盘自由行程。转向盘的自由行程可用转向盘空转角度大小，或转向盘空转时其边缘转动的行程长度来表示。几种载货汽车的转向盘自由行程见表12－2。

表 12－2　转向盘自由行程

车　型	CA1091	CA1040	BJ1041	EQ1090	NJ1041	NJ1061	五十铃
自由行程	≤±15°	<±15°	10°～25°	≤30°	10°～25°	15°～25°	10～30 mm

转向器自由行程的调整一般调整转向器内主、从动件的配合间隙，如循环球式齿条—齿扇式转向器，可调整齿条与齿扇之间的啮合间隙。

2. 前轮前束的检查与调整

① 车辆空载。

② 按规定给轮胎充气。

③ 车辆调整正确，悬挂活动自如。

④ 转向器调整正常。

⑤ 将汽车停在平坦场地上，使前轮处于直线行驶位置，用粉笔在两前轮前端胎面中间相当于转向节轴颈中心高度处做一标记，用前束尺或钢卷尺测量前端左、右轮胎标记之间的距离 A，如图 12－10（a）所示。

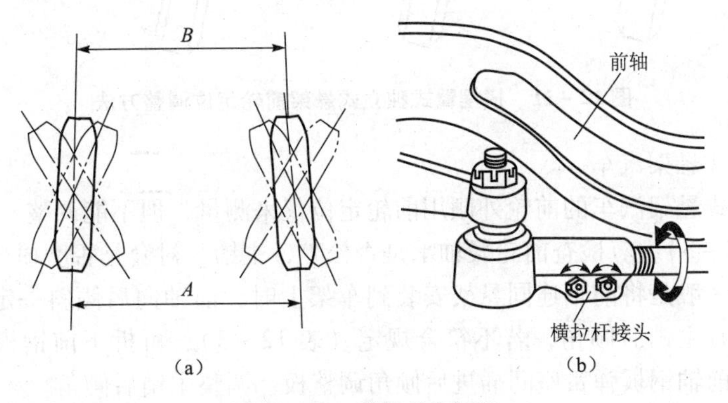

图 12－10　前轮前束调整

（a）标记距离；（b）拧紧接头螺母

⑥ 移动汽车，使前轮转动半圈（180°），此时轮胎上的标记转到后端相当于转向节轴颈中心高度的位置。再测量出后端左、右轮胎标记之间的距离 B。

⑦ 计算两次测得的距离 A 与 B 差值，即为前轮前束。几种车型的前轮前束见表 12－3，若测得的前束值不符合规定，应予调整。

表 12－3　前轮定位最大转向角

项　目	CA1091	EQ1090	NJ1061	五十铃	捷达轿车
前轮前束/mm	2～4	1～5	1.5～3	普通轮胎：3～7 子午轮胎：0～4	－10′～＋10′
前轮外倾	1°		1°	1°15′	－30′±20′
主销内倾	8°		8°	7°15′	
主销后倾	1°30′		2°30′	1°30′	1°30′±30′
前内轮最大转向角	38°	37°30′	左转弯时 36°±30′ 右转弯时 33°±30′	44°	左转弯时 39°±2° 右转弯时 33.3±2°

⑧ 调整前轮前束时，顶起前桥，松开左、右转向横拉杆接头夹紧螺栓的螺母，松动螺栓，转动横拉杆即可调整前轮前束。在横拉杆后面，用管钳向前转动横拉杆，前轮前束增大，反之则前束减小。最后按规定力矩拧紧接头螺母，如图 12－10（b）所示。

3. 前轮外倾角、主销内倾角、主销后倾角检查与调整

（1）独立悬架汽车

调整方法视结构不同而异，横向摆臂式独立悬架的一些调整方法如图 12－11 所示。用垫片、偏心销或偏心套、长孔之类装置改变摆臂与车架或摆臂与车轮间的横向位置来调整车轮外倾角和主销内倾角。用上述装置使摆臂产生偏转或调整支撑杆的有效长度前后拉推下摆臂来调整主销后倾角。

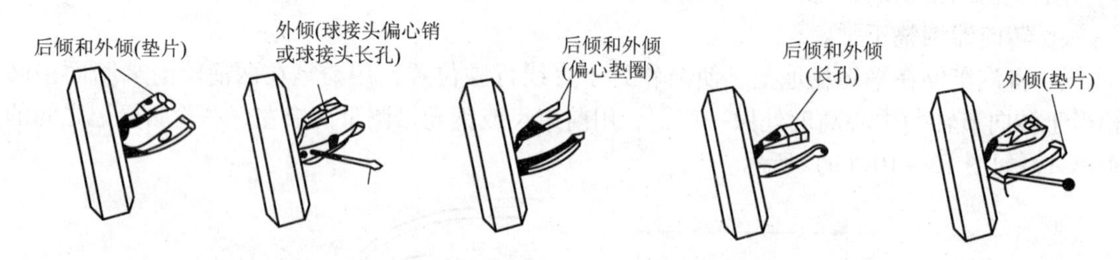

图 12－11　横摆臂式独立式悬架前轮定位调整方法

（2）非独立式悬架汽车

对于非独立式悬架汽车的前轮外倾用前轮定位仪来测量，但不能调整。若前轮外倾角不符合规定（表 12－3），应检查前轮毂轴承是否松旷，主销与衬套是否磨损严重。

主销后倾角一般是将前轴连同悬架安装到车架上时，前轴向后倾斜一定角度而形成的。用前轮定位仪检查主销后倾角，若不符合规定（表 12－3），可拆下前钢板弹簧骑马螺栓，在前钢板弹簧与前轴钢板弹簧座间插进后倾角调整板，调整主销后倾角。

4. 调整最大转向角

（1）检查最大转向角

如图 12－12 所示，将前桥架起，使前轮处于直线行驶位置，在右前轮下面垫一块木板和一张白纸；用铅笔和直尺紧靠轮胎外缘，在白纸上画出与车轮平行的直线 a；然后把转向盘转到右侧极限位置，画出与车轮平行的第二条直线 b；用量角器测量直线 a 与 b 的夹角，即为向右转弯时的内轮最大转角：用同样方法可测量向左转弯时的内轮最大转角。

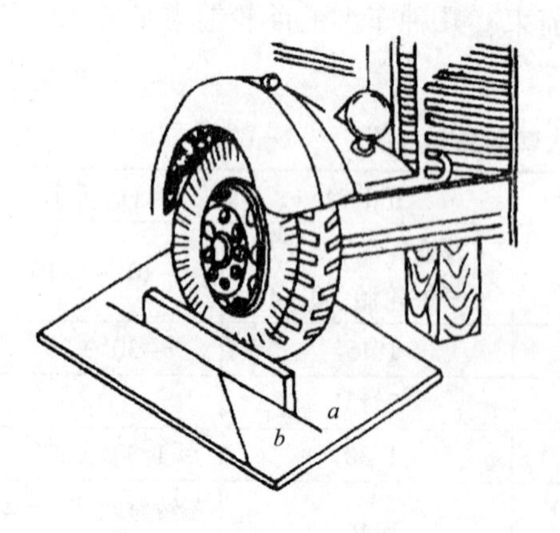

图 12－12　检查前轮最大转角

（2）最大转向角调整

若内轮最大转角不符合规定（表 12－3），应予调整。调整时，松开转向节（或前轴）上的车轮转向限位螺钉锁紧螺母，将转向盘转到右（或左）极限位置，拧动转向限位螺钉（图 12－13），直到最大转向角符合规定为止。最后拧紧限位螺钉锁止螺母，并检查前轮转到极限位置时是否与轮罩或转向

直拉杆干涉。

二、转向器调整

1. 啮合副啮合间隙的调整

图 12－14 中循环球式转向器齿扇的轮齿直径是沿轴向变化的，所以只要改变摇臂轴的轴向位置，就可以改变啮合副的啮合间隙。

① 先使啮合副处于中间啮合位置。

② 增减垫片或旋动调整螺钉（图 12－14 中的调整螺钉 17）改变摇臂轴的轴向位置，使啮合间隙合适，最后用锁紧装置锁死。

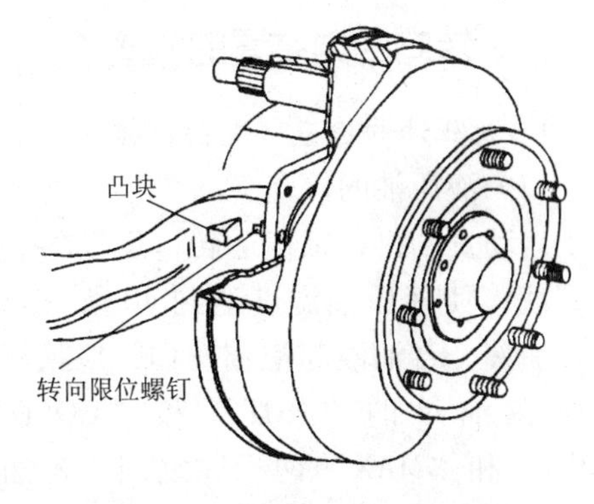

图 12－13　最大转向角的调整

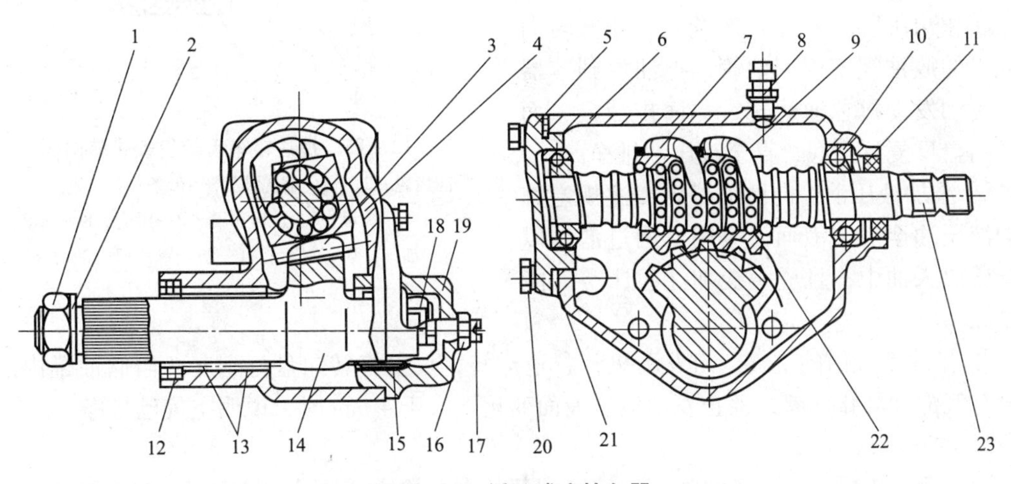

图 12－14　循环球式转向器

1—转向摇臂固定螺母；2—弹簧垫圈；3—转向螺母；4—衬垫；5—底盖；6—壳体；7—导管夹；8—通气塞；9—导管；10—轴承；11，12—油封；13—滚针轴承；14—转向摇臂轴；15—滚针轴承；16—锁紧螺母；17—调整螺栓；18—调整垫圈；19—侧盖；20—底盖螺栓；21—调整垫片；22—循环钢球；23—转向螺杆

③ 啮合间隙正常后，用力推动摇臂轴座无松旷感，在任何位置转向盘应轻便灵活。

④ 齿轮齿条式转向器应无间隙啮合，通过弹簧将齿轮齿条压紧。弹簧压紧力是通过螺纹件来调整的。图 12－15 所示为捷达轿车齿轮齿条式转向器，其压紧弹簧 6 是通过调整螺杆 4 进行调整的。调整时，拧动调整螺杆，使转动转向盘无啮合间隙感觉即可。

2. 轴承预紧度的调整

尽管各种转向器结构不同，但轴承预紧度的调整方法基本相同，大多是通过旋入或旋出调整螺母（图 12－14）或者增减转向器壳与下盖之间的垫片（图 12－14）21 来调整。

增加垫片或旋出螺母，轴承预紧度减小，减少垫片或旋入螺母，轴承预紧度增加。调整好后，用手上下推动转向轴不得有松旷感，转向轴应转动灵活，所需扭矩一般应不大于 0.8 N·m。

三、转向助力装置的检查

1. 液压油的检查、更换与排气

（1）液压油的检查

启动发动机，怠速运转，反复将转向盘打到底，使液压油温度达到 40 ℃ ~80 ℃，检查油液，若油液起泡或发白，应换油；油面应在油尺的“HOT”和“COLD”或“MIN”和“MAX”两标线之间。若油液不足，在检查各部位无泄漏后，补足规定牌号液压油。

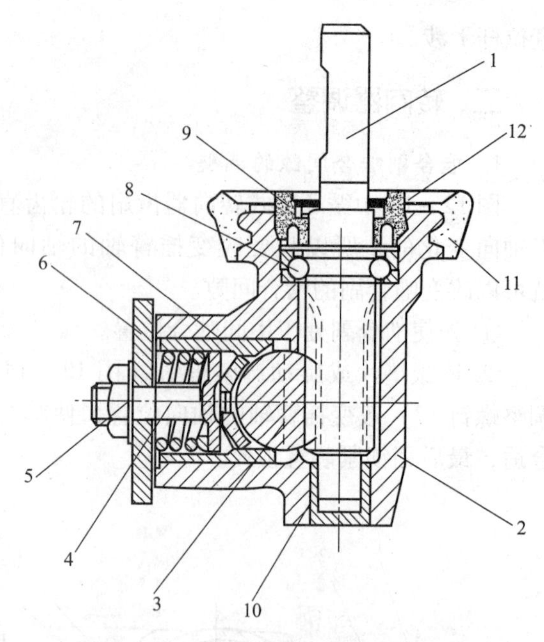

图 12－15 捷达轿车齿轮齿条式转向器

1—转向齿轮；2—转向器壳体；3—齿条；4—调整螺杆；5—螺母；6—压紧弹簧；7—滑套；8—轴承；9—油封；10—衬套；11—防尘罩；12—油封座

（2）液压油的更换与排气

① 排出旧油。架空汽车前轮，松开转向器壳下的放油螺塞或回油管，把油放到容器中。启动发动机怠速运转，一面排液，一面将转向盘反复打到底，直至液压油排净。

② 添加液压油。向储油罐内加注规定牌号的液压油至规定液面，应用滤网过滤，以免杂质混入油中，且应缓缓加注，让空气能够排除。

③ 排除系统内的空气。启发动机，怠速运转，反复将转向盘打到底，当储油罐内的油液没有气泡和乳化现象，停止发动机后液面变化不大于 4 mm 时，说明空气已排净。

2. 液压测试

液压测试主要是为了判定油泵、控制阀及动力缸的技术状况。检测时，可在油泵与转向器之间安装一个由压力表和截止阀组成的测试仪器，如图 12－16 所示。检测步骤如下：

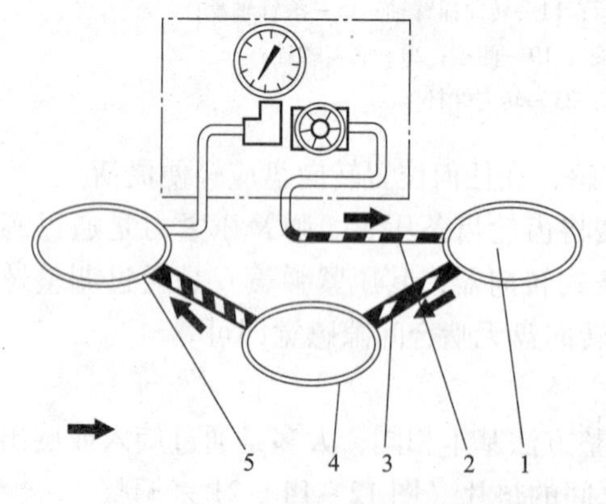

图 12－16 动力转向系统压力检测

1—转向器；2—高压管道；3—低压管道；4—油罐；5—液压泵；➡ 油液流向

（1）测定液压泵最大输出油压

排除系统内的空气，使发动机怠速运转，关闭截止阀，测量油压应符合规定。若压力低于规定值，表明液压泵内部有泄漏。测量时，每次关闭截止阀的时间应不超过 5 s，以防损坏液压泵。

（2）测试控制阀及动力缸的有效油压

启动发动机，怠速运转，完全打开截止阀，将转向盘向左或向右打到极限位置时，油压应符合规定（一般与液压泵压力的差值不大），若压力过低或转向盘向左、向右两极限位置时压力不相同，说明控制阀或动力缸内部有泄漏。每次在极限位置的时间也不要超过 5 s。

（3）测量无负荷油压

发动机怠速运转，转向盘处于居中位置，截止阀完全打开时压力表读数应符合规定

（一般为 0.3～0.7 MPa）。超过规定，可能是回油管阻塞。

（4）测量无负荷油压差

转向盘在居中位置，将截止阀完全打开，测量发动机在 1 000 r/min 和 3 000 r/min 时的压力差。此压力差应在规定范围内。

3. 可能泄漏部位

动力转向系统中可能的泄漏点如图 12－17 所示。

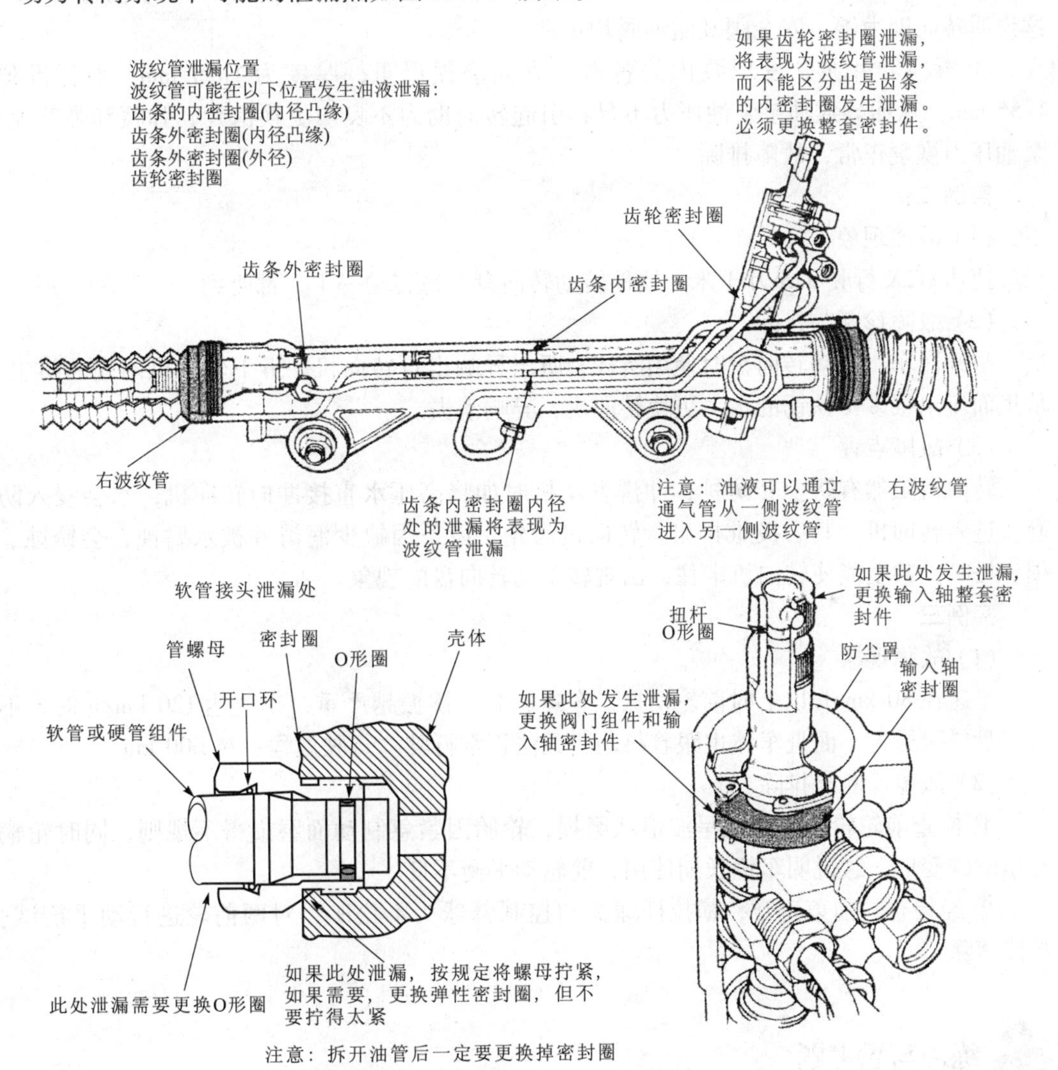

图 12－17　动力转向系统中可能的泄漏点

第三节　故 障 实 例

实例一：

（1）故障现象

一辆皇冠 2.8 轿车，动力转向系统转向助力效果逐渐减弱，转向沉重。

（2）故障诊断与排除

① 检查液压系统是否有泄漏以及油面高度是否正常。经查，均正常。

② 检查动力转向系统中的叶片式油泵输油压力是否正常。为此，将油压表的一端接在油泵的输出端，另一端接在转向助力器的输入端，使发动机怠速运转，在油压表阀门（位于输出端）全闭的情况下测得油压为3.5 MPa，而标准值应大于7.0 MPa，说明油泵有故障。然后将转向盘分别转到左、右极限位置，打开压力表阀门，分别测量油压，结果仍为3.5 MPa。这说明转向助力器、安全阀及溢油阀均正常。

③ 拆检叶片泵，发现泵内的各滑片表面磨损严重，厚度为1.35 mm，而标准值为1.55 mm，从而导致油泵泵油压力不足，引起转向助力不良。更换滑片、弹簧和弹簧座后，泵油压力恢复正常，故障排除。

实例二：

（1）故障现象

捷达GTX行驶9.5万千米，原地转动转向盘，每转动一下，都听到“哐”的一声。

（2）故障诊断与排除

举升汽车，转动转向盘时使用听棒，听出异响出自转向机。拆下转向机两端的防尘套，从里面流出很多带铁锈的水。更换转向机，异响消失。

（3）故障点评

转向机虽然有防尘套防护，冲洗发动机时如将高压水直接冲向转向机，水会浸入防尘套，进入转向机，其后极难排出。转向机齿轮、齿条因缺少润滑并被水腐蚀，会锈蚀、磨损、松旷，甚至能使转向机卡住，出现转不动转向盘的现象。

实例三：

（1）故障现象

车速在80 km/h以上时前轮摆振，车速越高，摆振越严重，车速达120 km/h时，不但转向盘抖得厉害，而且车体也跟着抖动，无法正常行驶。行驶里程：74 600 km。

（2）故障诊断与排除

① 检查前轮轮胎，胎冠呈波浪状磨损，轮胎因紧急制动而磨损得不规则，同时轮辋也轻微磕碰变形，这说明车辆长期使用，前轮动平衡不良。

② 经检查，前束正常，横拉杆球头和控制臂球头不松旷，对两前轮进行动平衡试验，故障消除。

练习与思考题

12－1 分析转向沉重故障原因。

12－2 分析行驶跑偏故障原因。

12－3 进行车辆四轮定位调整作业。

第十三章

制动系统故障诊断与检修

第一节 液压制动系统的故障诊断与分析

一、液压制动系统的组成

液压制动系统在轿车、轻型货车的行车制动系统上得到了广泛的应用。

图 13－1 所示为液压制动系统的组成。主要包括制动主缸、储液罐、真空助力器、液压管路、后轮鼓式制动器中的制动轮缸、前轮钳盘式制动器中的液压缸等。

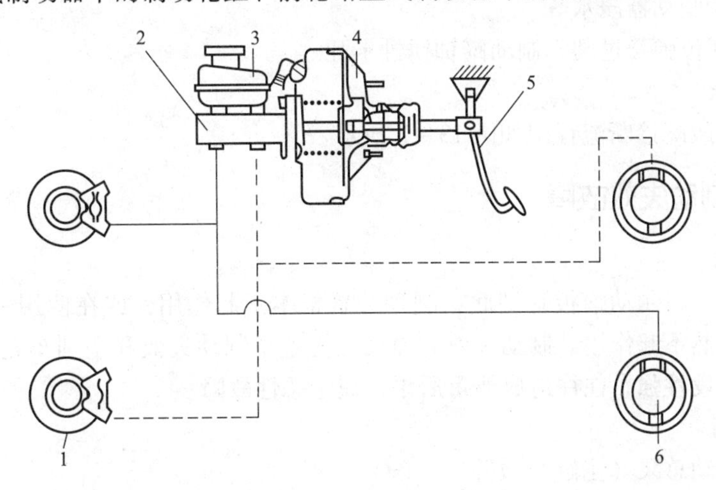

图 13－1 液压制动回路

1—前轮；2—制动主缸；3—储液罐；4—真空助力器；5—制动踏板；6—后轮

二、液压制动不良的故障

1. 故障现象

① 制动时不能迅速减速或停车。

② 踏下第一脚制动踏板时制动不灵；连续踩踏制动踏板，踏板逐渐升高，但感到软弱，并且制动效果不佳。

2. 故障原因

（1）油路故障

油液不足、变质，管路漏油或漏气。

（2）制动总泵（主缸）、分泵（轮缸）故障

① 液压制动总泵和分泵橡胶碗、橡胶圈老化、发胀或磨损、变形，活塞与缸壁磨损过大。

② 液压制动总泵、分泵回位阀弹簧过软、折断、自由长度不足。

③ 出油阀、回油阀密封不严，储液室内制动液不足。

（3）制动踏板自由行程

制动踏板自由行程过大，制动主缸和工作缸推杆调整不当或松动。踏板传动机构松旷。

（4）真空增压装置

① 真空管路漏气。

② 控制阀阀门密封不严，气室膜片破损，控制阀活塞和橡胶圈磨损。

③ 增压缸活塞磨损过多，橡胶圈磨损，回位弹簧过软。

（4）制动器故障

① 制动蹄摩擦片磨损严重、摩擦片与制动鼓之间的间隙过大，制动盘磨损过薄或制动鼓制动盘工作表面有油污。

② 制动蹄摩擦片与制动鼓接触状态不佳，调整不良。

③ 制动盘翘曲变形，制动鼓圆度、圆柱度超差。

④ 制动蹄片表面烧焦、蹄片松动、脱落、铆钉露出。

⑤ 鼓式车轮制动器浸水。

⑥ 制动蹄回位弹簧过硬，制动蹄轴锈蚀卡死。

3. 故障诊断

制动不良的故障诊断流程图如图 13－2 所示。

三、液压制动失效故障

1. 故障现象

汽车行驶中，将制动踏板踩到底，制动装置根本不起作用，或在使用一次或几次制动后，制动装置突然不起作用。制动失效故障又分为整车制动失效和个别车轮制动失效两种。制动失效故障突发性强，往往造成严重后果，属于恶性故障。

2. 故障原因

（1）液压制动总泵（主缸）故障

① 制动总泵内制动液严重不足。

② 制动总泵橡胶皮碗、橡胶圈严重磨损，或橡胶皮碗被踏翻。

③ 制动总泵至制动分泵的管路断裂，或接头松脱、严重漏油。

④ 制动踏板传动机构脱落、断裂。

（2）液压制动分泵（轮缸）故障

① 制动分泵橡胶皮碗严重破损，或橡胶皮碗被顶翻。

② 制动分泵活塞在缸筒内卡死。

③ 制动分泵进油管被压扁、堵死。

④ 制动分泵排空气螺钉松脱、丢失。

（3）车轮制动器故障

① 制动蹄摩擦片大面积脱落，摩擦片严重烧蚀。

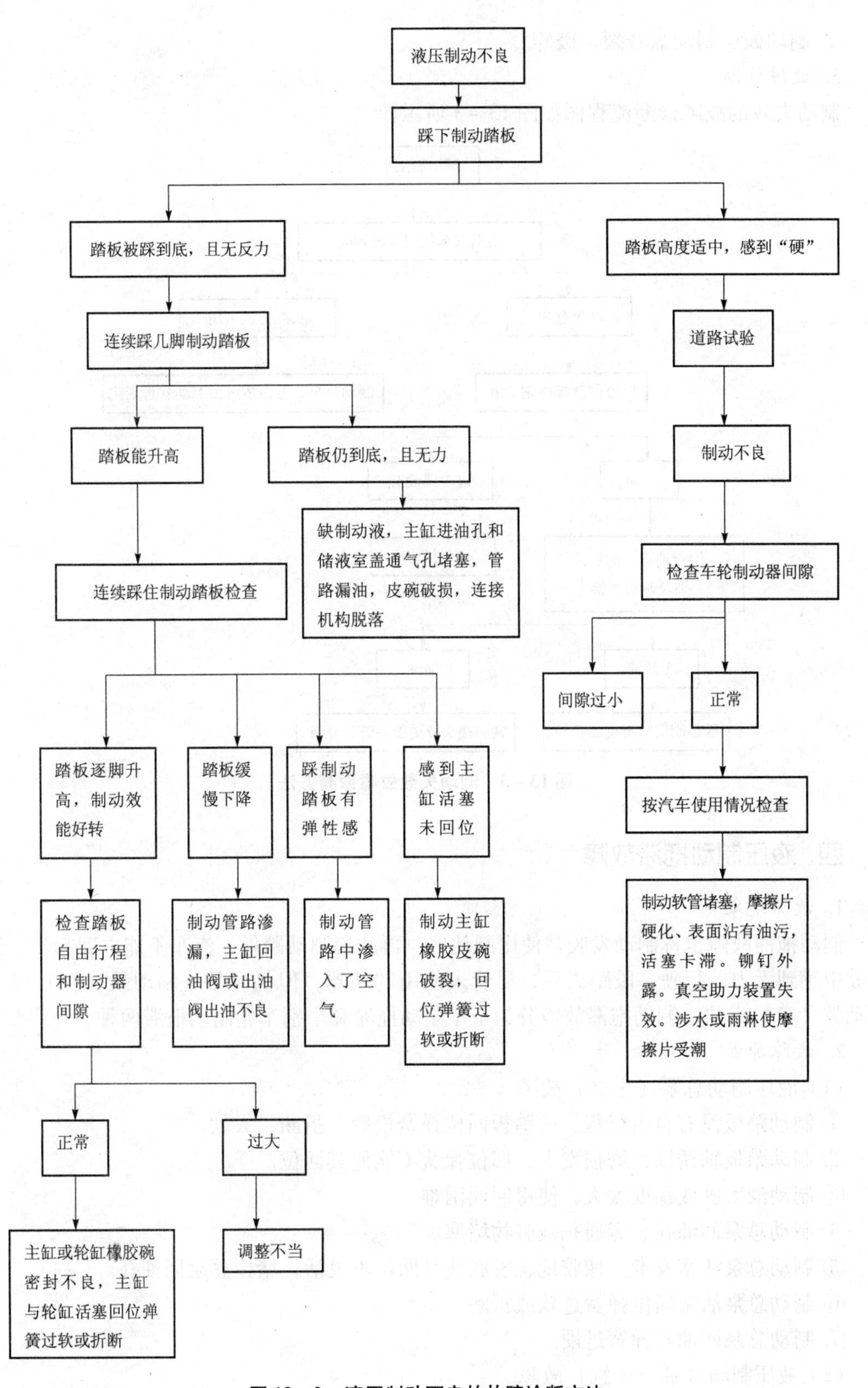

图 13－2　液压制动不良的故障诊断方法

② 制动鼓、制动盘开裂、破碎。

3. 故障诊断

制动失效的故障诊断流程图如图 13－3 所示。

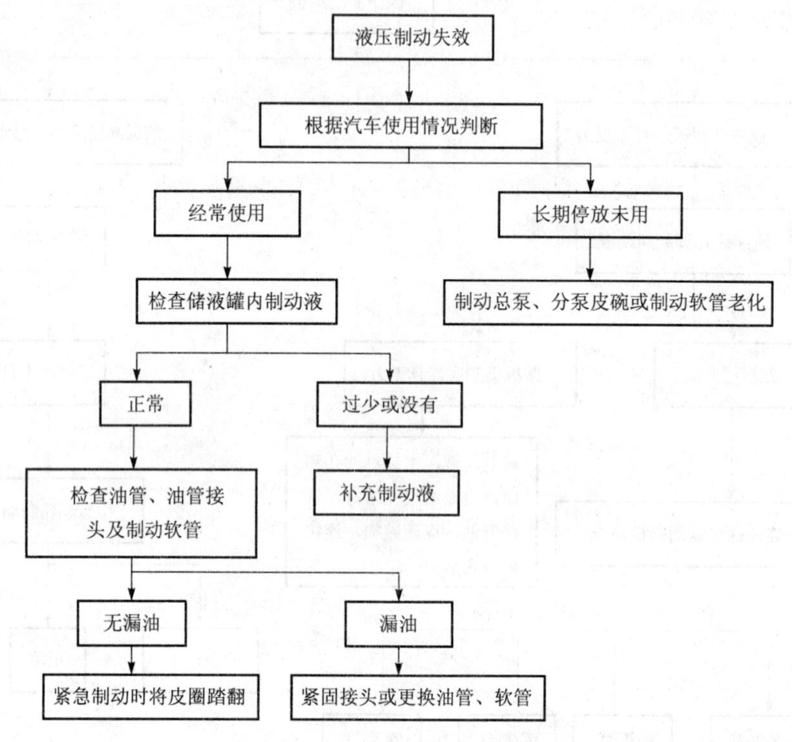

图 13－3 制动失效故障诊断方法

四、液压制动拖滞故障

1. 故障现象

制动拖滞故障也称制动发咬。使用制动后，再放松制动踏板，汽车不能立即起步。汽车行驶中感到无力，行驶一段距离后，尽管未使用制动器，但仍有某一制动鼓（盘）或全车制动鼓（盘）发热。制动拖滞故障分为全车制动拖滞和个别车轮制动拖滞两种。

2. 故障原因

(1) 液压制动总泵（主缸）故障

① 制动踏板没有自由行程，或踏板回位弹簧松脱、折断、太软。

② 制动踏板轴锈蚀，磨损发卡，回位弹簧不能使其回位。

③ 制动液太脏或黏度太大，使得回油困难。

④ 制动总泵回油孔、旁通孔被脏物堵塞。

⑤ 制动总泵活塞发卡、橡胶皮碗发胀使其回位不灵活，堵住总泵回油孔。

⑥ 制动总泵活塞回位弹簧过软或折断。

⑦ 制动总泵回油阀弹簧过硬。

(2) 液压制动分泵（轮缸）故障

① 制动分泵橡胶皮碗发胀、卡住或橡胶皮碗被黏住。

② 制动分泵活塞变形、磨损、卡住。

③ 制动油管被压扁或制动软管老化，内壁脱落、堵塞导致回油不畅。

(3) 车轮制动器故障

① 制动蹄摩擦片与制动鼓（盘）间隙过小。

② 制动蹄摩擦片与制动鼓（盘）烧结、黏住。

③ 制动蹄摩擦片脱落，其碎片夹在制动蹄摩擦片与制动鼓（盘）之间。

④ 制动蹄回位弹簧脱落、折断，或弹力过小。

⑤ 制动蹄轴与衬套配合间隙过紧、润滑不良、锈蚀，引起回位转动困难。

⑥ 制动鼓失圆，制动盘翘曲变形。

(4) 助力伺服机构故障

① 真空增压器伺服气室膜片回位弹簧过软。

② 真空增压器的控制阀膜片弹簧过软。

③ 真空增压器的控制阀、空气阀与真空阀间距过大，使真空阀与阀座距离变小。

④ 真空增压器的控制阀活塞发卡，或橡胶碗发胀，使活塞运动不灵活。

⑤ 真空助力器的伺服气室活塞回位弹簧过软。

⑥ 真空助力器的伺服气室壳体变形，使活塞回位困难。

(5) 其他原因

① 轮毂轴承调整不当，制动鼓歪斜，与制动蹄摩擦片接触。

② 行车制动兼驻车制动的手刹杆未放松，或钢索调整不当。

3. 制动拖滞故障诊断

制动拖滞故障诊断方法如图 13－4 所示。

五、液压制动跑偏

1. 故障现象

汽车制动时自动向一侧偏驶，即为制动跑偏。

2. 故障原因

① 某轮缸的进油管被压扁、堵塞，或进油软管老化、发胀造成进油不畅、进油管接头松动漏油。

② 某轮缸的缸筒、活塞、橡胶碗磨损漏油，导致压力下降。

③ 制动系统某个支路或轮缸内有空气未排出。

④ 各车轮制动器的制动间隙不一致。

⑤ 各车轮制动器的制动鼓的圆度、圆柱度、盘式制动器的制动盘厚度超差。

⑥ 各车轮制动器的制动蹄回位弹簧弹力相差过大。

3. 故障诊断

液压制动跑偏的故障诊断方法如图 13－5 所示。

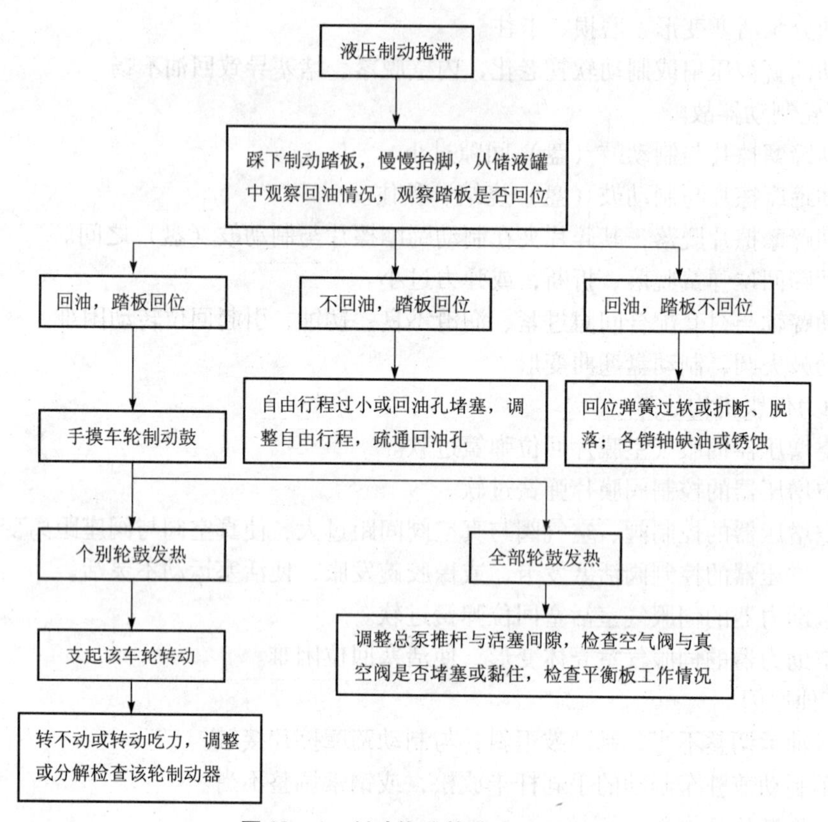

图 13－4　制动拖滞故障诊断方法

六、故障实例

实例一：

(1) 故障现象

BJ2020 汽车踩下制动踏板，制动助力不明显，再踩下制动踏板后，踏板突然向上反弹，踩踏板时感觉踏板变重，且制动力不大。

(2) 故障诊断与排除

① 首先排除液压制动系统内的空气，故障依然存在。

② 分解制动主缸，检查制动主缸内壁、活塞皮碗，发现前活塞与后活塞磨损严重，皮碗整圈脱落。故在制动时，被增压后的制动液从破损的活塞皮碗处窜回活塞皮碗后的低压油腔，使已经前移的主缸后活塞被推回，导致制动踏板反弹，踩制动踏板时感觉变重，制动效能降低。

③ 主缸内的活塞回位弹簧过软，故在制动油压增大时，会使活塞歪斜，加剧了窜油现象。更换前、后活塞的皮碗以及回位弹簧后，故障排除。

实例二：

(1) 故障现象

一辆捷达王轿车在行驶中踩制动，制动踏板突然变硬，真空助力消失。送到服务站经检查发现，通往真空助力泵的助力塑料管断裂，更换该真空助力塑料管，故障排除，但最多只

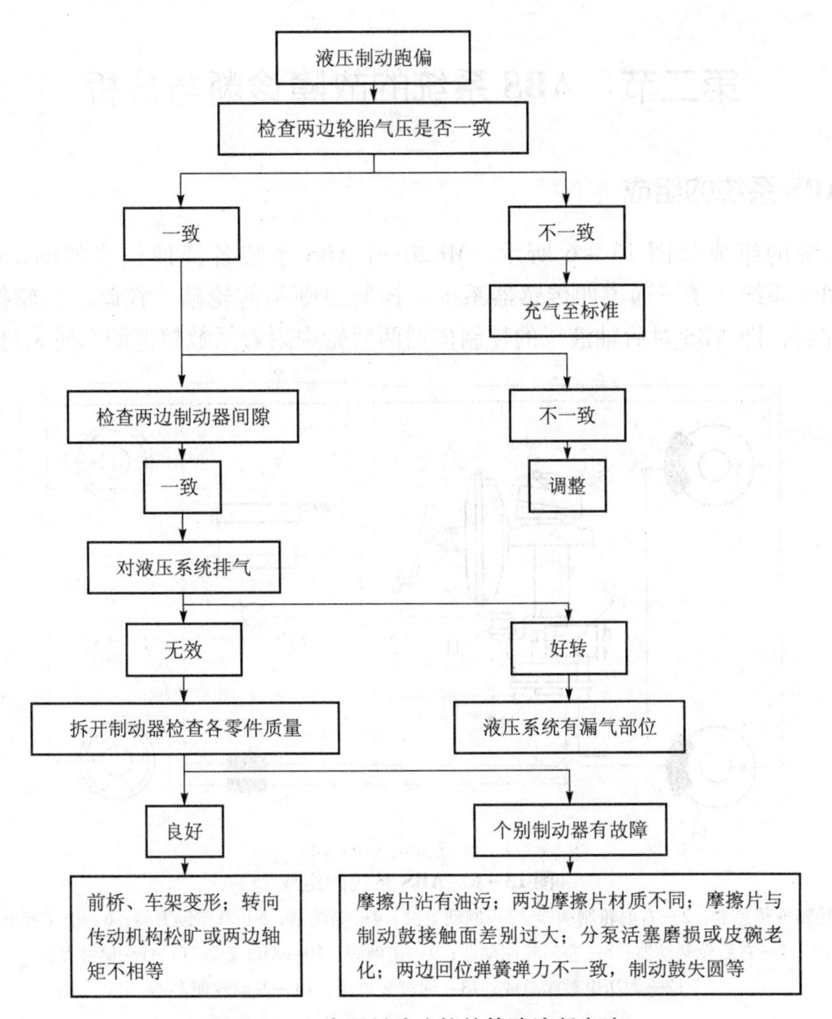

图 13－5 液压制动跑偏的故障诊断方法

要一个星期，该故障又重新出现。

(2) 故障诊断与排除

反复比较更换下来的真空塑料管，发现出现裂纹的位置都集中在靠近进气歧管一端，塑料管的内壁似有被火烧过的痕迹，怀疑是发动机回火造成，但经过试车，用 V. A. G1551 检测，发动机工作正常，并且即使有回火现象，造成该处损坏的可能性也极小。但试车中发现空调正面不出风。检查空调真空软管，发现经过蓄电池的空调真空软管已经被磨破，而空调正面出风的真空阀门的真空力就是来自损坏的制动真空软管，将空调真空软管更换后交车，两周内电话跟踪，未出现制动助力消失现象，制动真空管没有损坏，空调出风风向调节恢复，故障彻底排除。

(3) 故障点评

该故障反复出现多次，主要是没有认真进行故障分析。捷达王轿车的空调真空与制动真空助力管都是通过该塑料管取自进气歧管。经过蓄电池的空调真空管泄漏后，由于发动机工作吸气将蓄电池硫酸蒸气吸入制动真空助力管，造成该塑料管被腐蚀断裂。该故障隐蔽性高，威胁行车安全，应引起充分重视。

第二节　ABS系统的故障诊断与分析

一、ABS系统的组成

ABS系统的组成如图13－6所示。MK20—I ABS系统各部件位置如图13－7所示。MK20—I ABS系统属于三通道四传感器系统，控制原则是前轮独立控制，后轮按“低选原则”集中控制，即ABS对后轴液压的控制依据两后轮中附着系数较低的车轮来进行调节。

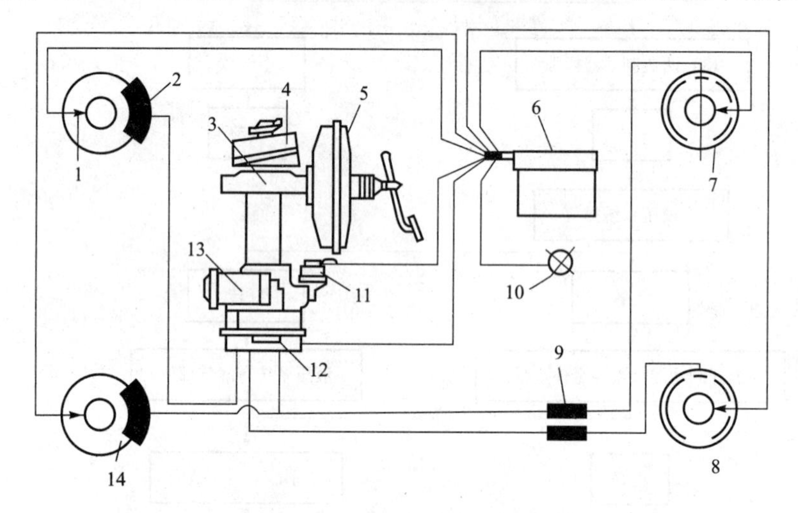

图13－6　ABS系统的组成

1—车轮转速传感器；2—右前轮制动器；3—制动主缸；4—储液室；5—真空助力器；6—电子控制单元；7—右后轮制动器；8—左后轮制动器；9—比例阀；10—ABS警告灯；11—储液器；12—调压电磁阀总成；13—回流泵总成；14—左前轮制动器

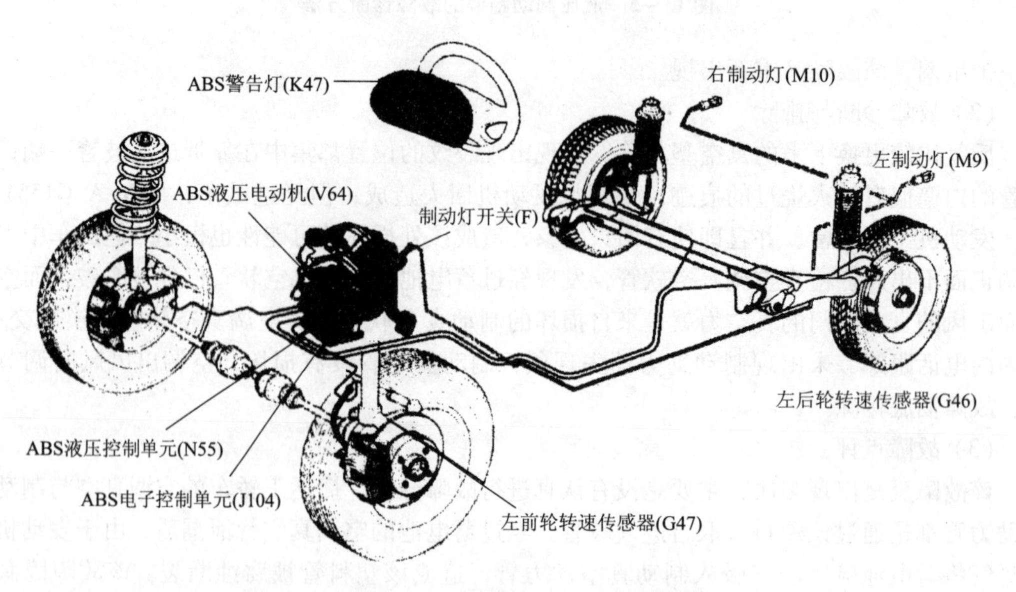

图13－7　MK20—I型制动防抱死系统的部件位置

二、ABS 故障诊断方法

下面以 MK20—Ⅰ型制动防抱死系统为例介绍 ABS 故障诊断方法。

1. 诊断 ABS 故障时的注意事项

在诊断 ABS 故障时应注意以下几点：

① 制动过程中 ABS 工作时，驾驶员会明显感受到制动踏板的回弹，同时也可听到泵和电磁阀的工作声音，这是正常的。

② 在积雪或砂石路面上制动时，有 ABS 的车辆的制动距离会比没有 ABS 的车辆长。这是因为没有 ABS 的车辆在车轮制动抱死时会将道路表面的物质（积雪或碎石）铲起，堆在车轮前面，造成阻力，使制动距离变短。

③ 当车辆启动时，ABS 警报灯亮，表示 ABS 正进行系统自检，约 1.7 s 后警报灯自动熄灭；若警报灯不灭或在行车中突然点亮，说明 ABS 有故障，此时常规制动系统仍能正常工作；若 ABS 报警灯不亮，但制动效果仍不理想，则可能是系统放气不干净或在常规的制动系中存在故障。

④ 在更换液压电子控制单元或出现系统泄漏的情况下，维修后，加液时要特别注意排气，由于常闭阀在断电状态下关闭，在常规排气时，第二回路中的气体无法排出，一旦 ABS 起作用，常闭阀打开，第二回路中的空气将会进入整个制动系统，使制动系统变软。因此，在进行常规排气后，必须通过专用仪器 V. A. G1551（或 V. A. G1552）打开常闭阀，对第二回路进行排气。

⑤ 更换液压电子控制单元后，必须使用 V. A. G1551（或 V. A. G1552）按规定操作程序输入相应的编码。捷达轿车的编码为 03604。否则 ABS 警报灯闪烁，系统不能正常工作。

⑥ 使用电焊机进行焊接之前，必须关闭点火开关，然后从电子控制单元上拔下插头。

⑦ 进行喷漆操作时，电子控制单元可短时间承受最高为 90 ℃的温度，或在较长时间内承受 85 ℃的温度（约两小时）。

⑧ 拆卸液压单元前，必须切断蓄电池接地线。

⑨ 接上检测仪后，汽车不准行驶。

⑩ 对 ABS 修理前，为了检查故障，先用 V. A. G1551 查询故障存储。

⑪ 防抱死制动系统工作时必须绝对清洁，决不要使用含矿物油的物质及汽油、稀释剂等类似的清洁剂，同时还要注意不要让制动液流到线束插头内；拆下的元件如果不能立刻完成修理，必须小心地盖好或者用塞子封闭；配件要在安装前才从包装内取出。

⑫ 系统打开后不要使用压缩空气吹，也不要移动车辆。

2. ABS 故障的诊断方法

ABS 出现故障时，可按图 13－8 步骤进行故障诊断。

三、故障实例

实例一：

（1）故障现象

捷达前卫 GiX 轿车，该车行驶至 50～80 km/h 时，轻踩制动踏板有时会出现向左跑偏的现象。当车速高于或低于此车速时，则无此故障，急踩制动踏板时也无此故障。

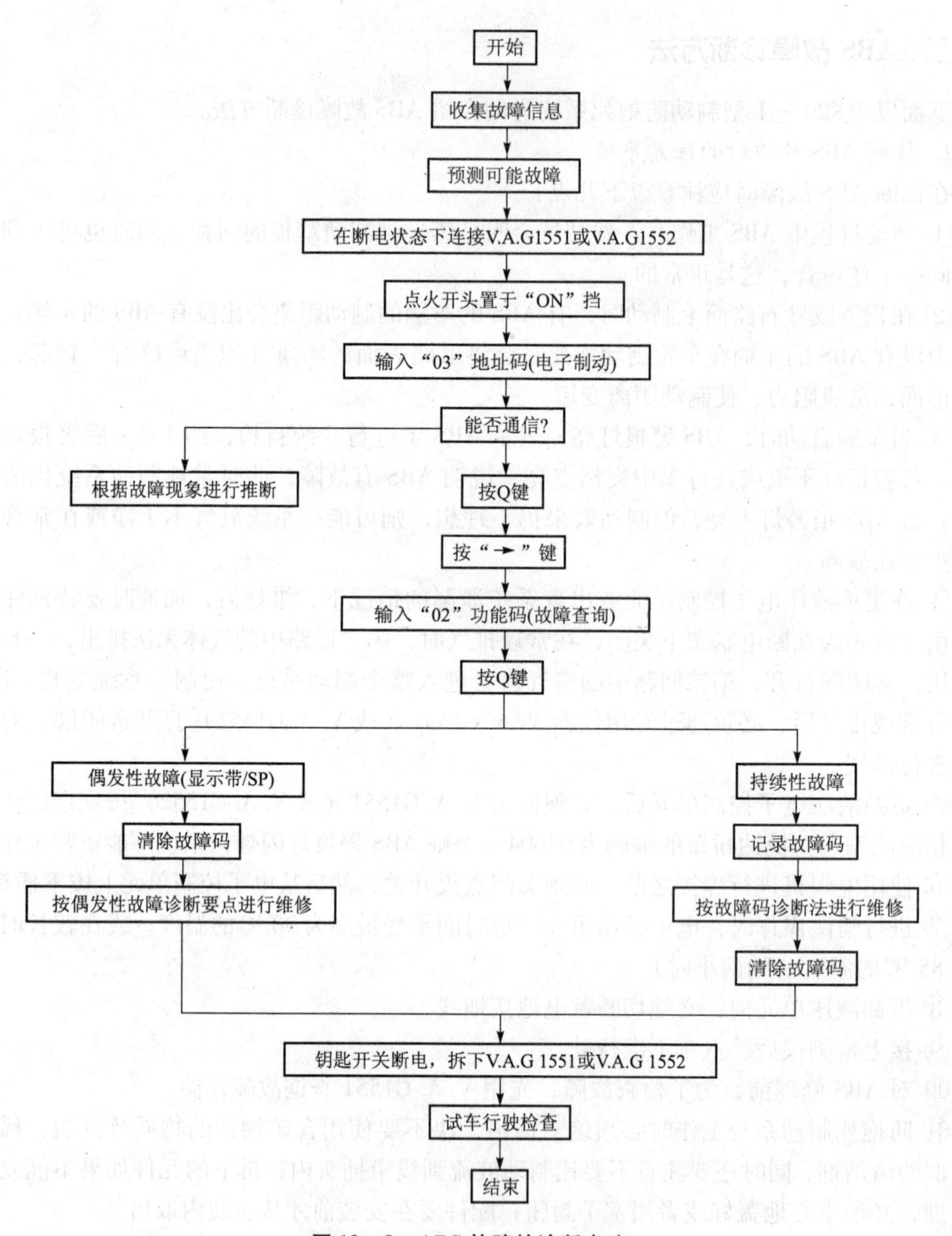

图 13－8　ABS 故障的诊断方法

（2）故障诊断与排除

一般情况下，带 ABS 系统的车辆，制动跑偏多为机械故障。其主要原因有三种：

① 制动装置原因。左右制动盘与摩擦片间隙或接触面不良，摩擦片表面沾有油污，一只制动分泵漏油或卡滞，一侧管路堵塞，一侧制动钳固定板松动或变形。

② 车轮原因。左右轮胎气压不一致，左右轮胎磨损不均，轮毂轴承磨损或松旷。

③ 其他原因。前轮定位失准，左右减振器损坏或弹簧弹力不足，车架变形，左右轴距不等。

进行检查，没发现异常。于是对 ABS 电气系统进行检查。连接好故障诊断仪 V. A. G1551，读取 ABS 的故障码，显示系统正常。带上 V. A. G1551 诊断仪路试，读出 ABS 的数据流。当车速在 50 ~ 60 km/h 时，发现右前轮的轮速比其他 3 个轮的轮速低，当其他 3 个轮的轮速在 60 km/h 时，右前轮的轮速却为 58 ~ 59 km/h，说明故障在右前轮。

拆下右前轮轮速传感器检查，发现轮速传感器顶部有少量的铁屑，将其清理干净后再试车，故障依旧。更换右前轮轮速传感器后，故障仍在。

轮速传感器的作用，是将车轮的速度信号传给 ABS 控制单元，而车轮的速度信号是由安装在轮毂上随车轮同步旋转的齿圈来反映的，再检查齿圈，发现两个轮齿间有一块铁砂，将铁砂去掉后再试车，故障排除。

(3) 故障点评

当急踩制动踏板时，四个车轮的轮速变化，即制动减速程度均较大，铁砂对右前轮轮速传感器造成的影响可忽略不计，所以急踩制动踏板时，车辆无向左跑偏。当车速低于 50 km/h 或高于 60 km/h 时，由于车速过低或过高，铁砂对右前轮轮速传感器也不造成影响，不会向左跑偏。当车行驶至 50 ~ 80 km/h 时，若轻踩制动踏板，铁砂正对右前轮轮速传感器传感头，轮速传感器瞬时传给 ABS 控制单元的信号，表明右前轮轮速要低于左前轮轮速，因此，ABS 控制单元控制左前轮制动力增加，车轮向左跑偏。而当铁砂与右前轮轮速传感器传感头相距较远时，轮速传感器瞬时传给 ABS 控制单元的信号，表明右前轮轮速正常，此时就不会出现跑偏现象。

实例二：

(1) 故障现象

一辆捷达 AT 轿车在良好的路面行驶，轻踩制动，ABS 系统开始工作并且制动踏板有上下振颤的现象。

(2) 故障诊断与排除

我们知道只有在潮湿路面上行驶时，轻踩制动 ABS 可以工作。当车在干燥路面行驶，只有将制动踏板踏到底 ABS 系统才工作，轻踩制动，EBV 功能工作，而 ABS 系统不工作，不应该有上下振颤的现象。观察仪表 ABS 灯指示正常。路试急踩制动有上下振颤的现象为工作正常。用 V. A. G1552 检测 ABS 控制单元，无故障码输出。根据经验拆检四个车轮轮速传感器，清洗后试车，故障依旧。进入 03 - 08 - 01 显示组进行路试，观察实际转速，发现左后轮速与其他轮转速相差很大，不正常。打开左后轮，发现齿圈与车轮有相对运动现象，使检测到的数据不准确，误认为车轮有抱死趋势，使 ABS 产生误动作。更换齿圈试车，一切正常。

第三节　气压制动系统的故障诊断与分析

一、气压制动系统的组成

气压制动系统依靠空气压缩机产生的压缩空气来制动。气压式制动传动装置的制动力大，制动灵活，广泛应用于中型和重型载货汽车上。

气压制动系统的组成如图 13 - 9 所示。

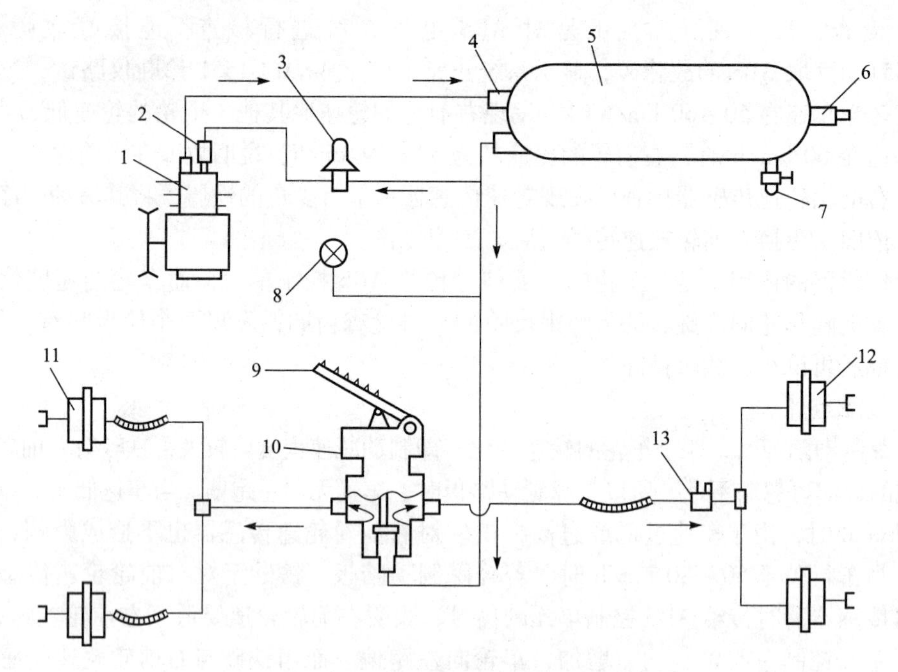

图13－9　气压制动系统组成

1—空气压缩机；2—卸荷阀；3—调压器；4—单向阀；5—储气筒；6—安全阀；
7—油水放出阀；8—气压表；9—制动踏板；10—制动控制阀；
11—前制动气室；12—后制动气室；13—制动灯开关

二、气压制动不良故障

1. 故障现象

制动时不能迅速减速或停车，制动效果不佳。

2. 故障原因

（1）空气压缩机故障

① 皮带断了或打滑。

② 活塞与缸筒磨损严重。

③ 卸荷阀关闭不严。

④ 气压调节阀调整过低。

（2）储气筒上的安全阀失效导致气压过低

（3）制动阀故障

① 进、排气阀关闭不严。

② 膜片破裂。

③ 活塞的密封圈不良。

④ 排气间隙过大。

（4）快放阀膜片破裂

（5）制动气室膜片破裂

（6）车轮制动器故障

① 制动鼓与制动蹄间隙过大或接触面积太小。

② 制动蹄片上有油污、水。

③ 制动蹄片上铆钉松动。

④ 制动鼓失圆或磨有沟槽。

⑤ 凸轮轴、制动蹄的支撑销锈蚀或磨损松旷。

⑥ 调节臂上的调整蜗杆调整不当。

⑦ 制动管路漏气。

3. 故障诊断

气压制动不良的故障诊断方法见图 13 – 10 所示。

三、气压制动失效故障

1. 故障现象

汽车行驶中，将制动踏板踩到底，制动装置根本不起作用，或在使用一次或几次制动后，制动装置突然不起作用。制动失效故障又分为整车制动失效和个别车轮制动失效两种。制动失效故障突发性强，往往造成严重后果，属于恶性故障。

2. 故障原因

(1) 储气筒无气或充气量不足

① 空气压缩机传动带折断或打滑。

② 空气压缩机向储气筒供气的管道破损、堵塞、或管道接头松脱、漏气严重。

③ 卸荷阀卡死。

④ 挂车制动分离开关未关或关闭不严。

⑤ 储气筒破裂，储气筒各功能阀失效、漏气。

(2) 制动阀故障

① 制动阀进气阀卡住或关闭不严，进气阀不能打开，压缩空气从排气口排出。

② 制动踏板传动机构折断。

③ 制动管路折断，接头松脱，或管道堵塞、冰阻。

(3) 制动气室故障

① 制动气室膜片破裂、壳体破损、接合面松动或推杆在壳体孔中卡死不能移动。

② 调整臂调整不当导致制动气室推杆行程过小。

(4) 车轮制动器故障

① 制动凸轮轴与支架衬套卡死，不能转动，或转角过小。

② 制动蹄摩擦片、制动鼓磨损后间隙过大。

③ 制动蹄摩擦片大面积脱落，或严重烧蚀。

④ 制动鼓开裂、破碎。

⑤ 制动器过热或水湿。

3. 故障诊断

气压制动失效的故障诊断方法如图 13 – 11 所示。

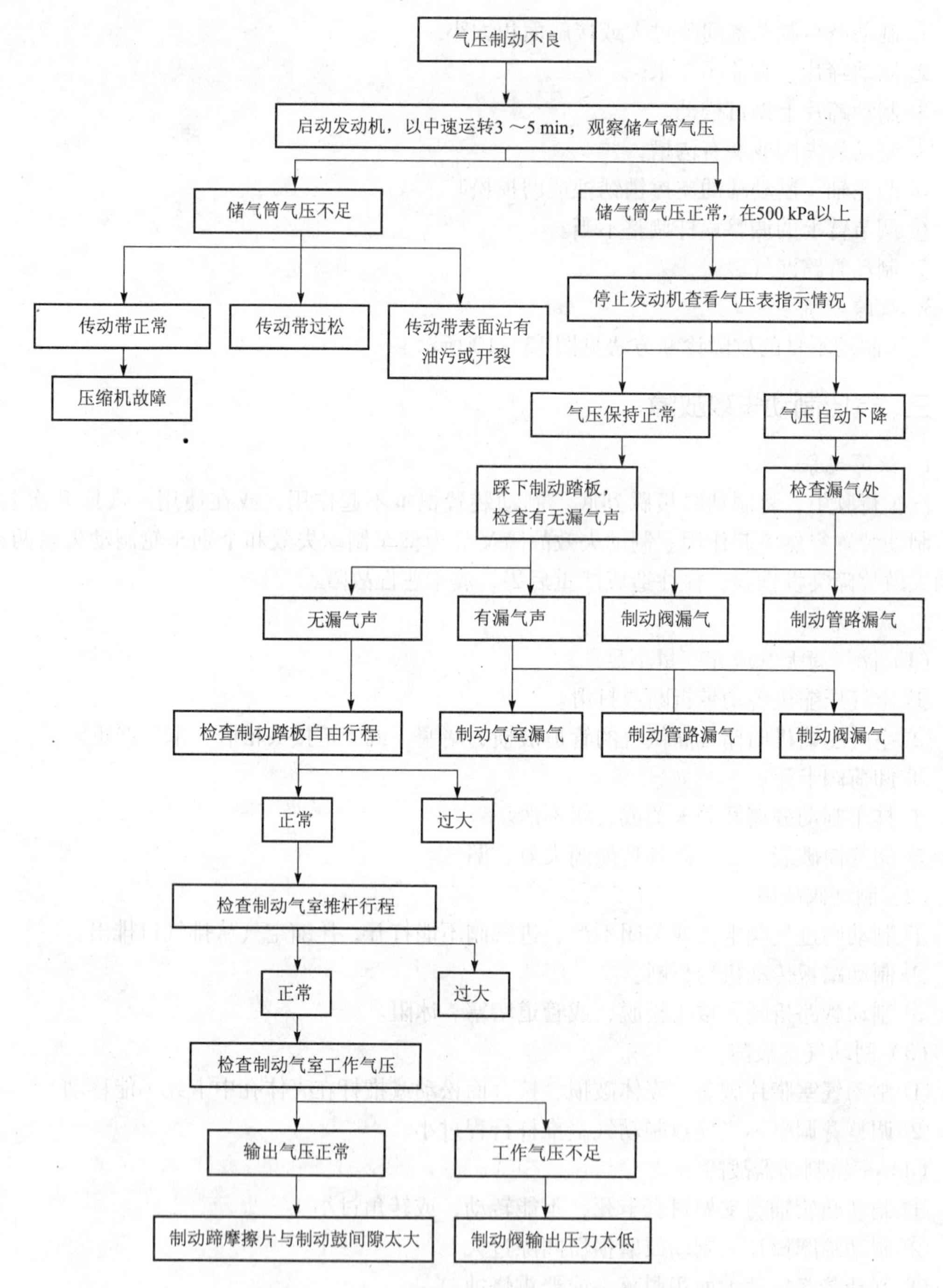

图 13－10　气压制动不良的故障诊断方法

四、气压制动跑偏故障

1. 故障现象

同液压制动跑偏故障现象。汽车制动时自动向一侧偏驶。

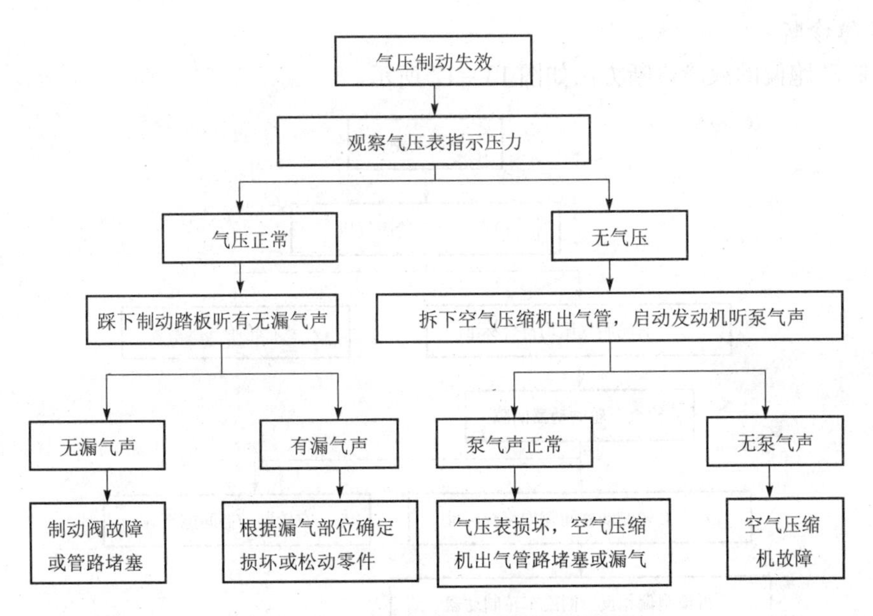

图 13－11　气压制动失效故障诊断方法

2. 故障原因

(1) 车轮制动器故障

① 各车轮制动促动凸轮轴转角相差过大，或制动促动凸轮轴与支架配合、磨损程度不一致，某制动促动凸轮轴转动不灵活。

② 各车轮制动器的制动间隙，制动蹄摩擦片的质量，以及制动蹄摩擦片与制动鼓的接触贴合状况相差过大。

③ 各车轮的制动鼓直径、圆度、圆柱度等技术指标相差过大，各制动鼓工作表面状况相差过大。

④ 车轮制动器的蹄片回位弹簧弹力相差过大，制动蹄轴与衬套配合、磨损程度不一致。

(2) 制动器气室故障

① 某车轮制动器的制动气室进气管被压扁、锈蚀堵塞，或进气软管老化发胀、进气管接头松动、漏气。

② 某制动气室壳体连接螺栓松动，引起漏气，或制动气室的膜片老化、破裂。

③ 各车轮制动器的制动气室推杆行程不一致，或某制动气室推杆有卡滞现象。

(3) 其他故障

① 车辆严重偏载，使车身偏斜。

② 车辆左右轮胎气压不一致。

③ 车辆左右轮胎规格不一致，轮胎花纹磨损程度相差过大。

④ 车辆两侧悬架弹簧的弹力不一致。

⑤ 车架变形，车桥位移。

⑥ 前轮定位失准或转向系统松旷。

⑦ 路面两侧附着系数相差大，路面向一侧倾斜。

3. 故障诊断

气压制动跑偏的故障诊断方法如图 13－12 所示。

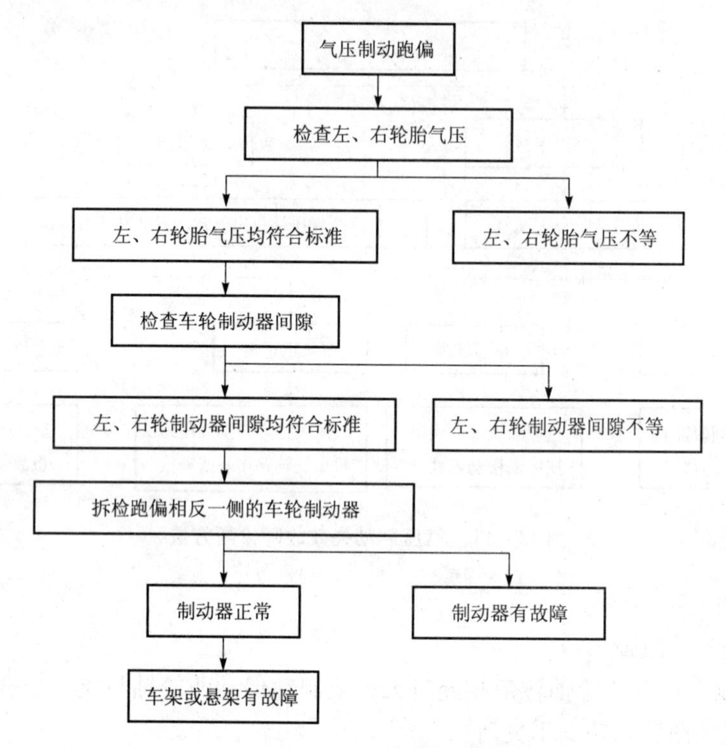

图 13－12　气压制动跑偏的故障诊断方法

五、气压制动拖滞故障

1. 故障现象

抬起制动踏板，制动阀排气缓慢或不排气，不能迅速解除制动，致使车辆起步困难、行驶无力。

2. 故障原因

（1）制动阀故障

① 制动阀排气间隙太小。

② 制动阀排气阀座橡胶发胀，堵塞排气口。

③ 排气阀导向座锈蚀、发卡。

（2）传动机构故障

① 踏板传动机构卡住不回。

② 制动踏板无自由行程或自由行程太小。

（3）车轮制动器故障

① 制动器气室推杆卡住不回。

② 制动凸轮轴支架固定螺栓松动，引起凸轮轴不同心使转动不灵活。

③ 制动蹄摩擦片与制动鼓间隙过大。

④ 制动蹄摩擦片与制动鼓间隙过小。

⑤ 制动蹄摩擦片与制动鼓烧结、黏住、脱落，回位弹簧脱落、折断或弹力过小。

⑥ 制动蹄轴与衬套配合间隙过小、锈蚀、润滑不良引起转动困难。

(4) 其他故障

① 半轴套管与轮毂轴承松旷导致制动鼓偏斜。

② 轮毂轴承外圈与轮毂配合松旷导致制动鼓偏斜。

③ 制动气室膜片老化、膨胀、变形；制动软管老化、发胀、堵塞。

④ 制动踏板轴发卡，踏板回位弹簧脱落、折断引起踏板不回位。

3. 故障诊断

气压制动拖滞故障诊断方法如图 13－13 所示。

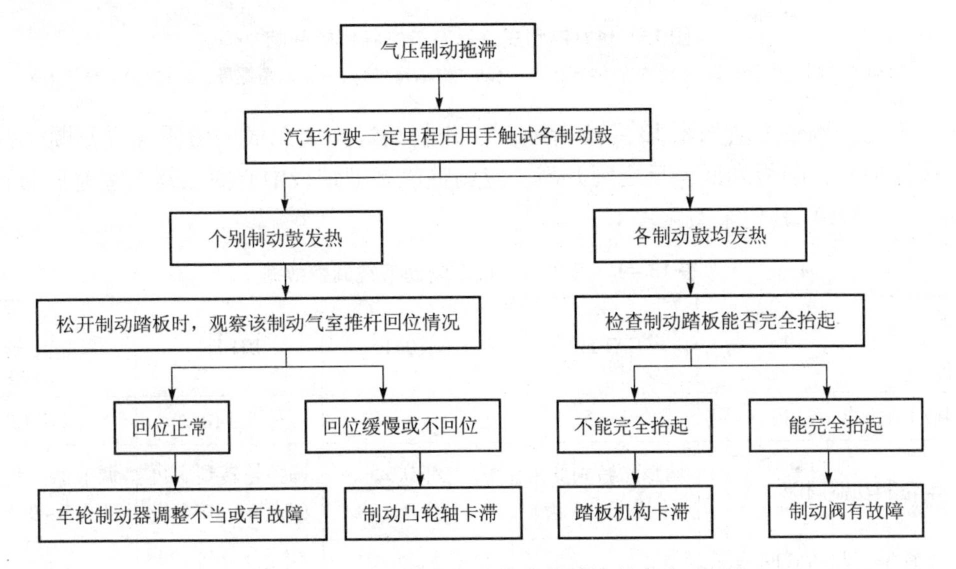

图 13－13　气压制动拖滞故障诊断方法

第四节　制动系统检查与调整

一、液压制动系统的检查与调整

1. 制动踏板机构的检查与调整

(1) 制动踏板自由行程的调整

制动踏板自由行程是指，制动踏板下移至主缸活塞开始工作以前所移动过的一段距离或这段距离在制动踏板上的反映。NJ1041 型汽车制动踏板的自由行程是用改变制动主缸推杆长度的方法来调整的。

调整方法（如图 13－14 所示）：松开制动主缸控制阀杆传力叉锁紧螺母 4，旋转推杆 3，使其伸长，踏板自由行程缩小，反之则增大。应调整制动踏板自由行程，使制动主缸活塞与推杆之间留有一定间隙，其数值为（2 ±0.5）mm，否则会造成制动不灵或不能完全分离。

(2) 制动踏板高度的调整

在保证制动踏板自由行程的条件下，制动踏板的高低位置的调整是通过调整制动灯开关

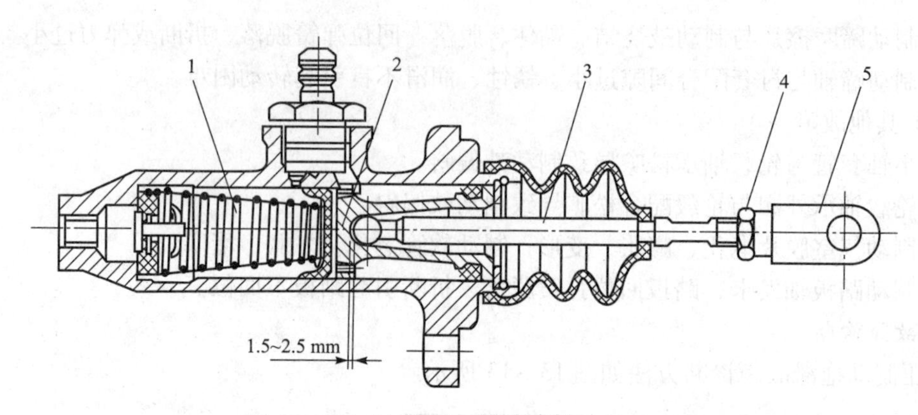

图 13－14 制动主缸活塞与推杆间的间隙

1—制动主缸回位弹簧；2—制动主缸活塞；3—制动主缸活塞推杆；4—六角螺母；5—控制阀杆传力叉

总成来实现的。调整方法如图 13－15 所示。松开制动灯开关总成的紧固螺母，顺时针旋转开关，螺杆伸长，踏板降低。反之则升高。应调整使制动踏板中心面至驾驶室地板的高度为 190 mm（NJ1041）其他车型见表 13－1。

表 13－1 几种轻型汽车制动系统调整数据 mm

部位 \ 车型	CA1040	NJ1041	BJ1041	五十铃
制动踏板自由行程	1 ~ 5		5 ~ 10	8 ~ 12
车轮制动器间隙	调整轮转到底再回退 3 ~ 5 齿	上部 0.25 下部 0.12	调整轮转到底再回退 6 ~ 10 个齿	调节器拧到底再回退 5 ~ 9 个刻度
制动主缸推杆与活塞间隙		1.5 ~ 2.5	1 ~ 1.5	1.0
驻车制动操纵杆行程	4 ~ 8 齿	20 ~ 25 齿	9 ~ 14 齿	8 ~ 12 齿
驻车制动器间隙	调整轮转到底再回退 3 ~ 5 齿	0.3 ~ 0.5	调整杆齿轮转到底再回退 25 个齿	0.5
制动踏板高度	176 ~ 184	190	195 ~ 205	185 ~ 193

2. 液压制动系统放气

如果空气混入制动系液压管路中，就会降低制动效果。在制动系统维修过程中，拆卸液压管路，更换零部件及制动液时，必须进行排气。

排气作业要由两个人协同进行，一个人负责反复踩下制动踏板，另一个人进行排气作业，放气步骤（图 13－16）如下：

① 拉紧驻车制动器操纵手柄。

② 启动发动机，直到真空度充分升高为止（在发动机不旋转的状态下进行排气，会对真空助力器造成不良的影响）。

③ 检查制动液储液罐内的液位，根据需要适量补充，以排气作业完成后储液罐内仍有制动液为准。

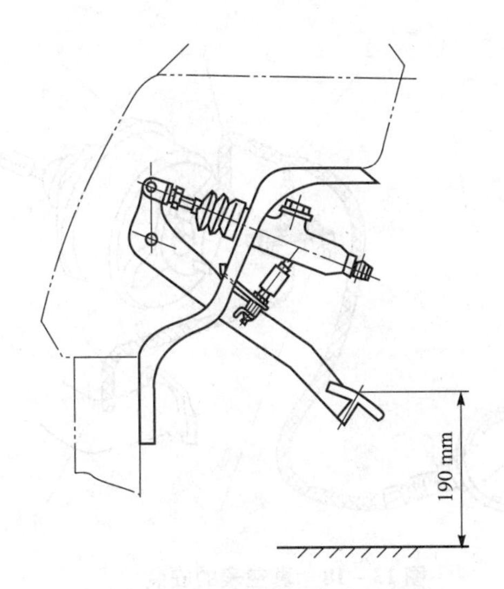

图 13－15　制动踏板高度的调整

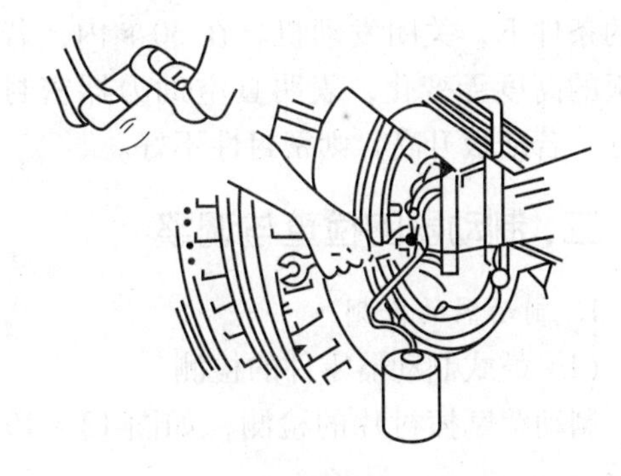

图 13－16　制动器液压管路的放气

④ 从离主缸最远的车轮制动轮缸开始，由远到近按顺序进行排气，顺序为右后轮⟶左后轮⟶右前轮⟶左前轮。

⑤ 从放气螺钉上拆下放气螺钉护罩，把放气螺钉端部擦净。将放气用软管接到放气螺钉上，软管的另一端放入容器。如图 13－17 所示。

⑥ 反复踩下制动踏板，并保持被踩下的状态。

⑦ 拧松放气螺钉，将带气泡的制动液排入容器内，并迅速拧紧放气螺钉。

⑧ 慢慢抬起制动踏板，反复进行上述作业，直到从放气螺钉内排出的制动液中没有气泡为止。排气过后，重新装好放气螺钉护罩。

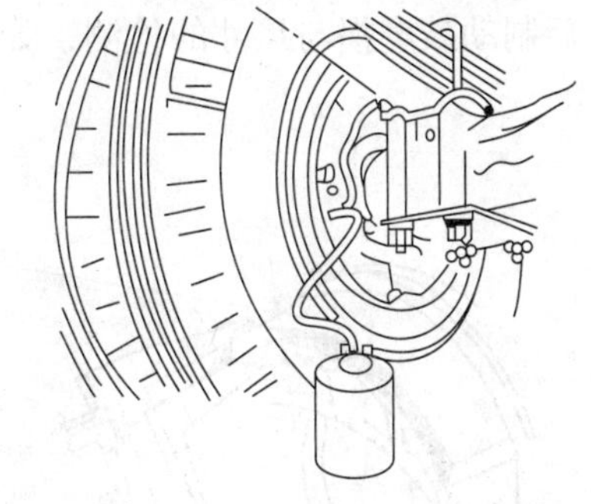

图 13－17　将排气软管接到放气螺钉上

⑨ 在排气过程中，要注意储液罐内的制动液液面高度并及时补充，同时避免空气进入。补充制动液时不可使用排气放出的制动液。

⑩ 对各车轮都进行排气后，要检查储液罐内的液面高度，按要求加足制动液。

3. 真空助力器的检验

(1) 真空助力器密封性的检验

① 用一根短的软管和 T 形接头将真空表接在助力器止回阀上。如图 13－18 所示。

② 启动发动机，怠速运转 1 min。

③ 卡紧真空源与止回阀之间的软管，以关闭真空来源。

④ 使发动机熄火，观察真空表的变化。

⑤ 如果在 15 s 内真空下降 3. 38 kPa，则表明助力器膜片或止回阀已损坏。

(2) 真空助力器功能的检查

在发动机不运转的情况下，踩几下制动踏板，确认踏板高度无变化后，踩住踏板，启动发动机，此时若踏板稍有下降，则表示真空助力器功能良好。

（3）真空助力器在有制动负荷时密封试验

启动发动机运转 1 ~ 2 min，在不停机的条件下踩下制动踏板，在保持踏板力不变的条件下，关闭发动机。在 30 s 内，若踏板的高度无变化，表明真空助力器密封性好；若踏板升高，则密封性不好。

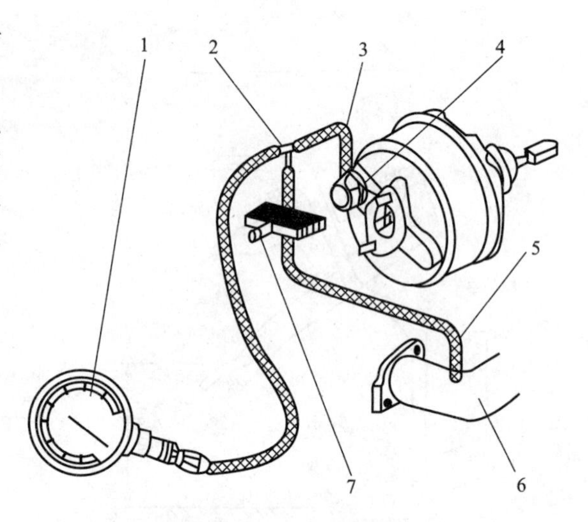

图 13－18　真空表的安装

1—真空表；2—三通接头；3—软管；4—止回阀；5—止回阀软管；6—进气歧管；7—卡紧工具

二、制动器的检查与调整

1. 制动器的检测

（1）鼓式制动器零件的检测

制动蹄摩擦衬片的检测，如图 13－19 所示。

① 用卡尺 2 测量后制动蹄衬片 1 的厚度，标准值为 5 mm，使用极限为 2. 5 mm。

② 铆钉头 3 与摩擦片 1 表面深度应不小于 1 mm，以免铆钉头刮伤制动鼓内表面。

后制动鼓磨损与尺寸的检测，如图 13－20 所示。

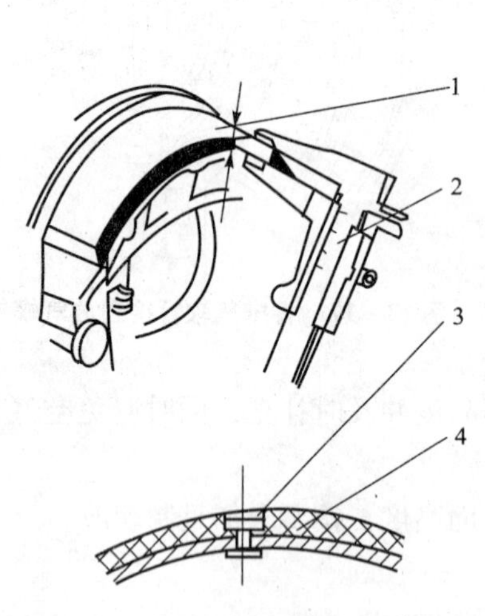

图 13－19　后制动蹄衬片厚度的检查

1—制动蹄衬片；2—卡尺；3—铆钉；4—摩擦片

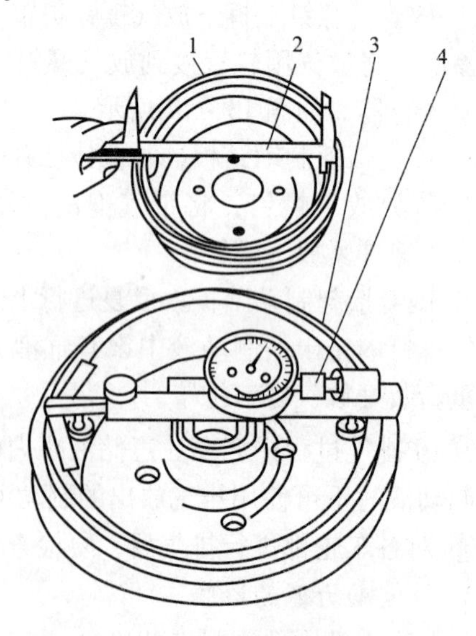

图 13－20　后制动鼓磨损尺寸检查

1—后制动鼓；2—卡尺；3—后制动鼓；4—测量圆度工具

用卡尺 2 检查内孔尺寸，标准值为 ϕ180 mm，使用极限为 ϕ181 mm。用工具 4 测量制动鼓 1 内孔的圆度，使用极限不超过 0. 125 mm。

（2）盘式制动器检测

在与制动摩擦片的接触面上，沿圆周方向选 6 个点，用游标卡尺进行厚度测量，如图 13－21 所示。

厚度的最大差值不超过 0.013 mm，制动盘厚度标准值为 22 ~ 25 mm。用同样的方法测量摩擦片的厚度磨损量不超过 2 mm。

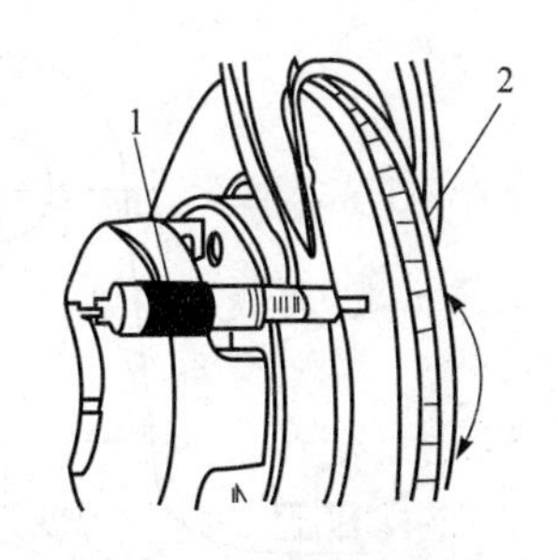

图 13－21　测量制动盘的厚度

1—千分尺；2—制动盘

2. 制动器的调整

(1) 鼓式制动器的调整

在使用中，出现制动失灵、制动拖滞或制动跑偏时，均需检查制动器间隙，即制动蹄片与制动鼓间隙，如图 13－22 所示。检查时，架起车轴，拆下轮胎，转动制动鼓总成，通过制动鼓上的检查孔来检查制动蹄片与制动鼓间隙，如图 13－23 所示。车轮制动器间隙应符合表 13－2 的规定。

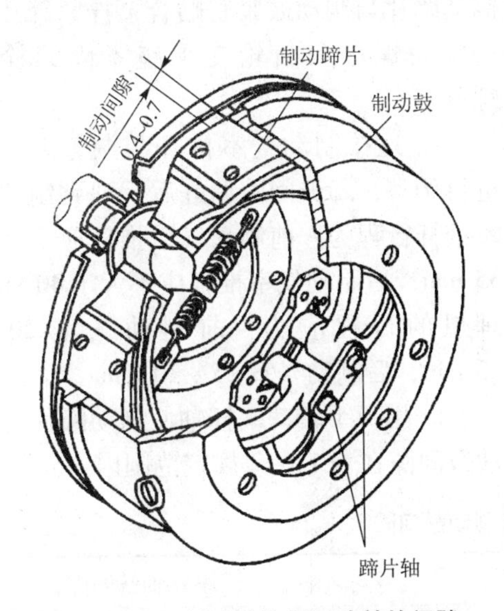

图 13－22　制动蹄片与制动鼓的间隙

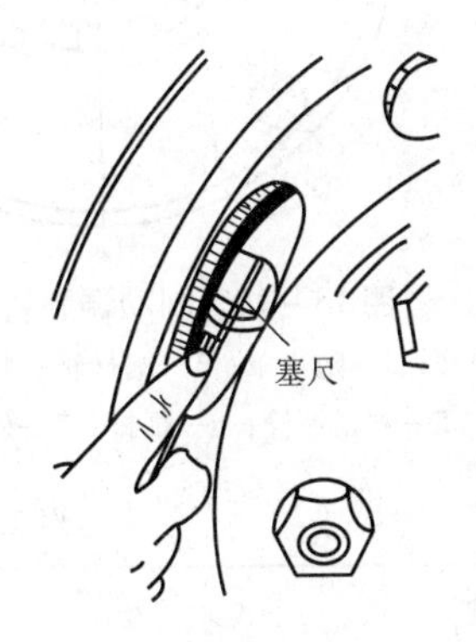

图 13－23　检查制动鼓与摩擦衬片的间隙

① 局部调整。每次对轮胎或轮毂轴承进行维护时，或发现因制动蹄摩擦片磨损而导致制动气室推杆行程过大（超过 40 mm）时，应检查车轮制动器间隙。若不符合规定，则应进行局部调整。局部调整的方法如下：

a. 拆下制动调整臂防尘罩 2（图 13－24）。

b. 推进调整臂锁止套 4 直至露出蜗杆轴 3 的六方头，用扳手转动蜗杆轴 3，使制动蹄片与制动鼓间隙在规定范围内。

c. 用锁止套锁止蜗杆轴，装上防尘罩。

注意：局部调整时，不允许用拧动蹄片轴的方法来调整，以免破坏制动蹄片与制动鼓的配合。

② 全面调整。一般情况下，对车轮制动器只进行局部调整，但更换制动蹄片或修理制动鼓后，或在修理中因蹄片轴的转动等破坏了制动蹄片与制动鼓工作面的同心度时，必须全面调整制动蹄片与制动鼓间隙，调整方法如下：

a. 松开蹄片轴的紧固螺母和凸轮支承座紧固螺栓的螺母，拆开制动气室推杆与制动调

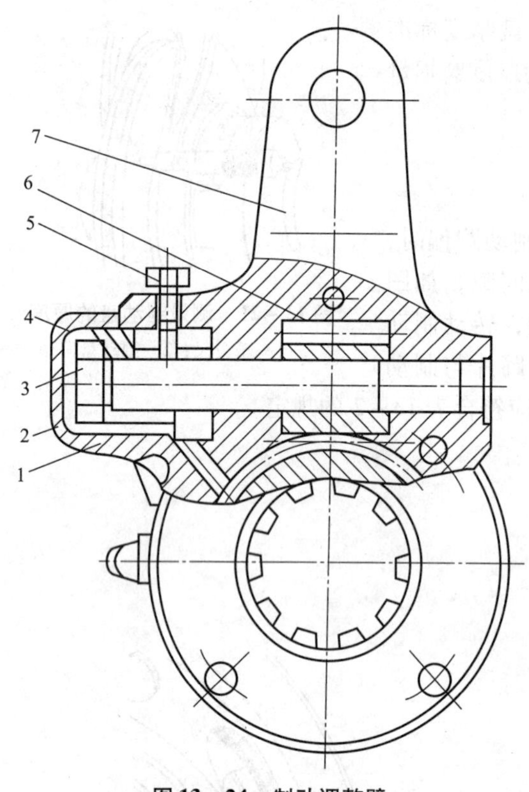

图 13－24 制动调整臂

1—弹簧；2—防尘罩；3—蜗杆轴；4—锁止套；5—锁紧螺栓；6—蜗杆；7—外壳

整臂的连接。

b. 转动蹄片轴，使两蹄片轴端面上的刻线标记位于内侧最近位置。

c. 拆下调整臂防尘罩 2（图 13－24），推进锁止套至露出蜗杆轴的六方头，用扳手转动蜗杆轴使制动蹄片压向制动鼓，从制动鼓检查孔中用塞尺检查每个制动蹄是否与制动鼓贴紧。若蹄片轴端有间隙，可转动蹄片轴以消除间隙。

d. 反复调整蜗杆轴和蹄片轴，直到制动蹄片与制动鼓紧密贴合，拧紧蹄片轴的紧固螺母和凸轮支承座紧固螺栓的螺母。

e. 连接制动气室推杆与调整臂，并进行调整，蹄鼓间隙调好后反映到制动气室推杆行程为：前制动气室推杆应不大于 35 mm，后制动气室推杆应不大于 40 mm。理想的行程应为：前制动气室 20～25 mm，后制动气室 25～30 mm。

f. 用扳手转动蜗杆轴使制动蹄片与制动鼓间隙在表 13－2 规定范围内。

表 13－2 制动蹄片与制动鼓间隙 mm

车　型	凸轮端间隙	蹄片轴端间隙
CA1091	0.4～0.7	0.2～0.5
EQ1090	0.40～0.55	0.25～0.40

g. 用锁止套锁止蜗杆轴，装上防尘罩。

（2）具有蹄鼓间隙自调机构制动器的调整

具有间隙自调机构的制动器，制动间隙调整省工省力且准确，但有时也需进行必要的人工调整。如切诺基越野汽车后轮制动器的调整方法是：

① 支起汽车使后轮离开地面，放松驻车制动手柄，卸下星形轮调整孔盖板。

② 用一调整专用工具 2 和旋具 3 先将调整杠杆 4 拨开，然后转动星形轮，使调整杠杆伸长，一边拨动星形轮，一边沿汽车前进方向转动车轮（图 13－25），直至感到车轮受一稳定阻力矩为止。

③ 用一橡胶锤重敲制动底板几次，并做几次脚制动，防止制动蹄和调整部件犯卡。如果后轮可以自由转动，重复上述过程，直至达到步骤 2 所述要求为止。

④ 按上述相反方向拨动星形轮，直到车轮刚刚可以自由转动为止。为防止间隙过小，继续拨动星形轮 4～5 个齿（其他车型见表 13－1）。

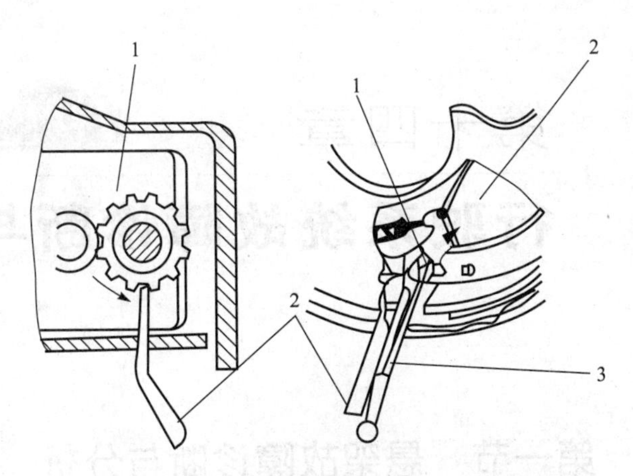

图 13－25　切诺基后轮制动器人工调整

1—调整螺钉星形轮；2—调整专用工具；3—旋具；4—调整杠杆

⑤ 进行几次倒车制动，蹄鼓间隙即可达到规定值。

练习与思考题

13－1　以某一车型为例，分析制动不良故障原因。

13－2　分析 ABS 报警灯在行车中点亮故障原因。

14

第十四章 行驶系统故障诊断与分析

第一节 悬架故障诊断与分析

一、钢板弹簧折断故障

1. 故障现象

汽车行驶一定里程后，车身横向倾斜方向跑偏或纵向偏斜跑偏，钢板弹簧折断。

2. 故障原因

① 汽车超载、高速转弯、在不平路面上高速行驶或紧急制动行驶过多。

② 钢板弹簧片间滑润不良。

③ U 形螺栓长期未拧紧，缓冲块、夹箍或其螺栓脱落。

④ 钢板弹簧疲劳折断。

3. 故障诊断

钢板弹簧折断的故障诊断方法如图 14－1 所示。

二、钢板弹簧异响故障

1. 故障现象

汽车在不平路面上行驶时，钢板弹簧发出“咯吱、咯吱”的异常声响。

2. 故障原因

① 超载或车速过高，钢板弹簧片间滑润不良。

② U 形螺栓、中心螺栓或夹箍螺栓松动。

③ 钢板弹簧疲劳失效。

④ 钢板弹簧销、衬套、吊环等支架间的间隙过大。

3. 故障诊断

钢板弹簧异响的故障诊断方法如图 14－2 所示。

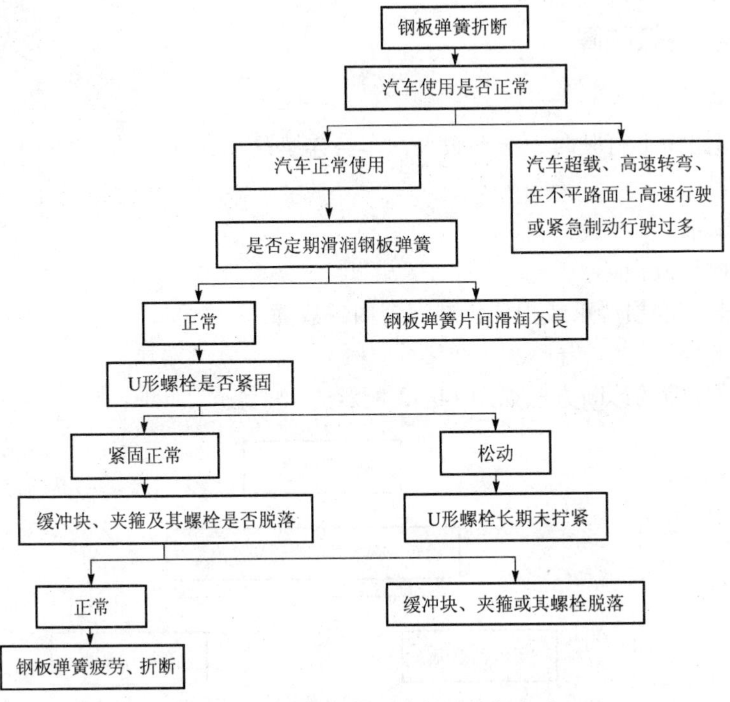

图 14－1　钢板弹簧折断故障诊断方法

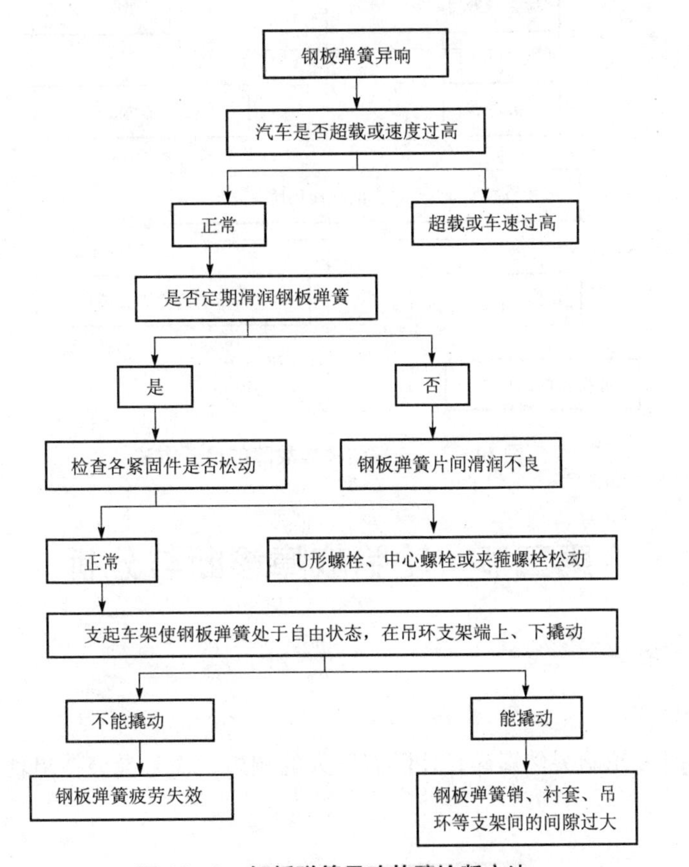

图 14－2　钢板弹簧异响故障诊断方法

三、减振器失效故障

1. 故障现象

汽车在平坦路面上行驶时，振动很大，车身连续跳动，并伴随“咕咚、咕咚”的声响。

2. 故障原因

① 减振器缺油。

② 连接件松动或损坏。

③ 衬套脱落、磨损严重或损坏，减振器内部故障。

3. 故障诊断

减振器失效故障的诊断方法如图 14－3 所示。

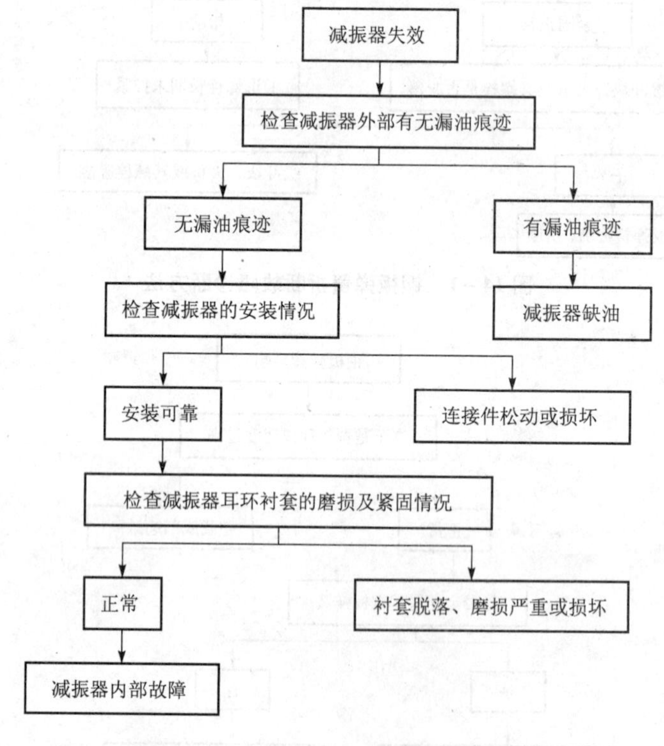

图 14－3　减振器失效故障的诊断方法

第二节　轮胎故障诊断与分析

一、爆胎故障

1. 故障现象

在汽车行驶时，轮胎突然爆破，伴随有巨大的响声，而且会突然出现车身倾斜，操纵失灵现象。

2. 故障原因

① 汽车在高温环境下行驶时间过长，轮胎过热，使胎内气压过高而导致爆胎。

② 汽车超载使轮胎负荷过大而导致爆胎。

③ 在使用中，并装双轮胎中一侧轮胎气压不足，或放气后继续行驶而导致爆胎。

④ 在行驶中，并装双轮胎中夹有石子，行驶时间过长，磨出裂口而导致爆胎。

⑤ 轮胎破损或行驶中刮磨坚硬锐利物体，使胎侧刮出裂口而导致爆胎。

⑥ 装配轮胎时，内胎被外胎压住，充气后，内胎在行驶中被磨破而导致爆胎。

二、轮胎异常磨损故障

异常磨损是缩短轮胎使用寿命的主要原因。

1. 轮胎两胎肩磨损或胎侧擦伤

(1) 故障现象

轮胎两胎肩磨损如图 14－4（a）所示，胎壁擦伤如图 14－4（b）所示。

(2) 故障原因

轮胎气压不足；轮胎超载。

(3) 故障诊断

轮胎气压不足或超载使胎冠接地印迹增宽，并且中部略向上拱起，如图 14－5 所示，因此胎冠两侧着地，形成两胎肩磨损。

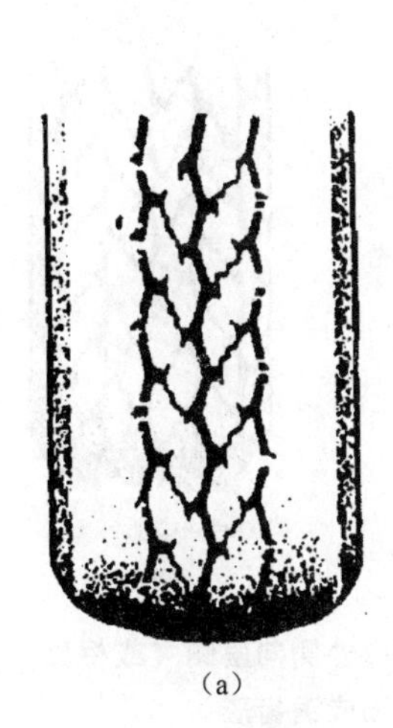

(a)

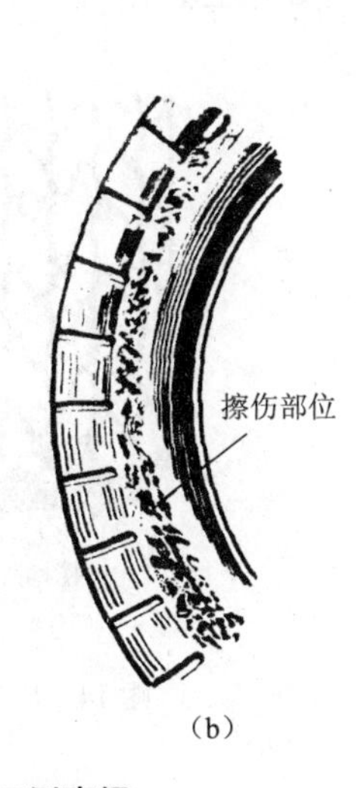

(b)

图 14－4　轮胎两侧磨损

(a) 轮胎两胎肩磨损；(b) 胎壁磨损

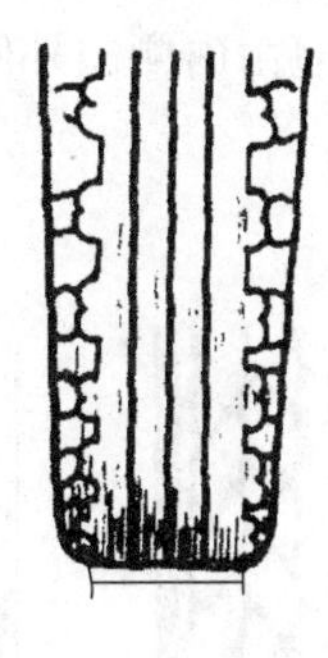

图 14－5　胎压不足

胎壁擦伤，多为双胎并装使用时，气压不足或超载而引起。之所以常发生于汽车后轮，是由于胎侧变形较大使两胎相互接触发生摩擦。

2. 轮胎胎冠中部磨损

(1) 故障现象

轮胎胎冠中部磨损如图 14－6 所示。

(2) 故障原因

轮胎气压过高，或轮胎缺少换位。

图 14－6　胎冠中部磨损

（3）故障诊断

轮胎气压标准时，其胎冠接地印迹宽于气压过高的轮胎。因此，胎压过高将增加单位接地面积的负荷，加速胎冠中部磨损。此外，帘布层帘线承受过大的拉伸应力，也可导致轮胎早期损坏。

3. 胎冠外侧或内侧磨损

（1）故障现象

胎冠外侧磨损如图 14－7（a）所示，胎冠内侧磨损如图 14－7（b）所示。

（2）故障原因

胎冠外侧磨损的原因：车轮外倾角过大，经常高速转弯，前轴弯曲变形。

胎冠内侧磨损的原因：车轮外倾角过小，经常高速转弯，前轴弯曲变形。

（3）故障诊断

胎冠外侧或内侧磨损与外倾角有关，因此只有转向轮才可能发生此故障。若胎冠外侧磨损说明轮胎外倾角过大，反之，胎冠内侧磨损，则说明轮胎外倾角过小。

4. 胎冠由外侧向里侧（或相反）呈锯齿状磨损

（1）故障现象

① 胎冠由外侧向里侧呈锯齿形磨损［图 14－8（a）］。

② 胎冠由内侧向外侧呈锯齿形磨损［图 14－8（b）］。

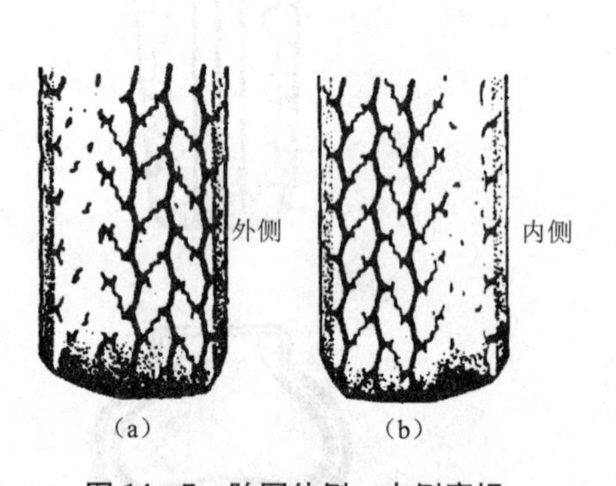

图 14－7 胎冠外侧、内侧磨损

（a）胎冠外侧磨损；（b）胎冠内侧磨损

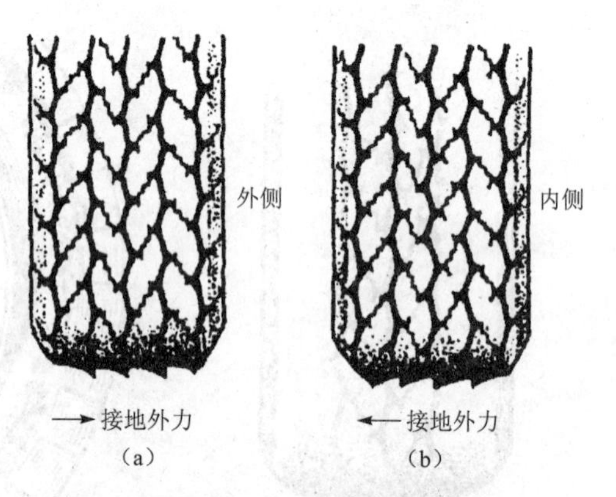

图 14－8 胎冠由外侧向里侧（或相反）磨损成锯齿形

（a）胎冠由外侧向里侧磨损成锯齿形；

（b）胎冠由内侧向外侧磨损成锯齿形

（2）故障原因

胎冠由外侧向里侧呈锯齿形磨损原因：前束过大。

胎冠由内侧向外侧呈锯齿形磨损原因：前束过小，甚至副前束。

（3）故障诊断

上述故障出现均与前束有关，检查前束。

5. 胎冠呈波浪状和叠边状磨损

（1）故障现象

胎冠呈波浪状和叠边状磨损如图 14－9 所示。

(2) 故障原因

① 轮胎平衡不良，定位不当。

② 轮毂松旷。

③ 轮辋拱曲变形。

④ 经常使用紧急制动。

⑤ 车轮轴承松旷，悬架的间隙过大。

(3) 故障诊断

胎冠呈波浪状和叠边状磨损故障诊断方法如图 14－10 所示。

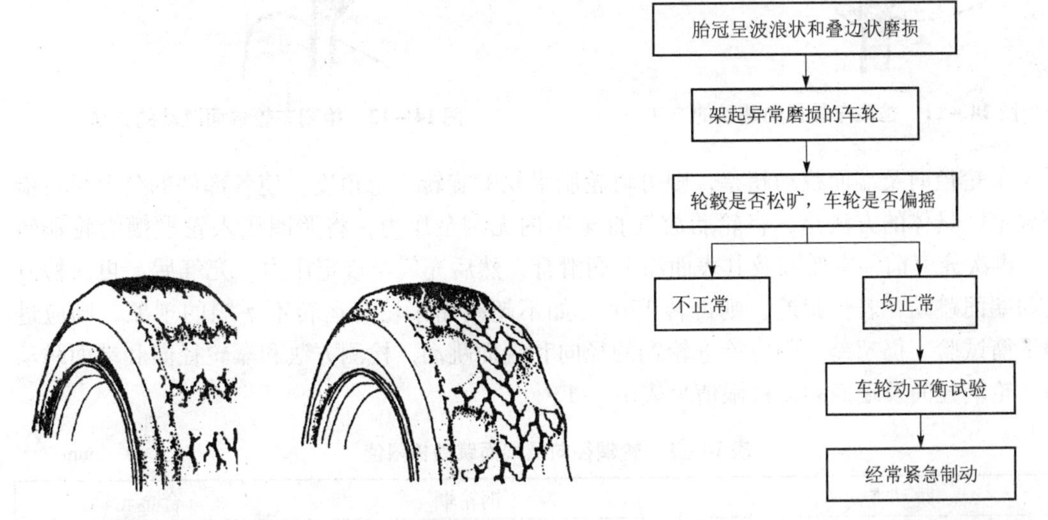

图 14－9　胎冠呈波浪状和叠边状磨损　　图 14－10　胎冠呈波浪状和叠边状磨损诊断方法

三、轮胎的检查与调整

1. 检测车轮的跳动

车辆在行驶中其轮胎的磨损不可能沿轮胎圆周表面均匀分布，随着磨损加剧，车轮原有的平衡状态被打破，导致车轮运转不平顺。造成车轮运转不平顺的主要原因有：轮辋挠曲（例如因剧烈碰撞路缘石）、轮胎安装失准、车轮偏心及制动抱死等。可以检测轮胎和车轮的跳动。

(1) 径向跳动的检测

径向跳动是轮胎或车轮周缘高点和低点的径向差值，即失圆度。检测方法如图 14－11 所示。

将测量装置置于胎面，用手缓缓转动车轮。记下测量仪读数，并在轮胎的最大径向跳动处做标记。规定，径向跳动应在 0.8～2 mm，超过极限可能引起汽车的振动。

(2) 检测车轮的端面跳动

端面跳动是轮胎或车轮摆动。检测方法如图 14－12 所示。

将测量装置置于轮胎的侧面，用手缓缓转动车轮。记下测量仪读数，并在轮胎的最大径摆动处做标记。规定，端面跳动应在 1.2 mm 内，超过极限可能引起汽车的振动。

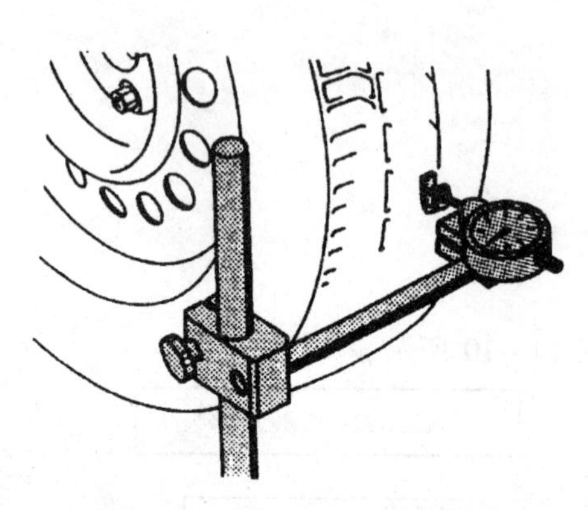

图 14 – 11　检测车轮径向跳动的方法

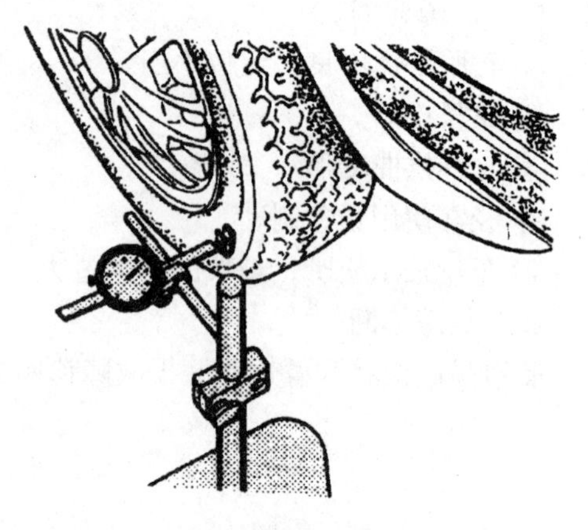

图 14 – 12　检测车轮端面跳动的方法

若车轮径向及端面跳动超差，则可将轮胎沿轮辋旋转一定角度，使各部件的公差尽可能符合规定。具体的方法是，将轮胎放气直至胎内无剩余压力，将胎圈压入轮辋槽沿轮辋转120°。再次充气前须在胎圈及其表面涂上润滑膏，然后充气至规定压力。充气后，再次检测径向和端面跳动，若仍超差，则再转120°。如不超差而车轮有运转不平顺的现象，则应进行静平衡试验。仍超差，则应检查轮辋的径向和端面跳动，检测方法和车轮径向和端面跳动相同，轮辋径向及端面跳动极限值见表 14 – 1。

表 14 – 1　轮辋径向及端面跳动极限值　mm

跳动方向	钢轮辋	合金轮辋
端面跳动	≤0.8	≤0.3
径向跳动	≤0.5	≤0.3

2. 轮胎换位

常用换位方法有：交叉换位法、循环换位法、同轴换位法。

① 交叉换位法，其优点是：对拱形路面的适应性好，能更好地保证各轮胎的均衡磨耗；换位时，不用从轮辋上拆胎调面，并且备胎也参加换位。如图 14 – 13（a）和（b）所示。

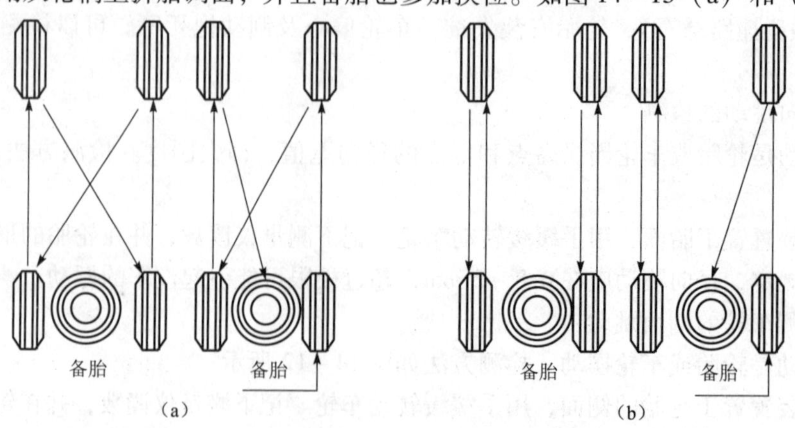

图 14 – 13　汽车和挂车的几种轮胎的换位方法

（a）轮胎交叉换位；（b）轮胎循环换位

② 当全车轮胎的新旧程度相差太大，用交叉换位法不能保证前轮用较好的轮胎时，可采用同轴换位法（同一轴上的两轮胎互换），也能取得较好的效果。

③ 使用中，可根据情况选择其中的某一种，但要注意：一经选定后，应始终按所选择的换位方法进行，不宜随便改动。

第三节　故障实例

实例一：

（1）故障现象

一辆奔驰600型轿车在行驶中有很大的“嗡嗡”异响声，且随着车速的增加而加大。

（2）故障诊断与排除

① 将车顶起，检查各车轮是否松旷，并边转动车轮，边听是否有响声。各车轮无松旷感，并且车轮转动平稳而无响声。由此初步判断车轮轴承没有损坏。

② 进行路试发现当车速很低时，该车有“噔、噔”的响声（类似减振器不工作时出现的声音）；当车速提高时，“噔、噔”响声的频率随之提高，声音也增大；当车速提高到一定程度时，此响声就由于频率很高而像连续的“嗡嗡”声。

③ 再一次将车顶起，认真察看轮胎时发现：两只前轮胎的内侧有不规则的波浪形磨损。在更换两只轮胎后试车，异响（“嗡嗡”声）消失，故障排除。

实例二：

（1）故障现象

一辆现代索纳塔轿车，起步加速至20 km/h时，转向盘开始抖动；车速高于25 km/h时，恢复正常；车速增至80 km/h以上时，转向盘、车身振摆严重，乘员明显感到不适；减速行驶至80 km/h以下，故障消失；车速继续降至25 km/h，仍出现转向盘抖动；再低于20 km/h，抖动现象消失，恢复正常，此车曾多次做过动平衡和四轮定位，都没能解决问题，而且故障越来越重。

（2）故障诊断与排除

一般说来，转向盘振摆分为两种情况：一种是低速摆头，即汽车在20 km/h以下，感到转向盘不稳，摆头；另一种是高速振摆，即汽车在高速行驶或在某一较高车速时出现行驶不稳、摆头，甚至转向盘抖动。此故障与以上两种情况有所不同，比较少见。

① 进行反复路试后，发现，在平坦的路段高速行驶时，汽车左前部上下起伏明显。初步判断左前轮是振摆的发源处。

② 将左前轮卸下，换上备胎进行路试，故障消失，证实了故障出自左前轮。

③ 对左前车轮进行细致的检查，发现轮辋内外侧共5块平衡块，总质量约为340 g。其中内侧3块共约190 g，外侧2块共约150 g。在平衡块排列部位80 rad（弧度）左右的范围内，胎冠磨损严重，内侧重于外侧。轮胎花纹最大深度差为3.5 mm，轮胎胎冠圆周最小半径差为2.5 mm。显然，转向盘和车身振摆故障是由轮胎异常磨损、胎冠圆周方向失圆所致。

④ 在进行轮胎动平衡时存在误区。在换装新轮胎或出现故障后进行轮胎动平衡时，误认为通过安装平衡块即可达到轮胎平衡的目的，从而忽视并掩盖了车轮本身存在的品质问

题。殊不知，超限度安装平衡块（该车高达340 g）使轮胎超出平衡限度，从而加剧轮胎胎冠局部磨损，导致轮胎胎冠圆周方向失圆。

⑤ 检测项目不全面。为防止汽车高速时振摆，车轮总成包括轮胎、轮辋、制动鼓（盘）和轮毂都需要进行平衡试验，同时轮胎还应做端面和径向摆差测量，漏检任何一个项目都有可能放过发现故障的机会。

练习与思考题

14－1 分析轮胎异常磨损的形态和原因。

14－2 以某一车型为例，进行轮胎换位操作。

第十五章

汽车电气系统故障诊断与分析

第一节 汽车电气系统的故障特点

汽车电气系统的故障虽然多种多样，但产生故障的原因与诊断方法却有许多共同之处，掌握这些共性知识对我们进行电气系统的故障诊断与分析有很大帮助。

一、汽车电气系统的工作条件

汽车电气系统的工作条件可概括为：大范围的温度和湿度变化，波动的电压及较强的脉冲干扰，电器间的相互干扰，剧烈的振动以及尘土的侵蚀等。

1. 温度与湿度

温度的变化包括两方面：一是外界环境温度；二是使用温度，它与电器设备工作时间的长短、布置位置以及电器元件自身的发热散热条件有密切关系。对于电子元件来讲，较高的使用温度是造成过热损坏的主要原因。

在湿度较大的环境下，将会增加水分子对电子元件的浸润作用，使其绝缘性能下降，影响电器设备的工作性能。

2. 电压的波动

汽车电气系统的电压波动可分为两种：一种是正常范围内的波动即从蓄电池的端电压到电压调节器起作用的电压之间；另一种为过电压，过电压将对汽车上的电子设备带来极大危害。过电压从其性质来分，可分为非瞬变性过电压和瞬变性过电压。

非瞬变性过电压主要是由于发电机调节器失灵，或其他原因引起发电机励磁电流未经调节器，使发电机电压升高到不正常值。这种故障如不及时排除，则整个充电系统的电压会一直处于不正常的高压，过电压有时可高达100多伏。它会使蓄电池的电解液沸腾，电器设备烧毁。

瞬变性过电压对汽车电子元件危害最大，其产生主要有以下几种情况：

① 当停车关闭点火开关时，由于发电机的磁场绕组与蓄电池之间通路瞬间被切断，在磁场绕组中感应出按指数规律变化的负电压，其反向峰值可达 -100 ~ -50 V。该脉冲由于没有蓄电池吸收，极易引起电子元件的损坏。

② 汽车运行中，发电机与蓄电池之间的导线意外松脱，或者在没有蓄电池的情况下，突然断开其他负载。发电机端电压瞬间可升高很多，极限情况可达100 V以上，且可维持

0.1 s的时间。对一些过电压敏感的电子元件，这样的过电压足以造成其损坏或误动作。

③ 电感性负载，如喇叭、各种电机、电磁离合器等，在切换时，将在电路中产生高频振荡，振荡的峰值电压可达200多伏，但其持续时间较短（300 μs左右），一般不能引起电子元件损坏，但对于具有高频响应的控制系统，如电控汽油喷射系统，往往会引起误动作。

3. 电器间的相互干扰

由于各个电器设备工作方式不同，它们之间会以不同的方式彼此侵扰。通常将汽车上所有电器能在车上正常工作而不干扰其他电器正常工作的能力称为汽车电器的相容性。在实际中，电器间的相互干扰是不可避免的，因此，对汽车电气系统来说，重要的是相容性。任何因素激发出的振荡都会通过导线等，以电磁波的方式发射出去，势必对其他电子系统产生电磁干扰。因此，汽车上应用的计算机等，都应具有良好的屏蔽措施，一旦屏蔽被破坏，也会导致其工作异常。

4. 其他

汽车行驶中不可避免地产生振动和冲击，它将造成电子设备的机械性损坏，如脱线、脱焊、触点抖动、搭铁不良等故障。尘土及有害气体的侵蚀会导致接触不良、绝缘性能下降等故障。

二、汽车电气系统的故障种类

汽车电气系统的故障总体上可分为两大类：一类是电器设备故障；另一类是线路故障。

1. 电器设备故障

电器设备故障是指电器设备自身丧失其原有机能，包括电器设备的机械损坏、烧毁、电子元件的击穿、老化、性能减退等。在实际使用和维修中，常常因线路故障而造成电器设备故障。电器设备故障一般是可修复的，但一些不可拆的电子设备出现故障后只能更换。

2. 线路故障

线路故障包括断路、短路、接线松脱、接触不良或绝缘不良等。这一类故障有时容易出现一些假象，给故障诊断带来困难。例如：某搭铁线与车身出现接触不良，就有可能造成电器设备开关失控，电器设备工作出现混乱。这是因为有的搭铁线为几个电器设备共用，一旦该搭铁线出现接触不良，就把多个电器设备的工作电路联系到一起，就有可能通过其他线路找到搭铁途径，造成一个或多个电器设备工作异常。

三、汽车电气系统故障诊断时应注意的事项

① 拆卸和安装电器元件时，应切断电源。

② 更换熔断器时，一定要与原规格相同，切勿用导线替代。

③ 正确拆卸导线插接器（插头与插座）。为了防止插接器在汽车行驶中脱开，所有的插接器均采用了闭锁装置。拆开插接器时，首先要解除闭锁，然后把插接器拉开，不允许在未解除闭锁的情况下用力拉导线，这样会损坏闭锁或连接导线。

④ 在检修传统汽车电气故障时，往往采用“试火”的办法逐一判断故障部位。在装有电子设备的汽车上，不允许使用这种方法，否则会给某些电路和电子元件造成意想不到的损害。

⑤ 在发动机工作时，不要拆下蓄电池接线。对于装有电控装置的车辆也不要采用该办

法来判断发电机是否发电。

⑥ 不允许使用欧姆表及万用表的 $R\times100$ 以下低阻欧姆挡检测小功率晶体管，以免电流过载，损坏晶体管。

⑦ 更换三极管时，应首先接入基极；拆卸时，最后拆下基极。

四、汽车电气系统故障常用诊断方法

汽车电路发生故障主要有：断路、短路、电器设备的损坏等。为了能迅速准确地诊断故障，下面介绍几种常见的诊断方法。

1. 直观诊断法

汽车电路发生故障时，有时会出现冒烟、火花、异响、焦臭、发热等异常现象。这些现象可通过人的眼、耳、鼻、身感觉到，从而可以直接判断出故障所在部位。

例如汽车行驶中，突然发现转向灯与转向指示灯均不亮，用手一摸，发现闪光器发热烫手，说明闪光器已被烧坏。

2. 断路法

汽车电路设备发生搭铁（短路）故障时，可用断路法判断，即将怀疑有的搭铁故障的电路段断路后，根据电器设备中搭铁故障是否还存在，判断电路搭铁的部位和原因。

如，汽车行驶时，听到电喇叭长鸣，则可以将继电器“按钮”接柱上的导线拆开，此时如果喇叭停鸣，则说明喇叭按钮至继电器这段电路中有搭铁现象。

3. 短路法

汽车电路中出现断路故障，还可以用短路法判断，即用起子或导线将被怀疑有断路故障的电路短接，观察仪表指针变化或电器设备工作状况，从而判断出该电路中是否存在断路故障。

例如怀疑汽车电路中的各种开关有故障，可用导线将开关短接来判断开关是好是坏。

4. 试灯法

试灯法就是一辆汽车用灯泡作为试灯，检查电路中有无断路故障。

例如，用试灯的一端和交流发电机的“电枢”接柱连接，另一端搭铁。如果灯不亮，说明蓄电池至交流发电机“电枢”接柱间有断路现象；若灯亮，说明该段电路良好。

5. 仪表法

观察汽车仪表板上的电流表、水温表、燃油表、机油压力表等的指示情况，判断电路中有无故障。

例如，发动机冷态，接通点火开关时，水温表指在满刻度位置不动，说明水温表传感器有故障或该线路搭铁。

6. 高压试火法

对高压电路进行搭铁试火，观察电火花状况，判断点火系统的工作情况。具体方法是：取下点火线圈或火花塞的高压导线，将其对准火花塞或缸盖等，距离约 5 mm，然后接通启动开关，转动发动机，看其跳火情况。如果火花强烈，呈天蓝色，且跳火声较大，则表明点火系统工作基本正常；反之，则说明点火系统工作不正常。

7. 低压搭铁试火法

低压搭铁试火法即拆下用电设备接线的某一线端对汽车的金属部分（搭铁）碰试而产

生火花来判断故障。这种方法比较简单，是广大汽车电工经常使用的方法，搭铁试火法可分为直接搭铁和间接搭铁两种。

所谓直接搭铁，是未经过负载而直接搭铁产生强烈的火花。例如，我们要判断点火线圈至蓄电池一段电路是否有故障，可拆下点火线圈上连接点火开关的线头，在汽车车身或车架上刮碰，如果有强烈的火花，说明该电路正常；如果无火花产生，说明该段电路出现了断路。

间接搭铁是通过汽车电器的某一负载而搭铁产生微弱的火花来判断线路或负载是否有故障。例如，将传统点火系统断电器连接线搭铁（回路经过点火线圈初级绕组），如果有火花，说明这段线路正常；如果无火花，则说明电路有断路。

特别值得注意的是，试火法不能在电子线路汽车上应用。

8. 换件法

换件法在实际故障诊断中经常采用，使用一个无故障的元件替换怀疑可能出现故障的元件，观察出现故障系统的工作情况，从而判断故障所在。采用换件法必须注意的是，在换件前要对其线路进行必要的检查，确保线路正常后方可使用，否则会造成更大的损失。

9. 仪器法

随着汽车电器设备的日趋复杂，在维修中，特别是维修电子设备较多的车辆，使用一些专用的仪器是十分必要的。

第二节　汽车电气系统常见故障诊断与分析

一、电源系统常见故障诊断与分析

（一）蓄电池亏电故障诊断与分析

1. 故障现象

蓄电池经常亏电，启动无力。

2. 故障原因

① 蓄电池自身故障。

② 发电机不发电。

③ 线路有导线擦破搭铁处。

④ 线路连接点锈蚀或污染。

3. 故障诊断与分析

在使用中出现蓄电池亏电现象，首先要判断是否为蓄电池自身和发电机故障。发电机不发电可通过仪表板上的充电指示灯判断。在发动机运转时，电源充电指示灯亮，说明发电机不发电。线路连接点，特别是蓄电池接线柱，要定期清洁，并保持连接可靠。这些方面都检修过以后，蓄电池还出现亏电，可怀疑线路中有搭铁短路放电处。在蓄电池正常的条件下，短路放电故障的诊断方法如图15－1所示。

（二）发电机不发电故障诊断与分析

1. 外装调节器式电源系统

采用外装调节器的交流发电机的磁场线圈搭铁方式有两种：一种是磁场线圈直接在发电

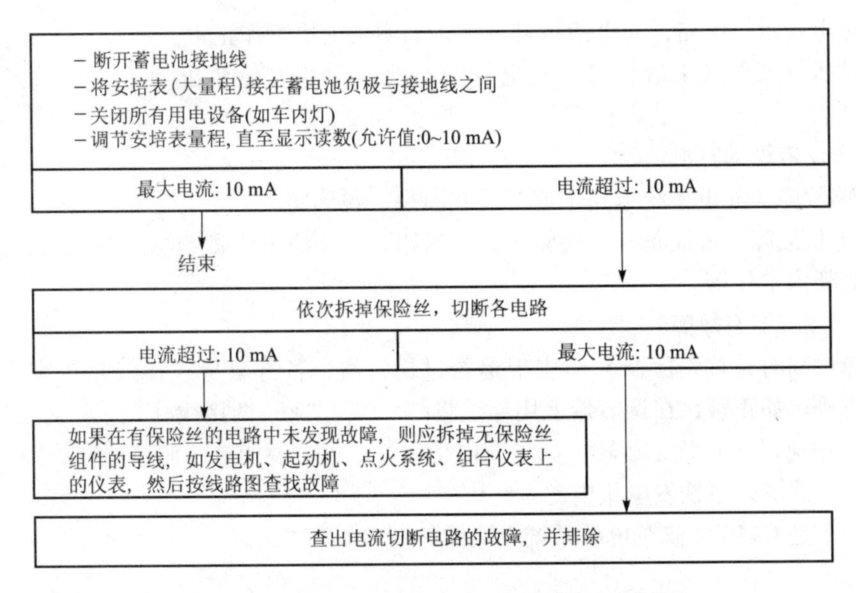

图 15 – 1　线路中有搭铁短路放电故障的诊断方法

机内部搭铁，如 EQ1092，NJ1061，BJ2020 汽车；另一种是磁场线圈不在发电机内部搭铁，而是通过调节器搭铁，如解放 CA1092 汽车。

（1）发电机磁场线圈内搭铁电源系统

图 15 – 2 是 NJ1061 汽车电源系统电路图。

当点火开关旋至点火挡，发动机未启动，充电指示灯点亮，显示发电机不发电。发电机励磁电路为：蓄电池正极→电源保护开关→点火开关→熔断器 5→调节器的“S”接线柱→调节器的“F”接线柱→磁场绕组→发电机磁场“E”接线柱搭铁→蓄电池负极。

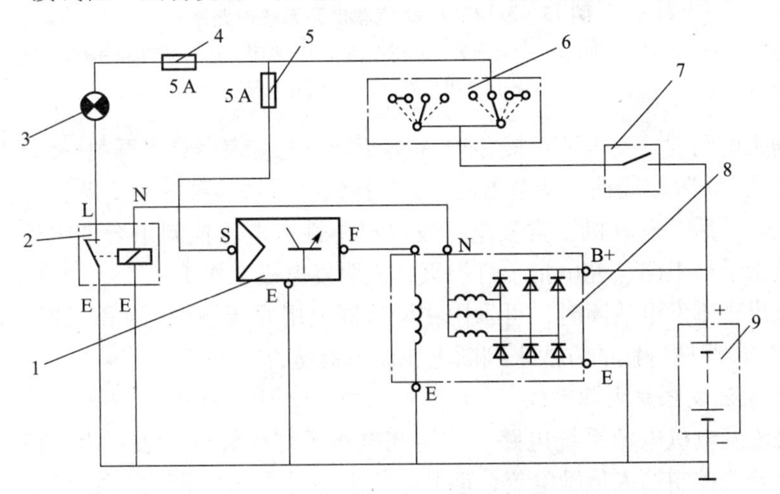

图 15 – 2　NJ1061 型汽车电源系统电路图

1—电压调节器；2—充电指示灯继电器；3—充电指示灯；4、5—熔断器；
6—点火开关；7—电源保护开关；8—交流发电机；9—蓄电池

当发动机运转后，发电机正常发电，发电机中性点电压控制充电指示灯继电器的触点断开，切断充电指示灯电路，充电指示灯熄灭，表明发电机工作正常。

当发动机以高于怠速运转时，充电指示灯亮，说明发电机出现不发电故障。可能原因有：

① V形皮带松动打滑。

② 线路故障，充电系统电路中连接导线断裂、脱落等。

③ 发电机故障，可能是硅二极管短路、断路，定子绕组或磁场绕组有短路、断路故障，电刷在电刷架内卡住等。

④ 电压调节器有故障。

在故障诊断时，首先检查V形皮带是否过松打滑，各部分导线连接是否牢靠，发电机接线是否正确。如正常，在调节器上用导线将“S”和“F”两接线柱短接，并启动发动机，保持怠速（中速以下）状态运转。如果充电指示灯熄灭，说明电压调节器有故障。

（2）磁场线圈外搭铁发电机电源系统

图15－3是CA1092汽车电源系统电路图。

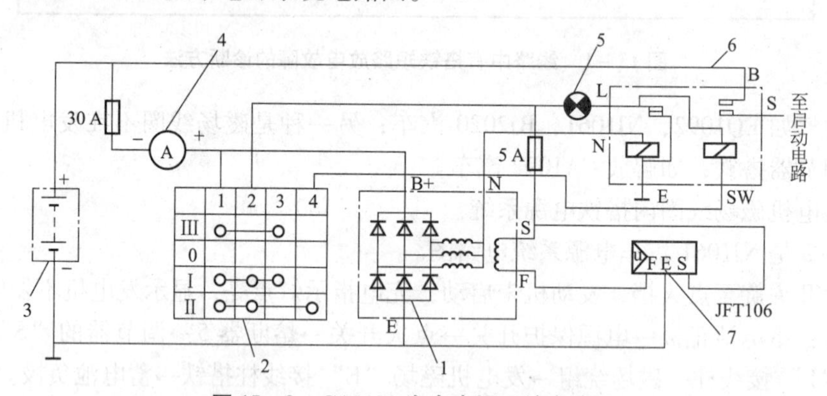

图15－3　CA1092汽车电源系统电路图

1—交流发电机；2—点火开关；3—蓄电池；4—电流表；5—充电指示灯；
6—组合继电器；7—电压调节器

发电机励磁电路为：蓄电池正极→30 A熔断器→电流表→点火开关→5 A熔断器→磁场绕组→调节器的“F”接线柱→调节器的“E”接线柱搭铁→蓄电池负极。

当发动机运转后，发电机正常发电，发电机中性点电压控制组合继电器的常闭触点断开，切断充电指示灯电路，充电指示灯熄灭，表明发电机工作正常。

当发电机出现不发电故障时，可采用在调节器上用导线将“F”和“E”两接线柱短接或直接将“F”接线柱搭铁的方法来判断电压调节器是否有故障。

2. 整体式交流发电机电源系统

整体式交流发电机电源系统电路，多用充电指示灯代替电流表。为了使发电机正常发电，也由点火开关控制输入他励电流，但其数值大小受充电指示灯的限制。由于指示灯泡电流过小（或为发光二极管），可以将指示灯与适当电阻并联。

图15－4是捷达轿车电源系统电路。

发电机的工作电路：点火开关处于点火挡（Ⅰ挡）时，发电机励磁电路的工作电流由蓄电池正极经点火开关触点30与15到充电指示灯，再经发电机D＋励磁绕组、电压调节器到蓄电池负极，形成回路。此时充电指示灯亮，并在发电机的转子铁芯中产生磁场，

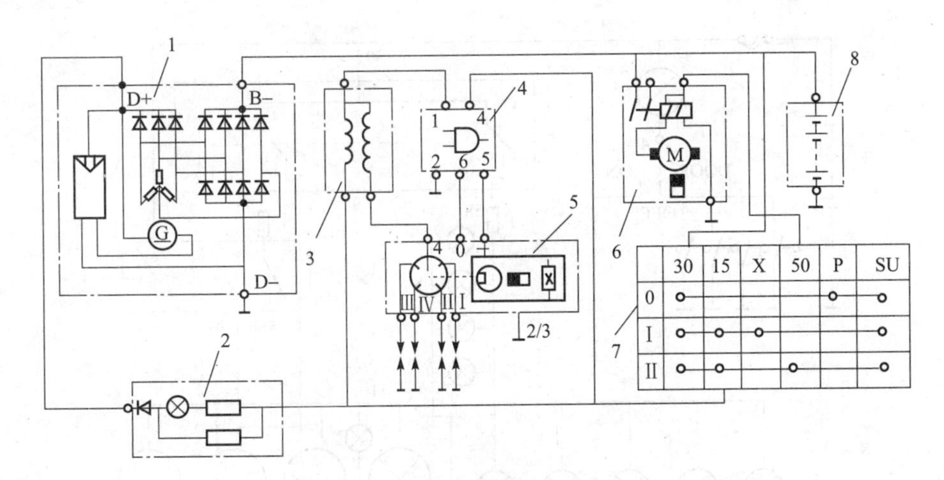

图 15－4　捷达轿车电源系统电路

1—交流发电机；2—充电指示灯；3—点火线圈；4—电子点火器；5—无触点分电器；
6—起动机；7—点火开关；8—蓄电池

发电机处于他励状态。发动机启动后，在曲轴皮带轮的带动下，转子旋转，于是在发电机定子的三相绕组中产生交流电，然后通过硅二极管整流后在 B + 和 D + 端输出直流电。发电机发电后，励磁电流由发电机自身提供，进入自励状态，同时由于 D + 点电位升高后，充电指示灯的两端电位比较接近，此时，充电指示灯应熄灭。如果在行车过程中充电指示灯点亮，说明发电机不发电。

充电指示灯常亮故障原因主要有：

① 发电机或调节器故障。

② 线路有短路。

③ 继电器盒故障。

④ 发电机皮带断裂。

充电指示灯常亮故障的诊断方法：首先要检查 V 形皮带的工作是否正常，在 V 形皮带工作正常情况下，拆下发电机的 D + 接线，打开点火开关，如果充电指示灯熄灭，说明发电机或电压调节器有故障，若充电指示灯仍不熄灭，则说明发电机 D + 和充电指示灯之间的导线有搭铁处。

二、照明系统常见故障诊断与分析

照明系统一般电路如图 15－5 和图 15－6 所示。

1. 前照灯远近光不全故障诊断与分析

(1) 故障现象

车灯开关处于 2 挡位置，用变光开关变换远近光，只有远光或只有近光灯亮。

(2) 故障原因

① 变光开关损坏。

② 远近光中的一个导线断路。

③ 双灯丝灯泡中某灯丝烧断。

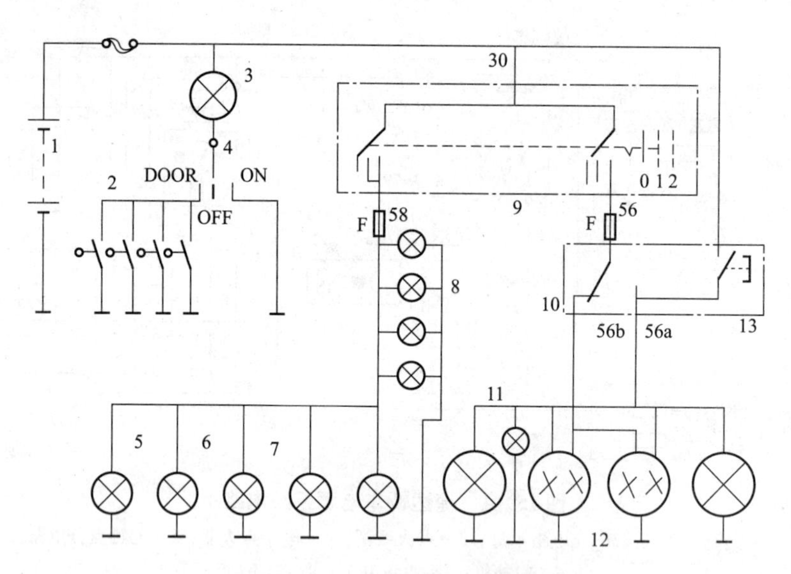

图 15－5　常见照明系统电路

1—蓄电池；2—门控开关；3—室内灯；4—室内灯手控开关；5—示宽灯；6—尾灯；7—牌照灯；8—仪表灯；9—灯光开关；10—变光开关；11—远光指示灯；12—前照灯（4 灯亮远光、2 灯亮近光）；13—超车灯开关

（3）故障诊断与排除

这种故障出在变光开关→熔断器→灯丝的线路中。可先检查熔断器是否熔断。如熔断，更换新熔断器，如灯仍不亮，可直接在变光开关上连接电源接线柱与不亮的远光或近光接线柱进行试验。如灯亮，则是变光开关损坏，更换变光开关；若不亮，则说明故障在变光开关以后的线路中。可用电源短接法，直接在灯插头上给远近光灯供电，若灯亮，表明导线断路或插头接触不良；若灯仍不亮，则说明灯泡已损坏。

2. *左右前照灯的亮度不同故障诊断与分析*

（1）故障现象

前照灯开关接通后，不论是远光还是近光，有一侧灯较暗。

（2）故障原因

① 可能是灯光暗淡一侧的双丝灯泡搭铁不良。

② 灯光暗淡的一侧灯泡插头松动或

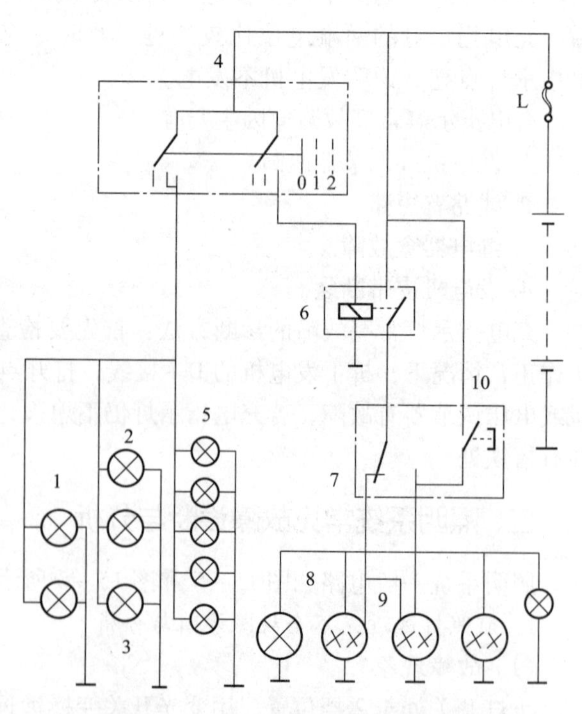

图 15－6　带前照灯继电器的照明电路

1—示宽灯；2—尾灯；3—牌照灯；4—灯光开关；5—仪表灯；6—前照灯继电器；7—变光开关；8—远光灯及远光指示灯；9—近光灯丝，10—超车灯开关

锈蚀使接触电阻增大。

③ 灯光暗淡的一侧灯泡反射镜积有灰尘或被氧化。

④ 左右两侧灯泡的功率不同。

(3) 故障诊断与排除

首先检查左右两侧灯泡的功率是否相同，可采用互换左右灯泡的办法进行判断。在灯泡的功率相同的情况下，用一根导线，一端接车身，另一端和灯光暗淡的灯泡搭铁接柱相连，如恢复正常，即表明该灯搭铁不良。

若灯泡单丝发光微弱，常为连接该灯泡灯丝的插头松动或锈蚀，使接触电阻过大所致。可用电源短接法迅速判明故障部位。

灯泡搭铁不良时，灯光暗淡的灯泡的两根灯丝不论在接通远光还是近光时，都同时发出微弱灯光。若发现灯泡亮度正常，就不是灯泡搭铁不良故障，一般是前照灯反射镜有灰尘或被氧化，可通过消除灰尘或更换反射镜来排除故障。

三、信号系统常见故障诊断与分析

信号系统的工作带有较强的随机性，一般由自身开关控制。如制动信号多由制动踏板联动控制；倒车灯多由变速杆倒挡轴联动控制，不用驾驶员特意操作即可接通。转向信号灯的一般电路如图 15－7 所示。

1. 转向信号灯不工作故障诊断与分析

(1) 故障现象

打开点火开关（转向信号灯工作受点火开关控制的车辆），接通转向信号灯开关，转向信号灯都不亮。

(2) 故障原因

① 熔断器熔断、电源线路断路或信号灯系统中有短路处。

② 闪光继电器损坏。

③ 转向信号灯开关损坏。

(3) 故障诊断与排除

检查熔断器是否熔断。若熔断，一般是灯系统中有搭铁故障。可在断路的熔断器两端串上一只试灯，再把转向信号灯开关的进线拆下，如果此时熔断器上串联的试灯亮着，则为熔断器至转向信号灯开关这一段中有搭铁故障，用断路法，在这一段线路中找出搭铁部位；若在转向信号灯进线拆下后，试灯熄灭，则应接好拆下的导线，拨动转向信号灯开关，拨到哪一边试灯变暗，说明此边正常，拨到另一边试灯亮度不变，说明该侧有搭铁故障，进一步找出搭铁部位，排除故障。

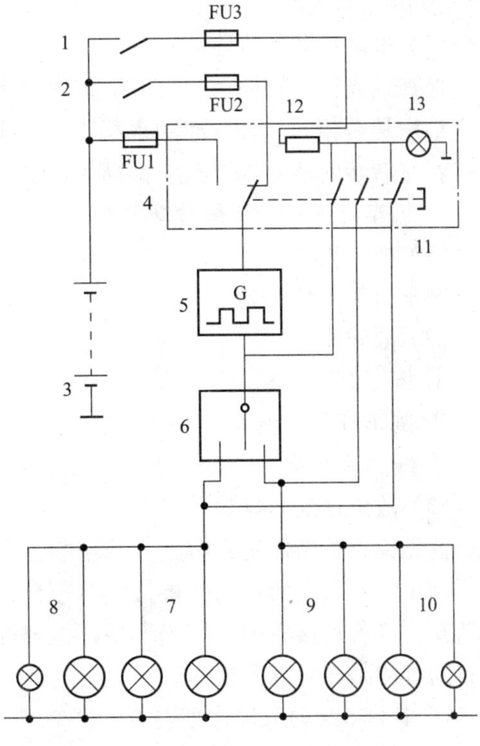

图 15－7　转向信号与危险警报信号电路

1—照明灯开关；2—点火开关；3—蓄电池；4—危险报警灯开关；5—转向闪光继电器；6—转向灯开关；7—左转向信号灯；8—左转向指示灯；9—右转向信号灯，10—右转向指示灯；11—危险报警灯开关；12—降压电阻；13—危险警报指示灯若上述检查中熔断器未断，一般是线路中有断路故障。但应注意，有时某一边转向信号灯线路搭铁，闪光继电器烧坏，看上去像是断路故障，实际是搭铁故障。故应首先短接闪光继电器的两个接线柱，接通转向信号灯开关，此时如转向灯亮，则为闪光继电器损坏所致，应更换；若出现一边转向信号灯亮，而另一边不但不亮，而且当短接上述两接线柱时，有强火花，这表明不亮的一边转向灯线路中某处搭铁，以致烧坏闪光继电器，必须先排除搭铁故障，再换上新的闪光继电器。排除搭铁故障的方法是将一试灯串接于闪光继电器两接柱上，将转向信号灯开关拨至有搭铁故障的一边，再采用断路法找出搭铁部位。

若在短接闪光器两接线柱，接通转向信号灯开关时，转向信号灯仍全不亮，接通危险报警灯开关，若转向灯全亮，则说明转向开关或转向开关到闪光器的线路有故障；如果转向灯仍不亮，应按电路图重点检查线路故障。

2. 转向信号灯闪光频率不正常故障诊断与分析

（1）故障现象

转向信号灯工作时，左右转向信号灯的闪光频率不一致或闪光频率都不正常。

（2）故障原因

① 导线接触不良。

② 灯泡功率选用不当或某一边有一灯泡烧坏。

③ 闪光器故障。

（3）故障诊断与排除

检查闪光器、转向信号灯开关接线柱上接线是否松动，灯泡功率是否与规定相符，左右灯泡功率是否相同。若灯泡功率都符合规定，则应检查是否有一只灯泡烧坏。

若左右转向信号闪光频率都高于或低于规定值，一般为闪光器故障，应更换新件。

3. 倒车灯不工作故障诊断与分析

（1）故障现象

倒车时倒车灯不亮。

（2）故障原因

① 倒车灯的灯泡损坏。

② 倒车灯开关损坏。

③ 线路有断路。

（3）故障诊断与排除

首先检查熔断器是否熔断。若熔断，串接一试灯找出搭铁处，排除故障；若未熔断，可拔下倒车灯开关上所接的两根接线并短接，如短接后倒车灯亮，说明倒车灯开关损坏，应更换新开关。若短接后倒车灯仍不亮，检查灯泡是否烧坏，搭铁是否良好。如有一只倒车灯不亮，则可能是该只灯泡损坏。

4. 喇叭不响的故障诊断与分析

（1）故障现象

打开点火开关（喇叭工作受点火开关控制的车辆），按动喇叭按钮，喇叭不响。

（2）故障原因

① 喇叭损坏。

② 熔断器烧断。

③ 喇叭继电器损坏。

④ 喇叭开关（按钮）故障。

⑤ 线路出现故障。

(3) 故障诊断

在熔断器正常情况下，诊断喇叭不响故障可在喇叭处进行，打开点火开关，一个人按下喇叭开关不动，另一个人用万用表测量喇叭两接线之间的电压，正常值应为蓄电池电压。如正常则说明故障在喇叭自身；若无电压显示，接好喇叭接线，应进一步检查喇叭继电器。用导线短接继电器的两主电路触点，如喇叭仍不响，说明故障在供电电路；若喇叭响，说明故障在继电器控制线路、喇叭按钮或喇叭继电器上，可用分段短路法进一步诊断出故障部位。

四、仪表与报警系统常见故障诊断与分析

仪表与报警系统的一般电路如图 15－8 所示。

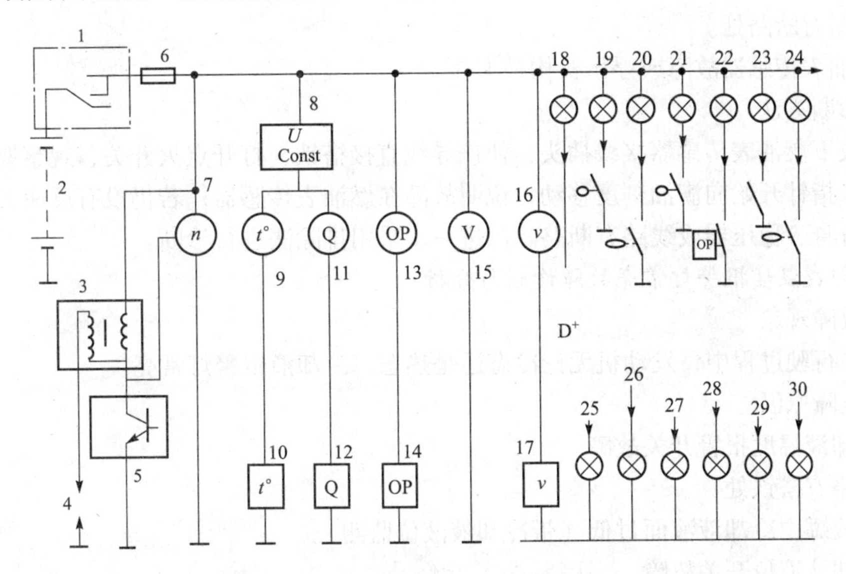

图 15－8 仪表与指示灯、报警灯电路

1—点火开关；2—蓄电池；3—点火线圈；4—火花塞；5—点火模块；6—熔断器；7—发动机转速表；8—仪表稳压器；9—发动机冷却系统温度表；10—温度表传感器；11—燃油表；12—燃油表传感器；13—机油压力表；14—机油压力表传感器；15—电压表；16—车速表；17—车速表传感器；18—充电指示灯；19—停车制动指示灯；20—制动液面报警灯；21—门未关报警灯；22—机油压力报警灯；23—备用报警灯；24—水位过低报警灯；25—远光指示灯；26、27—左右转向指示灯；28—坐椅安全带未系报警灯；29—防抱死制动指示灯（ABS）；30—巡航控制指示灯

1. 冷却液温度表指针不动故障诊断与分析

(1) 故障现象

发动机工作时，冷却液温度表指针不动，反应不出发动机冷却液温度。

(2) 故障原因

① 稳压器工作不正常。

② 冷却液温度表自身故障（如：双金属片发热线圈断路或脱落）。

③ 冷却液温度表传感器故障（如：热敏电阻失效）。

④ 线路有断路。

（3）故障诊断

将冷却液温度表传感器的接线插头拔下，使该导线直接搭铁，打开点火开关，观察冷却液温度表的指针情况，如指针开始移动，则说明故障在传感器；如表针仍无指示则说明故障在仪表自身、稳压器或线路有断路。如果冷却液温度表与燃油表同时出现故障，则稳压器或线路出现故障的可能性较大，应首先检查稳压器工作是否正常。在排除稳压器和线路故障之后，即可断定故障发生在仪表自身。

2. 燃油表指针总指向无油位置故障诊断与分析

（1）故障现象

无论油箱内燃油多少，燃油表的指针总指向无油位置不动。

（2）故障原因

① 燃油表自身故障。

② 稳压器工作不正常。

③ 线路有断路处。

④ 燃油表传感器故障或浮子机构被卡住。

（3）诊断方法

首先拔下燃油表传感器接线插头，使该导线直接搭铁，打开点火开关，观察燃油表指示情况。如果指针开始向满油刻度移动，说明故障在燃油表传感器；若仍没有反应，则说明故障在仪表自身、稳压器或线路有断路。需进一步采用排除法进行诊断。

3. 冷却液温度报警灯常亮故障诊断与分析

（1）故障现象

汽车在行驶过程中，发动机无论冷态还是热态，冷却液报警灯常亮。

（2）故障原因

① 冷却液温度报警开关故障。

② 线路有搭铁处。

③ 储液罐中冷却液液面过低（带冷却液液位监测）。

④ 冷却液液位开关故障。

（3）故障诊断

首先检查发动机冷却液温度是否真的过高，储液罐液面是否过低。如这些都正常，仍然报警的话，可拔下储液罐液位开关插头，如果报警灯熄灭，说明故障在液位开关。若仍然亮，接好液位开关插头，拔下冷却液温度报警开关插头，如果报警灯熄灭，说明故障在冷却液温度报警开关，若仍然亮，则说明线路有搭铁处。

4. 机油压力报警灯常亮故障诊断与分析

（1）故障现象

汽车在行驶过程中，发动机机油压力报警灯常亮。

（2）故障原因

① 机油压力报警开关故障（有的车辆采用两个报警开关同时监控，如桑塔纳、捷达、奥迪轿车装有低压 30 kPa 报警开关和高压 180 kPa 报警开关）。

② 润滑油路压力达不到规定要求。

③ 线路故障。

（3）故障诊断

当出现机油压力报警灯常亮故障，首先要区分是润滑系统故障还是报警系统自身故障，通常采用测量油压的方法进行诊断。可在车上如图15－9所示做如下检查：

① 拆下低压开关（30 kPa 开关），将其拧入检测仪。把检测仪拧到气缸盖上的机油低压开关处，并将检测仪的褐色导线接地。

② 用辅助导线将二极管测试灯 V. A. G1527 接到蓄电池正极及低压开关 A 上时，发光二极管被点亮。启动发动机，慢慢提高转速，当压力达到 15～45 kPa 时，发光二极管必须熄灭，若不熄灭，说明低压开关有故障。再令发动机怠速运转，机油压力应大于 45 kPa，发光二极管应熄灭，若压力低于 15 kPa 说明润滑系统有故障。

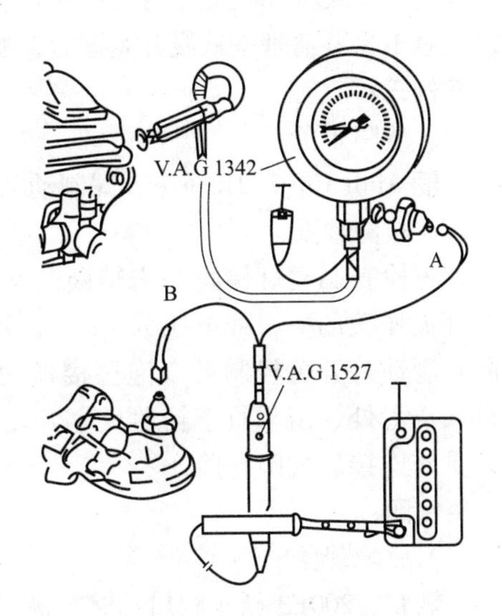

图 15－9　低压与高压开关检测

③ 将二极管测试灯连接到高压开关（180 kPa 开关）B 上，慢慢提高发动机转速，当机油压力达到 160～200 kPa 时，发光二极管必须亮，若不亮，说明高压开关有故障。进一步提高转速，当转速达到 2 000 r/min 时，油压至少应达到 200 kPa，若达不到，则说明润滑系统有故障。

第三节　故障实例

实例一：

（1）故障现象

一辆奥迪 100 轿车停放一晚后，蓄电池电压不足，汽车启动困难。

（2）故障诊断

维修时，关闭车辆的所有用电设备后，在蓄电池处将万用表串联，测量电流，表上有电流值显示，表明有漏电现象。检查所有用电设备，主要是不经点火开关控制的用电器，如：收音机、小灯、仪表灯、车顶灯、行李箱照明灯等，当按下行李箱照明灯开关时，电流值就显示为零，表明当行李箱盖放下时，开关没有被顶回、断开，造成行李箱照明灯常亮，蓄电池漏电。

实例二：

（1）故障现象

一辆红旗 CA7220 轿车的蓄电池经常亏电，启动无力。

（2）故障诊断

经检查，蓄电池已亏电，换一好蓄电池。先怀疑停车后可能有漏电处，检查线路，结果发现线路正常。在发动机怠速运转的情况下，测量发电机输出电压，电压值正常（约 14 V），而在蓄电池处测量电压值仅为 12.3 V，两处电压相差过大。清理蓄电池两接线柱，无效。再次测量发电机输出电压发现，万用表的负极表笔搭在发动机上，电压正常，而搭在车身上，电压值变小，怀疑发动机与车身的搭铁点有问题，检查发现搭铁线螺丝松动，并有许多油污，造成接触不良。清理搭铁线并紧固后，故障排除。

实例三：

(1) 故障现象

一辆 Audi 100 2.2E 轿车，踩制动踏板时，两制动灯均不亮，而两灯泡良好。

(2) 故障诊断

首先检查制动灯保险并未熔断。又检查制动灯开关良好，用万用表电压挡测得与制动灯开关连接的一根线电压为 12 V，用电阻挡测得另一根线对地电阻为无穷大，由此可判断，制动灯开关经制动灯泡至接地的线路有断路故障。经检查，发现行李箱盖下的线束进入铁管处，由于行李箱盖反复开闭，行李箱盖弹簧将制动灯的供电线（红底线）磨断，重新连接后故障排除。

实例四：

(1) 故障现象

一辆 CA7200E3 轿车刚启动时车辆正常，行驶一段时间后无规律性地出现发电机报警灯亮的现象。但发动机熄火后，经过一个小时左右，重新启动车辆，又恢复正常。

(2) 故障诊断

在车辆出现故障时，用万用表测量发电机输出电压，电压为蓄电池电压，说明发电机没有发电。拆解发电机，发现碳刷架灰尘过多，碳刷在架内有点发卡。分析结果是，在高温时，碳刷容易卡在高位，不能与整流子接合；发动机熄火，碳刷架冷却后，碳刷在弹簧力作用下压紧，工作正常。清洁碳刷架，故障排除。

练习与思考题

15-1　汽车电气系统故障可分为哪几类？在诊断时应注意哪些事项？

15-2　以某一车型为例分析充电指示灯报警故障。

15-3　以某一车型为例分析转向信号灯工作异常故障。

参考文献

[1] 蒲永峰．汽车诊断与维修［M］．北京：机械工业出版社，2002.
[2] 张西振，李景仲．载货汽车故障快修图解［M］．北京：机械工业出版社，2001.
[3] 李春明．汽车电器与电路［M］．北京：高等教育出版社，2003.
[4] 马东霄，曹景升，李贤彬．汽车维修实训教程［M］．北京：人民邮电出版社，2002.
[5] 董继明，罗灯明．汽车检测与诊断技术［M］．北京：机械工业出版社，2007.
[6] 李春明．一汽捷达轿车使用与故障分析［M］．北京：高等教育出版社，2007.
[7] 汽车维修专业一体化教材编写委员会．汽车发动机检修［M］．北京：中国劳动社会保障出版社，2007.
[8] 李春明．一汽奥迪轿车使用与故障分析［M］．北京：高等教育出版社，2008.